新时期大学英语教学研究

——以《新视野大学英语》读写教程为例

段友国 程文华 著

天津大学出版社
TIANJIN UNIVERSITY PRESS

图书在版编目（CIP）数据

新时期大学英语教学研究：以《新视野大学英语》读写教程为例 / 段友国，程文华著. -- 天津：天津大学出版社，2015.6

ISBN 978-7-5618-5338-2

Ⅰ. ①新… Ⅱ. ①段… ②程… Ⅲ. ①英语－教学研究－高等学校 Ⅳ. ①H319.3

中国版本图书馆 CIP 数据核字(2015)第 143385 号

出版发行 天津大学出版社
地　　址 天津市卫津路 92 号天津大学内（邮编：300072）
电　　话 发行部：022-27403647
网　　址 publish. tju. edu. cn
印　　刷 昌黎太阳红印刷有限责任公司
经　　销 全国各地新华书店
开　　本 185mm×260mm
印　　张 19.5
字　　数 487 千
版　　次 2015 年 6 月第 1 版
印　　次 2015 年 6 月第 1 次
定　　价 40.00 元

前　言

在长期的大学英语教学实践中及教研会议上，笔者经常听见同事和同行们提到一个问题：怎样才能使学生喜欢大学英语课？问题貌似很简单，实则不然。因为很多人都有同感：无论教师多么努力，总是有学生觉得在大学英语课堂上学不到东西，因此就有很多学生对大学英语课堂不满意。这是为什么呢？

要回答这个问题，首先得留意另外两个在教师中间经常提及的问题：学生听懂了吗？我讲清楚了吗？前一个问题以学生为焦点，关注学生对教师课堂讲解的理解程度；后者以教师的教学为出发点，关注教师授课的条理性、清晰性等。当然，有经验的教师自然都会知道：只要自己解释清楚了，学生理解起来就容易得多；而如果自己没解释清楚，就只有少数特别聪明并且非常勤奋的学生才能听懂。

清楚了这两个问题之后，还需要顺便了解一下外语教学方法的研究及实践历程。关于外语教学方法和模式的探索历史悠久，有关如何教外语的方法也非常多，如语法翻译法、情景法、直接法、交际法、沉默法、合作法、任务法等。外语在我国的发展也经历了很长时间，我国历史上比较有名的外语现象"洋泾浜语"就是其中的典型代表，而外语教学方法的研究在我国也得到了很多关注和长足发展，硕果累累，如胡文仲的《英语的教与学》、顾曰国的《英语教学法》等。笔者上学期间也上过有关教学法的课程，受益匪浅。但仔细思考之后笔者发现，有关外语教学法的图书，有的是有关教学策略，有的是有关教学方法，但都有一个共同点：它们都是理论的介绍，缺乏教学实例的支撑。同时，由于经济和科技的快速发展，外语学习的氛围已经发生了翻天覆地的变化，学生学习外语的目的也有很大区别，这些变化和区别都对我国的大学英语教学提出了更高的要求；与此同时不断提高的还有大学英语教学一线教师的科研压力和科研需求。因此，为了使我国的大学英语教学符合时代的需求、满足学生的自我发展需求，也为了给部分教师指出一条科研之路，笔者总结自身多年的大学英语教学实践经验，并结合长江大学近年来成功的大学英语教学改革实践，完成了本书。

本书的中心任务是对大学英语教学进行方法论研究，并为教学实践提供实例。围绕这一中心任务，本书主要从三个方面展开。首先是对《新视野大学英语》读写教程进行简要的评介，然后综合介绍了大学英语教学中经常采用的教学策略及方法，并探讨了常用的合作学习法、任务型教学法等方法在大学英语读写课中的实践应用；第三个方面主要涉及有关大学英语教学内容的教学和研究，包括英语知识的研究、英语语言技能的教学和研究、文化教学的研究，以及其他一些大学英语课堂中常见的教学理论的实践和研究，如大学英语课堂沉默现象、隐喻理论在大学英语教学中的应用、大学英语课程的社会文化价值等。这些研究既有理论的分析，也有实践的支撑，更有有关实践结果的统计数据的证明。

本书可以为大学英语教师提供多样化的理论借鉴，也可以为他们提供可用的教学实例，同时，还可以为大学英语教师及对大学英语教学研究有兴趣的研究人员提供理论支撑和借鉴，供他们参考和学习。

由于笔者才疏学浅，很多设想未能在书中得到很好的解析，因而可能未能完全达到笔者写书的初衷。书中若有不当之处，恳请广大读者指正。

目 录

第一章

教材评介

第一节　教材结构及特色

一、教材构成

《新视野大学英语》是一套系列教材，主要由读写教程、视听说教程、泛读教程、阅读教程、综合训练以及与各教材相配套的学习光盘、网络课程、教师用书、录音磁带、网络课程、试题库等教学辅助材料构成。该教材第一版由外语教学与研究出版社（以下简称外研社）在21世纪初出版，在经过全国众多高等院校大量教学实践检验并由出版社做了大量的调研之后于2008年推出了该教材的修订版（第二版）。在该系列教材中，读写教程全面贯彻了《大学英语课程教学要求》（高教厅〔2007〕3号）（以下简称《课程要求》）的相关精神，是该系列教材中的核心教材，分为一至四册。每册都配备了综合训练、教师用书、学习光盘、助教课件等教学辅助材料，可以满足不同层次学习者的学习需求。由此可见，该教材不仅适用于传统的课堂教学，还可以使学习者在任何时候都可以利用网络进行学习和交流。

二、教材特色

《新视野大学英语》读写教程（以下简称《读写教程》）具有以下五大特色。①多维的选篇视角：选材注重趣味性、信息性、实用性和时代性，题材广泛，体裁多样，内容涉及语言、文化、习俗、伦理、信息、科学、社会焦点等方面，贴近学生生活和时代脉搏。②合理的练习设计：注重单项技能训练与综合能力培养的结合，接受性技能与产出性技能的结合。在巩固词汇与语法的基础上，增强对语篇分析与理解能力的培养。③系统的技能培养：循序渐进地讲解和训练阅读技巧与写作技巧，提高学生的语言应用能力。④有效的词汇控制：充分体现《课程要求》参考词表词汇，特别是一般要求词汇和积极词汇的学习与应用。课文长度和生词比例都有适当控制，符合外语习得的相关理论。⑤多样化的教学资源：同步提供和教材配套的光盘与网络，三者结合，互为补充，有助于学生巩固知识，强化技能，拓展视野。为教师提供课件、试题库、语料库、网上备课助手等教学资源。

由此可知，《读写教程》中的教材选择、课程安排、教学模式、教学理念、教学要求、教学思路等各方面都符合《课程要求》的要求。《读写教程》的四册教材之间按照学生正常学习进度来进行教材设计，不仅课文难度和单词量体现了循序渐进、难度逐步提高的原则，教学要求和教学思路各有特色，而且教材的编写者在课后练习的编写上也下足了功夫。课后练习的难度在每册逐步得到提高的同时，还根据学生不同的英语水平和不同的学习目的对练习的形式做出了很多的调整。如第一册和第二册的课后练习以基础练习为主，在充分体现和巩固课文中的相关语法、词汇、句子结构等知识点的同时，还对课文中重点段落的结构和写作方法进行了解析，并给出了相应的题目，要求学生进行练习；而第三册和第四册不仅在题型上延续了这种形式，而且增加了练习的难度，对学生词汇量的要求有较大提升，不仅要求学生掌握词汇的常规用法，还要求学生掌握词汇的非常规用法，比如特定的搭配，学生在完成特定搭配的时候不但会觉得很难做出选择，而且会遇到即使知道答案还是不能很好理解该搭配在句中的意思的情况。

总而言之，诞生于 21 世纪初期，并且在实际使用过程中根据社会现实、时代需求而不断改进、不断完善自身的《读写教程》在中国大学英语教学改革全面开展的大环境中，吸收了以往大学英语教材的众多优点，摈弃了过去教材的众多缺点，利用了全新的历史机遇，汲取历史教训，并得到了广大大学英语教师和非英语专业大学生的一致赞同和普遍认可，具有重视理论基础、重视主题教学、重视词汇分类及搭配训练、重视培养学生自主学习能力、重视理论知识的连带性以及知识的连贯性，并将理论知识的学习和实践相结合等众多特色。这些特色不仅始终贯彻了《课程要求》的精神，而且以体现时代特色、满足社会需求为己任，将新的教学理念、教学要求、教学模式、评价模式等贯穿教程始终，并结合现代科学技术和网络技术，使大学英语教学可以突破时空的限制，变得更有意思，更加灵活，也更加符合社会需求。

三、单元结构

单元结构如图 1-1 所示。

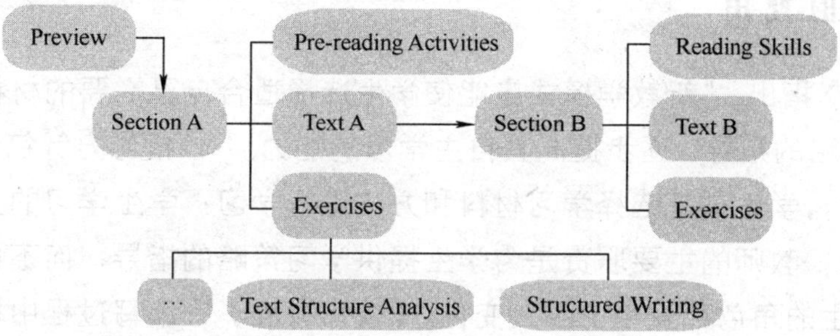

图 1-1 单元结构（来源于外研社网站）

据上图可知，《读写教程》一至四册教材的总体构成一致，都包含 Preview、Section A 和 Section B 三个部分。Preview 部分主要是对整个单元进行一些相关背景的介绍，有助于帮助学习者了解该单元主题并在后续课文阅读和欣赏中加深对课文主题的理解和接受。后两个部分中各包含一篇文章，一般而言，这两篇文章都属于同一主题，难度各异。但两个部分的构成又各有特色。Section A 里面包含了 Pre-reading Activities、Text A 以及课后练习；Section B 包含 Reading Skills、Text B 以及课后练习。不同的设计主要是为了满足不同的教学要求，实践不同的教学理念，突出不同的教学重、难点。如 Text A 一般是教师教学中的重点，而 Text B 在一般教学活动中则常作为学生在掌握阅读技巧之后的实践对象和课外阅读文章，因此，一般而言 Text A 在难度上要超过 Text B。与此同时，作为重点讲解和学习对象的 Text A 在课堂学习或者课外自学之后必定会被教师或者学生从中提炼出很多关于词汇、语法、句子结构、篇章结构等方面的重点和难点，基于温故而知新的共识，教材编写者在设计课后练习的时候需要综合考虑这些知识点，因此，在课后练习的设计上，Text A 和 Text B 也各有特色。Text A 相关的练习相对更加全面，包括词汇练习（包括词汇选择、固定搭配、构词法练习等）、句子结构练习（包括合并句子、翻译、改错等）、语境和语感培养练习（包括完形填空、选词填空等）、篇章结构理解和写作练习（包括段落结构理解及写作实践）等；而 Text B 的课后练习则一般仅包含课文理解和词汇练习。通过不同练习形式的选择和搭配，教师可以适当做出选择，有侧重地进行教学活动，而学生也可以根据自己的实际情况来确定课外自学内容和进度，真正做到灵活多变、张弛有度。

总之，《读写教程》的特色不仅在于具体课程内容的创新，或者教材编排形式的创新，或者抽象的教学理念、教学模式的创新，更在于教师使用教材的灵活性的创新，在于教学培养目标的创新。

第二节　教材使用及其价值

一、教材的使用

《课程要求》指出："新教学模式应能使学生选择适合自己需要的材料和方法进行学习，获得学习策略的指导，逐步提高其自主学习的能力。"该指导方针包含以下信息：在新的教学模式下，学生自己选择学习材料和方法进行学习；学生学习的主要目的是提高自主学习的能力；教师的主要职责是为学生提供学习策略的指导，而不再是以前的"中心"；教师和学生的角色都发生了巨大变化。《读写教程》在编写过程中切实贯彻了这一指导方针。因此，在教学过程中对该教程内容的使用存在很大的灵活性，这种选择的灵活性可以从授课内容和课后练习两个方面体现出来。

1. 授课内容的选择

在授课内容的选择上，《读写教程》的编者们认为学校和大学英语教师应该根据本校整体情况和学生的具体情况，建立合适的"集多种教学模式和教学手段为一体的教学体系"，从而推进教学创新，并帮助学生选择适合自身的学习材料和学习方法，进而养成自主学习的习惯，找到适合自己的自主学习方法。

根据《读写教程》以主题进行教学内容的编排设计，"以学生为中心"进行教学模式创新和理念创新的特点，在教学内容的选择上，一方面，学生可以根据自身的兴趣爱好、实际需求进行选择；另一方面，作为组织课堂教学以及提供学习策略指导的教师在开展教学活动和组织课堂的时候也需要根据实际需要对教学内容进行选择。教师可以对每单元两篇课文中的一篇进行精讲，另一篇则灵活处理，或者作为课外读物，或者训练阅读技巧；还可以根据教学的需求来重新安排课文的教学顺序或根据教学学时安排以及学生的具体情况对某些单元进行适当的取舍。

2. 课后练习的选择

《读写教程》的课后练习形式多样，内容也很丰富，题型比较适合大学英语四、六级考试的要求，因此，在对课后练习进行处理时，学生必须在课前完成教师布置的内容，在此基础上则可以根据自己的需求和学习状态来适当增加习题量，如《新视野大学英语》综合训练等。教师则可以根据自己所教学生的英语水平来进行选择，这种选择不仅是对题目的选择，还是对题目处理方式的选择。如果学生的英语基础比较好，教师在讲解课后习题的时候就可以对部分词汇题、句子结构题进行粗略的解释。鉴于新的四、六级考试已经取消了完形填空题，有些教师针对基础比较好的学生采取忽略这一题型的做法。当然，这需要视学生的具体需求和学校对学生的要求的具体情况来进行抉择。

二、教材的价值

鉴于《读写教程》在教学模式、教学理念、教学内容等方面的创新，它的应用和推广无疑会对当前的大学英语教学产生巨大的积极影响，尤其是对大学英语教学模式和教学理念的创新具有积极作用，更重要的是对学生学习理念和方法产生巨大的影响。

1．对现代教学理念的贡献

传统的大学英语教学以教师为中心，教师的主要职责是传授语言知识和技能，具体形式就是教师“满堂灌”，最终的结果就是学生的考试成绩很优秀，但是每当对英语技能（尤其是听、说、译三种语言技能）产生实际需求时，很多高分学生就只会摇头。《读写教程》所倡导的新的教学理念不再以教师为中心，而是以学生为中心，而且教学内容也不仅限于语言知识与技能，还增加了学生语言应用能力的培养，也非常强调学生自学能力的培养和提高。在这种新的教学理念指导下，教师和学生的重心都发生了巨大变化。学生也从传统的被动地接受教师传授的知识和考试技巧转变为可以根据本身的兴趣和实际需求来对学习材料和方法进行选择，从“知识被动接受者”变为了学习的主体，从而可以更好地改善学习方法，提高独立思考的能力，养成自主学习和终身学习的习惯。

当然，《读写教程》所提倡的教学理念并非仅仅对大学英语教学有效，这种“以学生为中心”的教学理念对其他课程的教学也同样具有指导意义。其他课程的教学理念也正在发生变化，尤其是一些专业课程的教学。目前大学校园内很多专业课程的教学也已经不再是教师“满堂灌”的形式，而更多的是强调学生的课堂参与和培养学生独立思考的习惯和能力。

2．对学生的价值

《读写教程》所提倡的新的教学理念、教学模式和教学内容对学生的学习、生活、工作各方面都有积极的参考价值。新的教学理念可以使学生成为教学的中心，有助于他们养成独立思考和自主学习的良好习惯；由课本、光盘、网络课程构成的教学体系，再加上多媒体设备和信息技术的使用，不仅可以打破教学地点的限制，丰富课堂教学的形式，增加教学的信息量，还可以使学生的学习更自主、更个性化、更有策略和技巧；同时，创新的教学内容不仅使教师的教学内容更加灵活，还充分考虑了不同英语基础的学生的实际需求，既有利于基础不好的学生打好基础，也有利于为基础好的学生的未来发展创造广阔的空间。在《课程要求》有关精神及方针的指导下，在《读写教程》所倡导的教学理念、教学模式的指引下，在教师学习策略的引导下，学生根据自身具体情况选择学习方法和学习内容，并因此养成良好的独立思考的习惯和自主学习的能力。在此基础上，学生将来的学习会更加自主、积极、有效，生活会更加独立、自主，在工作中也会变得更加主动、有进取心。

由此可见，一套好的教材的价值不仅在于课堂内，也在于课堂外；不仅在于对教师的教学有利，更在于对学生的学习、生活及今后的工作有利；进一步说，对整个社会的发展都有利。

第三节　教材的优缺点

关于教材的评价，国内外有各种不同的评价标准和评价体系。英国教育家坎宁斯沃思认为："评估教材首先要考虑到教材本身的目的、设计方案、语言、技巧、话题、方法和其他一些实际问题。"英国学者 Grant（格兰特）则在其著作《充分利用你的教材》（*Making the Most of Your Textbook*）中把教材评价分为三类：初步评价、细致评价和使用中评价。尽管教材评价在国内起步较晚，但也硕果累累。目前，我国国内的研究人员普遍倾向于在评价教材的过程中以教学大纲为依据，采用对照法进行对比分析；而评价内容则包括教材对教学理论、教学大纲、教学理念的体现，教材与教材使用者之间的关系，教材内容的选择等方面。刘微（2009）建构了一个大学英语教材评价模式，该模式将教材评价分为两个阶段：预评价和使用中评价。每个阶段具体内容不同，目的不一，各有侧重，如图 1-2 所示。

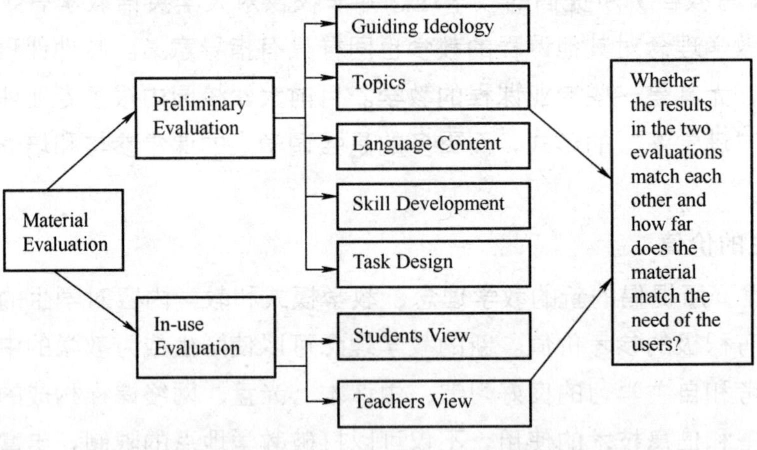

图 1-2　大学英语教材评价模式（引自刘微，2009）

这一评价模式的优点是比较全面，并且不单以理论或者以实际使用为根据来评论教材，而是把理论和实际使用教材过程中所得到的体会和经验以及反思加以结合，因此能得出比较客观、公正的评价。

《新视野大学英语》系列教程自出版之日起就在全国范围内被广泛传播并得到使用者的认可，不仅教学人员觉得这是一套满足时代要求、有利于提高教学效率的好教材，学习者也发现使用这一教材进行大学英语学习会使其过程充满乐趣，使人从语言技能、文化信息、视野等各方面都获益匪浅。因此，综合众多研究人员观点，对比笔者十多年大学英语教学实践中接触过的大学英语教材，并结合多位大学英语教学人员的经验，不难发现《读写教程》具有众多优点，但与此同时，《读写教程》也不可避免地存在一些缺点。

一、教材的优点

正如在前文中所提到的那样，《读写教程》集合了众多类似教材的优点：以《课程要求》提出的大学英语教学性质、教学目标、教学模式、教学评估等为依据，同时还以大学英语四、六级考试要求和题型为参照，并借鉴了新的大学英语教学理念、教学模式、评价体系等。

1. 内容丰富

第一，《课程要求》指出，大学英语课程设置要“考虑不同起点的学生，既要照顾起点较低的学生，又要为基础较好的学生创造发展的空间；既能帮助学生打下扎实的语言基础，又能培养他们较强的实际应用能力尤其是听说能力；既要保证学生在整个大学期间的英语语言水平稳步提高，又要有利于学生个性化的学习，以满足他们各自不同专业的发展需要”。也就是说，课程设置要多样化、个性化；要考虑所有学生参差不齐的英语知识水平；既要满足学生目前学习需求，又要照顾到学生将来学习或工作需要等各方面的要求。《读写教程》在选材过程中可谓是既煞费苦心，又沙里淘金。一方面，教材中所选择的课文满足了新时期大学英语教学的时代特征和要求。教材出版于21世纪初，其中的课文多出自英美的报纸和杂志，内容是符合时代特征的。例如第一册第一单元的外语学习主题下的网络学习就是其中的典型代表，因为20世纪末21世纪初的时候网络学习方兴未艾，是时代发展的必然趋势，在世界范围内得到广泛关注，在中国则属于新事物。另一方面，《读写教程》的选题内容也并非一味地追求新潮，一些大众所普遍关注的事物或现象也在教材中得到了体现，如艾滋病、环保。

第二，在选题过程中，教材的编写者也给大学生这个群体以特殊关注。因为这套书的主要受众是大学一、二年级的学生，他们具有好奇心强、思想单纯、接受能力强等特点。因此在选择教学内容的时候必须考虑到他们的这些特点。亦即，教材内容必须是思想积极向上的、主题健康的，要能给大学生传递正能量。既要引导他们好学，又要引导他们向善、向上。因此，一些经典文章就得到了保留，如第一册第三单元善良主题下的两篇文章 *A Good Heart to Lean on*（《善良之心　永世相依》）和 *The Right Son at the Right Time*（《关键时刻的真儿子》）所传递出来的善良和帮助的正能量，第二册第九单元课文 *Never Be a Quitter in Face of Life*（《不当生活的逃兵》）中所传递出来的乐观的心态和积极向上的意识。在学习《读写教程》的过程中，大学生对英美国家的文化、传统、人文、政治、社会等各方面的好奇心会得到极大满足，他们单纯、积极的思想也会因为从课文中汲取到的正能量而得到进一步巩固和增强。

第三，《读写教程》所选取的文章还极具趣味性。选材极具趣味性主要是为了使教学内容多样化、教学活动多样化、教学安排个性化。长期单纯地对学生进行说教（即使内容健康、思想积极）很可能使大学英语教学变得枯燥。枯燥的教学内容可以使英语基础好的学生觉得英语学习没意思，从而导致上课沉默，最终丧失学习兴趣；英语起点低的学生更是如此。因此，趣味性是《读写教程》中的课文所具备的另一个特点。如第一册第四单元课文 *How to Make a Good Impression*（《怎样给人留下好印象》）以及 *Body Language*（《身体语言》）都很有趣味性。尤其是 *Body Language*，学生在学习的过程中可以结合生活中有意思的身体语言进行讲解，教师还可以要求学生思考文章中间出现的几个身体语言所代表的具体含义。还有第四册第二单元的课文 *Charlie Chaplin*（《查理·卓别林》），其中不仅包含了卓别林的演艺生涯，还有发生在他身上的有意思的故事。当然，仅仅是卓别林这个人物本身就已经使文章具有趣味性了。

第四，从已经做出的介绍中不难发现《读写教程》选题的另一个特点——选题多样性。在总共四册书四十个单元中，课文的选题可以说涵盖了日常生活的各个方面，从生活常识到科学知识、从伟人到普通百姓，也涵盖了多个领域的知识，有哲学的、有商业的、有文学的、有爱情婚姻家庭的，也有文化的、战争的，等等。选题多样性一方面是为了使学习者接触到更多领域的知识，另一方面也是为了避免教学内容单一而引起一些消极后果。

第五，《读写教程》还具有实用性的特点。《读写教程》的实用性主要从三个方面得以体现。一是《读写教程》的课文来源决定了学习者将来对原汁原味的英语文章的适应性。由于教材中的文章多选自英美的期刊、报纸，这些都是原汁原味的英语，与不以英语为母语的人写出来的文章截然不同。因此，在熟悉了这些文章的写作特点之后再去阅读其他的类似写作风格的文章时就相对容易理解。二是文章非常重视学习者词汇量的积累和扩大。众所周知，词汇之于语言学习者相当于建筑材料之于建筑工人，没有建筑材料，再高明的建筑师也无法建造出任何建筑，这对于语言学习也是相同的道理。没有适量词汇的积累，再聪明的学习者即使掌握了大量的语法知识也不能正确表达自己。《读写教程》的词汇量很大，单词呈渐进式分布，而且在课文中会经常重复出现，有助于学习者记忆单词意思并掌握用法。此外，该教材不仅包含了中学已经学过的绝大部分单词，而且还基本覆盖了《课程要求》所规定的一般要求层次的所有单词。更加重要的是，这些重要的单词在练习中都得到了着重练习，这也充分体现了该教材对积极词汇的关注和重视。学习这套教材有助于为以后的大学英语四、六级考试积累大量的词汇。《读写教程》的实用性的第三个方面体现在课后练习的设置上。前面提到过，《读写教程》四册书的课后练习虽说相似但也有所区别。抛开这些练习的难易程度以及数量不说，课后练习的题型设置本身就很有针对性和实用性。课后练习主要针对的是四、六级考试，这一点在从第一版到第二版的修订过程中得到了充分的体现。第二版课后练习的设置对于新的四、六级考试题型更有针对性。第二版课后练习在保留了词汇题、翻译题、写作题等习题的基础上，增加了四、六级的考试题型，如课堂讨论题、选词填空题、篇章词汇理解题。基础知识练习题和大学英语四、六级考试新题型的结合体现了现代英语教学理念的变化，那就是既培养学生的接受性能力又培养学生的输出性能力。其中，课文理解侧重于接受性技能的培养，各种练习，尤其是翻译和写作题侧重于产出性技能的培养。目前大学英语教学研究的热点之一“以输出为目的的大学英语教学”就格外强调培养大学生的输出性能力。练习中的选词填空、完形填空、结构分析以及段落写作等都围绕课文进行开展，这样的练习设计有利于学习者接受性能力和输出性能力的同步培养。2013 年开始的大学英语四、六级改革新题型中翻译题的改革对学生的影响尤其大，翻译题的形式从以前的翻译短语变成了翻译段落（翻译的内容是大家所了解的中国文化）。翻译题的改革对于学生英语综合输出能力提出了很高的要求，不仅要求学生了解中国文化、记住单词，而且要求学生掌握句子结构以及句子之间的衔接。但是，新的翻译题型的出现对于那些学好《读写教程》的学生来说其实影响不是很大，因为翻译中所要求的句子结构以及句子衔接在课文中以及课后练习中都有体现。只要学生记住了书上的这些知识，翻译对他们来说就是小菜一碟。

2. 设置合理

《读写教程》很受关注的原因之一是其合理的设置。判断大学英语教材设置是否合理主要是看其结构布局、前后内容衔接、学习者对课文主题的熟悉程度以及课文内容的难易程度、各分册之间的关联性以及课后练习的设置等方面。

作为教育部“普通高等教育‘十一五’国家级规划教材”系列之一，《读写教程》在内容设置及结构布局方面具有以下特点。

（1）结构布局合理。教材的结构布局可影响使用者的使用效率。《读写教程》四册书中的每一个单元都秉承相同的结构布局，即总体上分为预习和正文两个部分，预习部分一般为 100 字左右，有助于学习者了解该单元的主题；正文部分又分为两部分（Section A 和 Section B），其中 Section A 一般设置为精讲，而 Section B 则设置为略讲或者课外读物。这样的结构布局既可以确保教学内容的合理安排，又可以使学习者分清学习的主次，合理分配学习时间、安排学习计划。

教材的结构布局还应考虑课文的长度以及生词的比例。《读写教程》中采用的课文长度从第一册到第四册采用的是阶梯式增加的方式，从第一册每篇课文的 700 字左右逐渐增加到第三、四册的每篇 900 字左右。而其中的生词的比例也平均控制在 4.6%左右（数据来源于教材）。这样的安排既不会使学生一开始就觉得生词太多太难而不能理解课文内容，也不会使学生觉得课文太长感到压力过大，还可以使学生在学习过程中获得成就感，从而激励自己继续学习。

（2）前后内容关联性强。英语学习是一个系统过程，系统性决定了英语学习存在着前后阶段的极大关联性，因此大学英语教材的内容选择必须考虑到大学前英语学习和大学后英语学习。《读写教程》既承接了高中英语学习的特点和学生在上大学前已经打下的英语基础，又为学生将来阶段的英语学习打下了基础，并且还为学生在以后工作中对英语的实际需求做好了实际准备。《读写教程》的课文基本涵盖了学生高中时期所学的词汇，也基本涵盖了《课程要求》中对一般要求层次所要求的积极词汇，并且这些词汇在课文中的复现率很高，有助于学生掌握其意义和用法。这些词汇基本上以四、六级词汇为主，与研究生阶段学习的词汇存在差别，但又与研究生阶段的词汇保持了很好的连续性。

《读写教程》既有良好的外在关联性，符合大学阶段的特点；也保持了较好的内在关联性，主要体现在该教程四册书之间。如果说外在关联性使大学英语学习在学生的整个英语学习过程中起着承前启后的功能的话，内在关联性则使《读写教程》的四册书构成了一个完整的体系。首先是词汇在这个体系中的关联性。四册书的课文所使用的词汇形成了一个的整体。这些词汇既符合《课程要求》对一般要求层次所提出的要求，又多次在不同的语境中重复出现，表明词汇系统的错综复杂的联系。其次是课文在体系中的关联性，尤其是课文长度和难度的关联性。《读写教程》从第一册到第四册不仅课文长度（即单词的数量）在逐渐增加，而且课文难度也在逐渐增加，这在第三册和第四册中表现得尤为明显。最后是课文主题在体系中的关联性。《读写教程》采用的是分主题安排教学的方式。每册书里都有十个不同的主题，四册书里的主题之间的差异性明显，但主题之间也存在相似性，如爱情、婚姻、家庭这三个主题就存在非常清晰的联系。

（3）练习搭配系统性强。教材的合理性不仅局限于授课内容的有效性、时效性，还具备合理的练习设计，具有实用性。也就是说，一方面练习的搭配要合理，另一方面练习的内容也要合理，符合时代的特色，满足学习者学习、应试、工作的需求。《读写教程》的练习可以分为两个部分：课外练习和课后练习。课外练习主要是与教程相配套的《综合训练》；而课后练习则指每篇课文后与课文内容及文中知识点相配套的练习。受限于大学英语课时安排，《综合训练》一般只要求学生在课余完成，教师多只检查完成情况。而课后练习由于是对所学课文内容以及文中所提到的重要知识点的复习巩固，则需要重点完成。《读写教程》所配备的课后练习形式多样，有 Comprehension of the Text（课文理解题）、Vocabulary（词汇题）、Word Building（构词题）、Collocation（词语搭配题）、Sentence Structure（句子结构题）、Translation（翻译题）、Cloze（完形填空题）、Text Structure Analysis（文章结构分析）以及 Structured Writing（写作）等多种形式，并且每种形式又包含了不同的题型，有不同的考查重点和难点。这些形式涵盖了词汇、语法、句子结构、段落写作以及篇章结构分析。也就是说，这些形式包含了各个层面的英语知识。此外，同一形式在不同的书中又有不同的题型和要求，如 Word Building 在一、二册中以选词填空、介词搭配为主，而在三、四册中则以选词填空和构词为主，构词在英语词汇学习中则属于较高层次。同样，Collocation 在一、二册中没有出现，在三、四册中则以常用搭配或者固定搭配的形式出现，主要是因为 Collocation 相对而言是难度比较大的题型，没有一定的知识积累很难完成，如果出现在第一册中很有可能会打击学生的自信心。通过各种不同形式的搭配练习和训练，学生可以完成不同语言技能以及不同层次的技能的输出训练，从而既为更高层次的英语学习奠定坚实的基础，又为以后工作、生活中各种英语技能的实际使用，即输出，做好了准备。

（4）《读写教程》的合理设置还体现在课文选题的合理性上。前面曾提到过《读写教程》主要以主题形式安排教学内容和教学活动，《读写教程》的选题不仅具有多样性，而且具有趣味性，具备时代特征，但最重要的是这些选题以生活中常见的各种现象或者学习者从小耳濡目染的现象为主，如学习、工作、爱情、教育、名人传记、文化现象等，也就是说，这些主题都是大学生所熟悉和有所了解的，而不是陌生或者与世隔绝的主题，阅读或欣赏这些主题的文章时往往会在学习者心中得到某种共鸣，有助于提升他们的学习兴趣。

3. 教学理念先进

《课程要求》指出："教学模式的改变不仅是教学方法和教学手段的变化，而且是教学理念的转变，是实现从以教师为中心，单纯传授语言知识和技能的教学思想和实践，向以学生为中心，既传授语言知识与技能，更注重培养语言实际应用能力和自主学习能力的教学思想和实践的转变，也是向以培养学生终身学习能力为导向的终身教育的转变。"《读写教程》始终以学生为中心进行教学内容的选择和教学活动的设计和开展，积极促进传统大学英语教学理念向现代教学理念的转变。这种转变表现在两方面。第一，教师的角色发生了巨大的变化，在传统的"传道授业解惑"的知识传授者的基础之上不仅承担起了组织教学活动的功能，还成为学生课外自主学习活动的倡导者、监督者。第二，学生的角色也发生了巨大变化，他们从传统的"知识被动接受者"转变为学习的主体，他们不仅可以自主选择适合自己兴趣、需求等方面的学习材料、学习方法，而且还可以适时做出调整，做到因时因地制宜，并且根据不同的学习对象和需求来选择自己的学习方法，甚至学习伙伴。这种学习自主性方面的巨大变化不仅有助于提高学生的学习兴趣和学习效果，还有助于提高学生的自学能力，帮助学生养成独立思考的习惯以及合作学习的能力。

此外，《读写教程》中先进的教学理念还体现在其始终坚持以应用为本，即发展学生英语实际应用能力。《课程要求》指出，"大学英语的教学目标是培养学生的英语综合应用能力”，并有针对性地提出大学英语学习的三个不同层次的要求。从这些要求中可以看出，这种“综合应用能力”主要包括：听力理解能力、口语表达能力、阅读理解能力、书面表达能力以及翻译能力，简而言之就是日常教学中经常提到的“听、说、读、写、译”五个方面的能力，虽然物质能力都属于“应用能力”，但其中的“听、读”属于语言输入能力，“说、写、译”属于语言输出能力。由于性质和领域的限制，《读写教程》并没有将“听、说”能力的训练和提高包含在内，而只是包含了“读、写、译”三方面的能力，通过多渠道、多角度给学习者提供这些方面的语言输入与输出训练。原汁原味的课文不论是作为精读课文加以阅读或背诵，或者作为泛读文章来获得信息都是语言输入的极好语料。而课后练习中的 Test Structure Analysis 不仅仅是对结构的分析，也为后面的 Structured Writing 提供了很好的写作模板。同理，部分单元句子结构里面包含的短语翻译以及每单元后面的句子翻译练习（分为英译汉和汉译英两部分）则为学习者翻译能力的提高提供了很好的练习机会。而这些翻译练习基本上都包含着课文中的重要句型和词汇，学习者在提高翻译实战水平的同时还可以加深对重要句子结构和词汇的理解、记忆、应用。由此可知，《读写教程》中原汁原味的课文选择以及多角度、多渠道的课后练习设计体现了语言输入能力和语言输出能力的完美结合，为学生提高英语应用能力提供了很好的机会和可能。相对传统的英语教材而言，《读写教程》的教学理念显得更加新颖，并且实用性极强。

完整的教学过程包含了教学准备过程、教学实施过程以及教学评估过程。教学评估是检验大学英语教学是否实现课程教学目标的很重要的环节。国内的教学评估一般是以测试的形式展开的。为了确保测试的有效性和针对性，也为了使大学英语教学与测试实现完美结合，《读写教程》的系列配套材料还包括了试题库，学习者可以依据学习进度、学习习惯等灵活使用试题库；同时还提供网络评估手段，学习者可以通过网络评估手段完成自我评估、相互评估，教师也可以依据学生在网络提交的作业等各方面信息对学生进行评估。可以说，《读写教程》实现了教学和测试的完美结合，既有利于教师把握教学内容、组织教学活动、评估教学状况，也有利于学生根据自身学习状况及时调整自己的学习方法和策略，提高学习效率。

4. 教学模式完善

《课程要求》指出，教学单位应“充分利用现代信息技术，采用基于计算机和课堂的英语教学模式，改进以教师讲授为主的单一教学模式”。也就是说新的大学英语教学既要改变传统的“以教师为中心”“满堂灌”式的教学模式，形成“以学生为中心”的教学模式，实现传统教学模式向现代教学模式的转变，又要充分利用新的信息技术，实现传统教学手段和现代教学手段的结合；既要充分利用现有教学设备和资源，又要积极引进现代化的教学设备和资源。《课程要求》还指出，“教学模式的改变不仅是教学方法和教学手段的变化，而且是教学理念的转变”。这和《读写教程》提出的教学理念相辅相成，可谓异曲同工。

《读写教程》所提出、建立的教学模式是立体的，包含了教材、传统授课方式、网络学习资源、网络管理平台、网络测试平台、传统教学设备、多媒体教学设备、现代信息技术等诸多方面。这些设备和技术的应用不但改变了传统大学英语教学中教法单一、信息传递有限、教师“满堂灌”而学生却觉得索然无味等局限性，而且树立了学生在学习中的中心地位，提升了学生的学习积极性和主动性，还加速了课堂信息的传递，使学生在相同时间接触并获得的信息更加丰富。

5．教学任务、目标、内容明确

教学任务和教学目的在教学活动中起着至关重要的作用，教师对自己的教学任务及教学目的是否清楚、学生对自己的学习任务和目的是否明确都关系到大学英语学习的成功与否。《课程要求》对大学英语教学的性质、目标规定得非常清楚。大学英语的性质是“以外语教学理论为指导，以英语语言知识与应用技能、跨文化交际和学习策略为主要内容，并集多种教学模式和教学手段为一体的教学体系”。而大学英语的教学目标是“培养学生的英语综合应用能力，特别是听说能力，使他们在今后学习、工作和社会交往中能用英语有效地进行交际，同时增强其自主学习能力，提高综合文化素养，以适应我国社会发展和国际交流的需要”。严格按照《课程要求》的精神，《读写教程》将大学英语教学的性质和目标贯彻始终，这在《读写教程》的教学理念和教学模式的构建中已经表达得非常清楚了。

依据《课程要求》，大学英语教师的教学内容就是“英语语言知识与应用技能、跨文化交际和学习策略”，教师应该在教学过程中始终以执行教学内容为己任；而教师的教学目标就是“培养学生的英语综合应用能力”，亦即前面提到的听、说、读、写、译五方面的语言技能。与教师的教学内容和教学目标相呼应的是学生的学习任务和学习目标。《读写教程》在制定学生的学习任务和学习目标时也做了大量工作。在课文选材时以原版英文文章为选材对象，以确保学习对象的纯正性；在编排设计课后习题时以与课文内容相呼应、与提高学生英语学习目标为目的进行设计。笔者多年的教学实践表明，这样的文章选材和练习设计有助于实现《课程要求》所规定的“培养学生的英语综合应用能力”的目标，而且那些认真学习的学生也确实拥有这些语言技能。

二、教材的缺点

《读写教程》丰富的教学内容和教学材料、合理的课文选材及结构布局、与大学前英语教学及大学后英语教学的完美衔接、先进的教学理念、完善的教学模式、明确的教学内容及教学目标、实用的练习设置等各个方面所透露出来的信息就是：《读写教程》是一套好教材，甚至可以说是很完美的教材。但就能据此说明《读写教程》真的完美无瑕吗？综合国内众多研究人员多年的潜心研究，根据笔者自身十多年的教学实践及教学反思，再结合当前时代需求以及大学生学习大学英语的主要目的——通过大学英语四、六级考试，我们不难发现，正如中国古话所说的“人无完人”一样，《读写教程》也存在一些瑕疵。当然，教程中细微的语言错误或者印刷问题都是细枝末节的方面，抛开不表，综观《读写教程》的四册书不难发现其中存在的问题。这些问题有的是选材方面的，有的是语言能力培养方面的，也有的是视野拓展方面的。将这些问题加以综合，可以总结出以下几个方面。

1. 翻译技能的讲解缺乏

《课程要求》指出大学英语的教学应该以“培养学生的英语综合应用能力”为目标，综合应用能力包含了听、说、读、写、译在内的各种技能，听、说技能的培养自然可以在听说课堂上进行，而读、写、译三种技能则主要是在读写课堂进行。因此，大学英语课的教学内容应该包括学生翻译能力的培养。虽然《读写教程》中确实包含了翻译短语以及句子的练习，但缺少翻译理论知识的讲解。得不到适当翻译理论指导的学生多数情况下只能凭自己的直觉以及对目的语的理解去翻译，其结果很可能比较直白或者连翻译者自己都不知所云。翻译理论的缺乏对翻译效果的影响在新的四、六级考试中的翻译题中表现更加明显，因为新的翻译题要求翻译一个段落，段落翻译与句子翻译的主要区别就在于段落翻译不仅需要把句子翻译出来，还要关注句子之间的各种时而明显时而微妙的逻辑关系，稍微不注意翻译出来的文字就会“失之毫厘，谬以千里”。在这种情况下，大学英语教师就需要在这方面多做些课外知识的储备，在有限的教学时间里挤出时间给学生讲解一些常见且有用的翻译理论知识。

2. 文化偏好严重

总体来看，《读写教程》中的文章多数出自美国报纸、杂志，他们宣扬的都是美国人的思维方式、行为模式以及价值观念，而且文章中出现的多是美国的地名、人名、社会文化现象等，也就是说，在选材过程中，《读写教程》偏好美国文化。这种文化偏好的结果就有可能使学生形成“美国文化就是英语文化”，或者“英语文化就是美国文化”的错误印象，从而导致学习者与其他英语国家的人交流时因采用美国人的行为方式而导致误解的产生，甚至交流失败。因此，从全面的角度来说书中可以适当添加其他英语国家（如英国、加拿大或者新加坡等）的社会文化现象。

3. 中国文化缺乏

《课程要求》指出，大学英语的教学，目的是培养学生“在今后学习、工作和社会交往中能用英语有效地进行交际”的能力，并且需要提高学生的“综合文化素养，以适应我国社会发展和国际交流的需要”，但《读写教程》中不仅缺乏英语的相关文化信息，更缺乏中国的有关文化信息。交流从来都是相互的过程，国际交流不能只是单向地吸收国外信息，还需要输出国内信息。单纯学习英语国家的文化而不能用英语介绍自己国家的文化就是教育家们经常说的缺乏“文化自信”。

目前的主流意见是在大学英语教学中增加中国文化的讲解，在提升大学生“文化自信”的同时还可以输出中国文化。结合《读写教程》而言就是在其中增加中国文化的分量，并且可以把中国文化与美国文化放在一起进行比较，这样可以使学生的印象更加深刻。目前，英语四、六级考试中新的翻译题已经在这方面做出了很好的尝试。

4. 知识局限性

《读写教程》不是百科全书，不可能包罗万象，也就因此而不可避免地存在一定的知识局限性。这里所指的“知识局限性”不是说它没有包罗万象，而是说《读写教程》在编排上存在一些误区或者说是失误，如个别单词的意义解释不够充分。例如，第一册第六单元单词表中的“greenhouse”一词解释为“温室”，但若将课文中的这个词翻译为“温室”则比较勉强，可以加上“花房”的解释。因此，在教学过程中教师和学生都应该留意这种局限性并注意为自己补充课外语言知识。

小 结

尽管存在一定的瑕疵，《读写教程》依然依据自身所提出的先进的教学理念、完善的教学模式、地道的课文选材以及全面的辅助教学资料和立体的教学架构成为优秀的大学英语教材。

第二章

大学英语教学策略及其在《读写教程》中的实践

“策略”一词最初使用于军事领域，后来随着社会及语言的发展逐步应用于其他领域，如社交、商业及教学等领域。策略在语言教学，尤其是外语教学领域的使用，或者说外语教学领域对策略的研究历史，相对较短，只有几十年。而对于教学策略到底是什么以及包含了哪些内容，学者们尚未形成统一意见，其研究成果也不是很丰富。和学新（2000）认为，“教学策略是为了达成教学目的，完成教学任务，而在教学活动清晰认识的基础上，对教学活动进行调节和控制的一系列执行过程”；王策三（2005）则将教学策略定义为“为达到教学目的，实现教学内容，运用教学手段而进行的，由教学原则指导的，一整套方式组成的，师生相互作用的活动”；周影韶（2008）认为，“教学策略是指在教学过程中，为完成特定的目标，依据教学的主客观条件，特别是学生的实际，对所选用的教学顺序、教学活动程序、教学组织形式、教学方法和教学媒体等的总体考虑”，并将教学策略分为总体教学策略、学期等阶段性教学策略、单元教学策略、课时教学策略四个系统，还提出了大学英语教学策略所应该遵循的四个基本原则；熊川武（1997）认为，“教学策略用来指教学活动的顺序安排和师生间连续的实质性交流，指为实现预期效果所采取的一系列有用的教学行为”；周军（2003）认为，“教学策略是教师为了实现教学目标，根据情景的特点，对教学实施过程进行的系统决策活动。教学策略既包括教学活动中教师对教学内容、教学手段和教学方法的调控，也包括对学生的学习活动与学习方法的调控，而且应以学习策略为基础”。由此可知，尽管这些学者对教学策略的观点不一，但综合以上研究不难发现：①教学策略是为教学目的服务的；②教学策略对教学手段、方式有重大影响；③教学策略有综合及具体之分，综合的教学策略适用于所有教学过程，而具体的教学策略则依赖于具体的教学内容、教学对象、授课环境、教学目的等因素；④教学策略不等同于教学方法，教学策略是相对抽象的，具有系统性，而教学方法是具体的，是在具体教学过程中、在教学策略的指导下所采用的教学措施；⑤教学策略对教学方法的选用起指导作用。

教学策略之于教学就像战略之于战争，教学策略的选择对教学效果起到决定性作用，好的教学策略的选用可以起到事半功倍的效果，而不恰当的教学策略的选用则会使教学过程以及教学效果大打折扣。大学英语的教学策略更是如此。鉴于教学策略在大学英语教学中的重大价值，本章将大学英语教学实践中经常使用的教学策略分为综合性教学策略以及具体教学策略，并对这些教学策略在大学英语教学中的使用价值以及它们在各个教学领域的实施进行探讨。

第一节　综合教学策略及其在《读写教程》中的实践

大学英语教学是一个系统工程，传统的大学英语教学包括备、教、辅、改、评、思等多个环节，即备课、教学、辅导、批改作业、教学评估、教学反思等。这些环节缺一不可，并且各环节之间相互影响、相互作用，它们相互之间的关系如图 2-1 所示。

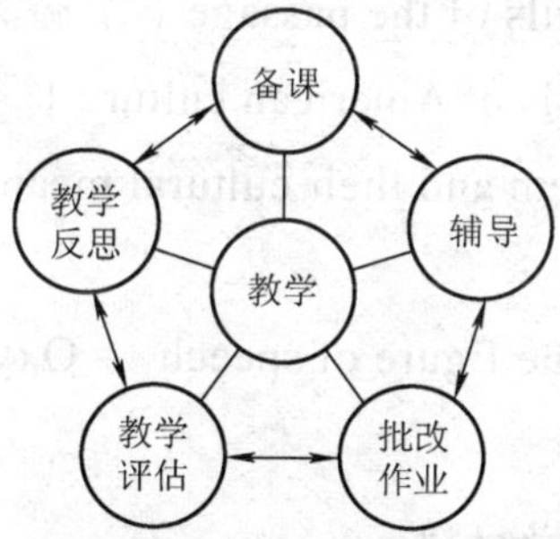

图 2-1　大学英语教学环节

根据图 2-1 可知。①备课是教学活动正常开展的前提，教学是整个活动的核心，辅导是解决教学遗留问题的关键，批改作业是教学活动的辅助措施，教学评估是对教学效果的测评，教学反思则是对其他教学环节的总结、反思，对整个教学活动有启迪作用，有利于总结前一个教学过程的得与失，从而避免新的教学活动中类似问题的出现，也有利于教师教学水平的提升和教学效果的提高。②这些教学环节尽管在理论上有先后关系，但在实践教学中并非仅对后面一个环节有影响作用，首先教学是处于核心位置的环节，其次各环节对其他环节也有重要影响，如反思不仅是对教学过程的反思，还是对备课、辅导、批改作业、教学评估等其他环节的反思；而评估也不仅是对教学活动的反思，也是对辅导、备课、批改作业等环节的反思。

同时，依据这些环节的先后顺序，我们又可以把这些环节分为三个阶段：教学前准备阶段、教学活动开展阶段、教学后总结及评估阶段。教学前准备阶段主要涉及备课环节，教学活动开展阶段主要涉及教学活动、课后辅导环节，教学后总结及评估阶段主要涉及批改作业、教学评估及教学反思等环节。由于不同的教学环节在教学中具有不同的价值，而且不同教学阶段的侧重点及其在教学活动中的目的和意义也不尽相同，教师在各阶段所采取的教学策略也应有所不同。

一、教学前准备阶段策略

作为系统工程，大学英语教学在实施具体活动之前必须做出应有的前期规划，明确完成相应的教学内容和实现具体的教学目标所需采用的策略，因此，教学前准备策略至关重要，备课需要关注重点、难点以及关键点，具体应包含以下内容。

1. 明确教学目标

教学目标的选择和确定有助于备课重点的选择、授课内容的挑选、授课形式的确定及教学活动的设置。以《读写教程》第三册第四单元课文 *Five Famous Symbols of American Culture*（《美国文化的五个标志》）为例。在备课阶段，首先要确定本单元完成后应实现的五大目标：

（1）To get the whole understanding of the passage（整体理解课文）；

（2）To grasp the writing skills of the passage（掌握课文写作技巧）；

（3）To learn the five symbols of American culture（了解五个美国文化标志）；

（4）To know more about them and their cultural meanings（掌握更多有关信息及文化意义）；

（5）To learn to appreciate one figure of speech — Oxymoron（了解修辞手法——矛盾修辞法）。

2. 适当选择教学内容及教学材料

《读写教程》提供的教学内容丰富，练习形式多样，但大学英语课的课时有限，很难在规定课时内完成所有的教学内容，因此，在备课阶段，教师就必须根据课时以及该单元的教学目标来对教学内容加以适当取舍。仍以《读写教程》第三册第四单元为例。根据上述教学目标，该单元的教学内容以文化知识、篇章知识为主，因此，首先可以确定 Text B 为课外阅读文章；其次，教学重点为篇章结构及文化知识，语言知识为辅，可以适当补充相关信息或者比较中美文化的区别。

3. 合理设计教学组织形式

教师需要根据教学目标及教学内容来合理设计教学组织形式。常见的教学组织形式有小组讨论、教师讲授、自主学习等，在上述第四单元的教学中，由于教学目标以篇章知识和文化知识为主，教学内容以 Text A 为主，教学形式就可以以小组讨论及自主学习为主、教师讲授为辅。合理的教学组织形式不仅有助于课堂教学形式的丰富，而且有利于学生自主学习习惯和能力的培养。

4. 设计多样的教学行为

常见的教学行为有：主要教学行为、辅助性教学行为及课堂管理行为三种。教学行为的选择要以教学内容、教学目标为依据，并充分考虑学生的认知水平、实际英语水平以及学习习惯等。目前我国高校英语教师的教学任务普遍较重，授课班级较多，学生的水平也存在较大差别，因此，在备课阶段，教师有必要根据不同的教学班级来设计不同的教学行为，有的班级的学生需要以教师讲解为主，有的班级的学生却只需要教师的指导。为学生提供适当情景、创造学习条件和氛围，学生就会积极参与到教学中来。

5. 合理设置教学活动策略

丰富的教学活动是活跃课堂、激发学生思维的关键之一。大学英语教学也需要考虑活动的多样性。教学活动的设计主要还是取决于教学目标，如上述第四单元中的教学活动就应该以学生参与为主，可以设计小组讨论并发言的教学活动；而《读写教程》第一册第七单元 *Face to Face with Guns*（《与枪遭遇》）教学中的活动就可以设计为学生的角色扮演等。此外，教学活动的设计需要做多手准备，因为不同班级的学生的积极性与参与度是不一样的。

二、教学活动开展策略

蔡慧琴等（2008）认为，教师上好课的基本要求是目标明确、重点突出、内容正确、方法得当、表达清晰、组织严密、气氛热烈、效果显著。为了上好课，教师需要具备相关教学技能：导课技能、讲授与教学语言运用技能、课堂提问与讨论技能、指导学生学习的技能、课堂调控技能、板书与教学媒体的运用技能以及结课技能。鲁子问（2008）提出英语教学过程的策略，指出英语教学包含五个教学阶段：导入阶段、阅读前准备阶段、阅读中阶段、阅读后阶段、巩固阶段。王笃勤（2002）认为普遍性教学策略包含组织策略、激励策略、提问策略及评估策略。

综合上述学者的观点可知：

（1）教学活动成功与否的标准是教学目标是否明确、重点是否突出、组织是否严密等；

（2）教学活动的成功开展需要涉及各种教学策略；

（3）不同的教学阶段所涉及的教学策略应有所区别。

众所周知，教学活动贯穿教学始终。教学活动的内容主要由教学目的和教学内容来确定，因此，教学活动的成败主要取决于教学目的的实现与否以及教学内容的完成方式。故教学活动的开展必须以备课阶段所准备的策略为蓝本加以执行，应该包含以下策略。

1．导入策略

课程导入成功与否事关学生兴趣以及学习效果，大学英语教学课程导入常见的策略有：课文相关知识导入、问题导入、课文内容导入等。《读写教程》在设计教学内容时多以相关知识和问题导入为主，在每个单元前都给读者展示了相关的知识。以第二册第六单元 *As His Name is, so is He*（《人如其名》）为例。在本单元 Preview 部分，编者根据人们常以貌取人的社会现象提出问题供学生思考。而在社会生活中，我们常常也会遇到同样的事情。因此，在导入该单元时，一方面教师可以利用书中所提供的线索，另一方面也可以通过提示社会名人常常通过改名甚至整容来博取更大的知名度这一现象来引导学生。

2．讲解策略

讲解是大学英语教学的重要组成部分，讲解的策略往往依赖于讲解内容。大学英语课文的讲解主要由课文结构的讲解和语言知识的讲解构成，教师应该根据教学目标来确定讲解重点以及相应的讲解策略。以第三册第四单元的讲解为例。由于该单元的教学目标重点是对整篇文章的主题理解和写作技巧，在确定讲解内容时就应该以课文的主题架构为主，以语言知识为辅，而在讲解课文的结构时则需要根据教学对象的实际英语水平来确定讲解策略，如果学生的水平较高，认知水平也很好，讲解时就可以以学生为中心，而如果学生的水平或认知水平还不足以理解课文结构的话，教师就需要通过给学生以适当提示来引导学生完成对课文结构的理解。

3．训练或操练

学以致用是大学英语教学的目的，《课程要求》明确提出大学英语教学的目标是“培养学生的综合英语应用能力”，因此，在大学英语教学过程中，除了教学模式由“以教师为中心”向“以学生为中心”的转变之外，任课教师还必须考虑提高学生的应用能力的恰当方式。常见提高能力的教学理念就是“用中学，学中用”，即将学习和应用适当加以结合，将这一常见理念置于大学英语教学中，就是讲解和应用的结合，也就是知识点的训练或者是操练。前面提过，大学英语的知识点不仅有语法、单词、短语这些基本点，而且有句子结构，还有段落衔接与写作以及篇章结构等众多方面。因此，在大学英语教学过程中，教师的任务不仅仅是给学生提供练习基本语言知识的机会，还需要教会学生提炼句子结构、理解段落结构及篇章结构，并提供适当情景以使学生掌握的理论知识得到实践证明的机会。

4．提问策略

提问是课堂常见的活动之一，提问往往是互动的，此处的提问仅指教师的提问，不包括学生的提问。课堂教学的成败及教学效果的好坏取决于教师课堂内所提问题的种类、教师对问题的控制等。可供课堂提出的问题种类较多，常见的有陈述性与推理性的问题、开放性与封闭性的问题、简单问题与复杂问题等。教师在提问题的时候必须考虑到学生的接受程度、理解程度、认知水平及英语应用水平等因素，因此，提问策略的恰当使用有助于确保问题的有效性。王笃勤（2002）认为，“提问策略可分为计划策略、问题设计策略、控制策略和评估策略”。在这些策略中，计划策略和问题设计策略较多地存在于备课阶段；控制策略则更多地体现于教学活动开展阶段，更能体现教师对问题的使用、对教学对象的了解程度及对教学活动的掌控水平，控制不仅仅是对问题的控制以及选用，还可以是对提问对象及等待时间的控制，更可以是对提问方式的控制；而评估策略多用于课后总结，教师需要在课后对自己课堂内的表现以及提问的策略及方法进行总结，以便改善、提高自己对提问环节的实际控制水平，提高提问的策略和效果。

5. 组织策略

《课程要求》指出，大学英语教师的教学任务是“创造有利于学生自主学习的环境”，也就是说，大学英语教学不仅仅是“以学生为中心”，而且是要充分调动学生的积极性，使学生积极参与课堂教学活动，并最终形成自学习惯和能力。这就要求教师在开展教学活动时采用有效的课堂组织策略。王笃勤（2002）认为，“课堂组织策略涉及教师角色的认定、课堂活动的控制、交互模式的选择等”。“以学生为中心”的教学模式要求教师在开展教学活动时控制自己的参与度。为了使学生更积极参与课堂教学，教师可以采取小组讨论、合作学习等方式进行教学，并且对学生的参与及课堂表现给予激励和肯定而不是打击和否定。此外，教师还需要根据特定教学目的和教学材料选取特定的教学方式以及与学生的互动方式，并通过明确参与学生的责任以及发布适当的指令、合理控制活动时间等方式尽可能地使更多学生参与。

三、教学后总结及评估策略

教学后总结及评估主要包含教学任务完成后的课堂内总结及评估、课后总结及评估两种。总结是教师在完成相应教学任务后对自己在前期教学实践的得与失的总结；评估是教师了解学生学习情况的方式，也是课堂教学的重要组成部分。对教师而言，总结有利于教师提高教学水平，评估则有利于教师掌握学生的学习情况，可以随时根据学生的学习情况对后期教学重点和进度进行调节；对学生而言，评估可以使学生随时调节学习策略，纠正自己的错误观念和学习方法，使自己成为学习的主导者，提高自己的自主学习能力。

常见的总结策略有：以教学活动为中心、以教学方式为中心、以教学内容为中心以及以学生学习状况为中心。无论采取哪种策略，其目的都是更好地提高教师的教学水平以及提高教学效果。对教师而言，课后总结最常见的方式就是教学反思，教师的教学反思选择以哪个内容为中心，主要取决于进行反思的教学内容及教学目标。

王笃勤认为，常见的评估策略有：一分钟问卷、问题展示、一句话概要、应用卡、学生自拟测试题目、难懂或模糊的问题、学习监控表、活动反思、协商评定、预测评估及卡片评估等十一种。“课堂评估与课堂的具体教学内容有关，不同的课型有不同的评估方式”。具体到《读写教程》的教学可知，该教程设计的主要教学内容是英美文化，主要教学目标是阅读技巧的培养和提高、写作水平的提高、跨文化交际能力的培养和提高，所以，大学英语任课教师在课后对自己的教学进行总结和评估时主要是依据学生在特定学习内容完成后所获得的信息、知识、技巧以及对相应方面知识的掌握情况，通过在课堂内以及课后与学生交流时利用相关评估策略所获得的信息，从而对自己的教学相关内容进行反思，进而适当调整教学进度、教学内容、教学目标，重新设计所提问题及提问的方式，更新提问策略，改善课堂组织策略、管理方式，真正使大学英语课堂教学在自己的引导下做到“以学生为中心”，为学生创造自主学习的环境，达到“培养学生的综合英语应用能力”的目标。

第二节　具体教学策略及其在《读写教程》中的实践

大学英语是一个整体，包含英语语言理论及应用等所有方面的知识，从最小的语言单位音位到最大的语言单位语篇的各个层次的知识都需有所体现。《课程要求》所设计的新的大学英语教学目标为“培养学生的综合应用能力，特别是听说能力”，“增强其自主学习能力，提高综合文化素养”。为了达到《课程要求》所提出的教学目标，《读写教程》在编写时综合考虑了英语语言的各个层面的知识，包含语音、语义、语法等各个方面，详细信息在第一章介绍得比较清楚，此处不再赘述。

前面提过，教学策略分为综合教学策略及具体教学策略两类，综合教学策略适用于多数教学课堂，具体教学策略则仅适用于部分教学课堂。在大学英语教学中，教师除了要遵循备、教、辅、改、思、评等各个教学环节中所必备的综合教学策略外，还必须根据教学重点及教学目标的变化采用不同的具体的教学策略。大学英语教学的教学重点及目标主要是听、说、读、写、译、文化，用于培养学生在这些方面的能力的教学策略被称为具体教学策略。相应地，具体的大学英语教学策略可分为听说教学策略、词汇教学策略、语法教学策略、阅读教学策略、写作教学策略、翻译教学策略、文化教学策略。但由于《读写教程》课程内容的限制，听说教学策略不在本文的探讨范围之内；同时，我国的语法教学历史悠久，有关如何在以交际教学及任务教学为主的今天继续开展语法教学的争论尚无定论，并且考虑到我国的大学生在中小学阶段针对基本英语语法知识已经受过良好教育这一事实，语法教学策略也没有被列为本文探讨对象。

一、词汇教学策略及实践

词汇是语言最重要的组成成分，没有一定词汇量的积累，语言学习者和使用者就很难进行有效交流。词汇教学是大学英语教学的重要内容。一般而言，大学英语词汇教学与中学英语词汇教学内容差别不大，都包含词性、词义、用法、词的构成、记忆方法等内容；多通过例句、词的构成（词根、词缀）（段友国，2011）或语境来记忆词汇，也有部分人利用词的谐音或形象来达到记忆词汇的目的。由于大学生与中小学生在认知水平及词汇积累方面存在较大差别，大学英语教学也提倡通过培养学生的隐喻意识、提高学生的隐喻能力来记忆词汇（段友国，2013）。

王笃勤（2002）认为，词汇教学应遵循四个原则：词汇教学模式的选择原则、词汇的选择原则、运用原则及反馈原则。他还提出了词汇教学的三原则：展示阶段的教学策略、运用阶段的教学策略、测评阶段的教学策略，并依据各阶段的不同特点和教学策略，提出了适用于某个阶段的特定的词汇教学方法和测评方法。乔影（2010）从宏观和微观角度对英语词汇教学策略进行了分类，并提出各自角度下的词汇教学策略，如宏观角度包括了心理学知识（词汇语码策略、关键词法、联想单词记忆法、直观词汇教学法）、语言学理论、语言测试理论，微观角度包括了单词的特点、惯例化语言的使用、课型的差异等。

一般认为，学习者对词汇掌握要经过认知、记忆、应用及测评四个阶段。认知阶段的词汇学习主要是对词汇的意义、形状、构成、词性、用法的熟悉；记忆阶段主要是利用认知阶段对词汇的了解进行记忆；应用阶段的任务是通过翻译、造句、词汇辨析来对记忆的词汇进行使用，在语境中加深对词汇的记忆；测评阶段主要是通过各种测试手段来考查学习者对词汇掌握的程度，起到查漏补缺的作用。下面以《读写教程》第一册第一单元 Text A *Learning a Foreign Language*(《外语学习》)为例对词汇教学策略进行解析。

1. 认知阶段的策略

根据课文后面提供的词汇表可知，每篇课文共包含 29 个生词（其实学生已经在中学阶段记忆了部分词汇）。该阶段要求学生利用有关知识对这些词汇的词性、意义、构成、英语释义进行了解，并形成一定印象。如单词 frustrate，词性为动词，意义是“使沮丧、使灰心”，英语释义为“cause sb. to have feelings of disappointment”；单词 commitment，词性为名词，意义是“承诺、投入、奉献”，由词干 commit 加上名词后缀-ment 构成，英语释义为“a promise to follow certain beliefs or actions; the hard work and loyalty that sb. gives to the experience of real life”。

2. 记忆阶段的策略

本阶段要求学生充分利用认知阶段对词汇形成的了解和印象来对词汇进行记忆。可以利用词汇的构成、意义、英语释义、联想以及将词汇按特定的标准分类等方式进行记忆。记忆阶段学生采取的策略因人而异。教师或学生在记忆课文中的 29 个单词时可以将这些单词按照一定标准（如词性、构成、派生关系、搭配、近反义词等）进行分类整理和记忆，也可以结合熟悉的词汇来比较记忆。如记忆单词 reward 时就可以结合 award 来记忆；单词 frustrate 的记忆可以利用其近义词 discourage、disappoint、upset、annoy 等来记忆；单词 access、insight 的记忆就可以利用它们的搭配 get/gain/have access to、insight into 来记忆。

3. 应用阶段的策略

在学生对词汇记忆之后词汇教学就进入了第三阶段，即应用阶段。该阶段要求学生充分发挥自己的主观能动性，通过英汉对译、编造或查找例句、近义词和反义词辨析等方式加深对词汇的理解和记忆。如单词 embarrassing 的应用就可以通过场景再现得到体现：某人借了亲戚的钱不还，亲戚有点儿不高兴，他说："It is my relationship with my relations that I sometimes find embarrassing."

4. 测评阶段的策略

词汇教学的最后一个阶段就是对学生所记忆的词汇进行测评，以检测学生对相关词汇的熟悉及掌握程度。测评的方法很多，常见的有词汇选择填空、英汉对译、提供英文释义或提示要学生拼出单词、纵横字谜等。测评的形式也很多样：可以听写（包括教师报学生写、小组成员相互报等），也可以由教师通过多媒体展示英文释义，还可以自制卡片等。下面是在该单元词汇测评阶段所使用的词汇测评材料样本。

（1）vt. give sth. in return for good and valuable doings
n. [C, U] sth. as a return for good and valuable doings
r ______

（2）vt. ①. cause sb. to have feelings of disappointment
②. cause the failure of sth.
f ______

（3）a. ① helpful and encouraging in achieving sth.
② allowing no room for doubt
p ______

（4）a. having a higher position, level, or rank
n.①[C] sb. who is older ②. [C] sb. of high or higher position
s ______

（5）vt. make sb. feel ashamed, nervous, or uncomfortable
e ______

同时，教师还可以结合一些曾经出现过的考试题目对词汇进行评测，以下是一些考试样题。

（1）The people living in these apartments have free ____ to that swimming pool.

A. assess B. excess C. process D. access

（2）The two friends haven't ____ with each other.

A. associated B. wrote C. communicated D. heard

（3）If you get up early and run every day, you will ____ a lot from it.

A. profit B. benefit C. derive D. receive

（4）Teachers have free ____ to the library.

A. accuse B. accessible C. access D. approach

（5）He felt ____ when he found he had difficulty with most of the math problem.

A. frightened B. terrified C. encouraged D. frustrated

通过多种测评方式的组合使用，学生对相关词汇的理解、记忆更透彻，应用起来也会更加得心应手。

二、阅读教学策略及实践

《课程要求》规定，大学英语阅读教学一般要求的推荐词汇量是学生"应达到约4795个单词和700个词组（含中学应掌握的词汇），其中约2000个单词为积极词汇"；较高要求推荐词汇量"约6395个单词和1200个词组"，"2200个单词为积极词汇"；更高要求推荐词汇量"约7675个单词和1870个词组"，"2360个单词为积极词汇"。此外，《课程要求》对学生的阅读理解能力的一般要求是"掌握中心大意，理解主要事实和有关细节"、"使用有效的阅读方法"；较高要求是"能阅读所学专业的综述性文献，并能正确理解中心大意，抓住主要事实和有关细节"；更高要求是"能读懂有一定难度的文章，理解其主旨大意及细节"。同时，由于我国目前对学生阅读理解能力的测试及判断通常是通过选择题或者补全句子等方式来进行的，这种方式导致我国目前的阅读教学均以测试为中心，以学生能做出正确的选择或者补充完整句子为目的，有时候甚至通过所谓的答题技巧来获得高分，其结果就是学生能在考试中取得高分，但在实际阅读中却很难读懂专业英语文献，很难获得阅读所需的实际信息，因此，从实际应用的角度来看，我国目前的阅读教学存在一定的弊端：教学双方都是重分数而轻结果。对这种弊端的改变不是一朝一夕可以做到的，但至少目前的英语阅读教学可以从教学策略方面做出改进。

1. 教学准备策略

此处所指的阅读教学准备策略并非仅仅指备课阶段的策略，还包含了教师和学生在内的教学双方，以及他们应该为阅读教学所准备的理论知识，包含了纠正学生不良的阅读习惯、教学模式及教学方法和教学手段的创新、阅读技巧的理解和掌握、为清除阅读障碍所做的包含语法知识的更新及词汇量的蓄积等在内的准备、文化背景知识的摄入、课外阅读量的增多等。这些方面理论知识的准备需要教学双方的共同参与，并且每个方面的准备都是一个完整的系统，工作量比较大，而且这些理论知识的蓄积是一个长期的过程，更需要师生极大的耐心。

2．整体教学策略

整体阅读教学是指阅读材料的语篇、体裁、题材、结构等方面的知识教学。在阅读教学过程中，教师一方面需要教会学生如何从整体上把握语篇的整体结构，增加语篇知识及语篇分析方面的教学理论及实践；另一方面也要教会学生在着眼整体的同时如何抓住文章主题，紧扣文章核心，利用熟悉的语篇模式和常见的语篇层次展开对阅读材料的理解。常见的语篇模式无外乎问题解决型、一般具体型、因果关系型、时间顺序型等，其实这些语篇模式也是常见的英语文章写作模式，对语篇模式的掌握有助于增强学生对阅读材料整体结构的掌握。常见的语篇层次其实就是逻辑关系，包含句子之间、段落之间的逻辑关系，如递进关系、转折关系、因果关系等，而英语中的这些逻辑关系一般都由特殊的表示某种逻辑关系的连接词来表示。而且，不同体裁的阅读材料（如说明文、记叙文、议论文等）中所适合采用的不同阅读方法也需要包含在这种教学策略中。

熊丽君（2006）认为，阅读理解教学中可以充分利用“自上而下、自下而上”的心理学方法进行阅读技巧教学。这两种方法都常被人们用来分析并处理接触到的语言信息，“自上而下”是指人们利用已有的语篇结构、背景知识等较高层次的知识来处理细节方面的知识；而“自下而上”则是指人们在阅读文章时从表面语言现象（如词汇、短语、语法等）开始理解并逐步扩展到全文内容、语篇结构、作者意图等高层次的理解。而在实际阅读中，读者往往会将二者结合起来加以利用，因为“读者可利用自上而下的方法预测阅读材料的意义，又可利用自下而上的方法检验读者是否真正理解作者的意图”。

3．阅读技能教学策略

相对于整体教学而言，阅读技能教学可以理解为具体阅读教学。常见的阅读技能包括寻读、略读、限时阅读等，这些阅读技能都有其特定的使用价值，因此，在阅读教学中，对学生阅读技能培养的教学不能不重视。

同时，目前通用的阅读理解测试考试重点包含了细节题、主旨题、词汇题、作者态度题、推断题等出题形式，而这些出题形式的考查重点、阅读策略及解题策略也有所不同，因此，在设计阅读技能教学策略时，任课教师就需要为各种类型的题目设计出不同的教学策略及教学方法，如如何教会学生利用语境或词汇构成来猜测生词或短语的意思、利用相关阅读技巧来抓住文章主题、区分文章的主要细节及次要细节、领悟作者的写作意图及观点和态度，以及怎样利用从文章中获得的信息来做合理的推理等。

4. 阅读教学组织策略

前文提过，教学策略众多，其中也包含组织策略。“课堂组织策略涉及教师角色的认定、课堂活动的控制、交互模式的选择等”（王笃勤，2002），这些策略是综合性的，适用于所有课堂。夏甘霖（2006）认为，英语阅读教学中对组织策略的应用有助于“促进阅读过程中的理解和记忆，并进而提高阅读的效率”，并且他总结了组织策略的八种类型：①预测文章的基本内容和领域；②预测和识别文章的功能和写作目的；③把握作品主题，识别主题与细节间的联系；④分析和识别文章和段落内部的组织结构及组织手段；⑤概括文章大意和内容；⑥根据字面的意思推断深层意义，推断作者的态度、观点和感情倾向；⑦根据文章提出见解，并且做出评判；⑧将阅读的内容和已有的知识联系起来。

根据这八种不同的类型可以得知，大学英语阅读教学中的组织策略可以分为课堂教学形式和手段的组织策略（即前文提到的综合策略）、教学内容的组织策略（即具体组织策略）。后者不仅涉及阅读材料中出现的细节、主题及结构等可见的信息，还涉及作者态度、情感偏向等需要读者根据具体信息进行推理的信息。因此，在具体教学内容的组织阶段，教师不仅需要引导学生利用各种阅读技巧及解题技巧对包含生词、作者意图、目的、语气、态度等未知信息进行推导，而且需要引导学生利用已知信息（包含背景知识等）对相关信息进行针对性的总结，并将文中出现的相对独立或零散的信息利用已有的组织原则和规律进行有效组织，使之系统化、条理化，以便更好地理解文章信息。

综合以上有关阅读教学的常用具体策略可知，阅读教学过程中既要注意阅读的整体要求，也要注意阅读对具体信息的要求。鉴于整体阅读和具体阅读在阅读教学中的重要性，教师在阅读教学中必须“两手抓、两手都要硬”。

三、写作教学策略及实践

英语写作是一门综合能力，涉及词汇、语法、句型、段落、篇章以及句子之间、段落之间的衔接手段的综合使用，因此，一直以来都是英语教学的重点，但也因为写作中包含的知识点和面太多，同时也是难点。写作难，不但是学生觉得难，不会写或者写不好，每次考试写作的得分都低；而且教师也觉得难，难教。受制于课时限制，尽管得到各方重视，大学英语教师还是觉得写作不好教，因为大学生受到的外界影响比中学时期更多、更大，包含学习上的，也包含同学之间等方面的影响。因此，大学英语写作教学既需要来自教师和学生的继续重视，也需要讲究策略。常用的英语写作教学策略包含以下几个方面。

1. 整体性教学策略

前文提过，英语写作是一个整体，写作水平不仅取决于词汇的选择，语法规则的正确调用，还需要综合考虑句子结构、段落架构、段落间的起承转合关系以及篇章整体的框架，而学生作文水平不高很大程度上就是因为学习上缺乏整体性，根据与部分学生的座谈结果，并结合实践教学中学生的写作情况及四级考试中学生写作得分情况可知，学生在写作过程中往往顾此失彼，很难做整体性考虑。此外，通过观察还发现，学生的写作水平并没有因为他们上了一年或两年大学英语课程而得到较明显的提高，相当一部分学生在大学英语写作实践中表现出的还是他们高中阶段培养起来的写作水平。因此，大学英语写作教学需要注重整体性策略。写作教学的整体性策略不仅仅指作品篇章层次上的整体性，更重要的是写作过程的整体性，具体包括审题、框架写作、写作及修改。

在审题阶段，教师必须首先要求学生根据写作要求进行审题，避免部分学生养成的提笔就写的不良习惯；其次，教师还需要提醒学生在关注写作要求时把握好写作的主题思想，避免偏题或跑题现象的发生，尤其是在审当前比较流行的看图作文题时，稍不留神就会导致“失之毫厘，谬以千里”情况的发生。

在仔细审题并把握好主题思想之后，教师需要建议学生养成写整体文章结构或框架的习惯。主题框架不仅有利于学生在写作过程中把握好写作内容的分配，也有利于学生保持清醒的头脑，一方面做到行文自然，另一方面对现象的解读或理由的阐述更能井井有条，有助于提高读者的兴趣，从而提高写作成绩。

在实际写作过程中，学生需要严格按照自己拟定的框架进行写作，需要事先对某部分的写作内容有一定的安排并将自己的写作控制在这一安排之内。

最后，在平时的写作练习中，教师仍然需要强调写作完成后所需要的自我检查及修改步骤。自我修改不仅有利于改正写作中出现的错误，还有利于学生提高英语水平（因为改错需要积极调用已有的知识）。

从最初审题到最后写作完成并修改是一个完整的过程，不能忽视其中任何一个步骤，否则就无法写出好的作文，也就无法顺利实现写作水平的提升。

2. 批改策略

传统的作文批改以教师直接打分或在文中指出词汇拼写、用法、句型等方面的错误（少数教师会加以改正）为主，后者常常会耗费教师大量的时间和精力，但往往无法取得令人满意的结果，而且学生在拿到自己的作文后更多地是关注分数而不是教师指出来的错误。这无疑证明了传统作文批改原则和方法的缺陷，因此，为了避免这种情况的再次发生，李英等（2010）认为，教师批改作文应该遵循“集中、具体、有建设性、有激励性”等原则。

鉴于传统策略的缺陷，为了提高作文批改的效率和效果，新的作文批改策略显得尤为必要。一般说来，传统策略的缺点在于专门指出学生写作中的错误导致作文中到处可见教师用红笔做的记号，这无疑会打击学生的积极性和自信心。心理学知识告诉我们，大学生也需要肯定和鼓励，因此，教师在批改学生作文时完全可以转换思路，从“指出学生的错误”转为“找出学生作文中出彩的地方”，通过给予正面或积极的评价来给学生以信心，从而达到鼓励学生喜欢写作、提高写作的目的。当然，挑错和纠错是教师的职责所在，而对于作文中存在的错误，教师可以要求学生在完成作文后相互修改和评阅。通过同学交换修改或小组互相修改的方式来指出错误，有利于学生正视自己的不足，因为心理学知识已经证明了来自同龄人的影响对改正个人错误的重要作用。当然，鉴于学生水平有限以及部分学生的责任心不够等现实问题，教师在最终批改经学生批改过的作文时还是需要留意作文中可能存在的语言错误。

同时，为了增大这种批改策略的正面效应，教师在讲评作文时还可以点名表扬个别学生或者拿个别学生的作文当范文与学生一起鉴赏，而对于写作水平不是很高的学生，教师甚至可以将其作文中较为出彩的地方专门挑出来，并指出他们相对以前所取得的明显进步。表扬策略和积极的批改策略在学生学习中的重要作用已经得到了证明，其对大学生写作水平的影响也可想而知。

3．模仿策略

刘可红（2011）提出了“基于经典英语模仿的大学英语写作教学最简策略，即模仿经典句型、经典段落结构和经典篇章间架”。刘可红认为，对这三个层面的模仿有利于学生对句型结构的理解和接受，也有利于学生掌握段落的衔接与组建，还有利于学生在写作前就在头脑中构成篇章的架构。并论证了实施这一策略的可行性。

其实，模仿的方法古已有之，“熟读唐诗三百首，不会作诗也会吟”便是其中最好的例子，这说明古人已经注意到了模仿在写作中的重要性及可行性。因此，在大学英语写作教学中，教师也可以采取这种教学策略，要求学生在背会、理解了某篇经典句型、段落或文章后按照相似的结构或语言就某个相关的题目进行模仿，并加以对比欣赏，从而发现自己的缺陷与不足。当然，教师在选择经典文章时必须加以甄别，不能人云亦云；而学生在模仿时也必须加强思考，适当添加自己的思想。

四、翻译教学策略及实践

以输出为目的的教学观认为，翻译是体现学生英语水平的极佳方式，因为翻译（尤其是长句翻译和句群或段落翻译）既可以体现学生的英语基础知识，又可以很容易区别学生的实际英语表达水平，因此，最新的大学英语四级考试（从2013年12月开始）中的翻译从以前的句子翻译改为段落翻译，这一改变不仅是形式上及难度上的，更是提高了对学生翻译操作水平的要求，这一改变主要是为了满足就业市场对大学毕业生英语水平的要求，也是大学英语学习的目的（以输出为目的）所致，更好地体现了《课程要求》的规定。

《课程要求》中规定的三个层次的大学英语教学都明确提出了对学生的翻译水平

的要求，三个层次的翻译要求的基本点都是要求学生在借助词典的情况下完成特定层次的双语互译，区别就在于难度及译作的水平。同时，结合最新的四级考试翻译考核范围以及《课程要求》规定，可知大学英语教学的最终目标应该是培养复合“更高要求”标准的学生，因为“更高要求”中的翻译要求是“翻译介绍中国国情或文化的文章”。众所周知，当前我国大学英语教学对翻译教学的重视程度明显不够，直接导致大学生翻译水平不高，最直接的表现就是众多大学毕业生在毕业论文写作中翻译论文摘要时经常感到力不从心，转而采用各种翻译软件或应用，其翻译的内容有时连学生自己都看不懂。当前，由于我国大学英语翻译教学中存在课程设置不合理、没有专用翻译教材、教学随意性较大及缺乏足够重视等诸多问题（叶立刚，2010），综合考虑就业市场，四、六级考试，《课程要求》，以及学生个人等四个方面的实际需求和要求可知，改善并重视翻译教学已经成为大学英语教学的必然。作为英语教学的主要领域，翻译教学更应重视教学策略。

1．重视理论培养

尽管翻译研究中评判翻译作品的标准众多（如严复的“信、达、雅”标准，钱钟书的“化境”说，林语堂的“忠实、通顺、美好”三标准，刘重德的“信、达、切”三字标准等），并且学者之间还无法取得一致意见，学界也经常将翻译的境界进行更新，但常见的翻译技巧及理论却并没有太大变化，一般说来，常见的翻译理论及技巧无非就是直译、意译、直译加注、删减、增加、词性转换、替换法等。但由于英汉语言之间的特殊性，翻译时常有部分特殊语言现象需要特殊处理，如无主句的翻译、被动句或把字句的翻译、名词性从句及长句的翻译等。所以在翻译过程中，尤其是在处理特殊语言现象时需要翻译理论的指导。因此，大学英语翻译教学需要重视翻译理论的培养。

重视翻译理论不仅是对学生的要求，还是对任课教师的要求。学生需要翻译理论是因为他们是翻译教学的主要参与者以及翻译活动的主要从事者，他们在实际翻译活动中需要接受有关翻译理论的指导，在一定翻译理论的指导下进行的翻译活动会进行得更加有序，翻译的作品也更加符合目的语特征；教师需要注重翻译理论的培养是因为他们是翻译教学的主要组织者，对学习者翻译作品的结果具有直接影响，而且翻译理论的教学也并非就是简单地照搬理论，教师需要对有关理论事先进行消化吸收，因此，教师需要在备课阶段收集并选择适当的翻译理论，并在教学过程中适时地将翻译理论传授给学生，而这种传授必须遵守渐进性原则和适量性原则，不能一股脑地全部倾倒给学生，也不能不按照科学性原理进行胡乱教授。

2．加强翻译实践

“学以致用”是学习的最终要求，而“熟能生巧”才是达到该要求的途径，因此，在大学英语翻译教学中教师必须给学生创造更多的翻译实践机会，而从学生自身来说必须充分利用教师所创造的一切机会进行翻译实践，同时还需要自己利用其他机会进行翻译练习。由于目前我国大学英语课程设置中都没有专门的翻译课，因此就要求教师在教学过程中结合实际教学进行翻译实践。

（1）备课时设计翻译练习。备课时需要根据学生的实际英语水平及翻译水平选择适当并适量的翻译材料，并对相关材料中的重难点进行凸显及提示，以防上课时自身准备不足或学生不知所措、备受煎熬等意外情况的发生。

（2）课堂教学中提供练习。在实际教学过程中，一方面教师可以根据预先准备好的翻译材料来安排教学，另一方面教师也需要适当注意翻译教学和实践机会的展开。课堂内翻译教学的正常开展需要教师注意理论联系实际，即将翻译理论与实际的翻译活动紧密结合起来才能达到理想效果，因此，教师需要做到以下两点。

1）翻译理论讲解。翻译理论众多，关于翻译作品的判断理论或判断标准也很多，如“信、达、雅”等。作为非英语专业的大学生来说他们只需要知道常用的翻译理论及标准就够了，过多的理论而反会使他们不知所措。

2）语言及文化对比。英汉文化差别极大，语言之间的差异不论是句子结构还是段落构成上都非常明显，如英语是“形合”语言，而汉语是“意合”语言等。语言形式上的差异常导致“中式英语”或“英式汉语”的出现，因此，教师有必要进行相关知识的介绍，如无主句的翻译、被动式的翻译等，以提高翻译的准确性。

（3）课后安排翻译练习。受制于大学英语教学课时的有限性，翻译教学不可能局限于课堂内，因此，适当的课后翻译练习显得尤为必要。在课后翻译练习材料的选择上教师也需要注意遵循循序渐进及相关性原则。循序渐进是任何事物发展的必然规律，学生翻译水平的提高也是如此；而相关性主要是要求课后练习材料最好是与课堂内所接触的材料之间的相关，这种相关并不是课内和课后的材料都一定要是同一个主题，而是要求学生在课后对课内有关理论的实际应用。例如，课堂内的内容是无主句的翻译，课后练习最好是无主句或者是包含了无主句的段落。

（4）课余组织翻译活动。除了教师布置的课后翻译练习外，在理想情况下教师还可以组织学生参与一些课外活动，并在这些活动中倡导学生练习翻译。同时，还可以倡导学生利用一切机会进行翻译练习，如生活中对标语的翻译等。

3．紧贴社会实际需求

“学以致用”是目标，因此，大学英语翻译教学的目标就是实际翻译任务，既包含工作中的翻译任务，四、六级考试中的翻译题目，也包含学习中遇到的如毕业论文等的翻译，也就是说大学生将来可能面临的翻译内容是各种各样的。多变的可能要求准备必须充分。因此，在大学英语翻译教学中，教师还需要采用“紧贴社会实际需求”的策略。该策略要求在教学材料的选择上注意多样性，如内容的多样性和语言的多样性，而不能因为四、六级考试翻译形式是汉译英就只进行汉译英练习而忽略了英译汉练习，或者因为学生是计算机专业的就只选择与计算机有关的翻译材料。

以上翻译策略的提出并非是要大学英语教师将教学重点转到翻译教学中来，而是在正常的大学英语教学中适当并适时地融入翻译教学的内容，具体教学时间及教学材料需要由教师自己根据学生实际水平及需求加以把握。当然，策略需要在实践中才能证明其价值，翻译策略也需要在具体的教学中得到执行并在实践中得到检验才能证明其实际价值，否则就是无用的理论。

五、文化教学策略及实践

文化是人类创造的全民所有的一切物质产品和精神产品的总和，是各民族长期积累下来的社会生活经验的总结。语言是人类文化的载体，所有有形或无形的文化都是通过语言（但不一定都有文字）的书面或口头形式得到传承的，可以说没有语言，文化就无法得到传播和继承。文化是语言的内涵。语言承载着民族文化所有的本质或外在的表现，是民族文化的表现形式，任何语言都携带着某种文化，没有文化的语言是空洞、乏味的，也缺少长期存在的物质基础。因此，可以说，学习一个民族的语言就是在学习该民族的文化。推而广之，大学英语教学从某种意义上来讲就是英语文化教学。所以，大学英语教学不能忽略文化教学的重要地位。赵华蓉（2009）认为，大学英语文化教学有重大意义：

（1）有助于提高学生的语言能力；

（2）有助于提高大学英语教学质量；

（3）适应培养国际化人才的需求。

一般而言，文化教学应该包含文化的各个方面，主要是历史及地理背景、社会价值观、社会习俗、宗教文化、思维理念及方式、社会环境以及各种文化现象或符号背后所隐含的文化信息等。

鉴于目前的英语教学以提高学生的跨文化交际能力为目标，也就是说目前的大学英语文化教学需要从两个领域来考虑其教学策略：英美文化领域和中国文化领域。并且，由于两种文化之间的巨大差别以及学生对两种文化的掌握程度的巨大区别，教师在对两个领域进行教学时应该采取不同的教学策略。

1．英美文化教学策略

英美文化是大学英语文化教学的主体，也是学生文化学习的重点和难点。常见的大学英语文化教学需要以教材特点、课程要求及教学目标为依据；以人本主义、建构主义、图示理论、文化适应理论以及文化输入与输出理论等理论知识为理论基础；以文化背景知识、词汇所携带的文化知识、交际环境所涉及的文化知识以及语法及篇章结构所涉及的文化知识为主要载体和内容；通过教师讲解、文化对比、电影赏析、情景体验、课外阅读、小组探讨、文化旁白、文化讲座等方式；采用适度原则、文化平等原则、整体性原则（文化教学应该贯穿英语教学整个过程）及求同存异原则或策略来进行。后面有专门章节介绍文化教学，故本节仅做简单介绍。

（1）以教材为中心、以教学目标为依据。

文化教学是大学英语教学的重要组成部分，但不是全部，大学英语课程更不是英美文化课程，而且大部分学生的专业也不是英语，所以大学英语文化教学既不能过多地单独涉及文化知识，也不能完全脱离教材进行，更不能完全忽略教学目标或者教学要求进行。同时，在文化素材选用方面也必须加以斟酌，一是必须选择内容积极向上的素材，二是应该尽量保证素材内容的先进性、可读性、可接受性及可利用性。

（2）对比策略。

有对比才有区别，有区别才能形成更深刻的印象，从而有助于学生加深记忆和理解，因此，在英美文化教学实践中必须加强文化对比，重点是中英文化之间的对比。

（3）相关和实用以及学以致用策略。

由于大学英语课时的有限性以及教学目标的综合性，一方面，有关英美文化的教学必须与特定教学材料有相关性，而不能天马行空地进行英美文化的教学；另一方面，文化教学的内容必须具备实用性，也就是说学生在习得某个文化知识点后要能使用、会使用，还要用得好。该策略要求教师在传授相关文化知识的同时还要设法创造机会让学生运用相关知识，或是用相关知识来解释某个语言或社会现象。

（4）文化平等策略。

由于历史积累及文化传统，我国有很多人认为英美文化比中国文化优秀，导致在文化学习和跨文化交际中，部分中国人表现出文化的不自信。其实文化并无高低优劣之分，所以，任何人都应该以平等的态度对待文化区别。

（5）文化渗入策略。

文化教学时机众多，可以是教师上课讲解，也可以是教师在课外专门做文化知识讲座；实施策略也可以根据实际教学内容需要或者教学目标要求进行调整，可以分阶段实施，也可以分时段实施，还可以根据内容加以实施；方式也可以灵活，可以是教师直接传授，也可以是学生相互讨论，还可以由教师在教学过程中间接渗入。所谓文化渗入策略，也可以叫文化渗透策略，主要指在教学过程中教师根据教学内容和教学目标而设置的模拟环境，学生在教师的引导下在该环境中体验文化，这种模拟环境可以是角色扮演、情景对话、电影模仿等，而模拟环境的设置主要是使学生根据语境对语言等交流手段进行合理调用，以增加学生语言实践的机会，提高学生语言使用水平及其文化素质。

2. 中国文化教学策略

由于教育体制的设置和举国对英语的高度重视，目前我国的大学生对英美文化知晓的程度比对中国文化知晓的程度要高，而且在流行的大学英语教材中基本上都是以英美文化为主，对中国文化涉及较少，甚至没有，相应地就在我国大学英语教学中形成了“文化失衡”现状。好在这一现象已经得到了重视，其中的一个表现就是从2013年12月份开始的全国大学英语四、六级考试增加了中国文化的分量，将以前的句子翻译改为段落翻译，这些段落都是有关中国文化的。不论是从“文化平等”的角度还是考试的角度来说，大学英语文化教学中都需要重视中国文化的教学。一般来说，英语教学中常见的中国文化教学的策略有文化导入、文化融合等。

（1）文化导入策略。

大学英语教学中经常设计有导入部分，导入主要是为了使学生对该单元的主题有大致了解，提高学生兴趣。可供导入的内容非常丰富，由于文化教学的需要，导入的内容之一就是文化信息的导入，当然，常规的文化信息导入多为与课文有关的文化信息的导入，鉴于中国文化在跨文化交际中的重要性，以及为改善日趋严重的中国文化失语现象，在大学英语教学的文化导入中引入中国文化信息已刻不容缓。一般来说，中国文化导入的形式是对比和比较，即将课文有关的英美文化元素与相关的中国文化元素进行对比，探讨两种文化之间的共同点与区别，从而实现中国文化的自然介入。

（2）文化融合策略。

文化融合有利于培养文化意识，提高学生的跨文化交际水平。常规的文化融合措施有以下一些。

1）与词汇教学融合。词汇是语言众多要素中最活跃的成分，主要体现之一就是新词的出现以及旧词的消亡，新词往往会根据社会现象的更新而很快被创造出来，而旧词在相关现象淡出历史舞台之后不久也会逐渐消亡。词汇教学是大学英语教学的重要内容，因此，将中国文化与词汇进行结合可以达到非常完美的词汇及文化教学效果。

2）与文章内容及篇章知识融合。文章内容是读者理解文章、获取文化知识的主要介质，而篇章知识是外语学习者掌握文章写作技巧及相关文化信息的重要渠道，因此，在大学英语教学中，英语教师可以充分利用文章内容和篇章知识，结合学生业已掌握的汉语方面的有关知识进行讲解，可以使学生更为直观地注意到中西文化方面的区别。以《读写教程》第三册第一单元 Text B *The Framework For Love*（《爱的框架》）为例。文章不仅在开头详细描写了作者一家在度假屋里一起品尝热巧克力并一起唱歌的温馨场景，而且通过举例来证明了“爱的三角”的重要性。其中有两个场面令人印象特别深刻，其一是作者父亲用一根手指弹奏钢琴，其二是一个儿子突然之间震动于“父亲熟悉的脸上带着的孤苦”。每次读到这两个场面，笔者的脑海中就浮现出中学时代曾读过的朱自清的《背影》，更有自己既熟悉又有点陌生的父亲的形象。所以，学习这篇文章时就可以要求学生将自己的父亲与两篇文章中出现的父亲形象进行对比，不仅可以了解不同文化中对父亲的形象的描述的不同，还可以增加学生对自己父亲的亲切感。

同时，由于受到各自思维习惯的影响，中国文化同英美文化不仅在展示人物形象的技巧和内容方面有所不同，在文章篇章的构思中也有很大区别。在英语教学中，教师不仅要引导学生注意两者在表现形式上的区别，更要深入到两种文化的不同思维习惯和思维构式之间的区别，并结合课文进行演示和讲解。这种方式的教学有助于增强学生的文化意识，可以提高学生的英语水平，尤其是他们的篇章意识、写作水平及翻译水平。

小　结

相对具体而且可操作性很强的教学方法而言，教学策略稍显抽象，而且操作起来经常跟教学方法相仿，但不论是综合的教学策略还是具体的教学策略，它们都对大学英语教学有很强的指导性。综合的教学策略指导着教学全过程，从备课到教学活动的开展，一直到教学测评及教学反思无不体现着教学策略的指导作用；而具体的教学策略则在具体教学内容的教学以及教学目标的实现方面起了重要作用，因为具体教学内容的教学方法区别很大，有的甚至完全不同，而要选择实用的教学方法，教师就必须在教学目标和教学内容的指引下，在具体教学策略的指导下进行教学，否则教学就会出现方法错乱的情况，其结果就是直接影响教学效果。可以说，没有综合教学策略的指导，教学会变得毫无章法；而没有具体教学策略的具体实施，任何领域的教学内容都不能很好地得到完成，教学目标也就不能顺利实现。但是，在大学英语教学过程中，综合教学策略和具体教学策略之间并非各自为政，而是相互结合、相辅相成的，任课教师只有在二者的共同指引下才能真正提高自己的教学水平，提高学生的学习水平，真正做到提高学生的跨文化交际能力和英语综合应用能力。

第三章 大学英语教学方法

肖礼全（2006）认为，英语教学方法包含宏观层、中观层及微观层三个层面。其中，宏观层面的教学方法是指“有关英语教学的系统的理论、观点、主张和操作程序”，因而又被称为英语教学流派，如语法翻译法、交际法、任务法等；中观层的英语教学方法主要是指“英语教学中的某些规律性的、固定的‘套路’”，“是一种较为复杂的、分为若干步骤的、系统的技巧和方法”；而微观层面的英语教学方法是指“具体的教学技能技巧”，即具体的英语教学过程中的操作方法和技巧，如演绎法、默写法等。相对而言，宏观层的教学方法最为抽象，属于理论层面，是可以用于英语教学的指导性的思维；而微观层的教学方法最为具体，属于具体操作层面，是教师在具体教学中所使用的方法。这三个层面的教学方法各有各的理论、实践价值及作用。

同时，肖礼全将英语教学定义为“一种建立在系统的原则和程序基础上的语言教学的途径和做法，是有关语言教与学的最佳方式的观点的应用，这些观点涉及语言和语言学习的本质特征、语言教学目的、教学大纲、教师职能、学生活动、教材作用、教学技巧和程序等”。也就是说，英语教学是一个综合体，必须考虑到教师、教材、学生，甚至是社会等多方面的现状和需求。而且，大学英语教学属于英语教学的一个特定领域或阶段，在这个阶段，由于教学双方，尤其是学习者的特殊性（如善于独立思考、学习不再是单纯为了考试等），相对于普遍意义上的英语教学来说，大学英语教学有其独特性，不能简单地遵循中小学英语教学的思路和方法，更不能简单地按照传统的教学方法来实行，而必须依据大学生以及大学学习的特点，充分利用大学英语教材，结合社会实际以及大学生的实际需求，并充分利用现代电子设备和技术等多媒体技术来开展教学。

根据以上观点可知，英语教学方法应该包含理论教学方法和具体教学方法，两者各有特色和侧重，但又相互联系、互相作用。理论教学方法贯穿于整个教学过程，是对具体教学方法的指导性纲领或思维；具体教学方法是理论教学方法在教学实践过程中的具体实施及体现，由理论教学方法来指导。本章将首先对外语教学史上比较重要的教学方法进行梳理，再对当前实际大学英语教学中所采用的某种特定的外语教学方法的理据进行探讨，然后将几种常用的大学英语教学方法结合笔者及同事的教学实际，说明这些教学方法在实践中的利用情况及实际教学效果。

第一节　大学英语教学法简介

一、英语教学方法

外语教学历来受到国内外教学专家和教学研究人员的重视，因此，在外语教学史和外语教学研究史上出现过众多外语教学理论，这些教学理论在不同时期为了不同的目的应运而生，综合起来具体内容如表 3-1 所示。

表 3-1　外语教学方法核心特征简表（改编自肖礼全，2012）

教学方法	主要特征	理论基础	起源地、时间
语法翻译法（The Grammar-translation Method）	1）强调目的语的语法教学 2）主要教学手段是目的语和母语之间的互译 3）课堂教学采用学生和教师共有的母语 4）句子是教学活动的主要语料	历史比较语言学、官能心理学、机械主义	德国（原普鲁士）18 世纪末
直接法（The Direct Method）	用目的语进行课堂教学和课堂交际，回避使用母语和翻译教学手段	语言学、心理学、教育学	欧洲 19 世纪下半叶
阅读法（The Reading Method）	提高学生的阅读理解能力是语言教学的唯一目标	语言学、心理学	美国 20 世纪上半叶
口语法或情景法（The Oral Approach or Situational Language Teaching）	1）语言教学以口语开始，教学材料口述为先，文字为后 2）目的语同时也是课堂教学用语 3）新的语言点在情景中引出，在情景中练习 4）教学词汇的选择要确保核心常用词汇的完整 5）语法教学由易而难 6）在足够的词汇和语法的基础上开始读和写的教学	结构主义语言学、行为主义心理学	美国 20 世纪二三十年代
听说法（The Audio-lingual Method）	1）将听说读写四项语言技能分开训练 2）教学材料主要是对话 3）强调使用模仿、背诵、句型操练等练习手段 4）使用语音实验室 5）以语言学和心理学理论作为理论基础	结构主义语言学、行为主义心理学	美国 20 世纪 40 年代

续表

教学方法	主要特征	理论基础	起源地、时间
视听法 （The Audio-visual Method）	学习者在有意义的可视场景中练习目的语	结构主义语言学、行为主义心理学	法国 20世纪50年代
认知法 （Cognitive Approach）	1）强调有意识地把目的语作为一个充满意义的系统加以习得 2）力图把认知心理学和转换生成语法作为理论基础	认知心理学和转换生成语法	美国 20世纪60年代中期
交际法 （Communicative Language Teaching）	1）外语教学的最终目标是培养交际能力 2）采用以交际活动为核心的教学程序来进行听、说、读、写的教学	社会语言学	英国 20世纪70年代
全身反应法 （Total Physical Response）	1）通过语言与行为的协调来教学语言，如小孩习得母语一样，先用身体反应，再用语言反应 2）通过使用祈使句来教授大部分语法和词汇	心理学和语言学	美国 20世纪70年代
沉默法 （The Silent Way）	1）强调学比教重要 2）除了示范新的语音、词汇、句意外，教师应尽量保持沉默，多用手势、动作、实物、彩色棒、颜色音图等替代语言表达意思	结构主义理论（认知心理学）	美国 20世纪70年代
暗示法 （Suggestopedia）	1）充分利用隐喻背景装点学习环境，以营造令人心情舒畅的学习气氛 2）强调权威的作用 3）建立高度的自信心 4）充分发挥无意识的积极作用	心理学	保加利亚 20世纪60年代
协作法或合作法 （Cooperative Language Learning）	主张充分利用小组活动和双人活动，最大限度地促进并调动学生的协作性和互动性，从而推动语言学习	建构主义学习理论	美国 20世纪六七十年代
自然法 （The Natural Approach）	1）倡导外语习得 2）强调学生能理解的语言输入 3）主张说的自发产生 4）注重营造轻松愉快的学习氛围	语言理论和心理学理论	美国 20世纪70年代
社团学习法或咨询法 （Community Language Learning or Counseling-learning Method）	1）强调学生在集体学习过程中的安全感 2）鼓励学生的新信息和上进心 3）主张学生用心思考、记忆和吸收他人的语言材料 4）注意辨别自己和别人的语言应用的正误和差异	人本主义心理学	美国 20世纪70年代
任务法 （Task-based Language Teaching）	1）以任务为主要教学活动，使学生在接受任务、执行任务、检查任务的过程中学习和习得目的语 2）强调以完成任务为表层目的、以学得和习得目的语为深层目的的学生自主学习与合作学习	建构主义理论、语言习得理论、交际教学理论	澳大利亚、美国、英国 20世纪80年代
整体法 （Whole Language Approach）	反对将语言分解为语音、语法、词汇或说、读、写等彼此割裂的语言要素或技能来进行教学，主张把语言作为交际的、有意义的、互动的一个完整存在来学习	语言学、社会语言学、认知心理学	美国 20世纪80年代

续表

教学方法	主要特征	理论基础	起源地、时间
内容法（Content-based Instruction）	认为语言的生命力不在于语言的形式，而在于语言的内容，因此语言教学不应该以语言本身为中心，而应该以语言携带的内容和信息为中心	二语习得研究中的有意义的内容学习理论、知识建构理论	美国 20世纪80年代
词汇法（The Lexical Approach）	认为在语言学习、语言应用、语言交际中，词汇比语法、功能、意念以及其他概念更为重要，对词汇（包括单词、短语）的学习，应该成为语言学习的基本任务和主要目的，应该以词汇学习为核心来开展语言教学	信息加工理论、语义场理论	美国 20世纪90年代

表3-1是世界外语教育史上比较流行的外语教学方法及其流派的有关信息，包含了它们的主要特点及理论基础等重要信息。从中可以看出，这些教学方法可以根据不同的标准分为不同的类别。Skilbeck（斯基尔贝克，1982）从哲学的角度将这些教学方法分为“古典人文主义、重建主义、渐进主义”三类；Nunan（努南，1991）将其分为“心理学传统、人文主义传统、二语习得传统”三类；Richards（理查德，2001）和Rodgers（罗杰斯）将其分为“传统经典教学方法和流派、非主流教学方法和流派、当代交际教学方法和流派”三类（以上分类转引自肖礼全，2012）。

综合以上教学流派的特征可知，各个教学方法都具有强烈的时代特征，因为它们各有其流行的时代，并且在一段时间的流行之后就因为其自身存在的缺陷或时代需求的变更而被新的教学方法所代替。一般说来，新的教学方法能够解决旧的教学方法所不能解决的一个或几个问题，但新的教学方法自身也有某个或某些问题或缺陷，且其自身无法解决，因此，随着该教学方法的推广，其缺陷逐渐暴露于人们的视野中并得到放大，在此情况下，为了解决问题、弥补缺陷，更新的教学方法自然会被提出并得到推广。

同时，我们还可以注意到这些教学方法各有自身强调或侧重的教学内容或教学形式，根据这一特点，我们也可以将以上这些教学方法分为技能侧重型教学方法（如阅读法、口语法、试听法、听说法、交际法等）和内容侧重型教学方法（如词汇法、内容法、整体法等），或者独立学习型教学方法（如沉默法、认知法、阅读法、任务法、全身反应法等）和互帮互助型教学方法（如交际法、协作法、社团学习法、口语法等）等多种类型。当然，这些方法并非是绝对独立使用的，因为其中很多方法并非是绝对只具备某一种类型的特点，而是具备了多种类型的特点，也就是说有的教学方法适用于这种类型，但也具备其他类型的特点。例如，阅读法常被定义为技能侧重型方法，但也具有独立学习型方法的特点；而社团学习法的使用也并非必须随时需要参与到学习社团中去，学习者也可以在学习社团中相对独立地学习等。此外，由于英语教学是一个综合体系，在实际英语教学过程中，即使是为了达到某种特定的教学目的（如提高口语、听力、阅读等语言使用技能），教学双方都不可能始终坚持使用某一种教学方法，而是多种教学方法轮换使用，以达到目的。

二、大学英语教学方法

前面提过，英语教学方法众多，各有特色以及特定教学目的。理论上来说，这些教学方法应该适用于各个层次的英语教学，实则不然。因为各个层次的英语学习者有各自的学习特点、思维方式、英语基础、学习环境等不同因素，学习者的学习习惯和方法都有所区别，相应的教学方法就肯定有所不同。

路利（2002）认为，大学英语有如下特点：①学时少，要求高；②强调语言共核；③存在母语的严重干扰；④教学班大，学生人数太多；⑤大学英语教学是一个系统工程。

此外，《课程要求》还指出大学英语课程教学的目的之一是“促进学生个性化学习方法的形成和学生自主学习能力的发展”。综合考虑大学英语的课程特点及教学目的可以得出结论：大学英语教学就是紧密结合大学生课程要求及社会需求、充分利用大学生思维方式和思维特征、为培养大学生英语语言应用能力为主要目标的综合英语教学体系。大学英语教学与中小学英语教学的主要区别就在于课程设置、课程要求、教学模式、教学目的、教学策略及方法等方面。因此，相对而言，大学英语教学比中小学英语教学综合程度更高、要求更高、目的更明确。

由于本书主要以《读写教程》为例，该教程主要以提高学生阅读、写作能力为内容和目标，因此，学生的听说能力的教学没有列为本书的研究内容；但因为新的大学英语四、六级考试题型增加了段落翻译，并且国内很多高校的大学英语教学都以学生在四、六级考试中取得的成绩为大学英语教学的评估手段和标准，而且翻译教学在该教材中也有所涉及，因此，翻译教学被列为本书的研究重点之一。考虑到《课程要求》对大学英语教学的要求以及为大学英语教学设计的要求、目标、教学模式等，以及《读写教程》的内容和编排体系，本章主要以英语语言知识（即语法、词汇、语篇、文化，但不包含语音）的教学以及英语语言应用能力（即阅读、写作、翻译，但不包含口语及听力）的教学为主要研究对象，并结合《读写教程》的内容加以实践研究。

第二节　大学英语教学方法的选择

上一节提过，英语教学方法众多，并且具有强烈的时代特征和明确的目的性，同时，大学英语学习者具有较高的思维认知水平，能独立有效地观察事物、思考问题，因此，相对于中小学英语学习者而言，学习者对大学英语教学的期望值更高。正因为如此，在大学英语教学过程中，任课教师对大学英语教学方法的选择和使用就显得特别重要，而对所选择的教学方法做出评判的标准主要是该教学方法在教学过程中的合理性以及使用的有效性。

教学方法对于教学效果的重要性不言而喻，而要从众多教学方法中挑选出合适的教学方法对于教师来说并非易事，需要教师考虑众多因素并权衡利弊之后才能做出合理选择，一般来说，这些因素包含教学方法选择的目的、意义、依据以及选定某种方法之后的合理使用。

一、教学方法选择的目的

教学方法服务于具体教学实践。一般来说，教学方法对教学实践的作用存在两个方面，即短期作用和长期影响。短期作用主要体现在对特定教学内容和教学目的两方面的影响。教学方法对特定教学内容的影响主要体现在对教学内容的选择和展示方式上，而对特定教学目的的影响主要是合适的方法有助于促进该目的的实现。教学方法对教学实践的长期影响主要体现在对任课教师的正面形象的塑造和教学风格的形成。教师的正面教学形象有助于促进学生学习态度和学习风气的形成，而教学风格的形成也有助于促进学生对教师教学的适应，从而有助于提高教学效果。因此，为了实现教学目的、促进教学目的的实现、增强教学效果，教师需要适时地选择合适的教学方法。

二、教学方法选择的意义

合适的教学方法有助于提升学生的学习积极性，改善学习方法、学习氛围等，这已是众所周知的道理，该道理同样适用于大学英语教学。总体上来说，合适的大学英语教学方法对大学英语教学的意义有以下几个方面。

（1）最直观的意义在于提高教学效果。不同的教学方法对统一教学内容的影响区别很大，教学方法并没有优劣之分，只有适合与否，只有适合的才是最好的，才是有效的，也才能够真正有助于提高教学效果。

（2）教学效果的提升可以促进教师教学，包含教学自信和教学积极性等方面。与第一条同理，只有适合自己的教学方法才是最好的，才能够提升教学效果，而教学效果对教师积极性和自信的提升是显而易见的。

（3）不同教学方法对相同或相似教学内容的作用之间的比较有助于促进教学研究人员根据教学实际开展教学实验及教学研究，从而一方面有助于教师根据教学实际情况以及具体教学需求选择最合适的教学方法，另一方面也有助于研究人员对某种教学方法中所存在的不足之处加以修改，以便更好地服务于以后的教学实际。

（4）教学实践及教学实验中所取得的数据也有利于研究人员根据特定的研究目的而建立特定的教学方法评价体系，并进一步促进教学研究，从而更好地服务于大学英语教学实践。

三、教学方法选择的依据

对大学英语教学方法的选择必须有一定的依据。一般而言，某种教学方法得到采用或弃用主要取决于有权做出选择的有关人员以及依据相关评价体系做出评价之后得出的有关数据及其分析。具体到大学英语教学方法的选择而言，影响英语教学效果的因素众多，总体上可以归结为教师、学生、教材、环境及其他方面。教师方面的因素又包含教师自身的性格开朗与否、个性的缓急、知识涵养、人格修养、备课认真程度、授课状态及心态、教学风格、身体状态、教学策略与方法是否合适以及能否做到因人而异等诸多方面；学生方面的因素包含学生的年龄、兴趣、个性、学习方法、学习风格、学习目的及动机、英语基础等方面；课本对于英语教学效果的影响主要涉及课文内容选择的时效性、趣味性等特征，以及教学内容体系的编排风格、教学内容的设计及可操作性程度等方面；而所谓的教学环境则包含社会大环境及课堂小环境两方面，前者指整个社会对整个大学英语教学的需求、要求及对大学生英语水平的期待等有可能影响学生英语学习的社会现状，而课堂小环境则包含了教师、教材、教法及学习氛围等外在因素，以及学生自身的个性、学习目的、学习风格等内在因素。当然，学习者的英语水平的表现是综合因素的体现，因此，可能对他们的英语水平产生影响的因素也有很多，包括心理、生理等各个方面。因此，教师在决定选择某种教学方法时需要综合考虑很多方面的问题，具体包括以下几个方面。

（1）该教学方法是否符合某一具体教学目标的要求以及是否有助于该教学目标的顺利实现。教师要选择那些符合教学目标并促进教学目标实现的方法，并且需要根据不同的教学目标选定不同的教学方法。

（2）该方法是否适用于某个班的学生。因为校内各个专业之间学生的英语水平区别很大，各专业学生学习英语的风格也有较明显的差异（如一般认为，多数理工科的学生英语水平相对于文科学生来说要低一些，在课堂参与度方面也要低一些），而多数大学英语教师所带的学生都来自不同的专业，因此，在对教学方法的选择上必须将特定学生的专业等因素考虑进去。极有可能的情况就是教师在给不同的学生教授同样的教学内容时采取的教学方法截然不同。

（3）该方法是否适用于相应的教学内容。不同的教学内容在不同的教学方法下不仅有不同的呈现方式，而且有不同的教学效果，所以，教师也需要根据教学内容来选择教学方法。

（4）该方法是否适用于自己的个性特征及教学风格。心理学观点认为，每个人都有自己的个性特征，对于教师而言还有相应的教学风格，一般情况下，个体的个性特征与其教学风格基本一致，所以在选择教学方法时，教师需要将自己沉稳或好动的个性考虑进去，尽量选择适合自己个性的方法，否则就会给学生留下“对比过于明显”或者“改变过大或过快”的不良印象，从而不利于教学活动的开展。

（5）已有教学条件能否保障该教学方法的顺利实施。受制于大学英语学时及教学内容相对较多的矛盾，很多传统的教学理念及教学方法已经不利于新时期大学英语教学的开展，过多的板书只会留下更多的无法完成的教学内容，但是这也并非是说只要充分利用现代多媒体就一定能保证教学效果，因为多媒体设备的使用有可能会使教学内容的展示速度过快而导致学生无法及时理解和吸收，并且也不是所有的高等学校的大学英语教学都可以利用多媒体设备，所以一般情况下的大学英语教学都是结合了传统的板书与多媒体教学设备。所以，在选择教学方法和教学理念的时候教师还需要考虑教学设备的有效性等其他问题。

四、教学方法的合理使用

根据前面关于教学方法的定义可以得出一个观点：语言教学方法就是将语言教学的有关理论系统地运用到语言教学中的方法，是在以实现某种教学目的为目标、以具体语言教学内容为媒介并结合各种手段的实践中实现教学目标的方法。简单地说，就是实现教学目标的教学方式和途径。一般而言，教学方法包含理论基础以及具体操作两个层面。理论基础是有关教学方法的基本理论、哲学基础、方法论基础及思维、逻辑等抽象的内容，而具体操作指的是教师在实际教学过程中所采用的具体方式，包含知识展示方式、师生交流方式、教学活动设计及组织方式等应用性问题。

因此，在具体教学活动中，教师首先要注意理论与实践的区别，即注意大学英语教学方法的理论问题以及实践操作之间的区别，具体操作需要接受抽象理论的指导，否则教学有可能就会变得杂乱无章，毫无逻辑可言。如在《读写教程》的使用过程中，教师不仅要留意到各种教学方法的主要特征，还需要注意它们各自所侧重或适用的具体领域，这从理论上来说就可以避免用听说法来进行阅读教学等张冠李戴的情况。

同时，各种教学理论或方法在语言教学中的使用也并非是完全孤立的，任何一种教学目的的实现都需要多种教学方法的同时参与，如阅读教学中不能仅强调阅读技巧的教学和训练，还需要涉及词汇教学、语法教学、文化教学等多方面，甚至还需要包含语言应用以及知识应用等更多方面。在教学过程中综合使用各种教学方法不仅有助于教学材料得到更充分的利用，还可以丰富教师的教学手段，促进教学活动的多样化开展，进而提高学生的兴趣和参与积极性，最终更好地实现教学目的。

第三节　合作学习法在《读写教程》教学中的实践研究

合作学习的历史渊源长久。西方的合作学习起源于古希腊时期，而中国的合作学习则起源于先秦时期，《诗经》中就有“如切如磋，如琢如磨”的说法，其中，“切”和“磋”强调学习者之间就有关问题开展的探讨，可被视为合作学习在中国的最早形式；“琢”和“磨”则可被视为个人将“学”与“思”加以结合的典范。但对合作学习真正开展研究则起始于20世纪70年代，并在其后的十多年实践中取得实质性进展。在当前的教学领域，尤其是外语教学领域，合作学习更是大行其道，甚至被称为“近十年来最需要和最成功的教学改革”。合作学习大受欢迎的原因就是其在教学中的巨大作用，邓飞等(2005)认为，合作学习在外语教学课堂的使用“既能丰富学生的学习形式，使他们在轻松愉快的语言氛围中学习、掌握和应用所学知识和技能，又能优化英语课堂教学模式，全面提高教学质量，从而促进学生的语言能力和交际能力的提高和完善；并且同时促进学生情感等非认知品质的培养和提高，并最终达到人人进步、全面发展的目标”。

一、合作学习的基本要素

合作学习的基本形式就是将学生按照一定的标准分成若干个学习小组，给每个小组规定一定的课外或课内学习任务，并要求小组内的成员通过合作等形式来共同完成这些学习任务。

陆欣（2009）将合作教学定义为“以异质小组为基本形式，以小组成员合作活动为主体，以小组达标为标准，以小组整体成绩为评价和鼓励依据的教学策略体系”。王坦（2003）则将合作教学定义为“以合作学习小组为基本形式，系统利用教学动态因素之间的互动，促进学生的学习，以团体成绩为评价标准，共同达到教学目标的教学活动”。其特点是“以现代社会心理学、教育社会学、认知心理学、现代教育技术学等理论为基础，以研究与利用课堂教学中的人际关系为基点，以目标设计为先导，以师生、生生、师师合作为基本动力，以小组活动为基本教学形式，以团体成绩为评价标准，以标准参照评价为基本手段，以大面积提高学生的学业成绩、改善班级内的社会心理气氛、形成学生良好的心理品质和社会技能为根本目标”。Johnson（约翰逊）等（1993）认为合作学习应该具备以下五大要素。

1. 积极的互相依赖

小组成员之间必须相互依赖，因为他们之间始终是一个团体，不相互依赖就难以实现真正的合作学习。但这种依赖不是等待，也不是放手，而是学习过程中的分工明确。

2. 积极互动

小组成员在完成自己的任务之后还要与其他成员进行交流，与其他人互相交流、互相帮助，才能实现合作。

3. 个人责任及小组责任

在合作学习中，小组成员必须明确自己的个人责任，同时也必须明白小组的责任，以及二者之间的关系，正确处理好二者可能产生的矛盾。

4. 人际及组际交际技能

合作学习不仅是学习，也是交际技能的练习和提高。小组成员不仅要学会在组内实现顺利交际及合作，还需学会与其他学习小组之间的合作与竞争。

5. 小组自评

在小组内，评价组员合作的有效性，探讨改善措施。

合作学习是一个系统，不仅需要所有有关方面（包括教师、学生）的共同努力，而且需要具备以上这些因素以及小组成员之间的相互合作和帮助才能实现学习目的。因此，具备了这些基本要素并不意味着合作学习的绝对成功，要想成功，必须确保所有人都积极参与、沟通及合作。

二、合作学习小组的形成

1. 分组的原则

根据以上陆欣对合作学习的界定可知，合作学习中的分组首先必须坚持“组内异质、组间同质”的原则。组内异质是为了使不同层次的组员得到相互学习、共同进步的机会，因为不同层次的学生在同与自己不同质的组员交际时可学习的方面更多；而组间同质是为了使各组之间的竞争更加公平，不至于出现一个组的学生实力特别强，而另外一个组的学生实力特别弱的情况。当然，也有人曾提出过可以组建组内同质小组的建议，理由就是组内同质的话有利于因材施教。但组内同质的缺点就是组员之间高度的同质化会减少他们练习同与自己在很多方面存在不同特点的人进行交流的机会。

当然，除了这一最主要的原则以外，分组时还需要考虑其他的原则，如平等原则、自愿原则、动态原则。平等原则主要是指组员之间以及小组之间都是平等的，他们平等地参与课内外的学习活动，平等地表达自己的观点或想法等；自愿原则主要是指学生在选择参与到哪个组时有自愿选择的权利，参与活动时也应该自愿参加，任何人都不能强迫他们做任何事情，教师在教学活动中只能引导他们去参与教学活动，而不能强迫；动态原则是指组内的成员不是始终不变的，而是根据情况的发展变化而变化的。

同时，小组内部的成员也应该各负其责，每个人应该有自己恰当的分工，张法科、赵婷（2004）确定了合作学习分组模式以及小组内各成员的角色，其模式如图 3-1 所示。

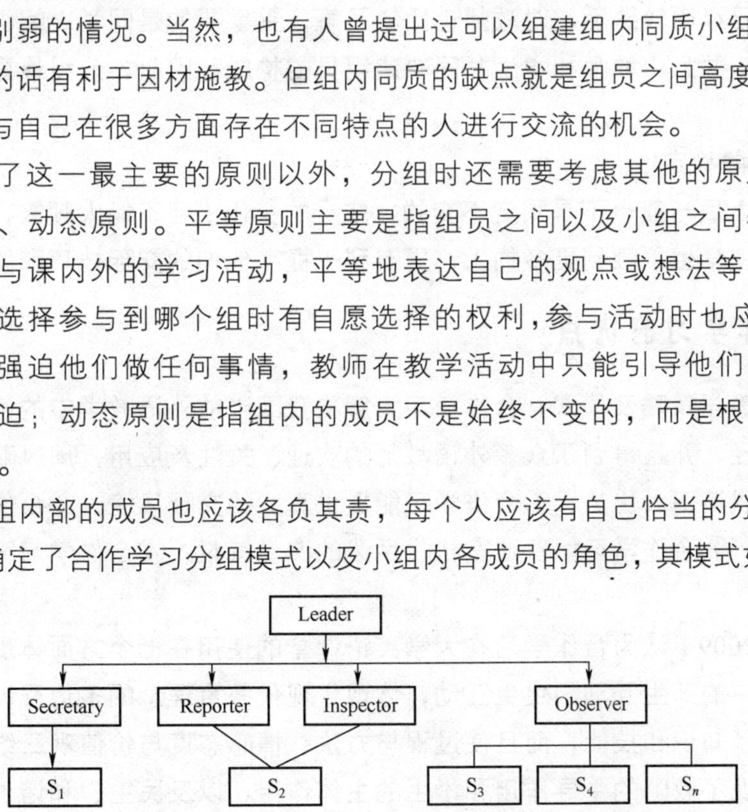

图 3-1　合作学习法分组模式图（引自张法科、赵婷 2004）

2. 分组的考虑因素

根据上述分组的原则可知，在分组的时候需要考虑很多方面的因素，包括学生的性别、个性特征、语言水平、学习习惯、学习方法、思维方式、学习动机、自我控制能力、社会家庭背景等。因为这些因素中的任何一个都有可能对组内的学习氛围、组员关系等造成很大影响，考虑不当最终会对教学效果造成消极影响。

3. 分组的注意事项

（1）分组的决定及时机。

在确定小组成员时可以由教师决定，也可以由学生自己组建。如果由教师决定组员就必须在学生进校一段时间之后进行，因为任何教师都不可能在一两节课后就对所有或者是大部分学生有充分了解，在对学生不是很了解的情况下就进行分组不利于组建理想的小组；而如果由学生自己自由组合来组建小组也有一定的弊端，因为很多学生对分组不够重视，小组要么由自己寝室成员组建，要么由自己座位周围的人一起组建，要么由自己玩得好的同学组建，当然不是说这样建组不行，但是这样建组很容易产生组内同质的结果。比较理想的小组组建方式是在学生进校一个月左右的时候进行，因为在那个时候学生对学校已经比较熟悉，对教师也比较了解，更重要的是同学之间、教师对学生也有了一定了解，并且由教师和学生共同决定组员的构成。因此，分组最重要的是一定要合理。

（2）成员的稳定性。

小组组建之后一般也不是固定不变的，成员的变化（但不能太频繁，可以是一学期换一次）可以使学生接触到更多的人，更有利于提高他们的交际技巧和能力。

三、合作学习的优点

作为一种教学策略及模式，合作学习为解决我国当前外语教学中的诸多问题提供了一种解决的途径，并且得到了众多外语教师的欢迎、关注及应用，周风燕（2008）就认为合作学习有以下四大优势：①合作学习能提供真实的交际环境；②合作学习能增加大量听说的机会；③合作学习能营造宽松、活泼的课堂气氛；④合作学习符合人人进步的教育理念。

而陆欣（2009）认为合作学习在大学英语课堂的使用在七个方面体现出价值：强调课堂教学过程中的师生互动、生生互动，体现了现代教育理念的多边互动的“互动观”；学生不仅学到了知识和技能，而且使过程与方法、情感态度与价值观三维教学目标得以实现；充分体现了教师的主导作用和学生的主体作用，以及民主、和谐、平等的师生关系；以团体成绩作为主要的评价依据，形成了“组内成员合作，组间成员竞争”的新格局；有助于英语交际能力的培养；有助于激发学习英语的兴趣；有助于活跃课堂气氛，调节学习节奏。

由此可见，合作学习在大学英语教学中的使用符合当前流行的教学理念，由于其坚持以学生为教学活动的中心和主体，使学生随时参与到课堂教学活动中，给学生创造了大量的听说读写译练习的机会，并积极引发学生进行主动思考，因此能够真正有助于实现《课程要求》所设定的“提高学生语言应用能力”的教学目标。并且在学生提高英语语言知识和语言应用能力的同时，还能促使学生通过不断地与小组成员进行合作以及与其他组的同学（特别是在有的学校，大学英语课是很多专业混在一起上的分级教学，班里的很多同学互相之间都不是很熟悉）进行竞争，这也有助于提高他们的人际交往能力。

四、合作学习法在大学英语教学中的应用

1. 合作学习法应用的必要性

（1）教学现实的需求。

我国高等教育扩招后所产生的教师与学生之间的比例失衡几乎在所有高校都必须面对的问题，这一现象在公共基础课中尤为明显，尤以大学英语课为甚。为解决这一矛盾，众多高校的大学英语课由以往的小班上课（每班三四十人）改为合班上课（每班七八十人），表面上来看，班级人数的增加省时省力，还可以减少教师的教学任务、节约学校的教学资源，但大班上课所带来的问题也随之而来，主要是班级人数过多会导致班级教学活动相对比较单一，而为数不多的教学活动又不能保证所有学生的参与，也就不能提高学生的参与积极性，时间一长，教师和学生对大班教学的形式和效果都持否定态度。

在无法改变师生比例失衡的现状以及大班教学的需求的背景下，合作学习作为一种新的教学体系及理念得到了实验及实践的机会。合作学习在大班教学中的实践不仅有助于改变班级教学活动过少的现状（因为合作学习能将教学活动安排在课外进行），也能增加课堂内学生参与的机会，进而提高学生的参与热情，还能增加学生的人际交流机会。最重要的是，合作学习强调了学生的主体地位，学生因此会更加积极地学习，这也为不同层次的学生提高英语水平提供了更好的平台。

（2）教学目标的要求。

《课程要求》中将大学英语教学的目标定义为“培养学生的英语综合应用能力”，“增强其自主学习能力，提高综合文化素养”。传统的大学英语教学可以使学生掌握很扎实的英语语言知识，但不能使他们掌握较好的语言应用能力，特别是听说能力，主要原因就在于传统教学中注重语言知识的教学却忽略了听说等语言能力的教学，但随着社会的发展及国际交流的日趋发展，人们对语言应用能力的需求日趋高涨；同时，为了适应社会的发展，也是大学生自身发展和进步的需求，学生自身也需要掌握和提高语言应用能力，尤其是外语应用能力，这有助于在日后的工作中获得更好的发展机遇，也可以在跨文化

交流中立于不败之地。

2. 合作学习法的应用策略

合作学习的最大特点是合作，包括教师与学生之间的合作，也包括学生与学生之间的合作，因此，为了达到合作的目的，合作教学中必须讲求策略。

（1）分组策略。

为了尽量使小组内的所有成员都得到公平的机会，也为了使小组之间的竞争比较公平，在分组时应该综合考虑各方面因素。有关怎样分组的问题在前文已经讨论过，此处不再细谈。

（2）问题设置策略。

教师的课堂教学对合作学习至关重要，教师首先需要将语言知识以及有效的交际信息通过最有效的方式在最短的时间内传授给学生，然后在最关键及最重要的位置设置问题，这样才能引起学生的兴趣并调动学生的学习热情和课堂参与积极性。此外，教师设置的问题及情景必须具备一定的深度、广度以及难度，这些是引发学生深思的关键所在。

（3）指导策略。

合作学习要坚持教师的主导地位及学生的主体地位，因此，在教学过程中，教师要确保所有组员的学习任务，并随时掌握小组的具体动态。同时，教师还要积极有效地鼓励学生之间的交流、互助以及信息的分享，培养他们的团队合作意识以及竞争意识，有效指导他们养成良好的自学能力及创造性。

（4）评价策略。

合作学习既讲究合作，也讲究竞争，组内成员的合作是为了更好地进行组与组之间的竞争。这一兼有特征的建立更有助于提高学生的学习积极性和热情，而为此提供助力的方式就是积极的评价策略以及鼓励策略。因此，在教学过程中，要经常关注学生在小组活动中的个体表现以及小组的整体表现，并发现学生参与活动的积极方面，在评价过程中将重点更多地放在对他们所做的积极方面加以鼓励和正面评价，最后肯定会使学生更加积极主动；而如果给予学生的是消极的评价和打击，长此以往，学生肯定不会愿意参与此类活动。因此可以说，积极的评价策略和学生的积极性之间是成正比关系的。

3. 合作学习法的应用过程

作为一种教学方法，合作学习也应该有适当的实施过程。一般来说，比较好的教学方法都有一个基本的从理论到实践再到总结或反馈的过程，合作学习也不例外。

（1）理论讲解。

对任何阶段的教学来说，理论讲解是必需的一部分，合作学习也不例外。理论讲解是合作学习的第一步，可以体现教师在教学中的主导地位。每次上课时教师都必须将授课的重点、难点以及有关的语言应用技能传授给学生，使学生明确学习内容、目的以及需要掌握的沟通技巧，为下一步做好准备。

（2）活动准备。

活动准备阶段的主要参与者是学生。他们需要根据教师所布置的活动先对小组成员进行分工，明确各自的任务，然后各成员再根据自己的任务来确定自己所需要完成的准备工作，如资料收集等。并且，在准备过程中，各成员还须注意与组内其他成员之间进行信息交换、资源分享等，这有助于节省大量的精力。

（3）活动开展。

在相关准备活动完成之后，合作学习的活动就正式展开。在这一过程中，教师仍然要坚持自己的主导地位，要引导学生有效地表达自己，积极与其他成员进行沟通等；而学生则要根据活动的形式来确定自己的参与形式，比如在辩论中，学生要根据自己的顺序及角色选择恰当的时机来表达自己的见解，辩论要有序进行，不能混乱，而在角色扮演中，学生一方面要记住自己的台词和顺序，另一方面也要恰当使用诸如表情、语气等的各种辅助方式来更好地扮演自己的角色。

（4）教学反思。

一个合作学习的活动完成之后教师和学生都应该对该活动进行总结，主要是总结自己在活动中的表现。学生应该结合教师所做的评价来总结自己和小组的表现以及自己在活动中的得与失，以便为将来避免类似情况的发生做准备；同时，教师也需要对自己在活动中的角色及作用进行反思，主要是对自己的角色进行反思，注意自己是否成功地扮演了引导者、是否对学生的活动干预过多等问题，有则改之，无则加勉。

4．合作学习法应用的活动形式

合作学习，重在合作，目的是学习，但合作中也有竞争，竞争的目的是未来更好地合作，因此，学习的过程其实就是合作与竞争的过程。结合教学这一具体情景可知，常见的活动形式都与教学有关，再具体到外语教学来说，所有的合作与竞争活动都与语言学习及应用有关，其包括以下内容。

（1）辩论。

外语辩论是一项竞争十分激烈的活动，而外语教学中的辩论主要开展场所就是教室，形式与常规辩论基本一致。在辩论活动中，小组成员首先要进行分工以使自己的责任明确；然后要实现资源及信息共享以节约精力及时间；在辩论过程中要清楚自己的角色和作用，严格按照分工来施展自己的作用，并适时为队友提供帮助。

（2）角色扮演。

角色扮演活动被越来越多的外语教师所采用，目的是给学生提供更多的开口说外语的机会，以提高他们的口头表达能力。小组活动中，组员通过使用已有的语言或者改变成新的语言来对文章已有的故事情节加以展现，既可以加深学生对文章内容的理解，又可以使他们将所学的比较死的知识变为活的语言，最终实现提高语言应用能力的目的。

（3）对话。

对话是外语教学，尤其是口语教学中使用频率最高的教学活动，合作学习中也经常使用。主要形式可以是对课本中已有的对话加以改编或直接诵读，也可以根据已有话题或情境来编造对话，一是可以练习学生的口语技能，二是可以练习学生的口头应变能力。

（4）游戏。

中小学英语教学中经常使用游戏的方式，因为多数学生都喜欢游戏，而且现在的很多教学理念都强调“游戏中学”这一概念。在非英语专业的大学英语教学中加入游戏并不是很常见，主要原因在于大学英语课堂上的学生人数往往比较多，课内的时间比较有限。但由于游戏也非常注重成员之间的合作，因此也可以在合作学习中适当结合游戏，游戏也可以在课外准备或在课外进行。

在游戏中，学生需要将特定的英语知识（如词汇、句型、语法等）融入到具体的情景中去，以锻炼自己的想象能力和思维能力等。游戏也可以有效地活跃课堂氛围，增强学生词汇记忆的效果。

（5）作文及翻译批改。

学生的作文及翻译也可以采取合作学习的方式进行，合作形式有教师与学生之间的合作以及学生之间的合作两种，且两种合作都不可缺少。在学生完成写作或翻译之后，先将其与合作的同学交换并相互修改及评阅，然后教师再加以批改及评阅，在教师的工作完成后，学生还需要根据同学及教师给出的意见或建议对自己的作品加以修改，甚至重写。

相互修改的过程不仅有助于提高被修改者的写作或翻译水平，还有助于提高修改者发现问题及改正问题的能力，同时还可以减轻教师的工作量，所以这是一个“三赢”的好办法。

（6）网络学习。

随着网络的普及，网络已经成为学生生活必不可少的一部分，很多学生甚至将网络视为最可靠的信息来源，因此，现代大学英语教学必须重视网络在其中的作用。合作学习也成为有效利用网络的一种方式。一般来说，利用网络进行合作学习可以采用聊天、讨论、阅读等形式，也可以将作文或翻译通过网络与他人进行交换修改等。

当然，除了上述六种方式之外，合作学习肯定还有更多的方式。对于教师和学生来说，在日常教学中所需要做的就是根据具体教学内容来采用相应的及相对更有效的合作方式，或者可以以不同的合作方式来完成同一个教学内容。

5. 应用过程中应注意的问题

王芳（2010）认为，在合作学习实施过程中，教师应该注意以下六个方面的问题：

选择适当的时机，合理构建学习小组，培养学生独立思考的习惯，培养学生分工合作的习惯，培养学生正确交流的习惯，当好教师的角色。这六个方面的问题基本上把合作学习中教师应注意的问题综合在内了，但除了教师应该注意的问题之外，合作学习中还包含不少学生应该注意的问题，主要有以下几项。

（1）个人与小组的关系问题。

个人是小组的一员，因此，在合作学习中，个体需要依存于整体，独立于整体之外的个体的学习不是合作学习；但在合作学习中，我们也不能完全否认个体独立的重要性，因为整体也是由单独的个体构成的。因此，合作学习中的个体与小组之间的关系问题其实就是独立与依赖的关系，个体需要相对的独立，但也必须积极地依赖整体。

（2）个人目标与小组目标的关系问题。

大学英语教学的目标是提高学生的英语语言应用能力，是针对学生整体而言的，但对于学生自己来说，他们所需要实现的目标是将整体目标转化为自己的个人目标，也就是说，单个的学生所需要实现的目标是提高自己的语言应用能力。但在合作学习中，任何个人的学习目标都必须服从于小组的整体目标，任何人都不能独立于小组之外，一是因为合作学习的检验标准及批判标准是小组的表现，而不是个人的表现，二是因为合作学习的实施目的是为了通过合作来实现所有学生的集体提高。当然，合作学习绝不是否认个体目标的实现。因此，可以认为，合作学习中，个人目标应该依存于小组目标，而且应该服务于小组目标。

（3）自主学习与合作学习的关系问题。

合作学习以提高整体成绩为目标，以合作学习为方式，小组成员之间必须通过合作的方式才能实现学习目标，在合作学习过程中，小组成员必须相互合作、互相帮助，以团结互助的方式开展学习活动；但这并未否认自主独立学习在其中的重要性，因为只有个体在掌握了一定的知识和信息之后才能有效帮助别人，而个体对知识和信息的掌握的有效方式之一就是自主学习。也就是说，自主学习与合作学习应该是相互支持的关系，而不是相互排斥的关系，自主学习也是为了更好地合作学习。

（4）合作与竞争的关系问题。

前文提过，学习小组的组建应该以“组内异质，组间同质”的原则和标准进行，目的是为了更好地在组员之间形成合作，通过相互帮助、传授、带动等方式来实现小组成员的共同提高；同时，通过小组之间的竞争来提高学生的竞争意识。这种组内合作、组间竞争的格局一方面有利于培养学生的团队精神，促进学生之间的合作；另一方面也可以通过相互评比、竞争来促进学生的学习积极性。由此可知，合作学习中的合作与竞争是相对的，也是积极有效的，合作是为了更好地竞争，竞争也是为了以后更好地合作。

6. 应用过程中出现的问题

理论上来说，合作学习有很多的优势，也得到了众多大学英语教师的推崇，在教学实践中应用了这一教学方法及理念，但出于多方面的原因，当前的大学英语合作教学出现了一些问题，总结如下。

（1）教师方面的问题。

教师在合作学习中表现出来的问题主要存在于三个方面：对自己的角色定位不清，分组过于随意；内容选择及问题设置不合理。

有的教师由于习惯于传统教学模式，在合作学习中也往往不由自主地采用了传统教学方式，尽管不停地提醒自己要以学生为中心，但经常控制不住自己，很容易越俎代庖将本该由学生完成的事情做了，而且在小组活动过程中也经常过多干涉。也就是说，很多教师经常将自己的主导地位擅自改变为主体地位，从而减少了学生在合作过程中的分量，致使合作学习的实际效果大打折扣。

而在实际分组操作过程中，有的教师对学生情况不了解，他们就随意按照学生当时的座位情况进行分组或者以学生宿舍为单位进行分组，而没有考虑学生的实际英语水平等很多重要的因素。

同时，有的教师在合作教学中存在不合理地确定活动内容和设置问题及情景的现象。有的教师在教学中存在随意性，这种随意性表现在内容的选择、情景的设置上，教师根本没有预先在脑海中预想过，这往往导致由于教学内容过于简单或者情景缺乏深度而使活动开展不下去的情况发生。

（2）学生方面的问题。

学生在合作学习中经常表现出来的问题主要有三个方面：对自己的角色定位不清，不愿意参加合作学习，重合作而轻竞争。

我国中小学的英语教学基本都是以教师为主体，对于大学英语教学中以学生为主体的定位，很多学生并不是很习惯，因此，在合作学习中，学生一方面不了解合作学习的操作模式，另一方面也会因为不会合作而不愿合作，还有一些人是过于重视小组内的合作而忽视小组之间的竞争。在这种情况下，学生的主观能动性得不到充分发挥，导致合作学习的效率低下，甚至没有效果。

7. 问题的解决办法

针对教师和学生在合作学习过程中产生的问题，双方都应该有针对性地对自身的问题进行反思，通过合作找到各自的解决办法。

（1）教师问题的解决办法。

鉴于教师在合作教学中存在的三个方面的问题，在实际教学过程中，教师首先就要弄清楚自己的定位，然后尽量使分组合理，再就是需要合理选择教学内容及设置活动情景。

有的教师不清楚自己的定位或角色是因为他们关于合作学习的理论素养不够，对这部分教师来说，他们要做的第一件事就是提高自己的理论素养，了解合作学习的本质特征，这样才有可能做到在核心教学活动中不过多地干涉学生，而只把握好方向问题，在活动过程中积极发挥自己的主导作用，加强自己对学习活动的指导，充分培养学生的合作意识，提高他们的合作技能。

而有关确定组员构成的不合理问题，教师应该对小组构成执行动态化管理，而不应固定不变。并且，对于教师来说，由于自己对学生不是很了解，最初分组的时候最好由学生自己按照一定的要求和标准自由组合，然后随着自己对学生了解的深入再对部分小组成员做出相应的调整，尽量使分组达到“组内异质，组间同质”的标准。

同时，教师在选择自己的教学内容及设置学习活动情景时需要做到合理。合理的教学内容可以提高学生的学习兴趣，而合适的活动情景也有助于提高学生的参与热情。

（2）学生问题的解决办法。

对于学生在合作学习中表现出来的问题，教师应该加强对有关问题的解释说明，使学生了解合作的重要性，而学生自身也必须明白自己在合作学习中的主体地位以及自己对小组的重要性。在涉及个人与小组的有关问题，尤其是个人的有关利益与小组的有关利益存在冲突时，正确处理个人与小组的关系、个人目标与小组目标的关系、自主学习与合作学习的关系以及独立与依赖的辩证关系，才能使学生更加积极地参与到合作中来，才能提高自己的成绩，实现合作学习的目的。

五、合作学习在《读写教程》中的实践

合作学习在大学英语教学中已经得到了很多专家和学者的一致赞同，并且已经在很多学校的大学英语教学中得到实践的检验，证明了合作教学对提供良好的教学氛围及活动情景，提高学生参与课堂活动的积极性，以及为学生将来的学习、工作中的合作意识和能力打下坚实基础等许多方面都有很好的效果和作用。同时，由于大学英语教学是一个整体，合作学习对大学英语教学中各个单独的领域的作用及效果如何，以及合作学习在这些领域如何更加有效地得到开展等问题是以下将要探讨和解决的内容，但鉴于本书以《读写教程》为例，有关合作学习在大学英语听说教学领域的研究就没有在此处提及，而仅仅提及合作学习在大学英语语法教学、阅读教学、翻译教学及写作教学中的使用。

1. 合作学习在阅读教学中的实践

在本书第五章“大学英语技能教学研究”中提出大学英语阅读教学的内容主要是语言知识、阅读技巧及阅读模式三个方面，此处主要研究合作学习法与阅读教学中的语言知识教学的结合，主要涉及词汇、句型、语篇结构等方面。

（1）词汇合作学习。

词汇学习一直都是阅读教学的重点，也是难点，主要原因是词汇是阅读理解的基础，

没有一定的词汇储备，理解就成了一句空话，但由于很多人无法掌握适合自己的词汇记忆技巧，因而也就难以记住单词及其用法。在合作学习中，词汇记忆理论上可以变得相对简洁。最常用也是最简单的词汇合作学习是将学生分成小组，小组内的成员一起合作对需要记忆的词汇进行或分类或分解构词，并在固定时间内记住且成员间互相听写，这些都要求在课外完成。这种互助式学习方式很多人在小学时期就用过。

（2）句型合作学习。

句型学习也是阅读教学的重点之一，特别是阅读材料中的长难句一直是教学中的重点，主要是部分学生对句子结构掌握得不是很好，缺乏句子结构方面的知识，这使其在面对长难句的时候往往一筹莫展，因此，阅读教学中的句型教学基本上还是语言基础知识的教学，特别是语法基础知识以及语感、阅读习惯等方面的教学。合作学习在句型方面的使用与其在词汇方面的使用大同小异，主要还在于小组成员之间的相互监督、相互帮助等。

（3）语篇结构合作学习。

大学英语阅读教学中的重点是语篇结构的教学，理论上讲，合作学习有助于学生发现文章的篇章结构。对于语篇结构的教学，教师需要将学生分为三人以上的小组，然后由这些小组成员在一起积极思考、积极合作，借以提高他们分析、归纳、判断、推理等方面的能力。下面以《读写教程》第三册第四单元 Text A *Five Famous Symbols of American Culture*（《美国文化的五个著名代表》）为例来说明如何运用合作学习理论来确定文章的篇章结构。在图 3-2 中，圆是美国文化的缩影，五个主要话题（即美国文化的具体代表）各由一个文本框所代替，而各个话题之间的线条表明了各个文化现象之间的有机联系。

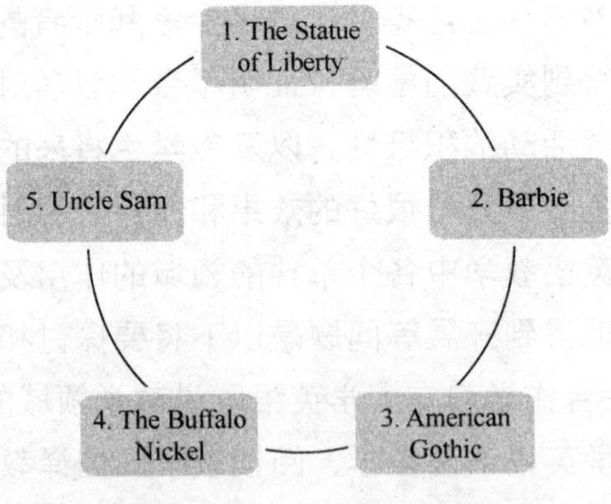

图 3-2　课文《美国文化的五个著名代表》的内容构成

图 3-3 是该篇文章的组织结构图。利用合作学习的方法，首先要求学生将图中五个文本框填写完整，然后要求他们合作完成文中对每个具体的文化现象的有关信息的解释，并制成相关树形图，然后在课堂内由小组的代表向全班进行展示。

实践证明，合作学习在阅读教学中的应用改变了传统的以教师为中心的阅读教学模式。在合作学习模式下，学生不仅培养了合作意识，还锻炼了阅读技巧。

2．合作学习在写作教学中的实践

目前我国对于合作学习在大学英语写作教学中应用的有关研究多数认为写作中的合作学习应该分为三个步骤或阶段，主要包括写作前、写作中及写作后，如黄斌、刘莉丽（2010）所提倡的写前阶段、写作阶段、写后阶段；陈玉玲（2002）所提出的“合作式写作、合作式批改作文、合作式文章评析”三个步骤；王琼（2011）则提出了合作学习在写作教学中运用的步骤，如图 3-3 所示。

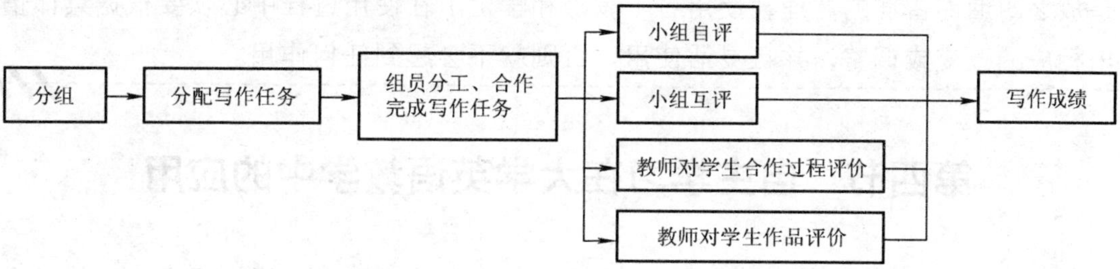

图 3-3　合作学习模式在大学英语写作教学中运用的步骤（引自王琼，2011）

同时，陆艳芳（2007）还提出了合作学习在写作教学中的三种学习模式：与合作翻译相结合的单句合作学习模式、与合作阅读紧密结合的语段合作学习模式、范文讨论和小组批改的语篇合作学习模式。

根据以上研究，笔者将结合自己的教学实践对这一领域进行简要探讨。

在平时的写作教学中，笔者要求学生一对一自由组合，但每次都需要找不同的对象，学生之间的主要任务是相互修改作文并给出适当、中肯的评价，在教师批改完作文后学生要结合同学及教师给出的意见及建议重新写作，且批改初稿的同学还需要对修改稿进行批改，但教师只检查部分修改稿。刚开始时部分学生不是很愿意，因为他们的基础不是很好，很难发现别人作文中的错误，但在经过几次批改（有时确实没找出错误）后，他们发现了认真思考的好处，从而开始接受这一学习方式。

总结合作学习在写作教学中的应用可知，要想使这一教学达到理想的效果，除了学生的积极参与外，也离不开教师的努力。在这一过程中教师还应该注意一些问题，如在布置写作任务时难度要适中，最好按照从易到难的顺序进行安排；此外，在整个合作学习过程中，教师要将对写作过程的评价与对写作结果的评价紧密结合在一起。

3．合作学习在翻译教学中的实践

前面提过，翻译与写作都是语言的输出形式，并且二者之间有很多类似的地方，因此，翻译教学与写作教学在利用合作学习法时存在很多相似性，而笔者在实际翻译教学过程中的做法与写作教学也基本相似，即要求学生一对一自由组成学习小组，并经常变换成员，小组成员必须认真为对方修改翻译作品，并提出相关意见及建议。而翻译教学的效果也和写作教学的效果差不多。调查显示，95%的受访者都觉得这种教学模式使他们的写作及翻译水平有很大提高，而他们的大学英语四级考试成绩也证明了这一点。

小　结

合作学习对于提高学生的语言知识和语言应用技能确实有很大的作用，它有助于提供更多的口头表达机会，也可以促使学生更加积极主动地思考，进而提高学生的语言知识和语言应用能力，但要实现这些作用需要学生和教师的共同努力。同时，合作学习也不是放之四海而皆准的真理，使用者（教师和学生）在使用过程中必须要根据具体情况做出相应的改变或调整，并且灵活使用，否则就不会起到任何作用。

第四节　自主学习在大学英语教学中的应用

《课程要求》规定，大学英语教学在培养学生的英语语言知识、提高他们的综合应用能力之外，还应该“增强其自主学习能力”。因此，国内的很多大学英语教师及教学研究人员都主张提高大学生的自主学习能力，但在实际教学过程中，如何才能真正提高他们的自主学习能力却是一个仁者见仁、智者见智的事情。为了能够将这一话题探讨清楚，笔者在日常教学中尝试用各种方法使学生得到各种机会增强他们的自主学习能力，效果也比较明显。本节将以自主学习为内容，重点讨论有关自主学习的话题，如到底自主学习是什么，其与合作学习是对立的关系吗，我国目前的自主学习教学实践的现状是什么样的，对一些会影响自主学习效果的因素应该采取什么对策。

一、自主学习的定义

自主学习（Autonomous Learning）这一概念在 20 世纪 80 年代，由学者 Henry Holec（亨利·霍来科，1981）在其著作《自主性与外语学习》（*Autonomy and Foreign Language Learning*）中提出。Hoelc 将自主学习定义为“一种对自己学习负责的能力”，并提出了拥有这种能力所需具备的五个特征：学习者处于完全自学的状态、懂得如何自主学习、天生就能受到学校教育环境的抑制、勇于为自己的学习负责、有权确定自己的学习方向。

对自主学习的定义学者的观点各不相同。Littlewood（里特尔伍德）认为，自主学习主要是学习者能独立选择自己的学习的愿望及能力，这种愿望就是可以为自己的选择负责的信心，而能力则包括做出选择和执行选择两个方面。Dickinson（迪金森，1987）将自主学习分为“完全性自主学习”和“指导性自主学习”两种类型。Pintrich（平特里奇，2000）总结出自主学习所具备的四种特征：自我主动性、自我监控能力、自我调节能力、自我适应能力。除了以上这些观点外，还有其他不同的观点，但这些观点都有一个核心，那就是自主学习强调自主性：对学习内容选择的自主性、对学习过程控制的自主性、对学习结果评估的自主性等。

综合以上观点，张雪梅（2010）认为，自主学习必须包含三个要素：学生自主学习的态度、学生自主学习的能力、外部的学习环境。卫芳菊（2011）则总结出自主学习所具有的两种特征：自主学习是学习者的情感态度和学习策略等因素综合而成的一种学习机制；自主学习本质上是一种学习模式，是在以教学任务为根本的前提下，学习者通过教师的指导，根据自身实际水平和要求制定并实现短期和长期学习目标相统一的学习模式。

二、自主学习与合作学习

本章第二节曾讨论过合作学习的有关问题，指出，合作学习必须通过组内成员之间的协作或者合作才能顺利完成学习任务、实现学习目标，而由于大学学习任务的多样性等特点，组员之间的合作形式也不尽相同。同时，由于大学生及大学学习所具有的阶段性特点，合作学习也并非大学学习的唯一形式，这也就意味着大学学习形式除了合作之外，必然存在另一种或几种形式，其中自然包括自主学习形式。但自主学习并不完全等同于自己学习。尽管我们不能否认二者之间在某种程度上的相似性，但也必须认识到它们之间的区别。自己学习强调的是独立学习，有可能是为了按时完成某个学习任务而被迫学习，也有可能是为了实现某个学习目标或提前为某个学习任务做好准备而主动学习；但根据对自主学习的各种定义可知，自主学习往往强调的是主动学习或者是在某人指导下的学习，是为了某个学习目标或任务而按照自己的安排或计划主动进行的学习活动，而不涉及任何被动的成分。

由此可知，合作学习与自主学习之间存在着巨大的区别。首先，二者的实施动机不一样。合作学习以完成小组共同的学习任务、实现小组共同的学习目标为动机，而自主学习则以实现学习者个体的学习任务和目标为动机。其次，二者的形式与内涵都有很大区别。从形式上来看，合作学习以小组内部成员之间的相互合作为实现目标的手段和形式，而自主学习则以学习者独立进行学习为主要手段和形式，并且在合作学习中学习者的任务往往是被动接受的，而自己没有太多自由选择的余地；自主学习则不一样，在自主学习中，学习者的学习任务虽然也常常受到部分客观因素（如阶段性的学习任务等）的影响，但在安排自己的学习任务上，学习者仍有很大的自主性。同时，就二者的内涵而言，自主学习是相对于被动学习、机械学习等而言的，是一种强调学习者在学习过程中对学习方法选择的自主性、对学习过程控制的自主性以及对学习结果评估及评价的自主性的一种学习模式；而合作学习则应被视为相对于个体学习或独立学习而言的一种学习的组织形式。最后，就在实际学习中的实施效果来看，二者之间也肯定不尽相同。尽管我们都认为任何学习形式或学习模式的采用目的都是为了实现提高学习者学习能力与学习水平，但仅从理论上来看，自主学习由于过度强调学习者的自主性，过于依赖学习者的自主性及自律，其实施效果肯定会受到诸如学习者的自主性及自律能力等各方面的影响，而有的时候也会因为教师对学生的过于信赖而放松对学生的有效监督和指导而使学习效果大打折扣。在这一点上，合作学习可以有效避免。因为合作学习不仅强调组内合作，还强调组间竞争，合作机制的确立有助于确保学习任务的按时完成，而竞争机制的确立则有助于提高学习者的竞争意识，提高学生的学习积极性和学习热情。

从二者的联系和区别上来看，大学英语教学中应该将合作学习与自主学习有机结合起来，充分利用二者的先天优势，借以避免它们的劣势，使大学英语教学变得更为高效。

三、自主学习在大学英语学习中的必要性

随着大学英语改革的进一步深化以及英语在我国社会生活中的地位逐渐提高，如何使英语教学更加高效已经成了全体英语学习者、英语教师及研究人员共同关注的话题。同时，国外的外语教学研究业已证明自主学习的优势，因此，在我国大学英语教学中开展自主学习模式的探讨是有其必要性的。

1. 政策的要求

前文提过，《课程要求》中明确要求大学英语教学要增强学生的自主学习能力。但目前我国很多高校的大学英语教学目标是使学生通过大学英语四、六级考试，取得与英语有关的证书，这种以应试为目的的教学极大地限制了学生的学习主动性，他们多数时间都是按照教师的要求学习，在完成教师布置的学习任务之余基本上没有多余的时间和精力去安排自己的学习。在这种背景下，《课程要求》照顾到了部分高校想提高学生四、六级考试通过率的现实需求，也顺应了时代的需求。

2. 学生的需求

学生的需求包括学生学习的需求、学生综合素质培养的需求及学生未来发展的需求三个方面。学生永远都应该是学习的主体，传统教学理念到现代教学理念的转变为实现学生主体地位打下了坚实的基础，也为学生自主学习能力的锻炼和增强提供了现实可行的条件和保障。无论是大学毕业生的就业需求还是他们以后在生活、工作中获取新知识或技巧的现实需求都要求他们掌握一定的技巧。

现代大学英语教学的目标是培养全方面、高素质的人才，而这种高层次人才的培养不仅仅需要教师的努力，更需要学生的自主参与。自主学习的实现不仅有利于学生现阶段的学习，还有利于他们将来的工作、生活，为他们的终身学习奠定良好的基础。

自主学习模式有助于调动大学生的学习主观能动性、热情，激发他们的主动性和自觉性，提高他们的创新精神，而这种精神是新时期国家竞争力的保障和体现，也是大学生竞争力的根本体现形式，因此，坚持以学生为中心，以人为本，培养创新型人才是时代给予当代高等教育的使命，也是学生自身发展的需求。

3. 教师的需求

无论是传统的以教师为中心的教学模式还是现代的以学生为中心的教学模式，

教师都起着至关重要的作用。传统教学模式中的教师决定着学生的学习内容等很多方面，而现代教学模式中的教师虽然主要是指导或引导学生的角色，但这种指导或引导对学生的作用在某种意义上来说也会对学生的学习成绩，尤其是学习习惯及学习方法的养成产生重大影响，其中最主要的原因就是教师在学生心目中无可取代的重要地位。

同时，由于当前我国众多高校的大学英语教学仍以通过考试为目标，或者说大学英语教学仍以考试，尤其是大型考试为检验标准。为了达到这一目标或标准，教师经常处于非常矛盾的境地：一方面他们希望改变传统的教学方式和模式；另一方面他们又想确保学生的考试通过率，而传统教学方式的改变中存在学生考试通过率降低的风险，这是教师无法承担的。而自主学习会使教师的这种担忧有所降低，因为一旦学生掌握了正确的学习方法，养成了良好的自主学习习惯，他们的成绩自然就会有效提升。学生的自主学习只需要在教师的有效监督和指导下就可以进行，监督和指导的方式肯定会有效减少教师的教学工作量，这也说明了教师对自主学习方法存在实际的需求。

四、自主学习策略

学习策略不等同于学习方法，它来自于学习方法，是学习方法的抽象，文秋芳(1995)曾提出学习策略训练系统的框架，如图 3-4 所示。

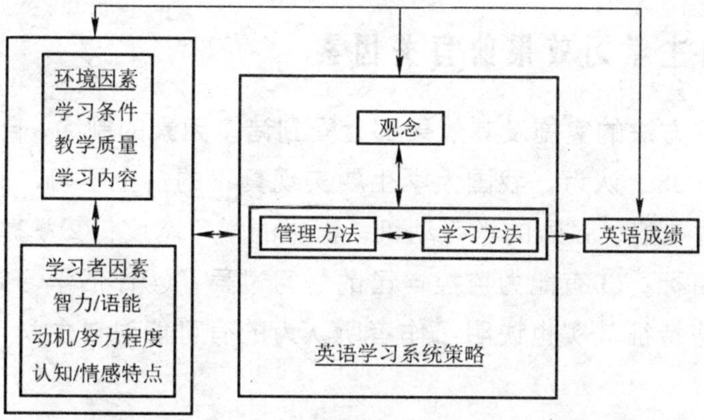

图 3-4　学习策略训练系统的框架

在这一框架中，环境因素与学习者自身的因素共同结合教师的教育观念、管理方法及学习方法，所有因素的相互作用最终决定了学习者的英语成绩。这一框架揭示了英语成绩的真实原因和理据，即学习者的英语成绩是由所有这些因素的共同作用来决定的，而不是由某个因素或几个因素来决定的。

因此，自主学习中，学习者要合理利用自身的优势，同时利用所在环境中所有的学习资源，在教师的指导下进行学习，要放眼未来，着眼全局，而不能完全根据自己的理解和一时的需要来进行，可以借鉴 Cohen（科恩）推荐的模式进行自主学习策略的训练，该模式分为五个步骤：①教师对可能有用的策略进行描述、示范并举例说明；②基于学生自身的学习经验，从而引出更多的（使用策略的）例子；③引导小组或全班的学生对策略进行讨论；④鼓励学生练习、使用各种策略；⑤把策略与日常的课堂材料结合在一起，以明确或隐含的方式将策略融进语言任务，为学生提供语境化的策略练习。（蒋业梅，2003）

五、自主学习模式

国内外学者对自主学习的重视导致了诸多自主学习模式的产生，在综合研究了诸多学者的研究结果之后，唐利平等（2005）认为，大学英语自主学习主要有四种模式：合作型、研究型、问题型、目标型。合作型自主学习就是合作模式的自主学习，是团队合作的产物，与合作学习有异曲同工之妙，较比用于那些善于与人合作的英语学习者；研究型自主学习就是探究式的自主学习，比较适用于那些善于思考的英语学习者；问题型自主学习强调的是教师与学生之间的互动，比较适用于善于思考，敢于质疑的英语学习者；目标型自主学习就是项目式教学的自主学习形式，强调以项目为基础和核心，以及学习者在项目中的参与。这些学习模式并不相互排斥，而是相互支持、互相作用的，学习者个人需要根据自己的个性、学习任务的类型等客观条件做出有利的选择，而不是始终如一地坚持自己的学习习惯。

六、影响自主学习效果的有关因素

任何一种学习方法的实施及其效果都会受到诸多因素的制约，自主学习也不例外。陈清、孙丙堂（2008）认为，我国大学生要实现真正的自主学习，必须具备以下几个方面的特征：①内在的、强烈的学习动机，积极的学习态度；②掌握一定的学习策略，制定可行的学习目标；③有能力监控自己的学习过程；④评估学习效果；⑤具有合作意识和能力。这些特征其实也说明了作者所认为的有可能对自主学习效果产生影响的有关因素。

有关可能对自主学习产生影响的因素的研究很多，沈春蕾（2008）认为，对大学生的自主学习能力产生影响的因素主要包括内在因素和外在因素两个方面。内在因素包括“学习者的学习观念”“情感因素”“学习策略”三个方面；外在因素则包括“教师和教学模式”“教学环境”“学习资源”等方面。陶涛（2012）则总结了影响大学英语自主学习效果的五大因素：学习动机、英语学习能力、英语学习策略、元认知能力、自我效能感。

综合这些研究不难发现，对大学生的自主学习可能产生影响的因素无非包括三个方面：学生方面的因素、教师方面的因素及第三方的因素。

1. 学生方面的因素

虽然教学观念在变化，但一直以来，学生都是学习的主要参与者，是真正应该为学习结果负责的人。众所周知，在实际学习中，很多因素都会对学生的成绩产生影响，包括学生的智商、情绪、方法、目的等诸多方面。综合各方研究发现，学生可能对自己的自主学习产生影响的因素又可以包含五个方面：学生的学习目的或动机、学生的学习观念、学生的学习能力、学生的学习策略、学生的元认知能力。

（1）学生的学习目的或动机。

学习动机是影响学生大学英语自主学习效果的一个重要因素，它对学生的学习策略、学习态度、学习效果等方面都有直接影响。Gardner（加德纳，1985）将影响学生的学习动机的因素归结为四个方面：学习某种语言的目标、学习中的努力程度、实现学习目标的愿望、对某种语言学习的热爱程度。Brown（布朗，1981）则将学习动机分为三类：整体动机、情景动机、任务动机。学习者的学习动机往往决定着他们的学习态度，明确的学习动机会造就端正的学习态度和积极的学习目的。因此，要想在大学英语自主学习中取得良好的效果，学习者首先应该有一个明确的学习动机。

（2）学生的学习观念。

学习观念主要指学习者对学习所持的态度，即主动学习或被动学习。学习者的学习观念往往决定着他们的学习方式，在中国以升学为主的教育体制中，很多学习者都是抱着“教师教什么我就学什么”的观念，即被动学习的观念，而这种观念往往是自主学习的最大敌人。因此，印辉（2004）认为，学习者所持的观念会促进或妨碍其自主性的发展，因此教师在提倡学习自主之前有必要了解和修正学生的自主学习观念。学生需要转变自己被动的学习观念，意识到自己才是学习的真正主体，才能够发挥好自己的主动性，也才能够在自主学习中取得较好的效果。

（3）学生的学习能力。

现代教育学观点认为学生的学习能力源于学生在以往的学习过程中所累积的知识、能力、信心等诸多方面，是一个较为抽象的概念，较难用具体语言加以描述。众所周知，学习能力越强的人掌握新知识就越容易，所花的时间也越短。而在大学英语学习过程中，大学生由于已经在过去的十多年的学习过程中形成了一定的学习习惯，拥有了一定的学习能力，因此，他们在学习新知识的过程中所表现出来的学习能力就有很大差别。

（4）学生的学习方法和策略。

学习方法和策略在学习效果的实现中起着至关重要的作用，方法和策略的有效与否决定着学习的成败，但这里的学习方法并非指自主学习法，而是指学生在自主学习过程中所采取的方法和策略，也就是自主学习的方法和策略。前面提过，自主学习包括自我的自主学习和在别人指导下的自主学习，前者指完全依据学习者自身需要并由学习者自己决定的自主学习，而后者指学习者依据自身学习需要但也依据教师的指导对自己的学习内容、方法、进度等做出一定调整的自主学习。在大学英语自主学习过程中，学生不仅需要根据自己的需求来决定自己的学习内容，也需要根据教师的教学要求、教学进度等在教师的指导下进行自主学习，而在这一学习过程中，不同的学生会采取不同的方法和策略，正是这些方法和策略的不同决定了不同学生之间最终学习效果的不同。

关于影响学生自主学习效果的学生方面的有关因素，陶涛（2012）还讨论过学生的元认知能力和自我效能感在其中的作用。

2. 教师方面的因素

传统教学中，教师的教学对学生的成绩起着非常重要的作用，主要是因为教师在学生心目中的神圣地位以及教师在教学中的主体地位。现代教学中，以学生为中心的教学理念同样不能忽视教师在其中的重要作用，自主学习中也应如此。杜顺（2010）认为，在自主学习中，教师的地位和作用主要体现以下五个方面：教师是自主学习条件的创造者、大学英语自主学习的管理者、学生英语学习动机的激发者、学生自主学习策略的培训者、大学英语自主学习教学效果的评估者。

大学英语自主学习应该被认为是课堂教学的延伸或补充，而不是与课堂教学对立，因此，即便在以学生为中心的现代教学理念中，教师在在大学英语教学中的重要地位也不能被降低，从某种意义上来说教师的地位反而得到了增强和提高，因为自主学习的实际效果在很大程度上取决于师生之间课堂内的合作和交流，以及教师在课外对学生的指导和监督。因此，教师对自主学习效果方面产生影响的因素可能有以下几个方面。

（1）教师的个性。

前面提过，教师的个性对学生的学习存在很大的影响，如教师的开朗个性和内向个性就肯定会使教师和学生之间的沟通存在差别，有的教师可以与学生打成一片，成为学生的朋友，而有的教师与学生之间却基本上没什么沟通。当然，这里并非说个性开朗的教师一定可以使学生的自主学习取得良好的效果，也没有否定个性内向的教师在这方面所取得的成就，仅仅认为教师的个性在其中起着不同的作用。

（2）教师的教学方法和策略。

在本书第二章和本章前两节中，教学策略及教学方法得到了较为详细的阐释，各教学方法之间的联系主要在于相互补充，并非完全否决，而实际教学经验告诉我们，教学方法之间没有孰优孰劣之分，只有适合与否之别。对于大学生来说，教师的教学方法和策略也没有好坏之分，只有适不适合之说，在不适合自己的时候教师或者学生能否做出适当的调整才是最重要的，只有最适合学生整体的教学方法才是好的教学方法。因此，教师在教学过程和课外之道中都需要时刻留意学生的反应，并需要根据学生的反应对那些不适合的教学方法和策略做出适当的调整，做到以人为本，因人而异，个性教学。

（3）其他方面。

教师对学生及自主学习的影响因素不只存在于其个性和教学方法及策略方面。由于教师的教学和指导是一个综合体系，因此，教师的任何一个细节都可能对自主学习的效果产生影响，如教师在课外对学生自主学习的指导策略和方法、教师自己的学识修养等。

3. 第三方因素

大学英语自主学习是一个综合体系，而并非仅仅由教师和学生就能决定其效果，也就是说，还存在第三方的因素，即外在因素。这里的外在因素主要指教材、学习环境、学习资源等。

（1）教材。

在前面提过，教材的选择和使用对教师的教和学生的学都存在很重要的影响。教材内容过于陌生或者难易程度不合适肯定会对教师的教带来一定的消极影响，同样也会对学生的学带来消极影响，学生很可能会因为陌生的主题而丧失学习兴趣，也可能会因为知识过于简单或困难而丧失学习兴趣。所以，目前我国各大高校都根据本校学生的实际英语情况来选择比较适合的大学英语教材及参考资料。

（2）学习环境。

“近朱者赤，近墨者黑。”这句名言所有人都懂，其中包含的环境对人或事的重要影响不言而喻。这里的环境不仅仅包括学生所在班级或英语课堂的学习环境，还包括学生所在的学校的学习环境，更包括了整个社会大环境，所有的这些环境综合在一起就构成了自主学习的环境，这一环境的积极与否往往影响甚至决定着学生在自主学习过程中的态度、动机、方法等很多方面，进而影响到学习结果。

（3）学习资源。

学习资源指自主学习中可以利用的一切资源，包括教师、教室、书籍、参考资料、录音材料、学习活动等，这些资源对自主学习的影响也比较大。因为在学习过程中，学生需要充足的学习资源才能满足学习的需要，任何资源的缺乏或缺失都会产生影响，而丰富的学习资源并不能保证成功的学习效果，只有在这些资源得到充分、合理、有效的利用之后才能使资源的价值最大化。因此，在学生的自主学习过程中，教师需要不断地为他们完善学习资源，为他们打造一个立体的自主学习资源体系，通过适当引导来将这些资源系统化，不断激发学生的英语学习兴趣，并使他们在不断参加英语学习活动的过程中将自己掌握的英语知识转化为英语语言应用能力。

七、我国大学英语自主学习现状及对策

前文提过，目前我国很多高校的大学英语教学都是以使学生通过某些英语考试为目标的，为了实现这些目标，大学英语教学实际上还是在延续中学英语的应试教学，在以考试为指挥棒的教学中，教师的教与学生的学都在围绕着考试转，学生很少有自主学习

的空间，也就很难发展自主学习能力。这种状况亟待需要改变，在无法改变“考试主导教学”的现状下要锻炼学生的自主学习能力，需要一方面继续加强英语基础知识的教学，学生努力通过各种相关考试，另一方面，也要努力改变自身不利于增强学生自主学习能力的因素，主要从以下三个方面来进行改变。

1. 教师方面的改变

教师是传统教学的主导，也是应试教学的主导，而自主学习需要教师做出改变，否则就会变成空谈，关于教师的教学如何才能做到有助于自主学习，申丽娟（2007）提出了五条很好的建议：帮助学生转变观念，树立自主学习的意识；帮助学生建立自信，营造安全的自主学习心理环境；鼓励小组合作学习，引导学习者逐步走向独立；建立自主学习中心，营造良好的学英语的校园环境；帮助学生进行自我评价，提高自主学习能力。

当然，对于教师来说，首要的是转变自己的教学理念，要在教学中善于引导学生发现问题、思考问题并解决问题，引导学生参与课堂活动，培养学生的合作精神及自主学习能力，使学生养成自主学习的习惯。

2. 学生方面的改变

在传统的英语教学中，学生只需要上课认真听讲、认真做笔记，下课后整理笔记，把教师布置的练习按时完成，考试前多做试卷以找到考试状态即可。而自主学习中的学生不能再以这种方式来学习，否则增强自主学习能力就成了一句空话。自主学习中学生需要做出相应的改变。一方面，学生需要继续现有的学习；另一方面，学生也要按照教师的指导，强化自主学习的意识和意愿，改变自己的学习态度和观念，培养自己的合作精神，积极参与课堂活动，在学习中主动发现问题、解决问题，养成自主学习的习惯。

3. 学校方面的改变

作为教学的主管部门，学校强调大学英语教学，强调考试通过率，其实无可厚非，因为除了考试，他们目前还找不到更好地评估大学英语教学的方法和标准。但在目前自主创新精神和创新能力占据人生未来主要地位的情况下，学校主管部门一方面需要继续坚持以考试通过率为考核标准，另一方面也要通过一定的方法来加大对新的教学改革的支持力度，大力支持学生自主学习能力的锻炼和增强。因此，学校需要不断改善教学条件、配备更齐全的学习资源、组织更多的英语学习活动等，并利用这些有效及有利的学习条件来促使教师改变教学观念，促使学生改变学习观念、目标、态度等，积极为实现“增强学生的自主学习能力”的教学目标创造条件。

八、网络条件下的大学英语自主学习能力的培养

网络技术的进步及网络的快速普及为英语教学的发展提供了新的契机，但网络的

普及也为大学英语教学带来了一定的挑战，杜中全等（2012）认为网络条件下的自主学习暴露了教师、学生、自主学习资源等三方面的问题。教师的问题主要是部分教师对网络持抵触的态度。学生在网络条件下的自主学习主要表现出两个方面的问题：学生自主学习能力差、热情不够。自主学习资源则在很多学校都比较缺乏。这些问题会对自主学习产生消极影响，因此，在自主学习过程中，教师和学生应该共同努力消除这些消极影响。

要想有效改善这些状况，吴玉伦、李哲（2010）提出了一些解决措施：以教材内容为本，利用网络多媒体环境，培养学生课前自主学习能力；在学生预习基础上，利用网络多媒体设备展开课堂教学；以课件为辅助，开展课后练习题的自主学习；以网络为辅助，开展学生课后对所学内容的总结和归纳；以自我评价、学生互评和教师评价为基础，建立网上公开评价体系。这些措施包含了教学手段和多媒体教学资源的利用，课前、课中及课后对学生的引导、指导、评价等诸多方面，理论上来说，应该会有很好的实施价值。

小　结

自主学习尽管得到了诸多支持，其中也包括教师的支持、学生的实践，但由于很多客观因素的制约，大学英语自主学习在我国高校中尚未得到真正全面的实施。在日益普及的网络信息对传统大学英语教学产生影响的情况下，大学生可以很轻松地得到他们练习的答案，有时候甚至是试题的答案，而这些答案的轻松获取对部分对应于不甚喜爱英语学习的学生来说可以说是“天赐的福音”，也可以说是他们逃避英语学习的“有力武器”。因此，怎样有效利用网络资源开展自主学习是一道摆在大学英语教师面前的难题。

第五节　探究式学习在《读写教程》教学中的应用研究

探究是人类的本性特征，也是人类的生存之本，人类的好奇心使他们自诞生之日起就始终不停地在探究，并也在不断的探究中得以生存。儿童通过不断的观察或体会，探究自己周围陌生或自己感兴趣的事物，包括蚂蚁等小动物的生活习惯等；成人则探究周围事物的特点及运行机制，也在探究人类本身的特性及来源。因为探究，才有了人类对世界越来越多、越来越深刻透彻的了解，也才有了对天体运动、地下矿藏、人类自身（如基因组）等深奥知识的把握。语言学习和掌握也是人类不停探究的对象之一，外语学习更是得到了人们的重点探究。有鉴于此，怎样使大学生在学习外语的过程中更加高效地掌握这门语言也一直在外语教学研究人员的探究之中。所以，笔者将在本节对探究式学习在大学英语教学中的应用进行一定程度的探究，主要探究的是探究式学习法本身及其在大学英语教学中的价值、应用模式等方面，并结合《读写教程》第一册第三单元进行论证。

一、探究式学习简介

“探究”在人类学习新知识、了解世界的过程中起着非常重要的作用。在中国，最早将“探究”这一方式上升到理论高度的人被认为是孔子，他在《论语》中的多条言论包含了这一思想，如“博学而笃志，切问而近思”“敏而好学，不耻下问”等。而在西方，首次提出“探究式”学习概念的则是美国教育学家约翰·杜威，他的“做中学”（Learning by Doing）理论可以被认为是探究式学习的精华。需要强调的是这种“做”并非是机械、重复的学习过程，而是通过“做”来不断思考问题、发现问题、解决问题的过程，是通过这一过程来建构属于自己的知识框架的过程。

任长松、魏国栋（2008）将探究式学习（Inquiry Learning）定义为“学生围绕一定的问题、文本或材料，在教师的帮助和支持下，自主寻求或自主建构答案、意义、信息或理解的活动或过程”。此外，任长松还提出了探究式学习所需要坚持的十八条原则（任长松，2002）。依据该定义，探究式学习应该强调以下几条原则。

1．学生主体原则

现代教育理论认为，学生始终都应该是学习的主体，因为他们才是学习的主宰，也只有他们才能决定自己的学习成绩，教师在其中只起到引导作用。探究式学习同样也强调学生在学习中的主体地位。在探究式学习过程中，学生需要自己去发现问题，结合一定的材料，经过不断的思考、琢磨、解释之后才能找出并建构答案。在这一过程中，学生必须始终保持自己的自主性以及主体原则。事实证明，只有经过仔细思考后领悟出来的知识才能使学习者记得更加清晰、透彻，也才能使用得更加得心应手。

2．合作原则

表面上看，这一原则与上一原则矛盾，其实不然。上一原则强调学生的主体性，但并不排斥教师的指导。此外，学习中的很多问题都并非学生在完全自主的状态下有能力独立完成或者找到答案、发现规律的，在面对这种难题的时候，教师的参与及指导是必不可少的，但一般而言，教师不能提前介入，也就是说教师不能在学生尚未发现问题的时候就根据自己的经验或理解来引导学生去思考或探究某个问题，否则就不会起到探究式学习应有的效果。由此可知，师生合作很重要，合作的时机也很重要。

探究式学习中的合作原则还适用于学生之间的合作，因为学生之间也可以相互探讨、互相学习，而且学生之间的合作不仅可以解决一些学习问题，还可以培养学生的合作精神及处事能力。

3．方法重于答案原则

《课程要求》提出的增强学生的自主学习能力的教学目标中强调的是“学习能力”而不是学习成绩，也就是说，大学英语教学的终极目标不是学生记住了多少单词，记住了多少语法规则，或者是背诵了多少篇章，而是如何记住单词，如何记住语法规则，如何背诵篇章等方法性的东西。而方法性的东西又完全不同于纯理论的方法，不需要学生随口列出几条方法或规则，但在实际使用的时候却能很自然地使用的方法，简单来说就是这种学习能力已经内化为学生的一部分，就跟人呼吸空气一样自然。此外，这种学习能力也是无法通过别人的传授来掌握的，只能通过大量的练习和自己的参悟才能使之内化。因此，在探究式学习过程中，学生不能太过于急于求成，不能太过于强调答案，而是应该知其然，更要知其所以然。这里的“所以然”就是答案的来源，也就是培养自己学习能力的关键所在。而探究式学习就可以使学习达到这一效果。

二、探究式学习的应用价值

陈荣、鄢虹英（2010）认为，探究式学习的价值主要体现在三个方面：探究式学习可激发学生的学习兴趣，探究式学习能培养学生创新思维能力，探究式学习可培养学生自信心。鉴于探究式学习的运作方式及操作原理，在大学英语教学中采用探究式方式应该有以下几个方面的价值。

1. 有利于学生思维能力的培养

探究过程中所坚持的探究精神和探究方法不仅有利于提高学生解决问题的能力，而且是提高学生的批判性思维和创新思维的极好方式。因为探究过程中必须结合科学精神及态度，而科学精神及态度的利用无疑会提高学生的智慧，其中就包括批判性思维和创新思维，这两种思维方式对他们未来的工作、学习、生活来说都是至关重要的。

2. 有利于学生语言应用能力的培养和提高

由于探究者在探究过程中必须充分调动其已有的知识和经验，这对加深他们对已有知识的理解十分重要，而且在探究过程中，探究者经常会对已有的知识产生新的理解，这就是常说的“温故而知新”。同时，由于探究活动多是针对生活及社会中的新问题，探究所涉及的积极思考无疑会使探究者将已有的知识和经验应用到探究中来。而且，鉴于探究过程中所包括的师生之间及学生之间的合作，以及探究结束之后他们之间对探究过程及结果的讨论，都必然会涉及语言的使用，这肯定也会锻炼学生的语言应用能力。

3. 有利于学生学习能力的增强

“授人以鱼，不如授人以渔”的观念早就深入人心，探究式学习其实培养的就是“渔”，这对于培养学生的学习能力来说至关重要。正如前文所提到的“方法重于答案”或者“过程重于结果”一样，探究式学习教会学生的是学习方法、学习过程，尤其是对学生继续学习能力的培养，这在科技快速发展、社会日新月异的现代社会中显得尤为重要。

当然，探究式学习尽管对学生来说有很多的优点，但它并不能完全否定传统接受式学习的价值。二者之间并无孰优孰劣或者先进与落后之分，而应该是互相促进、形成互补。同时，探究式学习也并非适用于所有知识领域或课程，主要是因为有的新知识或规律与探究者已有的知识或已掌握的规律之间并没有多大的距离，是不需要探究也可以掌握的；或者是因为有的知识对于探究者来说是过高的难度或者挑战，对于这类知识来说，探究者需要量力而为，不能为了探究而在这类知识上浪费太多的时间和精力，以至于耽误了对其他知识的探究及获得。

三、目前大学英语探究式学习中存在的问题

李树怡（2006）认为，目前，探究式学习在我国教育体系中主要存在三个方面的问题：实践中的缺乏、理解中的偏差、理论上的匮乏。这三个方面的问题基本上反映了我国探究式学习的现状。但就大学英语教学而言，探究式学习的问题更加严重，因为目前我国的探究式学习主要提倡在基础教育阶段实行，尤其是在新课程标准教学中得到了一定程度的实施，而在大学教育阶段尚处于萌芽阶段，有关大学英语教育中的探究式学习的研究基本上还没有得到真正的实施，这主要是因为目前我国的大学英语教育还是以语言基础知识教学为主，而不是以语言应用能力的提高为主（理论上是，但实践中缺乏坚持）。

四、探究式学习在《读写教程》中的应用

周霞（2012）认为，大学英语读写课程中开展探究式学习，应该重点把握以下七个环节：调动学生探究兴趣、合理设计探究问题、引导学生独立思考、开展小组集体探究、读写结合互动探究、巩固训练强化综合素质、及时总结点评。这七个环节基本囊括了大学英语探究式学习从课程导入到课文理解与分析，再到知识运用以及课程总结这一系列的关键步骤。

1. 探究式学习的内容

（1）背景知识的探究。

要想很好地掌握一篇课文，前提是对课文有关的背景知识加以掌握，而课文的背景知识包括很多方面，如课文主题的背景、作者的背景、课文中所提及的人物、时代、作品等。要掌握这些方面的知识，需要学习者在课外做大量的功课。如在学习《读写教程》第三册第四单元 *Five Famous Symbols of American Culture* 时就需要搜集大量的、文章中未提到的美国文化代表的信息，此外，还需要搜集一些文中有关文化代表的时代背景知识，如芭比娃娃、汤姆大叔、美国硬币、自由女神雕像等。当然，在知识探究的初始阶段，在完成信息的搜集之后，学习者需要对这些信息加以整理，并且还需要仔细找出其

可能存在的内在联系等。

（2）语言知识的探究。

尽管每次提到大学英语教学改革，都不可避免地会提到现在的英语教学中存在的不合理的地方，尤其是教学理念落伍和教学目标过低，但反过来想，假如大学英语教学不强调语言基础知识的教学，大学英语教学最后会发展成什么样子很难想象。当然，这也是一种极端的提法。但不可否认的是大学英语教学归根到底还是语言教学，其他方面的学习如文化等都必须依附于语言这个工具上，或者说载体上，没有这个载体，其他的一切都只能是浮云，正所谓“皮之不存，毛将焉附”。因此，探究式学习还是需要重视对英语语言知识的学习，包括单词、短语、句子、段落等语言的所有层面。只有对这些基本的语言知识加以掌握之后，语言的应用才能得到拓展和提高。

（3）课文内容的探究。

课文内容包括两个方面：一是指课文语言携带的字面意思，二是指语言背后所隐含或附带的意思。前者不需要探究，基本上可以很容易理解，后者才是需要加以仔细探究的对象，而这也可以分为两部分加以探讨。一是指文章中出现的固定搭配或者俗语，由于语言文化的差异，外语学习者经常发现很难理解正确，如“get up on the wrong side of the bed”的字面意思是起床时下错边了，但文中肯定不是这个意思，这时需要发挥学习者的探究精神，首先找出其意思“心情不佳”，接下来再探究这两个意思表达之间有什么联系，亦即为什么要这样解释。二是指文章中的一词多义现象，这种现象也需要学习者仔细探究，如《读写教程》第一册第三单元 *A Good Heart to Learn on* 一文中多次出现一个词语“good heart”，但这个词在文章中不能一味地理解为好心，因为文章提及的作者父亲所做的每件事情的背后所隐含的好心的标准完全不一样，有的时候确实是善良的心，而有的时候却是用来指父亲不管天气多么恶劣都坚持去上班的坚强之心、作为残疾人的平常之心、想方设法使打架的人停下来的机智之心、作为父亲的仁爱之心或爱子之心以及作为球队经理的能干之心等。而这些都需要学习者经过大量的阅读和探究之后才能加以正确理解。

（4）课文中知识的探究式应用。

学以致用是学习的目的和意义所在，探究式学习的最终目的也是使学习者能更好地对所学的知识加以应用，因此，在对课文中的知识完成探究式学习之后就需要对它们加以探究式的应用。

语言知识的应用无外乎口头和书面两种形式。口头的应用主要需要学习者先设想出生活或社会中的场景，然后在此场景下进行语言知识的应用；而书面的探究式应用则有多种形式，包括写作、翻译、阅读等，学习者需要自主或在教师的指导下构建与这些任务相关的场景，然后在其中对自己所学的有关知识进行探究式的应用，最终才能达到真正掌握知识的目的，也才能真正构建属于自己的知识框架。

2.《读写教程》中探究式学习的教学设计

对该教材的探究式教学设计必须结合有效的教学学时及教学任务来进行，并且这种设计还需结合具体的教学任务有针对性地进行，也就是说教学设计必须是在仔细分析了教学内容之后才能进行。

《读写教程》第一册第一单元 Text A *Learning a Foreign Language*（《外语学习》）讲述的是作者自己学习英语的经历，对学生来说是非常熟悉的话题，因此，可以要求学生讲述自己学英语的经验或者搜集一些他们认为有效的学习英语的方法，并加以深刻领悟。

《读写教程》第二册第三单元 Text A *Marriage across Nations*（《跨国婚姻》）一文主要通过白人女孩 Gail（盖尔）及作者 Mark（马克）的故事讲述跨国婚姻经常遭遇到的反对，而不同的人对跨国婚姻也有不同的态度。本单元的探究式教学可以安排在第七段进行，因为该段是 Gail 的妈妈在陈述自己为什么建议 Gail 不要忙着跟 Mark 结婚。本段的陈述结构是先提出一个观点，再将该观点否定掉，然后再提出另一个观点并加以否定，最后提出自己担心的真正原因。教师不能提前告知学生这一段落构成，而是需要学生在课后仔细研究之后自己发现，然后在课堂上加以分析，最后要求学生自己设想（也可以由教师提供）一个生活或者学习中的场景加以类似描述。

《读写教程》中任何一个单元都可以用作翻译技能讲解与练习。主要的探究内容是将文中部分较长的句子提炼出来，要求学生在课外翻译出来。鉴于《读写教程》中对句子翻译的理论部分讲解得不够详细，教师可以适当添加英语长句的翻译理论及技巧。

当然，在《读写教程》的教学中教师完全可以根据自己对课文的理解设计出不同的探究式学习内容和应用任务，不过还需要尽量将相邻单元的探究任务设计得不一样，如口头表达、写作、翻译、语法等。

小　结

探究式学习提出的目的是促使学生参与课堂讨论，亲身体验英语语言学习及应用，强调的是学生对自己感兴趣的知识进行探究的过程，以及在探究过程中所采用的科学探究的方法及精神，当然，最重要的是学生在探究过程中所建构的只属于自己的知识结构及学习方法。探究式学习开展的目的是培养学生的自主学习能力，让他们能喜欢上英语，有能够独立学习英语的能力以及在将来的学习、工作、生活中利用他们已经建构起来的知识体系熟练掌握新知识的能力。

第六节 任务型教学法在大学英语教学中的应用

一、语言哲学、语言学和方法论

语言教学方法论是对教学最直接的指导方案，是对最有效的教学途径的总结。语言教学方法论随着时间的推移不断更新变化，现代语言教育历史上曾经出现过多达十余种的教学方法，如语法翻译法、听说法、直接法、全身反应法、交际法等，各自有着不同的教学理念、目标和程序。究其原因，是近代各种相关学科如语言学、心理学、教育学、社会学、人类学等学科不断进步，使我们对语言的本质和语言学习的特征有了更深入的认识。各相关学科中，对语言教学方法论影响最深远的无疑是语言哲学和语言学。

那么，语言哲学和语言学与外语教学方法论之间是什么关系呢？人们要想弄清楚如何教授语言效果才能达到最佳，首先需要了解语言是什么、语言学习如何完成这两个问题。而这正是语言哲学和语言学所要回答的。就语言的本质而言，语言哲学和语言学学者给出了各种各样的回答，分别强调语言的符号性、工具性、文化性、交际性等。在它们的指导下，语言教学也呈现出不同的特征，并试图达成不同的目标。而针对语言学习的本质，学者们也各持己见，从语言学习的心理过程和个体差异等各个方面阐述自己的见解。例如，美国结构主义语言学的代表之一——布龙菲尔德（1942）阐述了结构主义学派对语言的基本观点：①口语是第一性的；②语言是母语者的日常语言；③世界的语言各不相同；④语言是一种行为习惯；⑤语言教育的根本是语言，而不是有关语言的知识。因此，结构主义语言学所倡导的语言教学以听说为主，并以句型为中心安排语言材料和技能的训练，帮助学习者了解语言系统。同时，因为吸收了行为主义的观点，认为“语言是一种习惯”，结构主义语言学把语言看成是“刺激”和“反应”固化而形成的言语行为。因此，语言学习就是不断地“刺激一反应”，从而形成习惯的过程。在教学中，结构主义语言学倡导的听说法强调“反复操练”，并排斥母语使用。显然，在听说法的具体教学方法中，无处不体现着结构主义语言学的“语言习惯论”，无处不反映出结构主义语言学的语言哲学。

从上面的讨论可以看出，每一种外语教学方法都由我们对语言的本质和语言学习本质的认识和理解决定。因此，要掌握不同的教学法，首先应该了解其背后的语言哲学和语言学基础。

二、任务型教学法的出现与发展

20 世纪 70 年代初，由于“听说法”无法满足欧共体对外语人员交际能力的要求，英国语言学家 D. A. Wilkins（D. A. 威尔金斯，1972）对语言学习者需要理解和表达的交际意义进行了独树一帜的分析，并在此基础上形成了交际语言教学大纲。Wilkins 不以传统的词汇、语法为单位来确定语言教学的单位，而是从语言交际出发，按照意念（语言表达的事件、观点、思想等）和功能（语言交际的目的）来确定教学内容。由此而形成的功能-意念大纲通常含有三个部分：需求分析、意念和功能表达。1976年，他出版了《意念大纲》（*Notional Syllabus*）一书，详细阐述了意念大纲的内容。这样，以交际为目标和大纲指定准则的一种新的教学法——交际教学法就形成了。

随着实践和理论的发展，在交际教学法内部也产生了不同的派别。按照对交际在语言学习中的作用，我们可以把这些派别大致分为两类：强交际观和弱交际观。前者认为语言习得是交际活动的自然产物，语言规则是不需要教的；后者则指出语言教学并非完全不教授语言，而是应该以交际为手段，促进语言习得的进展，在训练时应该避免单纯的形式性的活动，让练习体现出交际意义。任务型教学法是强交际观的代表之一。

1979年开始，Prabhu（普拉布）在印度南部展开了一项交际英语教学实验——“班加罗尔项目”。在该实验中，Prabhu以“任务”为课堂的主要活动方式，要求学生完成实际任务活动，从而学习相关的语言知识和能力。项目结束后，他提出了“任务型教学”理念，并制定了任务型教学大纲。Prabhu（1982）指出，学习者的语法建构是一个无意识的过程，通过创造条件使学习者全神贯注于语义、说或做，能够最有效地促进这一过程。

三、任务型教学法的理论基础

这里主要从三个来源来进行阐述：语言学理论、心理学理论、教育学理论。

1. 任务型教学法的语言学理论基础

任务教学法要求学生通过协商、讨论的方式进行自然的、有意义的交际，是在交际教学法的基础上发展起来的教学理论（岳守国，2002）。所谓“交际教学法”（CLT）集合了多种理论，其理论源泉来自四个方面：①功能意念论；②认知论；③语言习得论；④人文主义论。任务型教学法尤其强调了语言的功能性，其理论来源则主要是韩礼德（M. A. K. Halliday）的功能语法（魏永红，2003）。

针对语言能力到底是什么这一问题，语言哲学和语言学界主要存在两大阵营：以乔姆斯基为首的生成学派强调语言能力的生理基础，认为语言能力源自人类长期进化中形成的专门脑区或脑神经系统。因此，语言能力的存在是一种抽象的原则体系，语言中最重要的是语法系统；相反，功能主义阵营则强调语言的社会性，指出语言的习得与人的社会性息息相关，语法体系只是语言体系的一部分。语言能力是对语言的运用，除语法外，还应该包含得体性、恰当性和实际操作性等特征（Hymes，1972）。交际法认为语言的目的是表达意义，语言的主要功能是交流和交际，因此语言教学的目的应该是交际能力及利用语言表达说话者目的的能力（Richard & Rodgers，1986），而不是语言本身的规则。

Halliday反对单一地把语言系统作为语言学研究的唯一对象。他认为语言中存在着两套系统，相互交织，不可分而视之。首先，语言是一种符号，也是整个符号系统中的一个极为重要的子系统；其次，语言交际是人的活动，是人作为社会的一部分进行交际的基础。因此，语言交际是一种社会行为，也就是人与人之间的行为。韩礼德的功能语言学认为语言的社会性是和语言的符号性及系统性同等重要的。其理论研究的目的就是要揭示意义产生的社会根源。而任务型教学法正是从这一理论出发，设计了以“语言功能”和“学习者的社会需要”为目标的教学模式。任务型大纲以学习者可能面临的交际任务为主要对象来设计，采用各种真实性强的活动设计任务，在教学过程中使用真正的交际语言，并完成相应的社会性交际任务，从而达到语言形式的学习和语言的社会性学习的统一。

2. 任务型教学法的心理学理论基础

任务型教学法的主要心理学理论根源为建构主义。建构主义是最新发展起来的一种认知心理学理论，它以心理学、哲学和人类学为基础，对当今全世界范围的教学改革都产生了重要而深远的影响。建构主义从内因与外因的互动出发，突出认识主体在意义理解与建构过程中的主观能动性，为英语教学改革开辟出一个崭新的视野和领域。在外语教学中，建构主义理论指出外语学习不仅仅是学习语言系统知识，更是把语言学习作为一种学生社交能力的培养手段，学习者应该把学习和使用外语知识与个人能力的培养有机结合起来。在建构主义各类理论对外语教学尤其是任务型教学的影响中，Vygotsky（维戈茨基）的理论影响尤为明显。

Vygotsky 在他的理论中强调语言学习的社会性以及教师和学习者的互动对促进学习的重要作用。他认为，知识的获得是人们交际、互动的结果。人们首先是相类似的、比较一致的个体，然后逐渐在社会交际中变得独立，并获得自己的知识，直至最终形成独立的个体。在 Vygotsky 的理论中，交际的目的不仅仅是传达信息，更在于它对保持个体的独立性、推动个体发展所起到的作用。Vygotsky 认为，社会是造就个体的基础，个体是在社会性的交际中形成与发展的。Vygotsky 强调的个体发展的三种调节形式——物体调节、他者调节和自我调节，分别指个体受周围环境的影响（指示性的语言），个体受其他个体的影响（他人的言语行为），个体控制自己或他人（对他人的言语行为）。Vygotsky 认为自我调节是语言能力发展完善的象征，是三种调节形式发展的高级阶段。从儿童语言发展的角度来说，小孩从进入社会的那一刻起就开始自我调节的学习。他认为儿童的语言获得是从社会活动开始，然后慢慢发展，逐渐地，语言成为思维和行为的主要手段。

概言之，Vygotsky 的理论认为儿童语言的获得是在以交际为目的和成年人及伙伴们的互动中达到的。在语言发展到较高程度时，它就会内化进而成为思维的工具。所以思维与语言的发展是相互促进、相互调整的。

任务型教学法体现了 Vygotsky 的理论。首先，任务型教学法强调了学习能力的发展，其主要内容是教学组织，通过目标设定，着重于帮助学习者发展在任务中运用语言的能力。可以说，任务型教学法则是一种着重于如何达到目标以及如何帮助学习者实现从物体调节到自我调节的转变的教学方法。其次，任务型教学法强调任务的交际性，强调交流必须是真实的、有意义的。任务型教学法从功能而不是形式入手，契合了语言自然习得的过程，即语言习得不是以系统性的语言形式教学为基础，而是一种零散的、充满着各种各样的社会交往、有意义的交流的活动。语言的发展离不开社会的交互。

3. 任务型教学法的教育学理论基础

在传统的外语教学过程中，语言系统和语言知识往往是教学的重点。课堂主要由教师的讲授所占据，学生缺乏有目的、有意义的交际活动，只能够被动接受。这样的教学方法带来了两方面的危害：一方面教师往往成为课堂的主宰，教学缺乏互动、合作和协商，学生的主动性很低，学习动力不足；另一方面，学生没有足够机会输出，学的往往是哑巴外语，既不会说，也不能写，没有真正形成交际能力。学生往往因此而习惯于吃“自来食”，不愿意自己动手动脑去寻找解决问题的方法，对发展学生能力毫无作用。因此，任务型教学法重视活动、重视学习者积极交际，是对学习者的自主性的肯定，是帮助学习者提高学习动力，形成主动学习和解决问题习惯的好方法。

布龙菲尔德认为：“学习语言就是实践，再实践，其他方法都是没有用处的。”吕叔湘也指出：“使用语文是一种技能，跟游泳、打乒乓球等技能没有什么不同的性质，不过语文活动的生理机制比游泳、打乒乓球等活动更加复杂罢了。任何技能都必须具备两个特点，一是正确，二是熟练。……语文的使用是一种技能，一种习惯，只有通过正确的模仿和反复的实践才能养成。”王才仁先生提出了“双重活动教学法”。其主要思想是：教学的实质是交际，是师生之间的思想、感情和信息的交流；师生构成双主体，是平等、合作、协商的关系；师生作为主体，其认识和实践的客体都是英语，只是角色和任务不同而已。学生的主体作用体现在积极参与活动，实现认识结构的重构；教师主体作用在于精心设计活动，组织活动，推动学生参与，引导学生直接与客体发生关系，促进学生自觉主动地进行信息的输入与输出。可以看出，任务教学法充分实现了教学相长，让教师和学生之间能够进行充分的交流，使教学过程变成一种积极的行为，是符合教育学规律的。

四、任务的定义

1. 任务的特征

任务型教学法所说的“任务”和日常所说的“任务”以及教学法中的“任务”有很紧密的联系，也有一定的区别。一般语言中所称的任务通常指日常生活中为了自我实现或回报等目的所承担的工作或任务。从语言教学角度出发，任务则通常指参照日常活动，以目的语表达为目的的活动。

在任务型教学法中，任务具有日常生活中“任务”所指的有目的的活动的特征，强调任务本身的真实性和实用性；它也具有教学法所说的以语言教学为目的、将交际引入课堂的特点。但同时，它又更是教学系统中的一部分，不能简单地将任何有目的的活动均视作任务，也不能将它等同于对话练习。从这个角度来说，它又不同于一般的教学任务。

Nunan（1989）对任务的定义是："总的来说，交际任务是一种课堂活动，参与的学习者需要在使用目标语言理解、处理、产出和互动时，将注意力专注于语言意义而不是形式独立。任务还需要具有一定的完成性，能够作为一种独立的交际形式存在。"他强调了语言学习的行为和意义，将理解、处理、产生和互动视作任务的核心。后来的学者如Skehan（斯基汉，1998）则进一步确立了任务的更多方面特征，如目标、步骤、顺序、进度、产品、学习策略、评估、参与情况、资源、语言等。对此，Brown（布朗，1994）指出："任务型教学法将任务置于中心位置。它把学习看作一系列和课程的目标相关联且服务于课程目标的任务，因而并非为了语言而练习语言。"任务型教学以"任务"为核心主线来计划和组织教学。任务型教学的任务大纲以任务为单位来设计教学单元，其目标是完成系统性的语言交际任务。一般来说，一个任务组成一个独立的教学单元，而教学则围绕任务进行，课堂教学服务于任务。在这种理念的指导下，第二语言学习的过程被视作等同于母语习得的过程，即在真实的语言环境中，通过大量地接触与使用目的语和其他学习者互动、协商意义[①]，从而达到语言的习得。在任务型教学法中，任务的设计和组织必须且能够创造这些条件。因此，任务的设置应该为学习者创造真实的或接近自然的学习环境，在任务完成的过程中学习者形成互动并进行意义协商，从而实现语言输入、输出和验证的条件。任务本身并不是语言问题，但它们需要使用语言和实际交际来解决。学习者使用语言是为了完成交际目的，而不是为了语言本身的学习。因此，任务的设计融合了日常任务的目的性、交际性和教学法任务的语言教学性。

总之，任务型教学法中的任务并非一般的、相互孤立的、任意选择的教学活动，而是按照任务大纲系统设置的课程的有机组成部分。任务一般表现为用语言（口头地、书面地或综合地）处理真实世界中可能或实际存在的问题；任务的设置依照母语习得的特征，符合课程总目标，即语言学习的要求。任务既能让学生习得语言，又促进了学生全方位的发展，其自身也具有通识教育的价值。

2. 任务和交际课堂语言活动的区别

那么，任务与交际教学法中的活动之间的关系是什么样的呢？Littlewood（李特尔伍德，1981）把交际活动分为两大类：前交际活动和交际活动。前交际活动包括结构性活动和半交际活动两类，前者指以语言形式为中心的语言知识和技能的练习，后者指在语言形式的掌握之外，活动还使学习者能够了解到其潜在的功能意义，但并不产生真正意义上的交际，且学习者的产出是否合乎要求主要是看其是否具有合法性，而不是交际意图的表达。因此，前交

① 意义的协商（Negotiation of Meanings）是会话活动的中心。在会话过程中，当出现理解障碍时，会话双方通过使用确定核对，澄清要求，理解核查等一系列意义协商的手段，从而使讲话人对先前的话语进行调整修正，使不被理解的话语被听者理解。

际活动并非真正的交际活动，而是一种语言形式练习，因为其不设计交际意图和目的，且练习方法主要是多次重复，信息传递的方向是单向的，教师指导学生进行操练，学生被动接受。Skehan（1998）指出如下课堂活动不能够被视为任务：语言形式转换练习（如主动—被动转换）、教师主导的问答（问答的问题、答案都很清楚，无须认知努力的参与）、归纳式的活动（材料已经预先选出，主要针对语言规则的生成）。任务与练习的区别可归纳如表 3-2 所示。

表 3-2　任务与练习的区别

	练　习	任　务
侧重点	形式	意义
交际愿望与交际目的	无	有
现实生活情景	无	有
评估方面	语言形式是否准确	任务完成与否
语言控制	严格控制	自由
教师纠错	立即纠错	观察、分析原因、纠正
信息流向	单向	双向或多向

Littlewood 将交际活动依据其是侧重功能意义还是交际的得体性分为功能性交际活动和社会性交互活动。在交际活动中，中心不再是语言形式，意义成为活动的首要考虑要素，交际目的的达成是交际活动的最终目标。“学习者被放在具体的情境中，他们必须利用自己掌握的资源完成交际目标。交际是否成功的评判标准非常具体：任务是否有效完成，交际意图是否传达。”（Littlewood，1981）这样看来，功能性交际活动和社会性交际活动都属于任务型教学法所称的任务。

可以看出，如果活动只是语言形式的训练，其目的是语言形式的掌握，那么这种活动是一种语言练习而非任务；如果教学活动并非真实交际，参与各方对信息的掌握程度一致，缺乏真正的交际目的，互动对双方的信息量不产生影响，则这种活动仅仅是一种功能训练，只能被视作“准交际”。任务型教学法所说的任务必须避免为语言形式而训练、为练习语言功能而练习。任务的设置必须保证教学活动的真实性、互动性、信息交换性，从而保证语言教学实现真实的交际。但是，另一方面任务型教学法并不完全排斥语言形式的学习。它和传统教学法的区别在于，任务型教学法所选择的语言形式是以任务的完成为目标的，并不考虑语言的结构系统。也就是说，是任务决定了语言形式的选择。同时，任务型教学法中对语言形式的训练也是以学习者完成交际任务为目的，所以形式的练习并非终点，必然会进一步进行功能和交际性的活动。

3. 任务的形式

Nunan（1990）将任务的构成分成五个部分：目标、输入、活动、师生角色和环境。目标包含了交际能力、社会文化能力、学会学习能力和语言文化意识。输入是指“设计任务的数据”，在任务型教学法中，输入应该是真实的。活动是指学习者在获得输入后去完成的交际活动。在师生角色中，学生是交谈者。而教师则主要承担如下角色：促进学习者、交际参与者和观察者。最后，环境是指课堂教学的方式方法，包括任务完成的方法（单独进行还是小组进行）、时间的分配等。

在上述各项中，活动在任务型教学法中占据着最重要的位置。可以说，任务几乎等同于这里的活动。关于活动，班加罗尔项目提出如下三种主要的类型。

（1）信息沟活动，即交际双方存在信息差，一方需要将对方未知的信息传递给他，或者从一种形式的信息转换成另一种形式。

（2）推理沟活动，指活动参与者需要通过推理和演绎，从已知信息中得出新信息，例如在一些相互冲突的时间安排中，重新归纳安排出互不冲突的时间表。

（3）意见沟活动，指活动参加者需要表达个人的喜好或态度，通常是在对某个事件的讨论中表达自己的观点。

五、任务型教学法的基本特征

任务型教学法注重如何帮助学生在完成任务的过程中提高交际语言能力，达到交际目标；另外，任务型教学法也特别注意引导学生发现语言系统本身的学习和应用方法。关于任务教学法的基本特征，不同的学者给出了不同的意见，但大多都集中阐述这两点。其中，Nunan 和 Feez（菲斯）的观点被引述较多，为多数学者所接受。Nunan（1991）就任务教学法的基本特征概括如下。

（1）强调通过使用目的语互动学会交际。

（2）在学习中使用真实文本。

（3）学习者不仅需要关注语言，而且要关注学习过程本身。

（4）强调学习者个人经历是促进课堂学习的重要因素。

（5）使课堂语言学习和真实语言活动联系起来。

Feez（1998）则做出了如下表述。

（1）注重过程而不是结果。

（2）强调交际和意义的表达，活动有实际的交际目的。

（3）在任务完成的过程中，学习者需要有目的地开口讲话，并完成互动。

（4）语言活动和任务既是学习者现实生活的需要，也是课堂教学特定的教学目标。

（5）教学活动和任务应该按难度大小循序渐进。

（6）任务的难度取决于很多因素，包括学习者已有的学习经历、任务的复杂性、完成任务所需的语言知识等。

两位学者都从任务本身的特征和任务完成过程两方面进行了阐述，因此，我们将上述两种观点综合表述如下。

任务型教学法要求学习者在互动中，完成具体、实际、真实、有意义的交际任务，并按任务的难度顺序习得语言。

任务型教学法的这些特征有利于提高大学英语教学效果，“提供机会让学生体验真实的和实用的英语，激发学生在真实环境里应用英语的自然愿望，挑战学生运用英语作为工具完成任务的能力，能使学生获得成功感，能使学生对自己的学习负责任，能使每一个学生都参与并做出贡献，有助于学生培养预测后果的能力，唤起学生对做事过程的意识，能使学生学以致用，能够让学生独自完成或团体完成”（夏纪梅，2001）。

六、任务型教学大纲

施良方（1996）指出：“任何教育过程都涉及知识、技能、能力、态度或情感等方面的因素，即都涉及‘教什么’的问题。”课程以及大纲的设计就是对“教什么”这个问题的回答。Nunan（1989）指出，语言课程大纲和教学方法的设计和传统设计方法并不一样。在 Nunan（1993）看来，在交际语言教学法中，“教什么”和“如何教”已经开始融合，很难划分界限。任务型教学法更是将教学内容和教学方法高度结合，甚至将二者合二为一了。目前，一般认为任务型大纲有三种类型：程序大纲、过程大纲、任务大纲。

程序大纲由 Prabhu 在班加罗尔项目中首创。他受到乔姆斯基所提倡的内在语言学习机制理论和 Krashen（克拉申）的二语习得假说的影响，赞同 Krashen“在要求学生有能力产出语言之前，必须给他们充分的机会发展理解能力”的观点，也认同“语言形式是通过某些抽象的内在规则原理系统的运作在无意识中获得的”。因此，在 Prabhu 的实验中摒弃了传统的交际教学法中“为了交际目的而训练教学”的观点，提出“通过交际来训练教学”的全新理念。在这一过程中，学习者通过对任务的完成来习得语言，其重点在语言的意义和交际任务的达成，语言习得只是如 Krashen 所说的“副产品”，是学习者通过不断地接触目的语而领悟到的，不是有意教授的产物。Prabhu（1984）指出：“因此，没有所谓的词汇大纲或者结构大纲，任何课程或者活动都不应该事先选择语言项目，课堂上也不应该有专门的语言项目练习或者类似的句子产出练习。每堂课的基础就是一个问题或者任务。”也就是说，他反对任何依语言系统而制定的词汇、语法大纲，主张完全从任务出发，纯粹依据任务组织大纲。因此，在程序大纲中，学习者往往以思考任务要求开始，并结合自己内在的学习机制，运用符合语言规则的话语去理解所收到的语言信息，进行恰当的交流，从而最终达到下意识的语言系统的习得。在 Parbhu（1987）看来，“为弄清内容意义而对语言的密集接触是下意识地抽象语言结构的有利条件”。在该大纲指导下，由于只规定了任务类型，没有具体语言教学内容，教师必须在教学过程中通过和学习者协商而不断调整，因此，教师对任务的运用是所有教学活动的核心所在。

过程大纲是由 Breen（布林，1984）和 Candlin（坎德林，1984）提出的。Candlin 指出，教学大纲的制定应该以问题的解决为目标，而不能只是知识的罗列和传递。因此，在过程大纲中，最重要的概念是协商。在该大纲中，任何内容都是协商的结果，从任务相关的问题如学习内容、时间、方式到活动的程序、活动的方式和评价等，都是通过师生之间的协商完成的。过程大纲的内容是不能预先设定、计划的，它总是在实际地发生。一个过程大纲到底是什么样子，只有在课程结束后才能看出来。学习是由协商推动的，Breen（1984）指出，“过程大纲考虑这样一个总体性问题：‘谁和谁一起就什么主题做什么事，使用了哪些资源，在什么时候，用什么方式和针对什么学习目标？’”。他主张在过程大纲中穿插内容大纲，以过程为主，内容仅是对学生应掌握知识的一种界定，但大纲的主要部分应该是程序性而不是内容性的，要以过程代替结果。

任务大纲的主要倡议者是 Long（朗）和 Crookes（克鲁克斯）。在该大纲中，任务是最核心的单位，它构成了大纲的基础。Long（1985）也明确指出，任务应该是核心，大纲应该是程序性而不是内容性的。Crookes（1986）在谈到任务的定义时也提出：“一个任务或者活动通常有具有影响力的特定目标，是课程的一部分。”从上述论断可以看出，任务大纲强调其提供的任务首先要进行需求分析。了解学习者需求后，基于二语习得研究成果进行的任务型教学能够提供符合其要求的目标任务，所设置的教学任务也能够和其实际应用相符合，能够更好地促进学习者中介语发展，更快形成二语习得。因此，在任务型大纲中，研究者应该首先进行需要分析，发现教学目标和任务；然后，将目标分类，按照不同的类型设置教学任务；最后，对任务进行排序，形成任务型大纲。在实行任务型大纲的课堂中，教学任务是主线，并按照事先安排的顺序逐渐复杂，直至达到总目标。而这种复杂度并非按照语言系统的难度而定，而是按照任务所牵扯的步骤多少、解决方法的难度、参与人员的多少以及语言能力需求来决定。因此，任务大纲下，评估也是以任务为主要参照物的，其重点是看学习者是否能够完成任务，而不是是否学会某种语法项或表达式（Long & Crookes，1992）。

可以看出，无论是程序大纲、过程大纲还是任务大纲，任务都是教学方式、教学材料和课堂活动的基本组成单位，都属于任务型大纲。

七、任务型教学法的实施过程

1. 任务型教学法的模式

目前任务型教学法实施模式中最具影响力的是 Willis（威利斯，1996）所提出的任务型教学法三步骤，他将任务完成过程分成三个阶段——前任务、任务环和后任务，其主要过程如下。

（1）前任务——教师介绍主题和任务。

（2）任务环。

① 任务——学生按小组或结对执行任务。

② 计划——学生为即将进行的汇报做准备。

③ 报告——学生报告任务的结果和完成的情况。

（3）后任务。

① 分析——突显语言形式，帮助学生注意并学习；

② 练习——教师根据需要组织练习活动，回溯学过的语言点。

其中，前任务阶段提供一些和任务完成相关的输入，帮助学习者熟悉任务话题、了解新词汇和语言项目。该部分的主要目的是激活学习者的相关知识，降低任务难度，减轻负担。例如，教师可以提供相关视频或音频材料，让学生根据该材料介绍自己的相关经历等。

任务环是整个任务完成的主体部分。在任务环节中，学生在相对较小的范围中进行交谈，准确性压力较小，学生的注意力主要集中在任务的完成上，有助于提高学生的自信心，减少焦虑。教师应该在该过程中提供帮助，同时监督学生，要求使用目的语进行交流。但教师不应该纠缠于学生语言表达的准确性上，而应该把精力放在如何协助学生尽量流利、顺畅地就自己所具有的知识对任务进行表达。

在计划环节，学习者需要为即将到来的汇报做准备。此时，他们会自然而然地更关注表达的准确性，希望把刚才在任务环节积累起来的语言更好、更正确地表达出来。因此，教师应该至少完成两方面的任务：一是解释清楚学生应该如何完成汇报，汇报的形式是什么，汇报要强调语言的准确性等；二是为学生提供帮助，此时学生会提出较多问题，希望在汇报中达到语言明晰、结构严谨的目标。

在汇报环节，学生应该可以使用较为正式、准确的语言向其他同学介绍自己的任务完成情况。同时，教师需要组织学生的汇报，指导其他同学进行评议、补充。

后任务阶段的主要目的是帮助学生探寻语言的系统，培养学生对语法、词汇、搭配等语言项目的认识，帮助学习者在任务完成的过程中对所了解到的语言特征系统化。最重要的是将任务相关的语言形式突显出来，强化注意力，以便将来能够识别。

在分析阶段，教师可以依据在前面的任务环节中遇到的语言材料，要求学生注意其中的一些关键的语言现象。例如，要求找出与文章主题相关的词和短语；找出所有过去完成时的句子，并说明这些句子所指的时间是什么；在交际中的常见的相邻对等。

练习环节比较类似于传统教学中的语言知识传授。教师带领学习者进行朗读、词汇记忆联系、句子填充联系、语法项匹配训练、词典查阅等。这种过程是对语言现象的一种强化，而且能为学习者增加记忆，易于为他们接受，让学习者感到自己完成了某些“实质性”的内容。

综上所述，任务型教学法的理念是一个形式在自然环境中经过多次重复，就会自然地整合到学习者的中介语系统中。它和普通教学方法的区别在于，任务的完成过程帮助学习者真实地接触了语言，在完成任务的过程中，学习者是积极地而不是被动地进行认知加工，他们更关注语言的意义，因而情感过滤水平较低，更易于接受语言。教师在教学环节中主要承担辅助者、促进者的角色，为学习者提供帮助。但任务型教学法也并不完全排斥语言知识的教授，只是强调语言系统知识教学必须建立在真实任务的基础上。

2. 任务型教学法的具体应用

现以第二册第一单元 Text B *Culture Shock*（《文化冲突》）为例，说明任务型教学法在大学英语教学中的运用。

上课前，先和学生讨论他们在刚进校时遇到的一些困惑和难题，并提出当天的前任务：When we are in a new environment，what kind of difficulties might we meet?（当你进入一个新环境时，你会遇到什么困难呢？）在讨论的过程中，教师需要尽可能地向学生提供帮助，让学生了解和“新环境”“感受”“文化”等主题相关的表达方式。随后，提出“Culture Shock”的概念，并通过一段视频使之更为形象化，帮助学生了解自己进入大学初期所感到的不适主要来自这种新环境中的文化和中学文化的差异。

然后，教师将学生分为小组，并在小组中区分任务，分别要求阅读文章中不同的四个阶段：“Honeymoon”（蜜月期）、“Hostility”（敌意期）、“Recovery”（恢复期）和“Adjustment”（适应期），其中“Hostility”部分可以指定两人，分别阅读该阶段的表现和保护措施部分，让学生之间形成信息差。教师应该在该阶段让学生明确接下来首先需要在小组内汇报自己所阅读的相关内容，从第一阶段开始逐渐介绍，从而让全组同学都能了解 Culture Shock 一般的发展过程。然后小组需要准备一个小演讲，结合文章内容介绍自己在某个新环境中的经历。

在计划环节，学生开始组织演讲，每组指定代表进行记录。教师需要在教室内走动，并随时提供帮助，主要目的是扫除语言和心理障碍。

随后，学生就自己的经历进行小演讲。教师应该注意倾听，随时准备提供语言上的辅助。同时，教师还需要指导其他同学进行总结，从课文中的四个阶段的划分出发，对其他组同学的经历进行区分，找出他们经历中的不同阶段。

最后，教师可以带领学生总结和各个阶段的感受相关的表达式，如相关形容词、短语等，也可以列出各阶段的统领性句子，找出文章的起承转合形成的方式，并带领学生进行操练。例如，教师可以要求学生就各种不同的感受表达式编出符合情境的句子，也可以要求学生按照找出的文章结构把刚才的演讲内容写成小文章并进行组间交流。

在课堂上充分利用信息差，将学生的阅读和自身体验结合起来。由于大家有着相同的经历（初入大学校园）和不同的个人经历（其他新环境下的经验），对文化冲突的理解会有相同又有相异之处，正是这种差异形成了任务的基础，使得学生之间的交流是真实的、积极的、个性化的。

八、任务型教学法的局限性和思考

教学方法的选择是一项极为复杂的活动，某一方面得到突出体现，就必然造成其他方面的减弱甚至缺失。无论是语法翻译法、直接法、听说法还是认知法，都有其合理的一面，同时也存在着片面性。我们常说“教无定法”，就是因为任何一个教师都不能死板地遵循某一种教学方法，而需要结合学生特点、教师水平、教学目标乃至教育环境，甚至社会背景进行选择和取舍。教师应该了解各个流派的长处，但也要知晓其缺陷，避免在不适当的环境中使用。任务型教学法的不足主要体现在其理论的激进性和操作难度上。

就理论本身而言，任务型教学法遵循较为极端的交际教学理念，几乎完全摒弃或边缘化传统教学的语言规则学习。任务型教学法认为，二语习得有着固定的顺序，不受教学安排的影响；学习者会建立一个中介语系统，该系统和母语及目的语系统均不一样，是一个独立的系统；二语习得的过程是学习者提出和验证假设的过程，其中介语系统在不断的假设验证中调整，重构，从而达到目的语系统。因此，任务型教学法认为规则的教学是无效的，教学的目的是唤起学习者对目的语系统的注意，规则的习得需要学习者自己去总结。但这种理念低估了规则教学的作用，忽视了大多数二语学习者已经成年，认知能力发展可以在习得规则的基础上更高效地学习语言的事实。而且，规则的学习在教学条件缺乏、时间有限的环境下是必不可少的，如果只是寄希望于学习者去主动发现，必然造成时间的大量浪费，降低学习效率。

另一方面，就我国的教学环境而言，任务型教学法实施起来困难较大。这主要体现在两个方面。首先，任务型教学法要求学习者大量接触和使用目的语，要求学习者在和其他学习者的交际、互动和协商意义中体验并归纳语言规则，从而形成目的语知识。这就要求学习者的语言学习环境接近或达到自然习得语境，要求他们接触目的语的量非常大，几乎达到沉浸式教学的水平。这种要求在我国目前的教学环境下几乎是不可能满足的，尤其是我们的学习者大多数是在校学生，他们的时间非常有限，且没有语言使用的环境。因此，在操作上纯粹的任务型教学法几乎无法实现。其次，任务型教学法的评估难以量化。其评价依据是任务是否顺利完成，而不设语言专项测试。这种做法难以为普通学习者所接受，也无法给学校评价学习者提供帮助，很难为人们所接受。最后，在任务排序方面，连研究者之间也难以达成共识。Nunan（1989）认为一项任务应该包括目标、输入、活动、教师角色、学习者角色、环境等六个成分，但这六个成分本身又是相当复杂的概念，难以界定。Nunan 自己给出的区别标准也是一些举例，这并不能提供很好的参考依据。

可以看出，任务型教学法为我们提供了不同于传统教学法的一些优势，如在该方法下学习者的学习动力较大、语言表达真实。但同时，任务型教学法也存在无法为我国目前流行的大班教学环境提供理想的解决办法的问题。作为教师，我们应该在对课堂和学生进行全面分析的基础上对任务型教学法加以改造和利用，使之适应我们的教学环境，为我所用。

小　结

外语教学的历史源远流长，而有关外语教学的研究历经几百年的发展，也已经产生了众多的理论和方法，这些方法也在不断更替和革新中得以完善。无论是早期的语法翻译法，抑或是现代的词汇法、整体法，甚至是本书中重点讨论的侧重于个人学习的自主学习法，侧重团队合作的合作学习法，以及本书中未曾提及的项目式教学法、任务型教学法、发现式学习法、跨文化交际法等外语教学方法，它们都有一个共同的特点，那就是都在外语教学史上留下了浓墨重彩的一笔，并且都在一定的时期对外语教学及研究起过非常重要的作用，但将来的某一天，它们也许会被更好的或者更适应时代需求的外语教学或学习方法所替代。

我国目前的大学英语教学正在朝着发展学生的学习能力（而不是接受知识）的目标前行，为了实现这一目标，广大的大学英语教师和在校大学生还需要共同努力。实现这一目标的关键之一就在于教师与学生之间的合作，没有合作，任何教学目标的实现都只能是一句空谈；同样，没有合作，师生之间也无法建立起信任。而在实现这一目标的过程中，作为教师，他们还需要熟练掌握各种教学方法和理论知识，提高自己的理论素养，并在实际教学中一方面根据学生的特点和需求进行教学，做到因材施教；另一方面也要根据教学内容和教学目标来确定切实可行的教学方法。当然，这些方法不是完全独立或者说对立的，它们之间也存在着千丝万缕的联系，甚至可以说很多种教学方法之间是相互补充的，也就意味着实际教学中不能从头到尾地绝对使用某一种教学方法，而是需要在教学过程中将某些教学方法适当加以融合，充分利用它们各自的优点，避开它们的缺点，这样才能更加高效地实现大学英语教学的目标。尽管实现培养复合型、创新型人才的目标任重道远，但只要朝着正确的方向前进，目标总会实现。

第四章

大学英语知识教学研究

前面提过，大学英语教学是一个综合的系统工程，包含语言知识教学以及语言技能教学，为了将这两个方面的教学研究进行得更加系统和深入，本章和第五章将分别对这两个方面的有关内容进行探究，并结合《读写教程》的有关教学实践来进行。

众所周知，任何一门语言都是一个系统，这个系统是由很多子系统构成，而每个子系统本身又包含了更小的子系统或者组成成分，这些组成成分之间相互依赖，互相作用，缺一不可，任何一个子系统的改变都会极大地改变整个语言系统。英语语言系统亦是如此。整个英语语言体系包含了从最小的语言单位语素到最大的语言单位篇章的所有各层级的语言单位。语言学观点认为，英语就是由这些语言单位按照一定的规则组合在一起而形成的语言系统，而所谓的规则就是语言中的语法规则。本章的研究对象包含了语法教学、词汇教学、语篇教学以及文化教学四个领域的内容，每个领域的研究都包括教学的重要性、教学现状、教学方法、教学目标、教学内容、教学效果的影响因素等多个方面。

受限于《读写教程》教学内容和教学目标的限制，语言三要素之一的语音教学未能列为本章的研究对象。

第一节　语法教学研究

一、语法及语法教学的价值及意义

语法是语言的组织规则，所有语言都有一定的属于自己的语法规则。语法对于语言的重要性不言而喻，没有适当的语法规则，再高明的语言学家也无法构造出被大众所接受并理解的语言表达，而且，不恰当地利用语法规则也多会造成人与人之间交流的障碍（出于某种特殊目的的故意不用语法规则的形象除外）。鉴于语法规则在语言中的重要地位及实用价值，语法教学应该在各个层次的语言教学中得到重视。

前文提过，语法翻译法曾经在外语教学中起到过非常重要的作用，其特点可以分为两个部分。其一是强调语法教学在外语教学中的重要地位，语法教学主要以句子为单位进行；其二是语言教学过程以母语及目的语之间各个层次的语言要素之间的相互翻译为主，教学语料仍以句子为主。该方法在后来的发展过程中逐渐让位于听说法及交际法。尽管世界各国的外语教育专家对它的评价褒贬不一：支持者强调其对语言教学的关键作用，认为语法教学是语言教学的关键组成部分；而反对者的主要依据就是其对培养学习者的语言应用能力方面的缺陷。但无论反对者怎样贬低其在外语教学中的地位，他们始终不能拿出令人信服的理由来批判语法在语言中的作用，因而也就未能彻底否定语法翻译法在外语教学中的价值。

我国的英语语法教学一直得到英语教学专家及教师的重视，并且也取得了很好的效果。张道真（2002）认为，“学语法可以帮助更快地积累词汇、掌握词汇，提高语言学习的自觉性。不论是加强语言理解力或实用的能力，语法都可以发挥重要的作用”；束定芳、庄智象（1996）也认为“语法教学能够使语言材料输入更易接受，语法知识能够帮助学生切分语言信号，使其成为可理解的单位，能够帮助学生证实对目的语语法的不自觉的假设”。由此可见，在外语学习中，语法知识的学习和理解接受对于提高学习者对语言的掌握以及通过分析语言结构来获取语言所携带的信息等方面有着非常重要的作用。

二、大学英语语法教学的必要性

在中国外语教育史上，语法翻译法一直受到教育专家的重视，并一直在各层次的外语教学实践中得到执行，这主要受到各种考试的影响。我国外语学习者主要的目标是通过各种英语考试，以继续深造或者获得某种证书。这些考试多数都比较重视语法知识，如高考、职称外语考试等。表面上看，尽管大学英语四级考试很早之前就取消了专门的语法题型，但我们依然无法否认语法知识在试题中的地位，语法规则在四级考试中随处可见，如选词填空题、翻译题、写作题等。

更为现实的是，调查显示，当前我国大学生，特别是普通大学的学生的英语语法理论知识比较匮乏，在实际应用中很多人根本不去考虑语法的问题，而只是跟着自己的直觉走，其结果就是写出来的作文词语匮乏，连基本的句子结构都不对，更不用说文章前后之间的衔接等结构问题；而且笔者曾经做过实验，结果显示部分学生自己翻译出来的句子在经过一段时间以后连他们自己都看不懂。此外，他们在完成选词填空题的时候很少能够结合语法知识、利用空格前后的语境确定所需单词的性质。由此可见，目前的大学英语教学不能忽视语法教学的存在。

三、当前大学英语语法教学的趋势

随着外语教学实践的进一步拓展及外语教学研究的深化，外语教学理论正在发生着日新月异的变化，有关语法教学的理论也经历了语法翻译法、听说法及交际法等众多方法的演变，教学形式也已从显性语法教学到隐性语法教学，再到显性语法教学与隐性语法教学相结合等不同的阶段。因此，郝兴跃（2004）认为，当前的英语语法教学表现在以下五个方面：①传统的语法教学让位于交际性的语法教学；②语法教学意义语境化；③语法教学融入其他语言技能的学习中，即不单独为语法而教语法；④演绎法与归纳法相结合；⑤语法教学倾向于以学生为中心。

由此可见，一方面，当前语法教学的趋势不再是单纯强调语法理论，而是更加强调语法与具体语境的密切结合；另一方面，语法教学不再以教师为中心，而是以学生为中心，以提高学生的语法应用能力为目标，强调学生在具体实践中提高自身的语法素养以及他们的归纳及演绎能力的重要性。

四、大学英语语法教学的目的、目标及内容

1. 大学英语语法教学目的及目标

（1）大学英语语法教学目的。

一般来说，鉴于语法在语言中的重要地位，语法教学有至少两个重要目的：一是培养学习者正确使用语法规则构造语言单位，避免词汇的简单堆积可能造成的尴尬局面；二是通过语法知识的构建提高学习者的外语应用正确性，从而提高他们的外语应用能力及交际能力，进而有助于促进跨文化交流。中学语法教学如此，大学英语语法教学也不例外。

如果说我国中学语法教学的目的是使学生通过中考或高考，以获得继续深造的机会，那么我国的大学生学习语法的目的一方面就是通过四、六级考试以获取学位证书并找到一份心仪的好工作，或者在托福、雅思之类的考试中得到高分以给自己成功申请出国留学增加概率；另一方面就是提高自己的英语语言应用能力，以摆脱哑巴英语或者中式英语的桎梏，增加将来工作中的赢面。

同时，由于我国的英语教学一直比较重视语法知识的传授，通过大学前至少六年的英语语法知识的学习，我国的大学生理论上来说已经学习了英语中的绝大多数语法理论知识；此外，考虑到本书所谈论的大学生都是非英语专业，亦即，他们不需要将英语语法学得太深，因此，大学英语语法教学必须注重教学内容的选择及教学方法的选择。

（2）大学英语语法教学目标。

肖礼全（2012）将语法教学的目标分为初级目标和高级目标两大类，即“知”和“能”两个目标，以及实现这两个目标的三个阶段，即初级阶段、过渡阶段以及高级阶段，如图 4-1 所示。

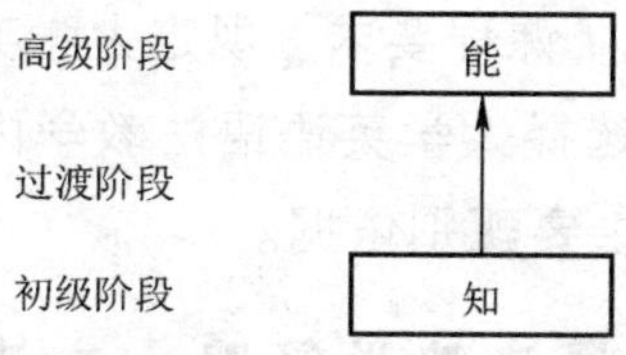

图 4-1　语法教学的两个目标和三个阶段

根据这一理论，语法教学的目标包含理论掌握及应用，结合我国目前的英语教育体系来说，中小学阶段的英语教学的目标就是掌握理论，即所谓的“知”；而大学英语教学的目标就应该是语法规则的运用，即所谓的“能”。

2．大学英语语法教学内容

英语语言三大要素中，最具系统性的就是语法。一般说来，英语语法的主要内容包含词法、句法，现代语言学认为英语语法应该还有语篇语法，所以，英语语法的主要内容总结起来就是词法、句法及语篇三方面。其中，词法包含构词法及词类两个方面，而构词法包含的是词汇的产生机制，如派生法、缩略法、转化法、外借法等。词类即词的类别，一般分为实词和虚词两大类。实词包含常见的名词、动词、形容词及副词四类，并且每类实词又可以更小的类别，如名词分为可数名词及不可数名词；动词一方面可以分为及物动词与不及物动词，另一方面则可以分为实意动词与助动词，还可根据其在句子中间的作用分为谓语动词与非谓语动词；形容词与副词则需注意其比较级与最高级的形式等。虚词则包含代词、数词、冠词、介词、连词、叹词等类别。

句法主要包含句子成分、句子类别及标点符号三方面的内容。句子成分主要是相关成分在句子中的作用，常分为主语、谓语、宾语、定语、状语、补语、表语、同位语及独立成分等。句子类别一般被分为简单句和复杂句两类，简单句中又包含不同的句型，如主谓宾结构、主系表结构等；复杂句主要涉及各分句之间的逻辑关系（如递进关系、因果关系、对比关系等），并且句子还可以根据其语气或作用分为陈述句、祈使句、感叹句、疑问句等。标点符号主要用于句子中各成分之间表示使用者意思表述的某种特定的逻辑关系或意图。

语篇语法主要是相对于以句子为中心的语法提出来的概念，指以语篇为中心的语法。主要涉及有关语篇构成的语法知识，如语篇衔接、篇章策略、篇章的信息性、篇章的主位与述位等理论。

我国的大学生在进入大学之前已经学习了至少六年的英语，并且六年以来一直没有间断过英语语法知识的学习与练习，理论上来说，他们已经基本掌握英语语法知识，所以，大学英语语法教学内容就不能再以基本的语法知识为主，而是应该以既符合大学生学习思维实际，又能满足他们实际需求的教学内容为主。前文提过，教学内容的选择跟教学目的选择息息相关。《课程要求》规定大学英语的教学目的是培养和提高学生的语言应用能力，因此，在选择大学英语语法教学内容时必须以“是否有利于促进提高学生的语言应用能力”为主要甄别依据。

五、《读写教程》中的语法教学策略、方法及实践

上文提过，大学英语语法教学不能再以基础的语法理论为教学对象，而应该以高于中小学语法教学内容的语法理论为对象。而有别于具体语法理论的内容主要就是系统化的语法理论、语篇语法等。

同时，大学英语是英语作为外语进行学习的较高阶段，因此，大学英语教学应有别于中小学阶段的英语教学，即，大学英语教学不能继续坚持传统的教学策略及方法，而是应该采用与大学生的思维方式相契合的新的思路。大学生已经具备一定的独立思考能力及逻辑思维能力，也就意味着他们其实已经具备了一定的归纳、演绎能力，该能力可以使他们有可能自觉地从具体语言现象中归纳出规律，或者利用一定规律造出符合语法理论及语言体系的句子、段落及篇章。因此，笔者依据多年的大学英语教学经验总结出下列大学英语语法教学策略及方法，并结合《读写教程》进行了教学实践。从学生完成的四级考试选词填空题以及翻译题来看，这些教学方法对促进学生的语法知识的积累起到了一定的作用。

1. 充分发挥多媒体的作用

现在，多媒体设备已经在我国大学英语教学中得到普遍使用，而多媒体教学的优点也已经得到了众多教育专家的肯定，这些优点同样存在于语法教学中，因为传统语法教学的主要形式是教师讲解语法理论，然后辅以大量的练习加以巩固。这种辅以大量练习的题海战术遭到了很多批判，其真正价值尚未得到具体验证，而且对于部分语言天赋不足的学生来说做大量习题简直是痛苦不堪。而多媒体设备不仅仅可以用来展示语法理论及语法练习，还可以将语法理论与图片、语音、故事等结合起来，有助于实现语法知识展示方式的多样性，提高学生的学习兴趣及课堂参与度，进而提高教学效率。

2. 紧密结合教材开展教学

目前我国高校很少有为非英语专业的大学生开设专门的英语语法课程，这也意味着教师不可能在课内专门、系统地进行语法教学。同时，鉴于语法知识在语言及交际中的重要地位，语法教学又成为英语教学的不可缺少的一部分，因此，如何巧妙又

充分地结合教材内容进行语法教学成为必须。前面提过，大学生已经有一定的语法基础，因此，结合教材进行语法教学并不意味着教材中的所有语法知识都必须在教学中得到体现或强调。一般来说，语法教学重点应该是那些在中学阶段未曾遇见过的语法现象，或者是中学阶段学过但掌握得不是非常系统的知识。如《读写教程》第一册第一单元中的“while”一词，中学英语中主要将“while”作为事件状语从句的引导词加以理解，而很少涉及其作为表示比较关系的引导词的用法；再如《读写教程》第二册第八单元 Text A 第 14 段中的句子“And we are better for our understanding of these other contributions—be they scientific or artistic”(而且正因为我理解了这些在其他领域的贡献——不管是科学方面的，还是艺术方面的——我们的人生才更完善)。该文的主要内容是探讨人生的意义以及教育与人生意义之间的关联。本句破折号前的部分较容易理解，而后面部分中包含的语言现象在中学英语中没有出现过，学生发现很难理解，因此，必须对该部分的语法现象进行讲解：即这种语法是 be 动词的特殊用法，引导让步状语，并且一般后面需要接两个及以上的对象，对象之间属于并列关系。

其实，稍加注意就会发现，《读写教程》中这种例外情况时有发生，因此，语法教学必须关注难点，有所侧重，才能真正做到用活教材、用好教材。

3. 重视培养学生的语法应用能力

前文提过，大学英语教学的目标是提高学生的语言应用能力，语法教学的目标也就是提高学生的语法应用能力。因此，在语法教学实践中，教师应该把语法理论讲解与实际应用结合起来，语法知识的具体应用不仅仅表现在完成选择题，或者可以罗列出某些语法理论(如时态、语态等)的适用语境上，而更应该表现在对疑难句子结构的分析及理解，语篇结构的分析、理解及在写作中的应用上。如《读写教程》第四册第十单元 Text A 中的句子“If the evolutionary pressures of the market place are making EQ, not IQ, the hot ticket for business, it seems likely that individuals will want to how to cultivate it”(如果说市场的进化发展所造成的压力使得情商，而不是智商，成为企业走向成功的通行证，那么人们可能很希望懂得如何培养情商)。很多学生不是很理解它的意思，因为句子稍显复杂。但仔细分析不难发现，从句子结构上讲，该句整体上是一个条件状语从句，但从句中又包含了其他词的用法，如 make 引导双宾语，not 表示转折及否定，固定搭配 the hot ticket for 等，在此基础上，学生就可以比较容易地理解句子及其意思。

当然，语法应用能力不仅仅体现在对已有句子结构的分析及理解上，还应该体现在对具体语境中留出来的空格补充完整时对其前后语境的判断以及对所需要填的词汇的断定上，一个极好的例子就是大学英语四、六级考试中的选词填空题。虽然理论上所有完成该题的语法理论都已经得到过讲解以及练习，但在实际解答该题时，很多学生由于各种原因而不能充分调动已有的语法知识，尤其是句子中间某个词有多个词性，而学生又很容易受到常用词性的影响，从而导致他们判断的困难，如 2013

年6月四级考试选词填空题第53、54题所在句子为"The result of constant muscle tension and stiffness of joints, many of them are (53), and simple flexibility training can (54) these by making muscles stronger and keeping joints lubricated (润滑)"。其中第54题判断起来较为容易，从其前面所用的情态动词can及后面的代词these可以知道该处确实原形动词；而第53题相对较难，因为系动词are后面可以接名词、形容词、动词的-ing或-ed形式，更加重要的是，很多学生形成了思维定势，他们一看见该空格前后都有逗号，首先想到的是这种情况一般都是独立结构，相当于状语，而忽视了逗号后面的and所引导的完整句子以及空格前面的are及them两个词，从而导致他们做出错误的判断。由此可见，在语法教学过程中，学生在掌握了语法理论知识之后必须进行大量阅读，并在阅读中适时地对难以理解的语言现象加以仔细思考，这样才能理解得更加透彻。

学生的语法应用能力还体现在翻译水平上，这一点在新的四、六级考试的翻译题中表现得淋漓尽致。从2013年12月开始，新的四、六级考试执行新的题型，即以段落翻译取代以前的句子翻译，内容以中国社会、政治、经济、文化等为主。这一考试题型的改变不仅体现了以输出为目的的新的外语教学目的，而且也可以被认为是中国人文化自信提高的体现。这种考试题型不仅仅增加了考试的量，还增加了考试难度及要求。段落是由句子组合而成的，相对于句子来说，段落多了衔接等语篇语法的内容，段落翻译相对于句子翻译的区别也是这样。因此，学生在完成段落翻译时就不仅仅需要着眼于单个句子，还需要注意句子之间的联系以及逻辑关系。以2013年12月四级考试翻译题为例。

许多人喜欢中餐。在中国，烹饪不仅被视为一种技能，而且也被视为一种艺术。精心准备的中餐既可口又好看。烹饪技艺和配料在中国各地差别很大。但很好的烹饪都有一个共同点，总是要考虑到颜色、味道、口感和营养。由于食物对健康至关重要，好的厨师总是努力在谷物、肉类和蔬菜之间取得平衡，所以中餐既味美又健康。

这段话由六句话组成，其中有简单句（第一、三、四句），也有复合句（第二、五、六句）。翻译过程中需要综合考虑词汇、语法知识，而语法知识中重点和难点都在于句子之间的逻辑关系（如第二句中的递进关系、第五句中的同位关系以及第六句中的因果关系），学生在解析过程中还可以注意到句子之间的逻辑关系（如第三句与第四句之间的转折关系）。因此，这个段落可以被翻译成下面的结果：

Many people like Chinese food. In China, not only is cooking seen as a skill, but also a kind of art. Despite the great differences existing in cooking skills and ingredients in different areas of China, there is still a shared character in good cooking, that is, they all attach much attention to the color, aroma, taste and nutrition. Due to the great importance of food to one's health, the advanced cooks are always striking a balance among grain, meat and vegetables, thus making Chinese food delicious and healthy.

所以，在大学英语语法教学过程中，教师的教学中心应该转向语法的应用，而不再是语法现象的罗列、语法规律的总结以及语法选项的判断及选择，而语法应用的重点是结合语境、句子及段落翻译等，使学生在用中学，在学中用。

4. 注重知识及材料的更新

语法教学中知识的更新不仅仅是语法知识的更新，因为相对而言，语言三大要素中变化最慢的就是语法，更重要的是更新教师的理论知识，尤其是语言学知识及教学知识，也就是说，教师很有必要将最新、最流行的语言学理论及教学理论运用到语法教学中去，如目前外语教学领域比较推崇的交际教学法。将交际教学法运用到语法教学中已经得到了众多教学专家的一致首肯，并且很多研究人员已经在教学研究及教学实践中对此加以实证研究，其效果业已得到证实。

同样，教学材料的更新也不仅仅是更换教材那么简单，教材的更换肯定是更新材料的一种方式，但更为重要的是教师在语法教学过程中一方面要更新教学材料，使学生接触到最新的知识及理论，获取最新的信息，从而提高学习兴趣；另一方面要灵活使用已有的教学材料，在备课过程中发现已有材料之间的联系，并在日常教学中将这些加以归类，并总结归纳出其中的规律，或者尝试新的、学生喜闻乐见的讲解方式，以利于学生理解、掌握。

另外，教学材料的更新还在于测试体系的更新。传统的语法测试主要形式是选择题、判断题或填空题，在当前社会背景下，机械地完成这种类型的题目显然已无法满足社会及学生自身的需求，因为这种题型多为考查特定的语法点，无须太多考虑就可以完成，因此，新的考试题型（如选词填空、翻译等）就应该在日常教学中得到应用，因为这种题型不仅可以练习特定的语法知识，还需要其他知识和技能的参与，如阅读理解能力、语篇知识等。当然，这些新的考试题型的运用并不一定是为了练习语法知识，还可以将语法知识的练习与阅读理解能力的提高，或者语感的培养等知识或技能的提高结合起来进行。

小 结

语法体系相对固定并结构严谨，关于语法中的词法、句法等体系的分类也存在不同的标准，也就因此而产生了各种不同的名称。正因为这些不同以及各体系之间的错综复杂的关系导致了学生学习语法及使用语法规则的困难，他们经常会顾此失彼，因此，大学英语语法教学必须抓住一个核心，关于以什么为核心的话题众说纷纭，有的坚持以词汇为核心，有的认为以句子为核心比较合适，不管以什么为核心，最终的目的都是提高学习者的语言应用能力。当然，要达到这一目的，需要教师和学生的共同参与、共同努力。

语法教学是一个既古老又新潮的话题，说它古老是因为确实历史悠久，而说它新潮是因为众多新的教学方法的提出都与它相关，并且教学人员及研究人员都愿意将这些新的教学方法放在语法教学领域中加以实践，以证明其积极作用。所以，在语法教学中，教师需要首先丰富自身的语法素养，因为只有自身的素养丰富才能做到自信教学；其次还需要提高语言学及教学理论修养，因为理论来源于实践但它也指导实践，在这些理论指导下的教学会更加有条不紊。

第二节　词汇教学研究

词汇之于语言就像建筑材料之于建筑物，没有适量的建筑材料，再高明的建筑师也无法完成建筑物的建设，同理，没有适量且适当的词汇，再高明的语言学家也无法顺利表达语言，因此，词汇教学在语言教学的所有阶段和整个过程中都有着异常重要的地位，大学英语词汇教学始终都得到大学师生的重视。《课程要求》明确提出了大学英语词汇教学的具体要求，对大学生词汇掌握的一般要求、较高要求及更高要求的三个层次分别为“约 4795 个单词和 700 个词组”“约 6395 个单词和 1200 个词组”“约 7675 个单词和 1870 个词组”。

一、当前大学英语词汇教学中存在的问题

由于词汇在语言应用中的重要地位，教师及学生都意识到词汇记忆的重要性，因此，大学英语教学中，教师花了大量的时间进行词汇教学，学生也把大量课余时间花在词汇的记忆上，但结果仍然不尽如人意。在实际使用中大量存在学生虽然在阅读中认识某些词，但却听不懂、拼不对、用不对的现象，甚至还有很多学生花了时间却记不住的问题。当然，记不住单词有很多可能的原因，有智力方面的，也有心理方面的，还有方法方面的问题等。综合笔者多年的教学经验以及日常阅读和观察，当前大学英语词汇教学方面主要存在以下现象及问题。

1. 重意义及用法，轻语音及拼写

经过调查和访谈部分学生及教师得知，大学生中相当多的人在读单词时没有留意音标，而只是根据自己的习惯和直觉来发音，部分教师在词汇教学中也往往强调词汇的意义、搭配及使用方法而没有强调发音的重要性，其直接结果就是学生把词汇的意义、搭配及使用方法记住了，但对话中却无法理解对方的意思，而对方也不懂自己的意思，究其原因就是词汇的重音或者是整个读音都发错了，如把 ugly 一词读成/jugli/而不是/'ʌglɪ/，或者把 university 的重音放在最后两个音节上，读成/juːnɪvɜː'sɪtɪ/而不是/juːnɪ'vɜːsɪtɪ/。

另外，部分学生在背单词的时候也只注意单词的读音或形式而忽略了单词的拼写，

导致在拼写部分较长的词汇时多字母或漏掉字母的现象时有发生。

2. 重讲解，轻应用

部分教师在教学过程中经常对课文后面的所有单词进行讲解，一方面忽略了学生们在高中已经学习过其中很多单词这一事实，另一方面也没有重点，容易导致学生认为所有的单词都需要完全彻底地掌握，从而产生畏难心理。导致教师这一实际教学操作的主要原因，一是他们没有区分积极词汇与消极词汇，二是他们没有注意学生的词汇基础及不同层次的学生之间不同的学习需求。《课程要求》已经将积极词汇和消极词汇加以区分并汇总，所以，教师在教学中需要首先注意将词汇加以归类，然后针对不同性质的词汇进行有区别的教学。此外，《读写教程》中也已经在课后的词汇表中将词汇分为六个类别，即一般要求词汇、较高要求词汇、更高要求词汇、超纲词汇、积极词汇、派生词与复合词。

同时，词汇教学的重点不应该仅仅是重点词汇和非重点词汇的区别，还应该注意各词汇之间不同的侧重点以及词汇讲解方式的多样性。词汇教学的重点可以是词汇的用法，也可以是词汇的拼写，还可以是词汇本身所携带的文化意义。教师在教学过程中需要针对不同的词汇进行不同的讲解，一方面可以突出重点，另一方面也可以使自己的讲解方式产生变化，从而使教学形式更丰富，避免视觉及听觉疲劳，提高教学效率。

3. 重教师，轻学生

传统教学理念强调教师的主导及主体作用而忽略了学生的主体作用，这种教学理念的副作用已经得到证实，因此，教学理论研究早就呼吁教学主体的转变，很多教师也已经在教学中进行了这方面的实践。但在当前的外语教学中，尤其是外语词汇教学中仍然强调以教师为主体，其表现形式主要是教师不停地讲解词汇及其用法，学生只是被动地听并做笔记。这种唱独角戏的教学方式不仅很容易使课堂变得沉闷乏味，还很容易使学生丧失学习兴趣与动力，阻碍学生积极思考，使词汇教学的效果大打折扣。

4. 重理论，轻语境

何建芳（2006）将认知语言学的有关理论与大学英语词汇教学结合起来进行了理论探讨，认为大学英语教学可以从基本范畴词的重视、词语原型意义的解释、语言象似性的重视以及词语隐喻意义的加强四个方面进行。乔影（2010）也认为大学英语词汇教学可以充分利用心理学知识、语言学理论、语言测试理论等理论知识进行。这些词汇教学研究有一个共同点：强调教学与理论的结合，但也存在一个致命的缺陷：缺乏词汇实际使用的环境，即语境。语境的存在使得词汇的应用显得有理有据，也使得词汇的意义显得更加生动。

实际教学中这种现象也同样存在。很多教师的词汇教学其实就是词典意义的搬运，简单将词典中列举的词汇的有关意义及搭配搬到课堂中来，表面上看来显得非常系统，实则非常呆板而不生动。更为关键的是由于缺乏适当的语境，使这些词汇的存在显得非常孤立，因而也不利于学生对词汇的真正掌握。

5．重表象，轻内涵

词汇的表象在这里主要指词汇的拼写、构成及意义，而词汇的内涵主要指其本身所携带的文化内涵。通常情况下的英语词汇教学主要是对词汇的结构进行分解或者对其意义进行解析，目的是使学生记住其构成及意义。这一方法有助于使学生从词汇的形式及意义上对词汇进行记忆及掌握，但却缺乏对词汇所携带的文化内涵的解析及掌握，最终的结果很有可能是学生虽然记住了某个词，并在使用中用对了其形式、搭配等，却往往造成误会甚至更严重的后果。如想要描述人长得胖，很多学生首先想到的是 fat 这个词，而没有考虑到人们赋予它的贬义，尽管这个词在描述人肥胖的时候使用得最频繁；也有人使用 ponderous 一词，殊不知该词的贬义色彩更加浓厚。当然，此处并非是说这两个词不能用来描述胖子，只是说胖子也有胖子的不同特点，并且对胖子的描述也有不同的目的，使用者需要根据不同的目的来对词汇进行选择，例如要打击一个人时可以用 ponderous、flabby；而要说对方“胖但很可爱”的时候就需要用 chubby；想要说对方“微胖”或“丰满”或“胖得比较匀称”时可以用 plump 或 stout；只想表达胖这个事实而没有任何个人情感时就可以用 overweight 一词；如果使用者是医生，又想说明患者胖得呈现出了病态，就可以用 obese 一词。由此可见，词汇中所携带的文化信息在使用时显得非常重要，而想要在跨文化交际中避免尴尬或者误会的出现，最好的办法就是在学习中注意词汇本身携带的文化信息。当然，学生自身是很难注意到这些深层次的信息的，因此，学生在学习词汇时所需要的文化信息还得依靠教师来传授。

二、大学英语词汇教学原则

王铭玉（2008）认为，在外语词汇教学中应该坚持以下四个原则：质量原则、系统原则、情景原则、释义原则。所谓“质量原则”，就是要求教学中的词汇要兼顾“质”和“量”两个方面，也就是既要注意词汇的相关性，也要注意词汇的适量性，词汇教学不能一次性过多，也不能过少，过多的词汇有可能挫伤学生的积极性，过少的词汇则无法达到理想的效果；“系统原则”就是所教的词汇必须考虑到词汇之间的层次性及体系，从词汇出发，到达语篇的结果，要注意语言各层级之间的有机联系；“情景原则”强调的是词汇教学与语境之间的关系，词汇教学不能离开语境单独进行，否则就没有意义；“释义原则”指解释词义时所采用的语言的依据，即根据当时需要选择母语或者目的语进行教学。这四条原则适用于语言教学的各个领域。

三、大学英语词汇教学内容

前面提过，大学生是个特殊的团体，他们有成熟的思维、独立的思考能力、敏锐的判断力及观察力，这些能力足以使他们在英语学习过程中做出周密的思维、缜密的判断，从而做出有效适当的选择。也就是说，鉴于大学生这个团体的特殊性，大学英语词汇教学中词汇的教学，或者说词汇的意义、拼写、发音、用法等的教学虽然还是一个必需的内容，但已经不能作为唯一的内容来进行了，他们需要比单个的词更深层次或高层次的内容。因此笔者认为，大学英语词汇教学应该包含以下内容。

1. 词汇基础知识教学

词汇基础教学就是中小学阶段词汇教学的延续，以词汇的构成、意义及运用为主，是整个词汇教学的基础，也是外语学习的基础。大学英语教学也不能忽略词汇基础教学的重要性，在大学英语词汇教学过程中，教师仍然有必要强化词汇的基础知识的教学，但同时也要掌握好度，不能以教师为中心，而应以学生为中心，要强化学生在词汇学习中的主体地位，从而有效提高他们的学习效率。

2. 词汇习得方法教学

词汇学习应该注意方法的选择，不同类型的词汇由于其自身的特点而需要适合的学习方法，不同的学习方法也会造成不同的记忆效果。

一般而言，英语词汇可以通过大量阅读习得，也可以通过欣赏英语影视或歌曲习得，还可以在词典使用中习得，但是，无论是通过哪一种方式来习得英语词汇，学习者都必须坚持以词汇应用为目标进行。

在大学英语教学过程中，教师有必要将这些词汇习得方法分阶段地教授给学生，让学生选择适合自己的方法。

3. 词汇记忆方法教学

词汇记忆有很多方法，如词根词缀法、联想记忆法、语境记忆法、谐音记忆法、形象记忆法、死记硬背法、词源记忆法、分类记忆法、比较记忆法等。这些方法各有特色、各有优点，适用的词汇也各有不同，因此，教师在分阶段将这些方法传授给学生的同时也需要将它们的特点加以讲解，并举例说明。而学生在记忆单词的过程中，一方面需要根据词汇的特点选择恰当的记忆方法，另一方面还需要在学习过程中总结经验，以选择最适合自己的词汇记忆方法。

4. 词汇使用方法教学

词汇的使用需要语境，因此，词汇使用方法就是将特定词汇应用在特定的语境当中。

由于语境存在的多样性，词汇使用方法也就存在不同的变体。首先，词汇可以使用在搭配中，最常见的就是固定搭配，即由该词组成的已经定型了的用法，如 apart from（除了）、keep's head（保持镇静）。其次，是习惯用法中的词汇。习惯用法其实也是固定用法的一种形式，但相对而言，习惯用法的意思更难根据组合在一起的词汇猜出来，如 a fair-weather friend（不能共患难的朋友）、have butterflies in one's stomach（非常紧张）等。最后，是举例练习。举例的形式可以是学生自己造句，也可以是从词典或者文章中寻找更地道的句子。

当然，词汇的使用方法绝不止上述三种，在语境中使用所学到的词汇一方面有助于加深学习者对词汇的记忆，更重要的是可以促进学习者对词汇用法的掌握，做到真正记住又会使用单词。这些方法的使用需要学生和教师的共同参与。

5. 词汇拓展方法教学

从某种意义上来讲，英语能力高低的一个标准就是词汇量的大小（但不是唯一的标准），而鉴于英语词汇的丰富性，理论上来说一个人很难把它全部背下来，因此，掌握适当的英语词汇拓展方法显得尤为必要。常见的词汇拓展方法有利用例证、同义、异义等逻辑关系法，词根词缀法，构词法等。与前面提到的词汇学习或记忆方法不同，此处所指的词汇拓展方法主要包含利用词汇本身的特点来扩大学习者词汇量的方法。

（1）词根词缀法。

利用词根词缀来拓展词汇与利用它们来记忆词汇有所区别，后者特指学习者在记忆单词时将词汇根据词根、词缀分解之后对词义的理解和记忆，而前者主要指学习者在日常阅读过程中根据所学的词根、词缀来猜测生词的意义。

（2）合成词构词法

英语词汇中有相当多的单词是将一些词利用某种规则结合再构成的合成词，最常见的就是合成名词以及合成形容词，而最容易掌握的合成规则也是这两种。如合成名词的常用规则就是“名词加上动词再加上某种名词后缀”，根据这一规则，学习者可以造出 money-maker，bread-earner，door-keeper，peace-protector 等词。再如，合成形容词的规则总共有十多种方式：名词加动词的-ing 或-ed 形式（如 time-wasting, poverty-stricken）、名词加形容词（如 skin-deep, praiseworthy）、形容词加形容词（如 bitter-sweet, socio-political）、形容词加动词的-ing 或-ed 形式（如 good-looking, narrowed-minded）等。另外，合成形容词的构成方式还有一种，那就是将这个句子用连词符号连接在一起构成，最常见的两个例子就是 I-told-you-so，mother-knows-best。

适当掌握词汇的拓展方法主要是用于写作及翻译实践中，在这两种情况下遇到可以运用这些合成方法的机会相对比较常见。

四、大学英语词汇教学策略

在第二章论述大学英语教学策略中曾讨论过大学英语词汇教学的策略，分别为认知阶段的策略、记忆阶段的策略、应用阶段的策略以及评测阶段的策略。乔影（2010）将大学英语词汇教学策略分为宏观和微观两大类别。其中宏观类别中又包含了借用心理学知识、语言学理论以及语言测试理论这三种理论依据来进行词汇教学的方法；而微观类别中根据单词的特点、根据惯例化语言的使用以及根据课型的差异这三种现实依据词汇教学的方法。

应该说，这些不同阶段的词汇教学策略以及利用不同的理论依据或现实依据各有侧重，并各有作用。当然，这些策略之间并不是相互独立的，而是相互依赖、相互融合在一起的。在整个大学英语词汇教学过程中，教师和学生其实一直在自觉或不自觉地使用其中某一个或者某一些策略。

五、大学英语词汇教学方法

大学英语词汇教学研究和实践发展到今天，已经硕果累累。但总结起来无非就是词汇展示方法、词汇讲解方法、词汇应用方法及词汇测试方法四个方面。

1. 词汇展示方法

传统词汇教学中的词汇展示一般都是教师直接在黑板上将词汇及其相关信息（如音标、意义、搭配等）客观直接地展示，有时候也会将词汇写在卡片上分发给学生，然后要求学生做相应的笔记。这些方法的实施有助于强化学生的单词拼写意识，也可以使学生通过写来加深对单词的记忆。

随着信息技术的发展以及多媒体设备的普及，目前我国很多高校的大学英语课都使用了多媒体设备，因此，词汇的展示就有了新的方式。展示方式的更新不仅仅意味着教师双手一定程度上的解放，更是意味着展示内容的更加丰富，以往的词汇展示的是词汇的基本文字信息，而现在除了文字信息之外还可以加上图片，有时候甚至还可以配上故事，这一展示方式除了使信息更加简洁、直接之外，还可以使词汇有关信息更加形象、生动。

但多媒体设备的使用并不意味着教师的彻底解放，相反，教师在这一新式展示方式中的任务更加艰巨，不仅需要更多的备课及制作课件的时间，还需要在讲课过程中随时留意学生的反应。

2. 词汇讲解方法

前文提过，当前大学英语词汇教学中存在“重理论，轻语境”的问题，这一问题主要存在于词汇的讲解阶段，因为很多教师只是将某一单词的众多意思加以展示，而并没有将这些意思放在恰当的语境中，这一做法在多媒体设备的使用下显得尤为明显。

结合多媒体设备，教师可以将词汇首先按照积极词汇和消极词汇加以分类，确定讲解重点和难点。其次对积极词汇和消极词汇确定不同的讲解方法，如对积极词汇采取精讲、精练，对消极词汇采取略讲、略练甚至不练的方式，而对确定的重点词汇则需要通过特定方式加以凸显，要么加上其结构的解析，要么对其词源加以解析，并在语境中加以演练及强化。

此外，秦苏芳（2000）认为，科学有效的词汇教学方法是利用词的有关联系，寻找词与词之间的相互关系进行教学，并提出将词汇分为“主题相关的词语”等十二个类别。在将词汇分类的基础上，教师可以采取灵活的词汇讲解方法以及练习方法。

3．词汇应用方法

词汇教学的最终目的是词汇的应用，未能将所学的词汇用在实践中的学习只能称作不成功的学习。同时，鉴于大学生的实际水平及特点，大学英语词汇教学的应用既需要遵循传统，也应该有别于中小学阶段的词汇学习。一方面，可以采取传统的造句或句子翻译的形式；另一方面，也可以在讲解完词汇后提出一个情景，并要求学生利用其中的所有单词或大部分单词进行故事编排并分享。如《读写教程》第一册第三单元 *A Good Heart to Lean on* 的主题是身体残疾的父亲对身体健全的儿子人生的重要影响。在词汇教学阶段，教师在讲解完词汇并对部分积极词汇进行举例说明之后可以要求学生利用其中的部分单词结合自己的父亲对自己的影响编一个故事。前者强调单个词的应用，后者不仅强调多个词的应用，还可以训练学生的逻辑思维能力及口头表达能力。

4．词汇测试方法

词汇教学的效果如何将决定词汇学习的成败，而检验其效果最直接也是目前最被大众所普遍接受的方法就是测试，一提到测试就不可避免地涉及测试的有关因素及方法。综合目前比较流行的英语考试可知，有关词汇的测试最常见的途径就是听写、选择、阅读理解、翻译、选词填空等。

（1）听写。

听写应该是最传统也是最直接的词汇测试方法，其优点就是简单、直接、快捷，并且也比较容易评估；缺点一是记住的词汇忘记得比较快，二是应用时由于只记住其意义而缺乏操作性。

（2）选择。

跟单词听写一样，词汇选择题也是比较传统的词汇测试题型。选择题的形式比较多，一是连线题，二是近义词或反义词的选择，三是短语搭配选择，四是最常见的多项选择题，即词汇辨别及词义选择题，多需要考虑句子结构等语法问题。

（3）翻译。

利用翻译的方式来测试词汇教学效果自语法翻译教学法问世以来一直都存在，如今随着跨文化交流的日趋普遍而变得更加流行。目前的翻译测试形式主要有单词翻译、短语翻译、句子翻译以及段落或篇章翻译等形式，也就是说翻译的考查对象涵盖了语言除了语音之外的几乎所有层面，并且测试的难度随着广度的增加而增加，单词及短语翻译测试的是记忆能力，句子翻译在测试记忆的基础上增加了句子结构的测试，而段落翻译或语篇翻译在句子结构测试的基础上又增加了句子衔接、段落衔接以及逻辑关系等内容。段落翻译目前是英语四、六级考试的标准题型，是“以输出为目的的教学理念”在水平测试中的具体体现。因此，大学英语中的翻译教学也得到了越来越多的教师的关注和重视。

（4）阅读理解。

阅读理解几乎是所有英语考试中都会存在的一个题型，不仅涉及词汇意义的记忆及理解，更是对句子、篇章、文化信息、作者意图等多角度、多层面的测试。在阅读理解中的词汇测试层面，主要的形式是猜测词义。

（5）选词填空。

选词填空是最近几年才兴起的综合测试考生水平的题型，说其综合是因为表面上看它主要是考查考生对十五个单词的掌握程度，但实际上又涉及语篇、语法等各方面的知识。选词填空对词汇的考查不仅涉及其意思，还涉及词汇的词性、搭配等方面。

小 结

词汇，由于其在语言体系中的重要作用而一直受到人们的重视，词汇教学也因此在整个外语教学中占据着重要地位。词汇教学效果的好坏往往在某种程度上决定着外语教学的成效，因为没有词汇的适量积累，人们就无法进行有效的跨文化交际，因此，词汇教学需要关注的内容包括很多方面，而怎样使词汇教学达到理想的效果一直以来都是广大外语教学者共同努力的目标，他们不仅仅想方设法将词汇教学开展得有声有色、丰富多彩，而且也一直在努力通过各种应用方式及测试方式使词汇教学的效果得到巩固和增强。但词汇的教学效果并非直接由教师来决定，最主要的决定因素还是在于学生，学生的学习兴趣、需求、目的、动机、压力、智力、性格、方法等各个方面的因素，再加上教师的教学方法、个性、展示方式、应用策略、测试方式等众多因素一起决定着词汇教学的实际效果。

第三节 语篇教学研究

黄国文（1998）认为语篇就是由“一系列的语段或句子所构成的语言整体”。也就是说语篇首先必须是一个语言整体（可以是书面的文章，也可以是口头的讲话），是由一定语言单位结合为了表达特定的意思、在特定的规则指导下、在预设的结构指引下、按照一定的顺序组合在一起所构成的，这个语言单位可以是段落，也可以是句子；其次语篇内部的各个部分之间从结构上讲必须是完整的，从意思上讲必须是连贯的，而从形式上讲也必须是相互衔接的。因此，我们可以认为语篇教学就是以整个语篇为教学对象，教学内容可以涵盖语篇中包括背景知识、语篇结构、句子衔接手段、逻辑关系、语法、词汇等具体或抽象的语言知识的教学，是以语篇结构及衔接手段为主的教学理念。根据这一理解，在教学过程中，教师的教学应主要以引导学生理解并把握篇章的结构、主题为中心，并在此基础上强化英语语言基础知识的学习。

大学英语教学与中小学英语教学的重要区别之一就是大学英语教学比以往任何阶段都更加重视语篇的教学。主要原因是大学生在经过中小学阶段至少六年比较系统、正规的英语学习之后对英语基础语言知识已经有了一定的积累，并且已经掌握了相当的文化背景知识和英语理解、欣赏能力，他们可以并且也需要从一定的高度对文章进行整体上的把握，并进一步提高自己的逻辑思维能力及英语语篇构建思维。

一、语篇教学的价值

目前，受功能语法理论及语篇分析理论的影响，语篇教学在我国大学英语教学领域得到了极大的推崇及推广，这一有别于传统英语教学的方法更加强调学生在学习中的中心地位，从而得到众多英语教学专家的赞许。高圣兵（1996）认为，理论上，语篇教学“有利于激发学习者的学习主动性和积极性，有利于目的语的习得，有利于培养学生独立解决问题的能力，如阅读技能、写作技能”。李潇颖（2008）认为，大学英语语篇教学有三个优点：“有利于培养和激发学生的创造性思维，开拓学生思维想象的空间”“有利于培养学生运用语言进行交际的能力”“有利于激发学生学习的积极性，逐步形成以学生为中心的课堂教学”。总体上说，语篇教学在大学英语课堂的应用有以下重要价值。

1. 有利于培养学生学习英语的主动性和积极性

《课程要求》中明确提出大学英语教学要“以学生为中心”，语篇教学在大学英语教学中的应用有利于改变传统的以教师为中心的教学方法，从而使学生真正地参与到课堂教学活动中来，并通过教师不断地提示、引导、启发，使学生在参与课堂教学的过程中不断地思考，提高他们的思维主动性与积极性，进而改变他们的学习习惯，提升他们的学习效率，最终达到“习得”英语的目的。

2. 有利于改善学生英语学习的方法

受限于传统教学以考试为目的，学生的英语学习基本上以死记硬背为形式，并且学习内容都是教师规定的，很少有自己选择学习内容的自由，因此，他们的学习方法往往是被动的；而语篇教学不仅教学形式相对更加灵活，而且教师在教学过程中一直在强调学生的参与，从而有助于改变他们被动接受知识的习惯；同时，尽管课堂内的教学内容仍然是教师和教材所规定的，但学生在课后的学习内容非常灵活，他们可以自己做出选择。教学形式的灵活、课堂参与度的提高以及学习内容选择的自由结合在一起，有助于学生选择适合自己的学习方法。

3. 有利于改进学习英语的目的

我国中小学阶段的英语教学基本上都以中考、高考等考试为中心，教学内容以这些相关的考试内容为参照，教学形式也基本上以题型练习为主，其结果就是学生整天想着怎样才能做对题；同时，很多教育专家和培训专家也在社会上对这种以考试为目的的教学通过各种方式和途径进行推动，二者结合起来的结果就是教师的目的是教会学生做题，学生的学习目的是学会做题，而很少考虑英语学习的最终目的，即应用，也就因此产生了“哑巴英语”“聋子英语”等现象。

与传统以考试为目的的英语教学中过于强调词汇、语法、阅读等不一样，语篇教学虽然没有忽略这些基本的语言要素，但更加强调学习者对语篇整体的把握，教师也更加注重从语篇层次的教学，从而使学生在掌握语篇这一宏观结构的同时还能掌握词汇等微观知识；更重要的是这种教学理念必须将语言学习与语言应用结合起来进行，这样有助于提高学生的语言应用能力，提高他们的跨文化交际能力。

4. 有利于提高学生英语应用能力

前文提过，《课程要求》中对学习者提出了三个层次的要求，在各个层次的要求中都无一例外地对学习者的语言应用能力提出了具体需要达到的标准。而语言应用能力主要包含了听、说、读、写、译五个方面。作为一种教学理念，语篇教学理论上对这五个方面都有积极作用，因为这五个方面都无一例外地涉及语篇知识，但相对而言，语篇教学对学习者的阅读能力及写作能力的影响更加直接、明显。学习者的阅读能力的一个标准就在于他们对语篇的理解和掌握，而语篇教学理论上有助于提高学习者的语篇理解能力的（其实际教学效果因人而异）；尽管与阅读理解作为一种语言输入过程相反，写作是语言输出过程，但语篇在写作中的重要性同样重要，因为写作不仅是单个语言单位的结合，还需要考虑语言单位（包括句子、段落）之间形式以及意义层面的衔接，而衔接又是语篇教学的重要内容之一，因此，语篇教学可以提高学习者的阅读理解水平及写作水平。

二、当前语篇教学的现状及存在的问题

尽管语篇教学在我国的大学英语教学课堂非常流行，并且也确实存在诸多的优点，但李潇颖（2008）认为，当前我国的语篇教学也存在一定的弊端："刚入学的新生可能感到不适应""对一部分学生产生学习压力"。对于语篇教学对学生产生的消极影响，马雯虹（2009）认为其主要存在两个方面："不适应与恐惧感""不参加与紧张感"。同时，李大艳、郭鸿雁（2009）认为，我国的大学英语语篇教学存在"教学形式的形式化""语篇教学的僵化"等误区。结合诸多现实因素，并经笔者长期的教学实践、现场观察及与同行讨论之后，笔者仍然认为我国目前的语篇教学存在一定的不足。

1. 重语篇而轻基础

语篇教学应该得到大学英语教师的重视，主要是因为语篇教学相对于传统教学而言有很多优势，但大学英语不能只教语篇或者只进行语篇分析。有的大学英语教师将语篇教学与传统的英语教学严格对立起来，认为语篇教学就应该将语篇分析作为最重要甚至是唯一的教学内容和对象，而不能涉及词汇等英语基础知识，因为这些基础知识应该由学生自己在课外完成。这一将语篇教学与词汇、语法等英语基础知识完全区分开来的做法其实是从一个只重视语言形式的极端走向了另一个极端，前者看重的是语言的细节，而后者看重的是语言的整体。

由此可知，语言知识与语篇结合在一起才是完整的语言应用，二者之间并不是相互对立、互相排斥的，而是相互关联、互为依赖的。单个的语言单位之间如果没有关联，再多的语言单位堆积在一起也不能构成一个有序的整体，再高明的语言学家对这些杂乱无序的集合体也只能束手无策，望而兴叹；而语篇必须由语言单位集合在一起才能构成，没有语言单位就没有语篇。

2. 重形式而轻实质

语篇教学有形式，也有实质。目前有的教师进行的语篇教学只是一种形式上的教学，因为他们的语篇教学的形式和内容就是先让学生将语篇分段或分成几个部分，然后让学生找出各个部分的中心思想，再就各部分的内容提出几个问题让学生思考。

说这种语篇教学是形式上的，而没有触及语篇教学的实质，是因为在这种语篇教学中除了涉及段落之间或者各部分之间的意义上或形式上的联系，也就是除语篇中段与段之间的衔接与连贯之外，并没有涉及句与句之间的意义或形式上的连接，而这种连接往往是段与段之间衔接的基础。同时，这种教学更没有涉及语篇的文体特征、题材及写作技巧等更加抽象的知识。

当然，形式上的语篇教学的产生因素有很多种可能，如教师对语篇教学理论没有透彻领悟、学生基础知识比较差等，但并不是说这种重形式而轻实质的语篇教学只进行语

篇层面的教学，其实质更多的是传统教学的延续，因为更多精力和时间被放在了基础语言知识的教学上了。

3．重教师而轻学生

相对于传统英语教学，语篇教学的一个重要标志就是其以学生为中心。以学生为中心的教学的一个显著标志就是改变教师曾经的“满堂灌”的教学方法，教师的责任就是引导学生，使学生参与到教师的课堂教学中去，使学生努力思考、主动提问或解答问题，并使他们通过这种方式来改变自己的学习和思考习惯,并最终提高自己的英语应用能力。但有的大学英语教师在教学过程中并不能真正做到“以学生为中心”，因为在他们的观念中认为课上提问题让学生讨论和回答就是“以学生为中心”，有的教师在教学过程中甚至没有适当采用“等待原则”，而在很短的时间之后就认为学生回答不出某个问题，从而直接给出了答案，这种做法一方面会使教师觉得自己的学生成绩差，久而久之会打击教师的教学激情；另一方面也有可能打击学生思考问题、参与课堂活动的积极性，因为学生会认为教师不会给自己足够的时间思考问题而且教师会主动给出答案。

因此，对于大学英语教师来说，他们首先需要接受比较先进的教学理念，然后真正做到对这些先进理念的彻底掌握，而不能是“只见森林不见树木”，或者“只见树木不见森林”，只有这样才能在实际教学中做到真正“以学生为中心”，并对语篇结构和语言基础知识“两手抓、两手都要硬”。当然，在实际教学中，教师还需要根据学生的实际情况，逐步推行语篇教学，使学生逐步适应，这样的方式更有针对性。

三、语篇教学的目的

第三章提到过，在世界外语教育史及教育研究史上出现过众多的教学方法，这些方法的出现都有一定的历史需求和背景，也各自承担着一定的目的。语篇教学出现于交际教学法占主导的历史时期，也就意味着语篇教学是为交际教学服务的，是为提高学习者的外语应用能力服务的。邵华（1996）认为，语篇教学的目的就在于“培养学生通览全篇，综合理解作者的观点、意图的能力”。李卫清（2005）认为，在大学英语教学中利用语篇教学法主要有两个目的：一是“借助教材文本帮助、引导学生建立丰富语篇图示，以提高阅读效率”，二是“培养学生站在语篇的高度理解篇章，包括文章的篇章结构、发展思路、作者的写作视角、策略及意图”。

借鉴《课程要求》所规定的大学英语教学的教学目标，我们可以将在大学英语教学过程中进行语篇教学的实践目的归纳为两个：一是进一步夯实学生的英语语言基础；二是通过语篇知识的强化来提升学生的语言应用能力，特别是阅读理解能力和写作能力。为了实现第二个目的，教师在语篇教学过程中可以借助相关语言学理论，特别是图示理论，因为图示理论有助于学生学会如何在头脑中构建文章的篇章结构，并将相关的篇章结构在写作实践中加以运用。

四、语篇教学的内容

蔡基刚（1992）认为，“大学英语语篇教学，就是把课文作为一个整体，要求学生从表达完整确切意义和思想内容的段落篇章的层次入手，分析句子之间、段落篇章之间的衔接和有关意义及逻辑思维的连贯性，帮助学生最大量地获取和掌握文章所传递的信息，有效地调动学生的学习主动性和积极性，同时逐步培养学生恰当地使用语言的能力，较好地掌握语言技能并应用语言，不断提高和积累语言交际能力”。也就是说，大学英语语篇教学主要是通过使学生掌握篇章层次来了解篇章内部信息，最终提高学生语言能力。因此，语篇教学的内容应该既包括语篇结构等宏观层面的知识，也应该包括语篇内部更为具体的微观层面的信息。

1. 宏观层面

语篇的宏观层面是指将语篇作为宏观的整体来学习、看待，目的是使学习者对语篇的整体结构、整体风格加以掌握，并在此后的学习过程中运用这种宏观性来提高自己的语言应用能力，特别是阅读能力和写作能力。

（1）语篇产生的过程。

邵华（1996）认为，语篇的产生包含四个阶段：构思阶段、审题阶段、布局谋篇阶段、写作阶段。构思阶段涉及确定文章体裁，审题阶段涉及依据目的和要求确定中心概念即从属概念，布局谋篇阶段涉及信息适当分配，写作阶段涉及具体语篇的创作。但是，学习者的学习过程并不是按照这四个阶段开展的，而是从语言的表层现象开始，即从语篇的词汇、语句等现象，然后逐步深入到对语篇的深层理解，达到对语篇整体理解及“获取和掌握文章所传递的信息”的目的。

语篇产生过程的理解不仅有助于学习者更好地理解语篇的类型以及语篇的内容，更有助于学习者在写作过程中对文章整体架构的把握，提升他们的写作水平。

（2）背景知识。

众所周知，不同文化中的语篇在形式和内容上会有所不同，而这种不同的源头就在于他们的文化背景。一般来说，语篇中的背景知识应该被分为有关语篇结构的背景和有关语篇内容的背景两种。

1）语篇结构背景。

语篇结构背景可以分为两类：一类是主要指各种文化对语篇结构的比较间接的规定或者约定成俗的习俗，另一类是指不同文体的不同结构。

2）语篇内容背景。

所谓“语篇内容背景”，就是指语篇所展示出来的内容。不同的内容需要有不同的展示策略，也就因此而有了不同的结构；同样的内容也会因为携带着不同的任务或者展示者有不同的目的而需要不一样的结构；不同的作者对不同的展示内容，甚至是相同的内容也会采取不同的展示策略。可见，语篇结构在某种程度上也受语篇的内容、作者创作的目的或意图、作者创作语篇的时代以及作者自身的相关因素等诸多背景知识所影响。

（3）语篇结构。

常见的语篇结构有问题—解决型结构、总分结构、因果结构、并列结构、对比结构、比较结构、主张—反主张结构、提问—回答结构等，这些结构在《读写教程》中都有体现。如第一册第一单元 Text A 就属于因果结构、第二册第三单元 Text A 里面就有主张—反主张结构。

鉴于语篇形式的多样性，语篇结构也就不仅仅是整篇文章的结构，还可以指整篇文章内部可以独立成为语篇的某个段落或者某几个段落构成的整体的结构，如上文提到的第二册第三单元的第七自然段就是主张—反主张结构。

因此，在语篇教学过程中，教师不仅需要向学生解释特定语篇的整体上的特定结构类型，还需要向他们解释这些语篇中特定部分的语篇结构，因为部分语篇的语篇整体类型包含了各种不同的语篇类型，如问题—解决型语篇中就可能包含提问—回答结构。

（4）语篇体裁。

邵华（1996）还认为，语篇教学由两大环节构成：文章的篇章结构形式分析和在篇章结构分析基础上所进行的语篇分析。邵华笔下的篇章结构其实是指文章的体裁。常见的文章体裁有记叙文、议论文、说明文、应用文四大类，确认文章体裁的依据要么是文学语言的特点，要么是人物形象的塑造方式，要么是篇章结构或表现手法等的综合运用，也就是说不同的文章体裁有不同的特点，而这些特点首先需要让学生了解和理解，因为对文体的不同特点的掌握有助于学习者对文体整体的掌握。如记叙文常以故事发生的时间、地点、人物等相关背景知识开头，以各种或简单或复杂的人物关系来对故事的发展过程进行展开，而常用的展开方式无外乎依据一定的实践顺序所采用的顺叙、倒叙、插叙三种，读者相对较为容易掌握故事的整体。如《读写教程》第二册第四单元两篇课文 *A Test of True Love*（《真爱的考验》）和 *Love under the Nazis*（《纳粹统治下的爱》）的体裁都是记叙文，而前一篇文章采用了插叙的方式来讲述故事的来源和发展，后一篇文章则采用了顺叙的方式来回忆自己的经历。

就议论文而言，其构成三要素包含论点、论据、论证，而其常用的结构就是在文章开头提出论点或者社会现象，在文章之间通过举例或论辩等方式提出论据，在文章结尾得出结论。由此可知，议论文的语篇内部段落之间多是并列关系或者递进关系。说明文的内容主要是对对象的性质、特征、功用、状态、发展过程等进行介绍或解释，其对象的客观性决定了说明文陈述方式的客观性，因此，说明文的语篇内部段落之间多是并列关系。应用文主要是指在日常生活中所使用的为了满足特定的生活、工作或学习需求的文体，其特点是格式固定、篇幅短小、简明通俗、实用为主，由于其上述特点，在当前的大学英语教材中一般没有把应用文选为课文，多数只是在写作部分有所涉及。

（5）衔接手段。

语篇教学的对象就是这个语篇，而语篇之所以可以被视为一个整体是因为语篇内部的句与句之间、段与段之间通过某种方式而产生的合乎逻辑的关系，而不是因为句子或段落被生硬地放置在一起，这就是衔接。段其伟（2002）认为，常见的语篇衔接手段有结构衔接、逻辑衔接及词汇衔接三种。

胡壮麟（1992）认为“结构衔接是对语篇中某一词语、词组或小句，通过同语篇中的另一个预设结构做句法结构的比较，回找本结构中某些未明确出现的词语或小句”。结构衔接的方式又可以分为“照应、替代和省略”三种，结构衔接又可以被称为语法衔接。逻辑衔接就是句子之间或段落之间所存在的某种特定的逻辑关系，这种逻辑关系使得语篇的展开显得自然、流畅。常见的逻辑关系包含转折、因果、举例、比较、对比等。词汇衔接主要指某个词在语篇中的重复出现，这种重复出现可以是原词本身，也可以是原词的同义词或反义词。词汇衔接在英语语篇中比较普遍，在四、六级考试中的选词填空题或者完形填空题利用价值相对更大。

2. 微观层面

语篇的微观层面主要是指构成语篇的具体的语言单位，包含词汇及短语、句子、段落等。

（1）语法、词汇、句子。

尽管语篇教学主要涉及语篇的整体结构及各部分之间的衔接，但并不能因此而否定或摒弃语法、词汇、句子等语言基础知识的教学，因为语法、词汇、句子是构成语篇的基础，它们在语篇中的作用类似于建房所需的砖、水泥等材料。在语篇教学中，教师需要帮助学生解决那些影响语篇理解的难词、比较少见的语法现象或结构比较复杂的句子，同样也需要分析或讲解某些重点词汇、短语或句子，尤其是那些在目的语与母语之间经常造成理解难度的相关结构。

（2）段落。

宏观教学内容中提到的语篇体裁主要涉及构成语篇的段落之间的逻辑关系，而微观层面的段落教学主要涉及段落内部所包含的信息、段落内句子之间的连接方式及逻辑关系，以及作者通过各种途径（包括直接陈述、词语或句子结构的选择等）所隐含在段落中的意图、情感等信息。

（3）归纳推理。

归纳推理是从数学领域借来的概念，主要是指从具体现象或数据中推出一般概念或结论的方法。在语篇教学中，归纳推理贯穿始终，内容包括对生词意义的猜测，作者写作目的或意图的推理，具体现象中所存在的共性的归纳，学习者对语篇的理解及掌握等。由于归纳推理属于逻辑思维范畴，因此，对这种能力的练习重点应该放在语言的深层次含义上，而且只能在学习者具备了一定的逻辑思维能力并且对语篇的有关背景知识有一定掌握了之后才能顺利进行。

五、语篇教学的过程

前文语篇体裁部分中邵华提出的语篇教学包含的两大环节，实际上也是其提出的语篇教学的两大步骤：先了解文章结构，再进行语篇分析。语篇分析的内容包含语篇中所使用的衔接手段、连贯性以及影响意义连贯的相关因素等。李潇颖（2008）提出语篇教学的两大阶段：第一阶段是宏观导入，第二阶段是微观分析。其中宏观阶段包括背景知识的激活与语篇体裁的把握两步，微观阶段包括字词句、段落与层次及推理三个内容。

结合大学英语教学目的和《课程要求》，笔者认为，大学英语语篇教学应该分为语篇教学前、语篇教学、语篇教学后三个阶段或步骤。这三个阶段各有侧重。语篇教学前阶段主要设计课前预习、背景知识储备及展示、文体特征分析三个方面：课前预习是对课文内容的熟悉、文中难点的发现与思考；背景知识储备包含文章的结构及其特征、文章内容及其相关时代背景、作者风格等信息；文体特征主要涉及文章的体裁及其相关特征。语篇教学阶段主要是语篇教学过程中所涉及的相关信息，既包含前面提到的衔接手段、连贯性及影响连贯性的因素，又包含构成语篇的词汇、短语、句子、段落、语法等语言知识。语篇教学后阶段主要是学生在学完某个完整的语篇并掌握其包含在第二阶段中的知识后对这些知识的应用阶段，因为学习的主要目的是应用，而应用才是语篇教学的最终目标。语篇教学的应用既包括对已有语篇的阅读、分析、理解及欣赏，也包括对新的语篇的创作。

作为一个完整的教学过程，语篇教学必须包含这三个阶段，对任何阶段的忽略或者轻视都有可能影响语篇教学的实际效果。轻视前期准备会造成教学活动无法开展，轻视后期应用会导致学生学到的知识无法得到适当练习而最终无法达到应有的效果。

六、语篇教学的策略、方法与原则

鉴于语篇教学的重要性，以及当前我国大学英语教学中语篇教学的普遍应用这一客观事实，英语教师在进行语篇教学时更应该注重教学策略及方法。周瑞珍等（2006）认为，大学英语语篇教学应该采用以下五个策略：从偏重整体入手，培养学生语篇分析意识；强调背景知识的引介，帮助学生理解语篇内涵；针对不同体裁，进行语篇阅读指导；理清生词与语境线索，处理语篇阅读与语言知识讲解的关系；利用现代化手段，创造真实语境。而李国云（2010）则提出了语篇教学的方法：分析语篇体式，形成语篇概念；分析文章主题句，把握主题思想；主题把握语篇，分析语篇的连接；结合主题语篇，解释词语含义。

综合以上观点，并结合语篇教学实践，笔者认为大学英语语篇教学应该遵循以下原则。

1．整体与具体结合

语篇是一个整体，所以语篇教学必须将语篇视为整体来进行，但同时，语篇又是由各个具体的部分构成的，所以，语篇教学也不能忽略具体语言知识。在语篇教学过程中，教师需要将语篇结构解析、语篇内容解读、语言知识阐释三者紧密结合起来，才能实现语篇教学提高学生语言应用能力的目的。

2．预习与复习并重

教师必须在进行语篇教学前安排学生预习相应的语篇，准备好相关信息，这样有助于教学活动的顺利开展，而在完成特定语篇的教学后也需要布置相应的任务，使学生在课余及时思考所学知识，尽最大可能将所学知识转变为自己的知识，并积极进行反馈。

3．传统与现代传承

语篇教学是一个新兴的教学方法，但并非要完全摈弃传统。语篇教学中的传统与现代并非是两种教学方法的对立，也不是现代教学手段替代传统教学手段，而是现代教学理念对传统教学理念的传承与扬弃。

4．理论与实践融合

语篇教学主要通过教师在课内将已有的理论知识与实际的语篇结合起来，在语篇教学中利用相关理论知识对语篇进行解读和解析，但这种解读仍然是理论性的，要想在语篇教学中实现理论与实践的完美融合，必须在掌握语篇分析的相关理论之后对这些理论在实际中加以应用，这种应用主要体现在阅读理解、写作、翻译等任务中，因此，教师和学生都应该坚持“学以致用”的原则，并将之贯彻。

七、《读写教程》中语篇教学实践

本书第一章曾讨论过《读写教程》的趣味性、时效性、实用性等特色，对《课程要求》的体现及其对社会和学生学习需求的满足。教材虽好，仍然需要一种行之有效的教学方法才能确保其效果最优化，在某种意义上说语篇教学法就是实现《读写教程》效果最优化的教学方法。本部分将利用有关语篇教学理论知识，结合笔者个人的教学实践，以《读写教程》第一册第七单元 Text A *Face to Face with Guns* 为例来进行有关论证。

1．语篇教学前

按照前文提及的语篇教学的第一个阶段的内容“课前预习、背景知识储备及展示、文体确定及文体特征分析”，教师在完成前一个单元后就需要安排学生课后预习本文，主要涉及熟悉课文内容及故事情节、课文有关背景知识（美国的枪支文化、宗教文化）；要求学生根据自己所阅读到的信息确定文章体裁，并要求学生根据以前掌握的相关文体知识分析本文。如可以通过几个问题来提醒学生从哪些方面对有关背景知识进行准备：What may gun be used to achieve? Why are guns so popular in America? Do you want to own a gun? Why or why not? What can you know about the writer's religious belief from the sentence“Lord, have mercy on me, a sinner”？通过对这些问题的思考，学生可以更透彻地理解课文。

该步骤的目的是使学生对教学内容有所了解，以避免教学过程中出现学生因为不熟悉内容而中断学习的情况。

2．语篇教学

前文提过，语篇教学的内容既包含语篇中的衔接手段、连贯性及影响连贯性的因素，又包含构成语篇的词汇、短语、句子、段落、语法等语言知识。

（1）课文主要内容。

通过课前预习可知本文主要是作者亲身经历的讲述，是典型的记叙文。故事中，作者主要讲述了三件事情：被一高一矮两个男子在自家门口抢劫、回到家报警之后又与警察有过短暂交流以及作者对当前青少年犯罪对社会造成的破坏的担忧。

（2）衔接手段。

文中涉及的衔接包括结构衔接、逻辑衔接、词汇衔接。结构衔接的三种方式（照应、替代和省略）在文中都有体现。

1）照应。

本文中的照应主要体现在文章内容的前后呼应上。以文章开头两句话为例：“Like most city folks, I was cautious. I scan the street and pathways for anything—or anyone—unusual before pulling into the garage.”句子中所隐含的意思在随后作者的亲身经历中得到了体现，并在文章最后得到作者的亲口陈述。

2）替代。

在英语语篇中，替代的主要表现形式是代词，包含人称代词、代名词及代动词等。如作者在文中由于不知道抢劫犯的名字，多用他们最明显的特征来指代他们，如 the big one 和 the thin one。

3）省略。

文中省略使用得较少，主要在第十八段的最后一句“The bid one's gun dug into the

back of my head, the thin one's pistol into my left temple."后面一个分句中省略了动词dug。

至于文中的逻辑衔接，由于本文是以作者第一人称的口吻讲述的，并且是一个完整的故事，其中的逻辑不言自明。

（3）连贯性。

衔接和连贯实质上是两个不同的概念。衔接属于语篇层级，指说话人或作者为了使行文连贯而采用的语法手段；连贯属于心理层级，主要指读者对阅读对象在心理上所产生的心理反应。前面提到了本文中的三种衔接手段，此处主要讨论文的连贯性。

本文主要涉及三个场景：被抢劫、报警后、作者的担忧。首先从整体上来看，以上三个场景符合事情发展的自然顺序，自然也就符合连贯性要求。其次，从各个场景的内部连贯性来看，在被抢劫场景中，作者按照抢劫发生的时间顺序对整个事件加以陈述，并用了很多表示时间的连词，如 and，before，that night，as，just then，by then，suddenly。这些时间连词的使用无疑会给读者造成连贯的印象。而第二个场景也同样通过一些时间连词（如 soon，on leaving，later）的使用来表现连贯性。第三个场景同样如此。

（4）篇章结构。

根据以上讨论可知，本文由四个部分组成：

Part Ⅰ（Para. 1），有人在某个晚上在我家车库门口袭击了我；

Part Ⅱ（Paras. 2～25），两个年轻人抢走了我的钱、手表、鸡腿；

Part Ⅲ（Paras. 26～31），我被抢之后的思考、回家、报警，并在后来去警察局辨认嫌疑犯的照片；

Part Ⅳ（Paras. 32～34），我在看照片时对青少年犯罪对社会的影响的担忧。

（5）篇章形成。

按照前文邵华关于篇章产生的四个阶段的观点，本文的形成可以分为两个层面：篇章形成层面及情节形成层面。

1）篇章形成层面。

按照写作的顺序，一般情况下作者都需要先将整个篇章加以构思，然后才考虑具体环节。本文主要由三个场景构成。

2）情节形成层面。

为了使本文的连贯性更好，作者在文章使用了描写、讲述、对话、评论四种展示方式。其中，在第一个情节中主要使用了描写、讲述、对话三种方式，将自己被抢的整个过程具体生动地展现在读者面前；在第二个情节中主要采用了描写和讲述两种方式，将被抢之后的心情、行为以及报警之后所发生的事情加以清晰的展示；第三个情节中主要采用评论的方式，使作者对青少年犯罪对社会所产生的影响的担忧跃然纸上，并在各个情节的形成上使用了包括词汇、逻辑、结构等在内的衔接方式，使得各个情节的发展符合自然顺序。

（5）语言知识。

文中需要重点关注的语言知识包括单词、短语、句型等。

单词有：exception（除开）、polish（擦光、提高）、attach（系、贴）、identify（辨认出、识别）、foundation（基础、基金会、建立）等。

短语如表 4-1 所示。

表 4-1 《读写教程》第一册第七单元 Text A 中的短语

非常小心谨慎	be cautious of
扫视街道看看有没有……	to scan the street for …
从灌木丛中钻出来	to emerge from the shrub
设法做……	to contrive to do sth.
把钥匙扔进灌木丛	to toss my keys into a bush
刑事审判	criminal trial
武装袭击的受害者	victims of the armed attack
集中注意力在……	to focus (one's attention) on …
留意他们的面部细节	to note details of their faces
把手表从我手腕上扯下	to rip the watch from my wrist
面朝下趴在地上	be flat on one's face
（脚步声）消失在街道上	(footsteps) fade down the street
（车）快速开走了	(the car) speed away
倒一杯烈性酒	to pour a stiff drink
翻阅疑犯的照片	to look through mug shots
漂流在让人伤心的河流上	to flow on a sad current
珍视……	to hold … dear
我们的行动自由	our freedom to move about
劳动果实	the fruits of labor
探索其不满的深层原因	to seek the depth of discontent
（车）停靠，驶向（一旁）	to pull into / in
……也不例外	to be no exception
可怜某人	to have mercy on sb.
站起来	to get to one's feet
逐渐毁掉，侵蚀	to eat (away) at …

本文中需要重点注意的句型共有三个。

1）表述“多个动作同时发生”：

As sb. does sth., sb./sb. else does sth. else, contriving / trying to do …

2）表述“某个动作及伴随状态”：

Sb./Sth. does sth., +独立成分（独立成分也可置于主句之前）。

3)强调“某人在特定情况下所能做的”:

... (in the event of ...), all (that) sb. could / can do is (to) do sth.

3. 语篇教学后

语篇教学完成后主要进行所学知识的练习，可以有以下形式。

（1）舞台剧表演。

（2）模仿第 1 段或第 28 段，按时间顺序或者事情发展的先后顺序描写某一件事情或一系列动作。

小 结

语篇教学方兴未艾，对大学生英语学习和英语能力提高有重要影响，所以在我国的大学英语教学中受到了普遍欢迎和大力推广。在语篇教学中，教师需要首先提高自身的理论素养，改变自己的教学理念，否则有可能使自己的语篇教学形式和实质不一致，也无法摆脱传统的以教师为主的教学理念；其次，要求学生做好包括预习课文、思考问题等在内的准备工作，否则无法跟上进度，也不能参与到教学当中，最终无法实现语篇教学的价值；再次，教师必须要求学生在课后先对所学内容进行总结，发现自己的不足之处，然后利用所掌握的包括文章结构、文体知识等在内的理论进行相似文章的写作以做到学以致用；最后，教师在教学中也必须考虑到其他有可能影响语篇教学效果的因素，如学生的英语水平、个性、认知能力等，而不能盲目开展语篇教学，以免打击学生的学习积极性，要在教学实践中逐步开展语篇教学，以避免学生出现从熟悉的中学英语学习环境中突然转到陌生的语篇教学学习环境中产生不适应的情况。

第四节 文化教学研究

从中学英语教学到大学英语教学的重大转变不仅仅是教学方法、教学理念等教学表象的改变，更是教学目的的转变；而从中学英语教学的“以考试为中心”到大学英语教学中的逐渐淡化考试这一英语教学目的的转变使得大学英语教学在包含教学方法在内的几乎所有领域的转变都涉及大学英语教学对文化教学的重视，这其中既包括了英语语言本身所携带的文化的教学，也包括英汉语言文化的对比教学，还包括跨文化交际能力提升方面的教学。

大学英语重视文化教学，既是跨文化交际的需要，也是学生学习和拓展视野的需求。但是如何让学生在语言学习中最大可能地接触异国文化、了解异国风情，从而能够更好地掌握两国文化之间的区别，并将对这种区别的认识应用到英语学习中去，是大学英语教师所要花大力气解决的问题。同样，尽管基本上所有人都意识到文化教学在英语教学中的重要性，但关于文化教学到底要教什么以及怎么教的问题，不同的教师有不同的理解。有的人认为应该教习俗、政治、宗教、经济等领域的有关信息，特别是与中国文化不同的知识；有的人却认为不用教具体的内容，应该让学生自己去发现。

从我国大学英语文化教学的现状来看，其中存在很多问题，无论是对教学内容，还是对教学方法都有不同的理解，因此，文化教学改革势在必行。

鉴于本书第六章将专门探讨和研究大学英语文化教学的有关内容，并且有专门的内容就跨文化交际能力与文化教学之间的关系进行研究，所以，此处不做详解。

第五章 大学英语技能教学研究

本书第四章提过，大学英语教学包括语言知识的教学，也包括语言技能的教学，一般而言，语言知识主要包含语音、语法、语汇、语篇和文化五个方面，而语言技能包括听、说、读、写、译等各方面的技能。《课程要求》也对大学英语教学在提高学生的语言技能方面提出了明确要求，共包含一般要求、较高要求及更高要求三个层次，而这三个层次对上述五种技能又有更为详细的规定。

由于研究对象的性质原因，本章的重点为探讨阅读、写作及翻译教学三个方面，不涉及学生听、说两种技能的研究。在具体研究中，一是探讨该语言技能教学和提高的重要性，二是探究目前该方面的教学中存在的问题和不足，三是提出相应的解决办法并结合《读写教程》的教学内容，对这些解决办法在教学实践中的实际应用价值加以实验检验。

第一节 大学英语阅读教学研究

阅读教学在传统英语教学中占据着异常重要的地位，在我国的整个英语教学体系中也是如此。相应地，对于阅读教学的相关研究（包括理论研究和实验研究）在广度上和深度上都超过对其他领域的研究。进入新时期以后，有关阅读教学在英语教学中的地位尽管遭到部分英语教育专家的质疑，但这种质疑始终无法撼动阅读在其中的重要地位，因为在五项语言技能中，听和读是语言输入的主要途径。研究表明，阅读在人类语言输入中占绝大部分比例，由此可见，不管在什么情况下，阅读这种方式对于人类获取信息都是至关重要的，个人的阅读水平往往会决定他的信息收集和处理能力。在当前网络普及、科技发达、跨文化交流普遍的情况下，阅读的重要性更加凸显，也更加证实了阅读教学的重要性，英语阅读教学更是如此。

因此，在本节中，重点讨论三个方面的问题：为什么进行阅读教学、阅读教学教什么、阅读教学怎样教。此外，针对这三个问题，本节还将结合《读写教程》的有关教学内容，对阅读教学进行实验研究。

一、阅读教学的重要性

关于阅读教学的通用意义，前文其实已经探讨过，此处主要对比讨论为什么我国传统英语教学和现代英语教学在完全不同的社会背景下都非常重视阅读教学的理据。

1. 阅读教学在传统英语教学中的重要性

我国传统的英语教学从初级阶段开始就非常重视阅读教学，其中有着非常复杂的原因，包括社会需求、个人需求及社会现实的限制等方面。

（1）社会需求。

从新中国成立到20世纪90年代，我国对英语，特别是英语口语方面的需求都不是特别大，主要因为当时社会对英语的主流需求是通过阅读获得有关国家的社会现状以及科学技术等方面的信息，而不是面对面地跟英语国家的人交流。根据这一现实需求，当时的英语教学的主要目标就是培养和提高学习者的英语阅读水平。

（2）个人需求。

社会需求其实是个人需求的整体体现，也就意味着在整个社会都以阅读为主流的时候，个人的需求也以阅读为主。而且，当时的社会现实是即使会一口流利的英语也不见得有用武之地，因为使用的机会确实很少。这是个人需求在阅读教学中的第一个表现。

个人需求在阅读教学中的第二个表现是考试需要。在我国的考试体系中，英语始终占据着重要地位，而其中又以阅读题所占比重最大。不管是在升学考试还是在职称评聘类英语考试中，阅读理解题始终都占据着非常大的比例。以四、六级考试为例。在四、六级考试改革前，仅阅读理解一个题型就占40%的比重，再算上其他与阅读紧密相关的题如完形填空，只会使阅读在考试中占的比重更大。

（3）社会条件限制。

这里的社会条件一是指当时的科技条件及学习材料，二是指当时的教学条件及环境。当时的科技条件相对于当前的技术来说非常落后，不仅没有视频资料，连音频都很难找，相对比较容易得到的英语学习资料就是阅读资料，只需要一本书，加上一本英汉词典就可以学习英语了，甚至还可以自学，这种条件下培养出来的是哑巴英语的学习者，他们可以看懂英文资料，但不能跟外国人用英语进行交流。

同时，由于英语在我国始终都是外语，也就意味着英语在我国始终缺少目的语的语言环境，因此，很多英语学习者丧失了提高听力和口语的积极性，但他们对英语的需求又使他们必须坚持下去，阅读也就自然而然地成为他们获取英语知识、提高英语能力的主要途径。

2．阅读教学在现代英语教学中的重要性

相对于传统英语教学环境，现代英语教学环境无论是从社会需求、个人需求，还是从社会条件来看，已经有了极大的变化。当前我国处在全球化的大背景下，跨文化交际变得越来越普遍，这自然对人们的英语口语有更高的要求；而且，科学技术日新月异，各种新的有助于提高个人英语水平（特别是听力水平和口语水平）的技术和设备层出不穷。但即便是在这种情况下，阅读教学还是有很重要的地位。

（1）社会需求。

作为一种非常重要的信息摄入方式，阅读仍然不能被其他方式完全取代，虽然社会在变革，科技在进步，我们可以利用电视、网络等其他途径获取我们所需的信息，但是我们仍然需要阅读来获取更多的有关外界的信息、获取先进的科学技术；我们也不能回避网络上的信息绝大多数都是英语写作的这一客观事实。因此，从社会需求的角度来看，阅读教学在英语教学中仍然占有一席之地。

（2）个人需求。

当前社会下，人们对英语的基本需求仍未改变，变的只是人们对英语知识获取的途径及方式。尽管各种外在的条件变化巨大且速度极快，英语仍然是中国人必须参加的各种考试中的必考科目。仍以四、六级考试为例。尽管四、六级考试在不断降低阅读理解的比重，可以说是减轻了阅读的分量，但新增加的快速阅读、选词填空等题却是阅读理解减少的部分变换而来，其实质还是阅读理解（但听力已经从最初的 20%增加到 35%），而且，阅读类题目在四、六级考试中的分值还是占了一半（此处指 2006 年 6 月开展的四、六级考试改革）。即便是在 2013 年 12 月开始的四、六级考试中，在将完形填空题去掉并将句子翻译题改为段落翻译题后，整个试卷的阅读类题（包括信息匹配、阅读理解、选词填空）还是占了 35%的比重。

同样，当前越来越多的对外交流使人们对口语的需求提升，也提升了人们对英语教学中口语的重视程度，但口语作为一种语言输出形式，其输出内容必然依赖一定的语言输入形式，尽管听也是一种很重要的语言输入形式，但相对于阅读来说，听受到诸多条件的影响（因为听需要借助一定的设备及音频资料），而阅读是公认的最经济、最直接，也是最有效的语言输入形式，阅读可以不受时间、空间的限制，所以，阅读教学在当前的英语教学中同样受到重视。著名学者吴古华就曾说过：“从长远来看，大量阅读是扩大词汇量的根本途径——大量阅读易上口的、地道的英语阅读材料或书籍，是提高口语的根本途径之一。”（董亚芬，2003）

二、阅读教学的目标和意义

1. 阅读教学的目标

前文提过，阅读教学始终是英语教学的关键部分，也是英语学习成败的关键因素之一，因此，阅读教学的基本目标就是提高学习者的阅读技能。但是，现代语言学理论认为，由于语言的综合性特征，语言教学不能仅以通过考试为目标，阅读教学也不能仅以掌握语言知识为目标，而应该使学习者在学习语言知识的基础上获取更多信息、了解外国文化、掌握阅读策略、提高阅读技能，为将来的继续学习及人生做好准备。简而言之，阅读教学的目标可分为近期目标、中期目标和远期目标。近期目标就是掌握语言知识，通过各种测试；中期目标是了解外国文化、掌握阅读策略和技巧；远期目标是生活中的运用。

（1）近期目标。

近期目标就是最迫切需要解决的目标。我国的英语学习者多数是在校学生或在职人员，其中在校学生的近期目标就是提高英语考试成绩，顺利通过各种考试，包括期中考试、期末考试、升学考试等；而在职人员学习英语的目的主要是工作需要（查询英语资料或职称晋升等）。

（2）中期目标。

中期目标即为在顺利实现近期目标之后自觉或不自觉地实现的目标，或者是在实现近期目标的过程中的意外收获。一般来说，英语学习的中期目标就是了解外语文化、掌握阅读策略和技巧、提高阅读能力。而实际上这些中期目标都融合在近期目标实现的过程中，而且也是实现近期目标的方式和手段。

（3）远期目标。

学习是为了最终的应用和实践，英语学习也不例外。前文提到，大学英语教学的目标应该是提高学生的实际英语语言应用能力，其中就包括阅读能力。但阅读能力也只是阅读理解能力以及提取信息的能力，而阅读教学在实际生活中的应用远远不止于理解和提取信息，更重要的是将理解和提取的信息运用在生活中，如将从阅读中掌握的有关跨文化交际的知识运用在与外国人的实际交往中去等。

熊丽君（2006）将阅读目标分为三个类型：一是“为生存或生活而阅读”，二是“为学习或获取信息而阅读”，三是“为消遣而阅读”。同时，她还将阅读理解分为四个类型：一是“字面理解”，二是“推理性理解”，三是“评论性或评价性理解”，四是“欣赏性阅读”。

此外，认知心理学理论认为，阅读其实是作者和读者之间心灵的交流，读者对作品的理解如何在很大程度上取决于作者对自己写作意图的表达方式。根据《读写教程》第二册第八单元的阅读技巧，作者有三个常见的写作意图：to inform（告知目的）、to persuade（劝说目的）、to entertain（娱乐目的）。根据这三个意图，可以将常见的阅读目的分为三类：获取信息、寻求理据、娱乐。获取信息主要是根据自己的生活、学习或工作需要来对阅读材料中所涵盖的信息进行有针对性或者是有偏向性的提取；寻求理据的阅读目的与获取信息的阅读目的的阅读方式差不多，主要是对自己需求的信息进行阅读、提取；娱乐的阅读目的相对于前两种阅读目的来说更为常见，阅读方式也更为随意，材料也更为丰富。

2．阅读教学的意义

阅读教学的意义主要体现在三个方面：语言能力方面、人生哲学方面、生活应用方面。

（1）阅读对语言能力的意义。

我国的英语学习者学习英语的目的大多是通过考试（少数人出于兴趣爱好），而在各种英语考试中，阅读理解的比重非常大，因此，阅读教学可以被认为是考试成败的关键因素，而由于阅读教学不仅仅是阅读技巧的教学，而是包含了其他语言要素的综合教学，因此，对于学习者的语言能力来说，阅读教学有以下重要意义。

1）有助于增大词汇量。

阅读是对语言的阅读，而语言中词汇是核心要素之一，因此，阅读教学必须涉及词汇教学，不管是哪种方式的词汇教学，学习者肯定都会在一定程度上扩大自己的词汇量。

2）有助于提高写作水平。

阅读教学除了以词汇为对象之外，还涉及语篇的教学，而语篇教学中语篇结构又是非常关键的内容。鉴于阅读和写作其实是相反的过程，也就是说二者之间存在特定的联系（都以语篇为对象），也存在促进作用，因此，阅读教学中语篇结构的教学对提高学习者的英语写作水平有很大的促进作用。

3）有助于提高口语水平。

阅读分为朗读和默读两种。朗读对学习者口语能力的提高具有显而易见的促进作用，默读也同样具有促进作用。默读是我们更多采用的方式，从表面上看默读是不用张嘴的，但不能因此而否定其作用，因为默读所获取的信息与朗读是一样的。而众所周知的事实就是一个人对所谈论的话题了解的信息越多，表达就越流利。就此而言，阅读有助于提高学习者的口语水平，二者之间是互为促进的。

4）有助于提高考试成绩。

由于阅读理解题在各种考试中所占的比重较大，阅读教学对考试成绩的提高作用是显而易见的。从某种意义上甚至可以认为：得阅读者得考试。尽管这种说法过于绝对，但人们很难发现考试中有多少题与阅读没有一点联系，甚至听力题与阅读都有很大的关联，如听力题的选项需要一定的阅读技巧才能读得更快、理解得更好，而篇章听力理解题中对篇章的理解又是阅读理解教学的重要内容。

（2）阅读对人生哲学的影响。

上文提过，阅读的目的之一是获取信息或知识，而对于阅读者而言，他们从中获取的信息是他们所需要的，这种需求的满足从长期来说会对他们的人生观产生一定的或消极或积极的影响。

另一方面，随着阅读范围的扩大，阅读者所阅读的信息或知识的面肯定会相应扩大，也就是说他们的视野也会得到相应的拓宽。

此外，根据实用主义教育学的基本观点，教育过程应以学生为中心，而不是以教师为中心，教育过程应重视学生自己的独立发现、表现和体验，从而确保学生发展的差异性，其中也包括人生观的差异。

（3）阅读在生活中的应用价值。

“学以致用”是一直以来教育界所坚持的基本原则之一，阅读教学也不例外。但阅读教学的“用”是综合性的，主要体现在以下方面。

1）测试层面。

考试是检验前期教学效果的一种相对比较客观的方式，在我国，教学效果尤其是学习效果如何主要是通过考试成绩来判断的，阅读教学在测试层面的作用也可以通过考试来体现，因为阅读理解题及与阅读理解相关的题在各种英语考试中所占的比重极大。阅读教学开展得成功，学生的英语成绩自然会提高。

2）学习层面。

前面提过，大学英语教学是一个综合体，对内而言，它包含了英语语言知识和语言应用能力的教学，对外而言，它对其他学科的学习也有重要影响，因为整体上来说，各学科之间尽管差异明显，但学好它们的技巧却又有相同之处。一方面，良好的阅读教学不仅有助于学生将有效的学习方法应用到其他学科的学习中去；另一方面，良好的学习习惯和学习方法也为学习者将来的学习做好了铺垫。

3）生活层面。

阅读教学不仅仅是对阅读内容的教学，也是对阅读内容所携带的信息和知识的教学，同理，阅读也不仅仅是阅读对象的内容，还应该阅读对象所携带的其他信息，如文化信息、实用信息等，而这类信息在生活中的使用就是阅读教学对生活的重要应用价值。如在跨文化交际中，学习者在与对方交流时一方面要尽量表达自己，另一方面也要注意对方文化中的禁忌。再如，生活中学习者可能随时需要将自己在阅读中所掌握的信息或知识加以应用，如对一些民族服饰做出断定、留意饮食方面的差别等。

对于那些不以测试为目的而完全处于兴趣爱好学习英语的人来说，阅读则可以陶冶他们的情操。

笔者认为，阅读教学的应用价值是相对的，是相对于学习者的学习层次及时间而言的。对在校学生来说，对考试成绩的价值肯定大于对生活方面的价值，而对于不以考试为目的的人来说，阅读的价值很可能在于从阅读材料中吸取他们所需要的有关资料。

三、阅读教学的教学材料

教学必须要有教学材料，教学材料必须要经过一定的挑选。挑选什么样的教学材料？为什么要挑选这些材料？这两个问题主要涉及阅读教学材料的选择标准和原则问题。

1. 阅读教学材料的选择标准

阅读教学主要是为了提高学习者的阅读水平，提高教学效率，因此，对阅读材料进行选择时必须以提高教学效率及学习者的水平为参照对象，遵循以下标准。

（1）质的标准。

阅读材料必须是用美的语言写出来的，因为只有这样的作品才有欣赏价值及学习价值。阅读材料还必须是优秀的作品，或者是经典作品，因为优秀或经典的作品里面包含的价值观更加积极，阅读之后读者的提高更为明显。阅读材料最好是原文文字作品，因为原文文字作品相对而言更加地道，内涵更丰富。

（2）量的标准。

凡事皆有度是自古有之的标准，阅读材料亦是如此。作为教学材料，不能过少，少了就不能起到练习的作用，也不能过多，过多的材料会使学习者产生恐惧及厌学心理。当然，此处的过少或过多主要是针对课堂教学而言，因为课堂时间有限，而对于那些学有余力而且对英语有更多兴趣或者对自己有更高目标的学习者而言，课外阅读活动必不可少，而此时的“量”是多多益善。

（3）相关标准。

现代语言学认为，合作原则包含“质的准则、量的准则、相关准则及方式准则”。由于阅读其实是读者与作者通过文字进行的交流，而此处的阅读教学主要是针对学生而言的，因此，阅读材料最好是与学生相关。这种相关不仅仅是与学生的学习、生活相关，而且要与学生的身份相关。当然，这些相关主要是主题方面的相关。因为只有相关的主题才更能引起学生的阅读兴趣，激发他们的学习热情和潜能。

2. 阅读教学材料的选择原则

肖礼全（2006）认为，阅读教学材料的选择应该符合七大原则：难易适度原则、多多益善原则、内容适用原则、多样性原则、语言真实性原则、学得与习得相结合原则、成功性原则。难易适度原则是指挑选的阅读材料必须符合使用者的实际英语水平，不能太难，也不能过于简单；多多益善原则主要是为英语阅读水平的提高做量的准备，因为“质”的变化源于“量”的积累；内容适用原则主要从学生阅读兴趣和需要的角度出发；多样性原则主要从阅读材料的体裁和题材的角度所需要考虑的；语言真实性原则主要从语言的准确性角度提出；学得与习得相结合原则则是考虑到了学生学习的不同目的；成功性原则主要考虑到了学生在学习过程中的成就感如何获得这个角度，因为成就感是学习者继续学习的主要因素之一。

在实际课堂教学中，一般来说，教师对阅读材料的选择没有决定权，因为他们都必须使用教材中的材料。当然，编者在对教材中的使用的材料进行选择时，一般都遵循了这些原则。本书在第一章就曾对《读写教程》的教学材料进行过评论，认为，整体上该书所使用的材料是符合上述原则的。

其实，阅读教学材料的选择还必须根据用途来加以区分，因为不同的用途对材料的难易程度等的要求也不一样。当然，根据不同的标准，用途可以分为很多类别，此处根据使用时间标准分为课堂阅读材料和课外阅读材料两类。由于不同的使用目的，这两类材料的选择标准也有区别，一般说来，课堂阅读材料要求较高，不仅要有可读性，还要有可教性；而课外阅读以学生为主，不需要进行深层次的探讨，所以课外阅读材料只要有可读性就可以了。

四、阅读教学的教学内容

阅读教学的重要性不言而喻，而阅读教学的内容对实现其重要性也有至关重要的作用。目前，我国的大学英语阅读课普遍受到重视，大量的课堂时间被用在阅读教学上，所达到的教学效果也不错，这主要体现在学生四、六级考试中的通过率上。但是其也存在一些问题，如教师不清楚阅读课应该教什么，应该以什么方式进行。下面将主要讨论阅读课教什么的问题。

1. 阅读技巧

对阅读材料的理解和掌握以及阅读完成的速度不仅仅取决于阅读者对阅读材料的主题的熟悉程度以及对所用语言的熟悉程度，还取决于他们所掌握的阅读技巧。所谓的阅读技巧，其实就是阅读方法。凡事都要讲究技巧，阅读也不例外。

鉴于阅读技巧在阅读理解中的重要价值，阅读技巧一直是我国英语教师关注的教学内容。由于不同的阅读目的下对阅读材料的理解程度会有所不同，有的阅读目的强调的是阅读者对微观层面的知识或信息（如词汇、语法、语篇风格或结构、细节的推理等）的掌握，有的则强调对材料的宏观信息（如预测事件的发展趋势、推理作者的写作意图、关注细节之间的练习等）的掌握，还有的强调微观与宏观的结合。同时，对于我国的大学生来说，他们的阅读课主要是针对四、六级考试中的阅读理解题，而这些题目常被分为快速阅读（新四、六级中的信息匹配题也属于快速阅读的类型）和仔细阅读两种，而且即便是仔细阅读题，很多也是采用了快速阅读的技巧来寻找答案的出处，所以，目前应用较广泛的大学英语教材都对阅读技巧（跳读、寻读等）有所涉及，并且多数都是以考试题（词汇题、细节题、推理题、例证题等）为蓝本进行讲解的。而完成这些考试题的阅读技巧也有所不同，如词汇题既涉及寻读这一阅读技巧，也涉及对有关词汇猜测的技巧掌握；而细节题的解题重点在于对如何最快找到细节的出处，并进一步进行理解等。

适当且适度的阅读技巧训练对于学习者来说很有必要，因为这不仅有助于提高他们对相关技巧的了解和把握，还有助于提高他们的阅读能力和阅读理解水平。

2. 阅读模式

随着语言学、心理学及教育学有关理论的发展及其在外语教学中的应用，尤其是随着人们对阅读理解研究的进一步深入，阅读模式这一概念得到了很快的普及，也得到了研究人员的重视。到目前为止，有关英语的阅读模式大致分为三种。一是“自下而上”模式。这种阅读模式强调阅读时从语言的基础单位开始，即先理解语素、词汇等最基本的语言单位，通过对这些基本单位的理解，并结合学生已有知识对文章信息进行解读，从而形成正确的理解。二是“自上而下”模式。这一模式强调阅读之前就利用已有的相关知识，特别是已有的知识和图式来对文章内容进行预测，并在阅读过程中对这些预测进行检验，而这种预测在某种程度上又是理解的基础，预测越准，理解越好。此模式类似于一种“猜谜游戏”。三是“交互”模式。这种阅读模式强调的是在阅读过程中已有的知识和图式与文章的基本语言单位之间的相互作用，即前两种阅读模式的融合。

3. 语言知识

英语学习离不开语言知识及语言要素的学习，阅读教学的教学内容同样也应该包含语言知识及语言要素，因此，词汇、语法、句型、语篇结构、文化等语言相关因素也必然是阅读教学必不可少的内容。而在阅读教学过程中，语言要素教学的开展常常受到一定的阅读教学模式的影响。按照上述三种阅读教学模式，语言知识的教学在阅读教学中一般也有三种不同的模式。

(1) 阅读教学前模式。

与“自下而上”的阅读教学模式一致，语言知识的阅读教学前模式主张在阅读教学开始前对文中重要的语言点、语篇结构或文化因素进行讲解，有助于排除阅读中可能由这些因素引起的相关阅读困难，因为众所周知的事实就是对词汇越了解，背景知识越熟悉，阅读困难就越少。所以，阅读前教学模式为绝大多数英语教师所采用。

(2) 阅读教学后模式。

该模式与“自上而下”的阅读教学模式一致，主张文中重要的语言点、语篇结构或文化因素的教学在阅读教学完成后进行。这一模式有助于加深学生对阅读材料中重难点知识的理解和记忆，因为在阅读过程中的大量思考往往会使学生形成对这些语言知识的深刻印象。

(3) 阅读教学中模式。

该模式与阅读“交互”模式相匹配，主张将阅读教学与英语语言知识的教学融合在一起进行。该模式由于利用了学生已有的知识和已经形成的固定图式与语言要素之间的相互作用，可以更好地将阅读教学与语言教学结合在一起，所以也有很多英语教师采用此模式。

同时，这些语言知识的教学还必须涉及展示策略和讲解策略，这两种策略在本书第二章中都已经有过相关讨论。

五、阅读教学的常用方法

阅读教学是大学英语教学中非常重要的一个环节，从某种意义上讲甚至关系着大学英语教学的成败，因此，阅读教学一直以来受到大学英语教师的重视。但传统阅读教学与现代阅读教学有很大的区别，因为传统的阅读教学主要关注词汇、语法、句型等语言基础知识以及学生完成考试时所需要的技巧等；而现代英语阅读教学不仅传承了传统阅读教学的长处，而且在此基础上更进一步，更关注阅读材料所携带的文化知识等隐含的信息。综合目前大学英语阅读教学现状可知，常用的阅读教学方法有语篇教学法、讨论式教学法和交互式任务型教学法三种。

1．语篇教学法

第四章里提过有关语篇教学的知识。笔者认为大学英语教学中需要进行语篇教学的主要依据是大学生业已成熟的心智和思维以及他们已有的英语语言知识。张汝光等（2008）认为，“语篇是阅读的基本单位”，“语篇分析是阅读的基础”，并提出了在语篇教学过程中培养语篇分析能力的相关策略。

根据第四章中的有关知识，我们知道，语篇教学法有助于实现学得与习得的有机统一；并且可以推知语篇教学法在阅读教学中的实施步骤。

（1）预备阶段。

本阶段的重点是阅读前的准备，包括阅读材料的作者及写作背景、写作目的、体裁及题材等，这些信息有助于阅读过程中对众多隐含信息的推理。

（2）阅读教学阶段。

在本阶段，教师首先应该引导学生对题目、第一段、最后一段、每段的第一句及最后一句进行阅读，以便掌握文章的中心思想以及篇章的宏观结构；然后利用文章结构并联系语境对文章逐段逐段地进行分解，这一分解以语言基础知识及基本要素为主，并在分解过程中引导学生运用有关阅读技巧对文中出现的生词进行推测。

（3）阅读教学后阶段。

在完成对文章的基本阅读教学后，教师还需要引导学生对文中句子或句群之间、各段落之间的关系进行找寻及解析，发现其中的衔接及连贯，利用这些发现来比较精确地构建出文章的结构，并总结出其中心思想。这样做的目的是先使学生在头脑中形成一定的总体结构，然后通过真实的阅读材料对这些总体结构进行检验，最终达到培养学生全局观及语篇意识的目的。

2．合作式教学法

合作式教学法，顾名思义，就是在教师的控制和引导下，学生在小组内对学习内容进行讨论并分享各自的观点等，讨论完成后将由小组推荐的组员就小组的讨论结果向全体同学进行讲解汇报，而被推荐的同学多数是采取轮流的形式。

20世纪70年代起源于美国的合作学习法曾被人称为“最重要和最成功的教学改革”，其特点是以小组为教学组织形式，小组成员相互帮助，有助于提高学生学习兴趣、课堂参与积极性及语言应用能力及交际能力。张法科（2004）认为，在大学英语阅读教学中使用合作教学法“可以改变传统的以教师为中心的课堂教学模式，教师可发挥辅助者的作用，学生可以在轻松愉快的合作氛围中共同探索、共同学习、共同进步”。但陈平平等（2009）却发现，实际阅读教学中合作教学法的使用并非如研究者们所提出的功能那样强大，它也受到很多现实条件的限制，如教师认识上的偏差、学生参与度的不均等、学生合作意识不强等。为此，陈平平等根据实践阅读教学中使用合作教学法时所遇到的问题分阶段地施行教学改革，通过发现问题、制定方案、统计数据、评价教学效果等步骤来对合作教学法进行改良，最后提出“交互式小组学习模式”的构想，并通过教学实践对这一模式加以检验，结果证明了研究者最初的设想。

3．讨论式教学法

讨论式教学法理论上属于交际法，因为该方法强调三个方面的互动：学生与教师之间的互动、学生与学生之间的互动、学生与文章之间的互动，这些互动其实就是交流。在这种教学方法下，教师不再是信息的传播者，而是教学活动的组织者和促进者，这样可以促使学生成为学习的主角，有助于提高他们的学习积极性、主观性和创造性。

4．任务型教学法

任务型教学（Task-based Language Teaching）是指教师通过引导学习者在课堂上通过完成任务来进行的教学。该教学法兴起于20世纪80年代，强调的是在做中学，其实也是交际教学法的发展结果。这种教学法认为语言习得是在具体活动中使用语言的结构，而不是单纯的语言知识学习和语言技能训练的结果。具体的方式或者步骤是：依据具体教学内容及教学目标，教师设计出具体的且可完成的教学活动和任务，学生则通过讨论、询问、解释、交涉等交际活动完成这项任务，以达到学习和提高语言的目的。在这种教学方法中，学生通过参与、体验、互动、交流、合作等学习方式，充分发挥自身的认知能力，调动已有的目的语资源。

这种教学方法的优点在于：通过将语言知识与语言技能相结合，有助于提高学生的语言应用能力；设计各种可完成的教学任务，可以提高学生的参与热情及学习兴趣；活动中要求学生互动、交流及合作，有助于提高学生的人际交往能力、思考能力、决策能力；同时，由于学习在整个教学过程中都在独立思考、积极参与，这也有助于他们独立自主学习能力的培养和提高。

当然，阅读教学方法众多，不可能只有以上这四种方法，而且这些方法各有优点，其中也难免存在一定的不足之处，因此，在实际大学英语阅读教学过程中，教师必须结合大学生的具体特点及大学英语阅读的独特性，充分利用某种或某些教学方法，改变教师的中心地位，真正做到以学生为中心，以提高学生的语言知识和语言应用能力为主要目标进行教学。

六、常用的阅读教学活动

阅读理解，方式是阅读，核心在理解。阅读的方式有朗读及默读两种，而理解的内容则变化万千，不仅有理解的对象不同，有理解的程度区别，而且有理解的途径问题。也就是说，不同的途径可能会使理解的程度千差万别，这种所谓的理解途径就是在理解过程中所使用的具体办法。肖礼全（2006）将理解过程中常用的办法总结如表 5-1 所示。

表 5-1 阅读活动集

1. Read and predict	16. Read and sequence
2. Read and guess	17. Read and complete
3. Read and speak	18. Read and summarize
4. Read and listen	19. Read and play
5. Read and write	20. Read and do
6. Read and act	21. Read and infer
7. Read and show	22. Read and transfer (TD)
8. Read and answer	23. Read and comment
9. Read and discuss	24. Skimming
10. Read and debate	25. Scanning
11. Read and tick	26. Read for everything
12. Read and match	27. Read for nothing
13. Read and fill	28. Read for appreciation
14. Read and draw	29. Read for entertainment
15. Read and choose	30. Jigsaw reading

从上表可以看出，在阅读过程中，教师可以采用很多种方法增强读者对材料的理解，这些方法的采用主要依据两个方面的因素：一是阅读材料的性质和内容，因为不同的阅读材料不仅需要不同的阅读策略和技巧，在理解的过程中还需要不同的方法来加深读者的印象和理解；二是读者的个人因素，不同学习目的和兴趣、不同年龄段、不同性格、不同英语水平的读者在阅读同样的材料时所采用的方法不同，为了达到理解的目的所采用的方法肯定也有所区别，如初学者或年龄较小的读者倾向于体验或表演的方式，而高水平读者倾向于其他较为理性的方式。因此，在大学英语阅读教学中，教师一方面要考虑到大学生的整体特征，另一方面也要将所教学生的专业考虑进去，因为专业因素在他

们的英语水平上影响较大，同时还要根据不同的教学内容采用不同的教学活动及不同的教学方法，这样既有助于实现教学活动的多样性，也有助于提高学生参与课堂及课堂活动的积极性。

七、《读写教程》中的阅读教学

下面以《读写教程》第二册第三单元 *Marriage Across Nations*（《跨国婚姻》）为例，结合上述阅读教学的有关理论，对该单元的阅读教学进行设计。笔者在本单元阅读教学中采用语篇教学方法。

1. 预备阶段

本阶段主要涉及的内容为课文相关背景知识，包含故事背景、写作目的、体裁及题材、教学目标及教学重难点。

（1）确定教学目标（见表 5-2）。

表 5-2　阅读教学的目标

	知识目标	技能目标
教学目标	**Cultural perspective** Students are required to 1. know what love is and what marriage is 2. reflect on the problems of a mixed marriage **Language points** Students are required to 1. grasp important words and expressions in Text A and B 2. get familiar with difficult words and expressions in Text A and B	**Reading** Students are required to master a reading skill: **Recognizing differences between facts and opinions**（辨别事实和观点） **Writing** Students are required to learn to write **a paragraph of denial of some points followed by some other opinions**（提出观点—否定该观点—提出其他观点）

由上表可知，本单元的教学目标分为语言知识目标和语言技能目标，这些教学目标的确定复合《课程要求》的规定，既有助于提高学生的英语语言知识，又有助于提高学生的英语语言应用能力。

（2）背景知识。

从本文内容来看，文章主要谈论的是跨种族婚姻，而且从作者对故事主人公的介绍可以知道，故事中涉及的种族主要是美国的黑人和白人，从对人物种族的判断就可以知道更多的有关历史及背景知识。此外，相关背景还包括有关婚姻的信息。

（3）写作目的。

从故事中可以看出作者的写作目的绝不是讲述故事这么简单，而是通过将自己的亲身经历讲述给读者来提醒大家在现实世界繁华与和平的表面下所掩藏得很深的真相：种族偏见。

（4）体裁及题材。

本文的题材是作者在婚姻中的亲身经历，体裁是记叙文。本书前面已经介绍过有关记叙文的特点。

（5）教学重难点。

1）Grammatical structures（语法结构）：

not/ never too…to；an appositional structure.

2）Word study（词汇）：

compromise, subtle, illusion, mutual, compatible, overlook, congratulations, counsel, subsequently, harbor, reservation, prejudice, rail, confirm, proceed, work out, at one's worst, learn of.

3）Long and difficult sentences（长难句）：

To start with I must admit that at first I harbored reservations about a mixed marriage, prejudices you might even call them.

4）Writing skill（写作技巧）：

Students are required to learn to write a paragraph of denial of some points followed by some other opinions.

2．阅读教学阶段

按照语篇教学法的要求，本文的阅读教学分为两个阶段：先找出本文的中心思想及宏观结构，再逐段详细解读。

（1）中心思想及宏观结构。

1）中心思想。

通过引导学生对题目、第一段、最后一段、每段的第一句及最后一句进行阅读，我们可以大致了解本文的中心思想：Gail 和 Mark 已经在一起两年多了，并且互相非常了解，也非常尊重对方。最近他们准备结婚，并且把这个消息告诉了 Gail 的父母，但使他们惊讶的是 Gail 的父母对她的决定持抵制态度。Gail 的妈妈反对是因为她怕 Gail 因为迷恋而非爱才嫁给 Mark，她的爸爸反对是因为他怀疑 Mark 是想借此获得美国绿卡。

2）宏观结构。

由于本文是记叙文，所以其宏观结构相对比较简单。

Part Ⅰ（Paras.1～4）：Gail 和 Mark 相爱的过程及结婚的打算。

Part Ⅱ（Paras.5～9）：Gail 的妈妈对女儿结婚这一消息的反应。

Part Ⅲ（Paras.10～21）：Gail 的爸爸对女儿结婚这一消息的反应。

（2）逐段详细解读。

在引导学生分析完本文的宏观结构之后，要带领学生对本文进行消息解读，解读的对象主要是语言的基础知识及基本要素，并在阅读过程中在需要的地方使用曾经学过的阅读技巧对文中的诸如生词等现象进行猜测等，特别是文章第七段的有关写作技巧及结构。

第七段是本文的教学重点也是教学难点，因为该段比较长，而且结构也比较复杂，写作方式是先提出观点，然后否定该观点，再提出其他观点。文章按照图 5-1 所示顺序对 Gail 的妈妈的观点加以展示。

The mother's original opinion: To start with I must admit that at first I harbored reservations about a mixed marriage, prejudices you might even call them.

⇩

The mother corrects her original opinion: But when I met Mark I found him a charming and intelligent young guy. Any mother would be proud to have him for a son-in-law. So, color has nothing to do with it.

⇩

The mother presents others' opinion: Yes, my friends talk. Some even express shock at what you're doing.

⇩

Then the mother rejects that opinion, too: But they live in a different world. So you see, Mark's color is not the problem.

⇩

The mother presents her opinion: My biggest worry is that you may be marrying Mark for the same wrong reasons that I married your father.

图 5-1 《读写教程》第二册第三单元第七段内容及结构

3. 阅读教学后阶段

在完成阅读教学后，教师主要有两项任务：一是引导学生寻找出文章中出现的有关衔接结构及连贯；二是布置课后写作任务，要求按照文章第七段的结构进行写作，可以让学生自己构造语境，也可以由教师给出语境，但仅供学生参考。

小　结

大学英语阅读教学的要求比较高，又是一个综合性比较强的领域，对英语教师的要求也比较高。但目前我国很多大学生学英语的目的就是通过四、六级之类的考试，所以，他们对阅读课的要求就是进行阅读理解训练并且掌握答题技巧。对这部分学生来说，当前的阅读教学已经足够了。但是他们的这种做法不仅忽视了阅读教学在以后工作和生活中的重要作用，而且忽略了大学英语学习的其他目的，也谈不上对英语文化的重视，因此，教师如何在满足他们目前学习需求的基础上进一步使他们掌握英语文化，并为他们将来的继续学习和语言应用打好基础非常重要。一方面，教师应该改变自己在教学中的中心地位，在教学中以学生为中心，引导学生在阅读中发挥自己的主导地位，主动发现知识，而不是教导学生该学什么，要充分发挥学生的主观能动性，培养学生的批判性思维，注重将语篇分析与语言欣赏有机结合，积极引导学生在课堂内进行交际能力的练习，并结合网络资源进行阅读训练。与此同时，学生也应该积极参与课堂，积极参与小组合作学习，积极发现、思考并解决问题。只有教师和学生一起努力，才能够改变传统的阅读教学模式，创造新的阅读教学途径和思路，提高阅读教学效果，提升学生的知识涵养和应用能力，实现教学目标。

第二节　大学英语写作教学研究

与阅读一样，写作也是语言输出的主要途径，二者形成天然的一对。写作是对学习者已有的语言知识储备的综合检验及表现。同理，与阅读教学一样，写作教学作为综合体系，也因此得到了广大教学人员和教学研究人员的极大重视。在世界外语教育史上，写作一直是外语教学的重点，也是难点，因为很多外语学习者即使在学习了很多年的外语之后，其外语写作仍然受母语的干扰，而且基本上是母语的思维和思路；在外语教育研究史上，为了能够使外语写作教学更加高效，广大研究人员也进行了大量的研究，提出了很多的教学理念、教学模式，成果颇为丰富。在我国外语教育理论界及实践领域，写作教学也一直得到了众多人的关注和重视，并且，多数学校的外语（本书特指英语）教学都以读写为主而轻视听说，主要原因就在于各级考试中都有阅读及写作类的考题，而且占比很大。

当然，这种教学偏向随着社会、经济、文化、教育的发展已经得到了一定程度的修正，不仅有越来越多的专家呼吁在英语教学中对各种知识和能力的均衡重视或者将注意力转移到听说教学上来，如刘润清（2002）就曾提出英语教学应该由以读写为本转为以听说为本，而且社会上加重对听说能力教学的呼声也日渐高涨，典型的代表就是全国大学英语四、六级考试不仅加重了听力的比重（从以前的20%改为35%），而且还对部分高分学生设置了口语考试。

当然，并非所有人都支持这种教学重点的转向，也有不少专家支持传统的以读写为本的教学模式，如董亚芬（2003）就认为以读写为本的教学模式和教学理念应该继续坚持下去，因为这一教学模式有众多的优势。同时，《课程要求》也对大学生的英语写作能力（也叫书面表达能力）提出了具体的要求并分为三个等级。一般要求：“能完成一般性写作任务，能描述个人经历、观感、情感和发生的事件等，能写常见的应用文，能在半小时内就一般性话题或提纲写出不少于120词的短文，内容基本完整，中心思想明确，用词恰当，语意连贯。能掌握基本的写作技能。”较高要求：“能基本上就一般性的主题表达个人观点，能写所学专业论文的英文摘要，能写所学专业的英语小论文，能描述各种图表，能在半小时内写出不少于160词的短文，内容完整，观点明确，条理清楚，语句通顺。”更高要求：“能用英语撰写所学专业的简短的报告和论文，能以书面形式比较自如地表达个人的观点，能在半小时内写出不少于200词的说明文或议论文，思想表达清楚，内容丰富，文章结构清晰，逻辑性强。”从这些要求可以看出写作教学在我国英语教学中的重要性以及坚持写作教学的必要性。

但是，由于写作教学在我国外语教学中的现状及存在的问题，写作教学需要得到一定的改善和提高。因此，下面主要探讨以下几个问题。

一、大学英语写作教学的重要意义

写作水平是英语综合能力的表现，因为作为语言输出形式，写作既包含了语言基础知识，如词汇、语法、语篇，也是一种非常实用的语言技能，还涉及写作人的综合思维能力和篇章构建能力等方面。同时，写作也是与其他人进行沟通的重要方式和手段之一。一般说来，写作不仅仅指写作的内容、结构、思想等内在的东西，还可以指写作的外在形式和载体，如书法、纸张或电子文本等。

当前，尽管针对写作教学出现了部分反对的声音，但我们不能因此而贬低写作的重要性，也不能因此而降低写作教学的重要地位。肖礼全（2006）认为，写作教学一直受到重视的原因有五个："在中国,英语写作是唯一现实可行的英语语言生成练习方式""英语写作练习既方便又经济，学生还可以自主支配""英语写作练习可以有效地提高学生的词汇和语法运用能力""英语写作练习可以推动其他三项英语语言技能的提高""写作是一种实用的语言技能"。

从肖礼全的观点我们可以看出，写作教学的重要性主要体现在三个方面：一是写作的实用性，二是写作与其他语言应用能力的关联，三是写作教学与其他学科的关联。

1. 写作的实用性

一提到英语写作，多数人首先想到的是英语考试中的写作题，但写作的应用价值实际上远远不止考试这么简单，在很多领域都可以用到这项技能：学习中需要写很多应用性的信件或论文，生活中也需要用英语来写一些信件，工作中与跨国公司打交道时多用英语写电子邮件来与生意伙伴或外国同事交流。即使有时只是处于兴趣爱好而写的博客或者个人网站也会因为是用英语写作的而更有吸引力。

2. 写作与英语其他语言知识或应用能力的关系

胡春洞（1990）认为，“写作是综合性很强的语言运用形式，进行英文写作，词汇、语法、句型、课文都会自然得到复习和巩固，由领会掌握提高为复用掌握或活用掌握”。由此可知，通过对英语其他语言知识的调用，写作练习有助于其他知识的复习和巩固；同时，写作对其他应用能力的提高也有促进作用，如写作对口语、阅读、翻译等方面都有促进作用。写作对口语水平的提高的促进作用主要是由于二者都是语言输出的形式，都是语言使用者的内在语言形式及语言储存在表达自身思想时的表现，二者的构思和产生过程是完全一致的，因此可以说二者是相互促进的，唯一的区别就在于二者的表达渠道与表现形式：写作是通过文字的形式将表达内容表现在纸张或电脑上，而口语是通过声音的形式表达内容。同时，胡春洞（1990）也认为，“经常进行写作即书面表达练习，口头表达能力也会随之而有潜在性的发展，读和听的能力会间接受益”。写作与阅读常被认为“天然成对”，因为阅读是语言输入过程，而写作是语言输出过程，阅读对写作的促进作用不言而喻，而写作对阅读的促进作用相对难以理解，主要因为这是一个反作用的过程，由于在写作的过程中经常要使用到词汇、句型、段落、篇章结构等语言知识，而这些语言知识也是阅读理解的对象，对这些语言知识的累积肯定会加深对它们的理解和掌握，也会对阅读速度和阅读理解的深度产生积极作用。写作对翻译的促进作用与写作对阅读的作用类似，这是因为写作过程中对有关语言知识的使用所积累起来的经验和知识在翻译过程中的使用非常明显，所以写作对提高翻译水平也有明显的促进作用。

3．写作教学与相关课程的关系

整个大学英语教学包括听力教学、口语教学、阅读教学、写作教学、翻译教学、语法教学等，这些领域（也可以叫作学科或课程）的教学之间存在错综复杂的联系，也就是说写作教学与英语教学的其他语言知识或语言技能的教学之间也存在联系，在本节“写作与英语语言知识或应用能力的关系”这一部分已探讨过。与此同时，写作还与很多学科有一定的联系，如语言学、语用学、心理语言学、二语习得等。写作与这些学科之间的联系并不在于写作对这些学科有什么影响或促进作用，而在于这些学科内的理论知识对写作水平的提高和写作教学的研究和实践有促进作用，如语用学中的合作原则对写作水平的提高就有较明显的促进作用。

二、大学英语写作教学应该采用的原则

胡春洞（1990）就写作教学提出了三大原则：一是坚持长期严格的书写训练，以字母为基础，以句子为核心；二是写作教学尽早进行，分系列进行；三是将模仿学习性写作和灵活应用性写作相结合。王星（1997）对写作教学则提出了四大原则：一是“强调写作过程并使学生了解这种过程的重要性，通过各种练习使学生在写作的各个阶段充分发挥自己的主观能动性，从而有效地提高写作能力”；二是强调写作的目的性和针对性，使学生“明确读者对象，以使学生注重交际目的和效果”；三是“强调写作的流畅性与准确性的统一”；四是特别强调范文的示范作用。在此基础上，肖礼全（2006）提出了“多读、精写、写真”三大原则。

参照以上各种原则以及笔者多年的大学英语教学经验，笔者认为大学英语写作教学中应该坚持以下原则：阅读与写作结合原则、背诵与仿写结合原则、以学生为中心原则、渐进性原则、情景原则。

1. 阅读与写作结合原则

这一原则提出的理论基础是“读写一体”的天性。阅读是语言输入过程，只有通过大量的阅读才能积累足够多的语言知识，如语法、词汇、句型、语篇等，语言知识积累得越多，写作就会进行得越顺利。杜甫的“读书破万卷，下笔如有神”讲的就是这个道理，因此，阅读应该被视为写作的前提。而以写作为目的的阅读对写作提高的促进作用更加明显，因为明确的目的性可以使阅读更有针对性。写作是语言输出过程，只有在语言输入积累到一定程度后才能发生。如上文所述，写作对阅读也有一定的促进作用，因此，大学英语写作教学须坚持将阅读与写作结合在一起。

2. 背诵与仿写结合原则

关于背诵对知识的积累的有效作用，古人已有论述，“书读百遍，其义自现”“熟读唐诗三百首，不会作诗也会吟”“不积跬步，无以至千里；不积小流，无以成江河”等名言中体现的就是这一内容。朱熹也曾有过“大抵观书先须熟读，使其言皆出于吾之口。继以精思，使其意皆若出于吾之心，然后可以有得尔”这一有名论断。这些观点足以说明背诵对于提高学习者知识储备的重要意义。

至于背诵对于提高学习者写作水平，尤其是外语学习者的写作水平的作用，邓鹂鸣、王香云（2007）曾经做过相关的实验。实验证实了“背诵式语言输入对中国学生二语写作能力发展的实际功效”，也指明了“背诵式语言输入明显有助于中国学生写作词汇、语块的习得和巩固；能有效增强语感、减少学生写作输出中的母语的负迁移；能促进学生写作整体水平的提高；学生的背诵水平与英语写作水平显著相关”，更加有效地证明背诵对于提高外语学习者的写作水平的作用。刘可红（2011）也提出了“基于经典英语模仿的大学英语写作教学最简策略”。该策略提出“模仿经典句型、经典段落结构和经典篇章间架”，还认为“模仿经典英语语句有助于句型的输入与积淀；模仿经典段落形成段落的有效衔接与有机组织，模仿经典篇章形成文章的清晰间架与整密结构”，并论证了制定该策略的历史依据、现实依据及理论依据。

仿写是对学习者已经掌握的句型、段落或篇章结构的模仿，是对已有模式的练习。沈玉如、邓宇（2013）在他们的有关实验中也证明了仿写“有助于改进学生的英语学习习惯、写作习惯以及对英语学习和写作的态度，能有效提高其英语写作能力及整体英语水平”。

3. 以学生为中心原则

学生是大学英语学习的主体，《课程要求》也明确提出大学英语教学应该以学生为中心，因此，大学英语写作教学也应该树立学生的中心地位。教师在写作教学中的角色主要是教授理论知识、引导学生总结篇章结构、要求学生按照写作要求并依据已有的模式和知识进行写作、在学生进行课内写作时给予适当且适量的指导、对学生所完成的作品进行鉴赏、指正、评分、反馈、点评等活动，而学生的中心地位主要体现在依据教师的指导进行独立思考、自主写作、认真总结及反思，努力提高自己的写作水平。

4. 渐进性原则

胡春洞（1990）认为，个人的写作水平“与其他技能技巧一样，需要一个长时间的发展过程才能臻于成熟和稳固”。冰冻三尺，非一日之寒。也就是说，写作水平的提高并非一朝一夕的事情，需要教师和学生长时间的共同努力才能实现。因此，写作教学需要遵循渐进性原则。即便是在经过了至少六年的英语学习并在已经积累了一定的英语基础知识和写作能力之后，大学生的写作练习和提高仍要遵循这一原则，主要是因为大学英语写作与中小学英语写作有巨大的区别。大学英语写作教学的渐进性原则主要从两个方面解读：一是写作长度的渐进性，二是写作难度的渐进性。

大学英语写作长度的渐进性主要指大学英语写作应该从段落开始，逐步进入到篇章的写作，而不是直接进入篇章写作，尽管学生在高中时就已经开始篇章写作了，但与大学期间的篇章写作在内容和形式上还是有很多区别的：高中学习主要以看图说话或简单的记叙文或说明文为篇章写作体裁，而大学学习主要以论说文为主。从最初接触英语写作开始，中国的英语学习者是从通知等结构及内容都比较简单的写作体裁开始的，后来才逐渐写记叙文、说明文、议论文等较为复杂的文体。《读写教程》中前四册的每个单元都会对文章中的某个段落的结构进行解析，然后配以一个段落写作的练习。这种方式符合这里提出的写作长度的渐进性原则。

大学英语写作难度的渐进性主要指大学英语写作应该先与高中英语写作难度相衔接，从简单的体裁和内容开始，在学生适应一段时间之后再开始相对较难的体裁和内容的写作，这样的安排有助于提升学生的信心和学习积极性。《读写教程》中所做的安排也基本符合这一原则。

5. 情景原则

此处提出的写作情景原则主要包含两个方面，都是针对学生的课外自主写作而言的。一是建议学生随时随地对教师安排的写作任务进行口头练习或进行心理构思，这样可以更好地为具体成文做好准备；二是随时根据周围的具体情景进行口头练习或心理构思，当然也可以用笔写下来。这一做法不受写作任务的限制，只要心有所想或意有所及就可以进行写作，这样做的主要目的是活跃思维，为真正的写作做好准备。

三、大学英语写作教学的内容

写作教学的重要性前面已经提及，但问题是目前在英语写作教学上花费的时间很多，但收效甚微，甚至有专家统计出多年的全国大学英语四、六级考试中的写作平均得分一直处在及格线以下，针对这一问题，此处先讨论大学英语写作应该教什么的问题。

1. 语言知识教学

作为语言输出形式，必须要有语言才能输出，也就是说，写作教学首先要教的还是语言知识，包括词汇、短语、句型、段落、篇章结构知识等众多方面。但由于我国非英语专业的大学生一般都没有开设专门的英语写作课，因此，这些语言知识（甚至包括写作教学本身）主要还是在阅读课堂进行。也就是说，阅读课堂的教学质量从某种意义上说其实还决定了写作教学的质量。

2. 写作理论、技巧、方法、模式教学

写作是一种语言应用能力，是具体的实践操作，一般说来，具体的实践都需要在一定的理论指导下进行，这样有助于确保实践有条有理地进行。同时实践操作也需要讲究一定的技巧、方法，并按照一定的模式进行。技巧和方法的使用可以使实践做到事半功倍，而一定的模式并非限制了实践者的思维，而是引导实践者按照正确的方向前进，可以节约大量的时间和精力并确保实践成果的准确性。

3. 影响写作教学的因素的探讨

英语写作是一个综合性很强的范畴，也就意味着很多方面的因素都有可能对写作的最终产品产生影响，如学习者的英语语言知识的储备、性别、年龄、阅读习惯、思维习惯，教师的教学风格，文章的体裁、题材等。因此，在写作的教学过程中，教师一方面有必要与学生适当讨论这些可能的因素；另一方面也有必要根据教学对象的具体情况布置不同的写作练习，从而做到因人而异。当然这一做法也只能偶尔为之，因为学习者在实际需要使用写作这一技能时肯定不能依据自己的爱好或偏好来进行选择。

四、大学英语写作教学的过程

英语写作教学不仅仅是有关写作的教学，如写作方法、写作理论、写作模式，完整的写作教学过程包括写作前期的准备、写作及写作后三个阶段，这一提法与传统的“写前准备阶段、正式写作阶段和修改阶段等组成的完整的线性过程”的不同之处在于这一过程认为写作是一个循环往复的过程，而非线性过程。但写作教学的过程又不同于过程写作法，后者强调写作的过程及在写作过程中作者所经历的心路历程。

1. 写作教学前期的准备

写作教学的前期准备一方面是教师对自己将要进行的写作教学内容的准备、目标的确定、教学方式的选择等，也就是备课阶段；另一方面是学生对写作课的准备，主要包括与写作内容相关的背景知识的收集、写作模式或结构的准备、写作材料的收集等。

2．正式写作教学

该阶段主要是写作教学过程中教师和学生所需要做的事情。教师需要严格按照自己的教学计划进行，需要将自己准备的教学内容传授给学生；而学生一方面需要认真听讲、做笔记，还要同时对教师所传授的知识进行思考、消化，这样才能有所收获。

3．写作教学及写作完成后

一般来说，在写作教学完成后，教师都会依据该部分教学内容布置相应的作业，要求学生当堂或在课后完成。对于练习内容，教师所要做的首先是确保与教学内容的相关性，其次是要求学生独立完成。同时，学生需要做的就是调用掌握的写作知识以及准备的背景知识、写作材料进行写作，并在写过程中对自己的写作结果不断地思考并修改。而在写作完成后，教师需要对学生的写作结果进行批改和反馈。在此基础上，学生一是需要对自己此次的写作结果及在写作中的表现进行总结，二是按照教师的意见和建议进行重新写作。

五、大学英语写作教学的常用方法

前文提过，大学英语写作教学一直深受我国高等教育的重视，而且有关大学英语写作教学的研究成果也颇为丰富，因此产生了非常多的写作教学方法，并且各研究人员都声称自己的研究成果在实践中得到过证实。与此同时，由于诸多因素的影响，不同的教师在不同方法的使用过程中也得到了不同的结果，同样的情况也发生在学生身上。因此，在此仅对几种常用的英语写作教学方法（或称教学模式）进行简单介绍。

1．延续性写作教学模式

这一教学模式是由杨文滢和胡桂莲（2003）共同提出来的，二人针对写作教学中的现状及某种主休环节（即对写作过程的指导、监控和评价）的缺失而提出了这一教学模式。完整的教学过程如表 5-3 所示。

表 5-3　延续性写作教学模式的操作程序和要点（引自杨文滢、胡桂莲，2003）

写作程序	学生投入的步骤	教师的配套准备和核实工作
1．生成和表述	1）审题：判断所给题目中包含的要求，决定体裁，明确重点	根据教学目标确定作文标题和学生在本次作文中应学习和运用的构思方法和规则
	2）收集与写作主体相关的材料，并将收集到的素材收录在作文本上（课外完成）	准备学生应学习的例文和相关材料
	3）分享和汇集智慧	提供信息模块（词汇、句型）
	4）讨论并拟定提纲	引导学生进行构思练习和交流
	5）在规定时间内快速列举和写作 （步骤 3、4、5 在一节课内完成）	以朗读或摘录的方式选择性地呈现学生构思，指导学生提取写作提纲并撰写初稿

续表

写作程序	学生投入的步骤	教师的配套准备和核实工作
2．提炼和组织	1）初稿写作（课外进行，150～200词），呈交的作业须显示程序1中的五个步骤的书写过程而不仅仅是初稿	检查学生的写作提纲和初稿
	2）听取同学作品的选读，思考教师反馈在初稿中的问题	指出学生作文中切题与连贯方面的问题，选读和点评部分学生的初稿
	3）检查文章的开头和结尾是否恰当、有力，段落安排及内容是否符合整体要求	指导学生学习有关篇章结构和段落写作的策略性知识
	4）仔细阅读一篇同学的作品并写出评语	指导和组织学生互评作文并修改初稿
	5）对初稿进行修改和增删，完成120词左右的第二稿 （步骤2、3、4、5在课堂上完成）	比较学生的初稿与修改稿，判断其是否运用了一定的修改方法或规则
3．修正和润饰	1）重新审视全文，统观全局（将自己的作文朗读两次）	评讲二稿中的典型文法错误与词句欠妥之处，归纳和总结学生遣词造句方面的出色例子
	2）重点修改病句、不当的句式、用错或欠妥的词语	对部分学生进行面对面的个别指导
	3）考虑更好的措辞，提高句式的多样性	对范围从“词”“句”“篇”三个角度加以评析
	4）完成终稿	评分

由上表可知，这一教学方法将写作教学分为三个阶段的程序，每个程序在整个写作中都有各自重要的价值。而这些程序连在一起就有可能保证高质量的写作结果的出现。当然，在现实教学过程中，有的内容可能很难实现，比如“修正和润饰”中所要求学生投入的步骤，一是因为学生的学习任务都比较重，他们很可能没那么多时间去这样做；二是因为很多学生懒于思考，他们把写作视为任务而不是创作，完成就可以了，不需要投入过多精力。

2．结果法、过程法、体裁法及任务法的融合

刘琳等（2009）在比较了结果法、过程法、体裁法及任务法四种写作教学方法各自的利弊之后提出了将这四种教学方法融合在一起进行大学英语写作教学的主张。具体教学过程包括教师授课、写前准备、写初稿、同级反馈、修改定稿、教师反馈及教师讲评七个步骤。他们认为，这样的教学模式可以达到理想的教学效果：“既重视过程也重视结果；既强调意义又注重形式；既教授写作技巧和修辞方法，又不忽视培养学生观察、思维和探索的能力；既培养学生的合作能力，又鼓励他们独立解决问题；既分析范文使学生掌握各种体裁的结构和语言特点，又让学生就现实世界的题目进行写作；既能发挥教师和范文的指导作用，又能激发学生的主动性。”

3．背诵—仿写—创新模式

沈玉如等（2013）基于模因论有关理论，将模因论理论应用在大学英语写作教学中加以检验，提出了“背诵—仿写—创新”的大学英语写作教学模式，并认为这一模式“有助于改进学生的英语学习习惯、写作习惯以及对英语学习和写作的态度，能有效提高其英语写作能力及整体英语水平”。

六、我国的大学英语写作教学中存在的问题

由于受到诸多社会因素的影响，我国的大学英语教学，尤其是大学英语写作教学在教学目标的确定、教学方法的选择、教学内容的选择、课程安排等很多方面都跟不上不断发展的社会需求及学生的实际需要，因此而造成的学生写作水平低下也就显得尤为突出。

综合各种因素、表现及调查，当前我国的大学英语写作教学主要存在以下三个方面的问题：大学英语教学面临的主要问题、大学英语写作教学中存在的问题及大学生在写作中存在的问题。

1．大学英语教学面临的主要问题

当前社会快速发展，跨文化交际也变得日益频繁，对于中国学生来说，这些变化对他们的英语水平的要求也就相应提高了，但与此同时，变化中也有诸多不变的内容，主要是考试制度方面的变化不是特别明显，跟不上时代变化的步伐，因此，解连峰（2008）认为，当前我国的大学英语写作教学主要面临以下三个问题：①教学理论的学习和教学思维的运用问题；②教学模式和教学方法的取舍与运用问题；③教材的选用和教学内容的创新处理问题。这些问题基本上都是当前日新月异的社会发展现状和需求与变化相对较慢的英语写作教学之间的矛盾的体现。而这些矛盾既有主观原因，也有客观原因。主观原因主要体现在教学理念和教学思想比较落后，客观原因是由于考试制度及试卷构成与社会需求及学生本身需求之间的不一致。

2．大学生写作中存在的问题

随着交际教学法的日渐普及以及跨文化交际的日趋普遍，我国的英语教学越来越强调通过交际的方式来学习英语知识、提高英语技能，相对弱化了英语教学的传统因素，这一教学理念的改变导致的最直接后果体现在大学生的写作中。解连峰（2008）认为，我国大学生在写作中存在的问题主要体现在词汇、句子及语篇三个层次上。但实际上，综合笔者十多年的教学经验和同行之间的交流，当前我国大学生在英语写作中存在很多问题，这些问题主要存在于写作过程和写作结果中。

（1）写作过程中的问题。

在实际写作过程中，大学生中存在的普遍问题有三。首先是不审题。他们习惯于某种思维定式，如四、六级考试写作中，他们习惯于提笔就写，而不愿花时间仔细看看题目的具体要求，这一做法经常造成偏题或跑题。其次是写作过程中他们习惯于按照自己的思维去写，很有意识流的感觉，而往往忽略题目的要求，他们往往会突然发现某个内容写得过多而导致其他部分没地方写了。最后是他们不懂得或者不愿意检查错误。在写

作完成后，有的学生说他们无法找出自己写作中的错误，有的学生有能力却根本没想过要检查自己的错误。这种做法不仅存在于考试中，也存在于平时的写作练习中。写作过程中的疏忽或某种不情愿导致的直接后果就是偏题甚至跑题，也就常常导致学生作文得分不高这一现象。

（2）写作结果中的问题。

前面提到学生写作过程中的疏忽导致写作结构偏题或跑题现象的发生，这种现象属于写作结果的内容方面的问题，其实只要学生稍加留意就可以解决，但现实问题是当前大学生的写作不仅仅存在内容上偏题或跑题的现象，他们的问题还包括形式和内容两方面。形式上的问题主要是单词拼写错误以及标点符号使用错误两个方面。单词拼写错误非常普遍，有的错误甚至发生在很简单的单词上，如 first 常被拼写成 frist，soldier 常被写成 solider 或者其他形式；同样普遍的是标点符号的乱用，有些学生的作文从头到尾都用逗号，最后有一个句号，或者把汉语与英语的标点符号混用。符号的错误使用还表现在作文中对修改符号的错误使用，如当他们认为某个单词多余时就用笔把该单词涂成一个黑团，或者觉得某句话多余时就把这句话也全部涂黑，最后的结果是卷面很难看，很容易给阅卷教师留下不好的印象。

而内容上的问题主要有以下三种。一是词汇的误用或混用，即只要是近义词就随便使用，而不管词与词之间的差别，如只要是描述胖人，就用 fat，而没想过用别的词如 overweight、flabby、plump 等所能达到的效果。二是句子结构单一，很多学生由于平时背诵的句子不多或者背了之后不会用，写作时的句子结构就非常简单，更加谈不上使用诸如倒装、非谓语动词等结构。三是语篇结构上缺乏逻辑性，主要的表现形式就是句子之间或段落之间没有形式上或意义上的衔接或者逻辑关系，这种情况容易使阅卷教师产生学生思维混乱的印象。

从以上对写作过程及写作结果中出现的问题总结可以看出，这些问题有的是因为学生主观上的不重视原因造成的，有的是由于社会现实或社会需求（如教师不重视写作、测试重心转移）等客观事实的变化所引起的。

3．大学英语写作教学中存在的问题

关于大学英语写作教学中存在的问题，很多研究人员都有提及，综合起来主要是教师、教材、教法、学生及课程设置五个方面的问题。

（1）教师。

教师在写作教学中的问题有两点：一是某些教师在思想上对写作教学不够重视，二是有的教师的教学理念尚未发生转变，他们的写作教学仍以自己为中心，而未能做到以学生为中心，结果自己讲了很多，但学生没有接受或缺乏练习，学生的写作水平自然就不能提高。

（2）教材。

目前，市面上专门针对非英语专业大学生的写作教程很少，导致他们在选择教材时受到一定限制。而已有的写作教材尽管体系比较全，但很多知识都不符合大学生这个阶段的实际需要或特点。

（3）教法。

英语写作教学的教法问题不仅仅是教师没有转变自己的教学理念问题，而且还涉及教师在批改学生的作文以及反馈批改信息时所采用的过于单一的方法问题。很多教师觉得自己的任务就是指出或改正学生作文中出现的错误，殊不知这一做法常使学生充满挫折感而不是成就感，久而久之，他们的学习兴趣就会越来越少。

（4）学生。

学生在写作教学中存在的问题有三：一是很多人不善于思考或不愿意主动思考问题，仍然习惯于中学阶段的英语教学方式；二是很容易受到母语的影响，特别是消极影响（也称负迁移）；三是易受到文化差异的制约。

（5）课程设置。

经过调查可知，当前我国绝大多数高校都未给非英语专业的大学生开设专门的英语写作课，主要原因是课时有限，这导致教师只能在阅读课上进行写作教学，最终的结果是阅读教学受到了影响，写作课也无法达到理想的教学效果。

七、我国大学英语写作教学的解决措施

针对写作教学中存在的问题，很多学者也进行过专门的研究，并提出了很多的建议来改变当前英语写作教学费时低效的现状，综合起来主要还是从教师、教法、教材、课程设置及学生五个方面进行改革。

1．教师

针对写作教学中教师方面存在的问题，大学英语任课教师首先要做的就是从思想上和行动上对语言写作教学重视起来；其次要更新教学理念，使学生真正成为写作教学活动的中心，并给予学生更多的练习机会，借以提高学生的学习成就感、自信心及学习兴趣；最后，教师还要在教学中强化语言基础知识，特别是语篇方面的知识，用以端正学生的写作目的和动机，进而提高学生的写作积极性及兴趣。

2．教法

针对教师教法中存在的问题，教师在将来的写作教学中可以从以下三个方面进行改变。

（1）改进教学方法。

传统的教学方法已不能满足学生在写作学习和提高方面的需求，因此，新的教学方

法的引入已经被提上了日程。目前比较流行的教学方法包括王初明提出的“写长法”、过程法、结果法以及融合了这些方法中各自优点的各种方法。

（2）改进写作评价及反馈方法。

教师对作文的评价是写作教学的一个很关键的环节，因为教师的评价往往是学生对写作的自我评价的标准。传统的写作评价方法就是教师发现或改正学生作文中的错误，并用红笔标示出来，这种方式很容易打击学生的积极性，而且学生已经对这种方式产生了疲劳感，所以很多学生拿到教师批改后的作文往往都只是看看分数，然后就束之高阁。这种评价方式使教师也觉得很受伤。

因此，教师在评价学生的作文时一方面需要根据学生的具体学习情况来决定评价方法，对好学的学生可以采用传统的方法，而对那些不好学甚至基础不好的学生来说，为了提高他们的学习兴趣，可以改为指出他们写作中使用得对的地方或者相对他们平时而言有进步的地方，这样的做法理论上可以提高他们的学习成就感。另一方面，教师也可以分别分析他们写作中的不同层次，如先评价学生的文章内容，再分析他们的文章结构，最后分析语言等具体形式。因为一般来说，学生的写作从文章内容上来说问题不是特别大，问题往往出在看似最简单的层面，即语言层面。这种分层次的评价方法也有助于提高他们的学习成就感和学习兴趣。

（3）引入新的教学模式。

传统的教学模式如结果教学模式、过程进行模式等，尽管都有各自的优点，但教师和研究人员在教学过程中都已经发现了其中存在的缺点，因此，单一的教学模式已经不能满足实际教学需求，必须对其进行改革或将几种教学模式组合起来使用，在这一思潮下，解连峰（2008）提出了“阅读—模仿—创新”的写作教学模式；胡丹（2009）提出可用“语篇分析—段落—句子—词组—单词”的逆向型写作教学法来加强语篇训练；沈玉如等（沈玉如、邓宇，2013）提出“基于模因论的‘背诵—仿写—创新’大学英语写作教学模式”；刘可红（2011）也提出了“基于经典英语模仿的大学英语写作教学最简策略”。这些写作教学方法都有可取之处，教师在教学过程中需要根据自身的特点、学生的特点来加以选用。

3. 教材

前文提过大学英语写作教材方面的问题，要想改变这种现状，就必须按照《课程要求》所提出的标准进行大学英语写作教材的设计和编写，并且还必须考虑到大学生的实际情况，并且以满足大学生的学习需求及社会需求为目的。

4. 课程设置

鉴于大学英语总课时的有限性，要求每个星期都安排英语写作课也不是很现实，但在课程设置方面可以采取单双周的方式适当安排写作课，或者在教学要求或教学大纲中明确提出英语写作课的课时建议或要求，以使学生及教师都更加重视写作教学。

5．学生

在提高学生写作水平方面，学生是最主要的因素，因为他们是写作主体，是写作教学的中心。因此，学生首先需要按照教师的教学要求来进行学习，在课堂内要认真听讲、认真做笔记、积极思考问题，下课后要积极主动地完成教师布置的写作任务，并在写作完成后与同学交换检查。然后提出意见和建议，并按照同学提出的意见和建议，结合自己在写作及欣赏同学作文的过程中所有的想法，对自己的作文进行修改或重写。

八、结合《读写教程》及大学英语四、六级考试写作题的写作教学实践

此处以《读写教程》第二册第三单元课文 A 中的第七段（以下简称第七段）和 2013 年 12 月全国大学英语四级考试写作题（以下简称四级写作题）为例，利用本部分所提出的一些写作教学方法，进行写作教学研究。

1．以第七段为例

本章第一节中曾提过第七段的结构是提出观点—纠正观点—再提出观点。这是一种常用的写作格式，很多社会现象的陈述及看法都可以利用这种结构来写。下面依据这种结构来讲解课文后的写作练习。课后写作练习的一个主题是 Failure not necessarily bad，在主题后面提供了常见的观点 Failure hurts people，一个纠正的观点 Failure has a positive contribution to our life，以及另一个观点 Failure can be beneficial to us。以上信息完全按照第七段的结构给出，因此，在教学过程中，教师首先与学生一起分析第七段的结构，以及练习中的这些信息可能在段落中的作用，然后要求学生当堂进行写作。

在完成对学生所写的段落的点评之后，教师首先可以与学生一起分析他们写作中出现的问题，然后与他们分享一篇范文，并建议他们对书上随后的两个写作主题进行练习。范文如下（摘录自《读写教程》第二册教师用书）。

Many people place so much emphasis on success that they think any failure is bad. Failure is never pleasant because it hurts people. But in fact it can make a positive contribution to our life once we learn how to make the best of it. We can learn from a disastrous party how to give a good one. And we can learn from an ill-chosen first house what to look for in a second. Even a total failure can give us fresh ideas or a change of direction. Repeated failures lead to success and prove to be beneficial to us as we experiment every day to find out the right way of doing things.

根据对课文第七段及这篇范文的分析，用心思考了的学生基本上可以掌握这种段落结构的写作。

2．以四级写作题为例

2013 年 12 月大学英语四级考试写作部分的三个题目都是图表作文，此处仅以其中一个有关过度使用手机的题为例。在该题中，写作要求是先对图片进行简单描述，再描述过度使用手机可能的后果。这是一个最近几年常考的标准图表作文题。笔者在写作课上就以这个题为例进行讲解。

首先，笔者要求学生对图片以及写作要求进行解读，把握图片的主题及文章的体裁。

其次，笔者对常见的图片作文的写法进行讲解，包括第一段的写法、第二段的写法及结尾段的写法，并让学生自己试着找出自己的错误。

再次，笔者要求学生在限定的时间内独立完成写作，并统一交换，要求每个学生在交换后再规定的时间内完成对同学作文的欣赏、批改、评论、建议等。

最后，笔者将作文收回，在将这些作文批改完后再发给学生，然后在课内与学生分析他们的错误，并给学生提供一篇范文，要求他们认真欣赏范文，熟记范文中优美的句子，掌握范文的结构。

小　结

英语写作是学习者综合语言知识和思维的表现形式，由于受到包括文化区别、年龄、英语基础知识、考试等各方面因素的影响，我国大学生的英语写作水平一直都不是很高，因此，写作教学一直饱受争议。但写作教学确实比较难以实现理想效果，因为写作教学也受到各种因素的制约，如课时、教师、学生、考试等。因此，要想真正提高学生的英语写作水平，写作教学改革势在必行。教学改革首先要改的是教师的教学理念，做到真正以学生为中心；其次要改的是学生的学习习惯和思维习惯，使学生能做到主动学习、主动思考；再次要改的是考试结构，使考试题的出题原则做到以应用为原则，做到真正的学有所用；最后，当然也是最重要的，是教学方法和教学模式的改革，教师要结合各种写作教学方法，扬长避短，将各种方法的优点加以利用起来，并将这些优点融合在一起进行写作教学。只有做到了以上这些方面，写作教学才能真正有所提高，也才有可能实现写作教学的效果，达到提高学生写作水平的目的。

第三节　大学英语翻译教学研究

外语教学中的翻译教学最早可追溯到以语法翻译法为主流的时期，该方法的主要教学手段是目的语和母语之间的互译。当然，翻译教学和语法翻译教学法之间区别很大，前者是一种语言应用能力教学，而后者是一种外语教学方法，二者的目的完全不一样。

我国的英语教学中，语法翻译法仍然是一种比较重要的教学方法，并且一直以来，我国的英语教学都是读与写的天下，听与说的教学只是最近二三十年才得到重视，而翻译教学（尤其是非英语专业学生的翻译教学）的重视更是近十年内才提上日程。而我国有关翻译的研究却有很长的历史，并且已经取得了丰硕的成果，如严复、鲁迅等都曾提出过翻译的标准。

与说、写一样，翻译也是一种语言输出形式，也是个人语言应用能力的形式和表现，而且演绎也完美融合了说和写这两种语言技能。因此，本节以我国非英语专业大学生的大学英语翻译教学为对象，主要研究大学英语翻译教学的重要意义、教学内容、基本目标、教学方法、教学模式、翻译教学的影响因素及我国当前的翻译教学的现状与改革措施等，并结合目前的大学英语四、六级考试及《读写教程》进行实践研究。

一、大学英语翻译教学的重要性

作为一项语言应用能力，翻译随着世界各国之间的交流越来越普遍而变得尤为重要。在大学生中进行翻译教学和训练的重要性也就变得更加突出，其主要表现在以下几个方面。

1. 社会需求

翻译水平的高低也是目前很多跨国企业，尤其是一些翻译公司招聘员工的主要标准，而目前一个很普遍的现象就是很多译员并非英语专业出身，主要是因为他们有英语专业出身的人所没有的各领域的专业知识。

2.《课程要求》的规定

《课程要求》明确规定大学英语的教学目的是提高大学生的语言应用能力，并明确就大学英语教学中对大学生的翻译能力培养和提高的教学目标提出了三个层次的要求。这些要求其实也是大学英语教学的目标，为了实现这些目标，翻译教学必须得到重视。

3. 学生需求

为了适应当前社会发展的需要，除了上面所说外，大学生对翻译还有自身的需求：一是应试需求，二是求职需求，三是论文需求。

目前，我国绝大多数大学生都需要参加全国大学英语四、六级考试，而改革后的四、六级考试提高了对翻译题的要求，从句子翻译改为段落翻译，并且占比达到15%。由于很多学校将四级考试成绩与学位获取挂钩，因此，学生们必须努力学习英语，而考虑到翻译题在其中的比重，大学英语教学中加入翻译教学尤为必要。

同时，在求职过程中，特别是对于对翻译有需求或者有外贸业务的公司来说，有较高翻译水平的求职者就相对更受欢迎。

而每年的毕业设计或毕业论文也是大学生比较头疼的一个问题，不仅是因为毕业设计不好做或者毕业论文不好写，而且还因为很多高校要求学生的论文中必须有一篇外文资料的翻译，以及所有高校都要求论文中必须有论文摘要的英语翻译。每年都会有许多教师抱怨学生的翻译水平，因为很多学生是利用网络工具进行翻译的。

4. 自我提高的需求

不论是在学习中还是在将来的工作中，掌握了较好的翻译理论和翻译技巧可以说就具备了相对的优势，这一优势在工作中显得更为突出，因为掌握良好的翻译技巧也意味着更多的机会，包括工作机会及提升机会，此外也可以在获得或传播国外更先进的理论和技术方面具有优势。

5. 外语学习规律的体现

朱庆（2006）认为，大学英语教学中重视翻译教学也是外语学习规律的体现。他通过对学生在“英汉语言对比、翻译技巧和中西文化差异等方面”所表现出来的问题讨论了翻译教学的必要性，说明了“没有基本的英汉语言对比和文化知识，不掌握一定的翻译技巧，仅有较大的词汇量和较强的阅读能力还是无法传达出原文的准确意思，更不要说直接从事翻译工作了”。

二、大学英语翻译教学的基本目标

陈小曼、郑长贵（2009）认为，判断翻译作品质量的标准就是“原文之形，译文之义”，而为了将这一标准描述得更加具体，《课程要求》描述了大学英语翻译教学的基本目标的三个层次的要求。其中，一般要求是学生“能借助词典对题材熟悉的文章进行英汉互译，英汉译速为每小时约300个英语单词，汉英译速为每小时约250个汉字。译文基本准确，无重大的理解和语言表达错误”。对学生的较高要求是“能摘译所学专业的英语文献资料，能借助词典翻译英语国家大众性报刊上题材熟悉的文章，英汉译速为每小时约350个英语单词，汉英译速为每小时约300个汉字。译文通顺达意，理解和语言表达错误较少。能使用适当的翻译技巧”。而对学生的更高要求是“能借助词典翻译所学专业的文献资料和英语国家报刊上有一定难度的文章，能翻译介绍中国国情或文化的文章。英汉译速为每小时约400个英语单词，汉英译速为每小时约350个汉字。译文内容准确，基本无错译、漏译，文字通顺达意，语言表达错误较少”。一般要求即可被看作大学英语翻译教学的基本目标。

三、大学英语翻译教学的内容

前面提过，翻译是综合语言输出形式，也是一种语言应用能力；翻译还融合了说和写这两种语言能力的特点，因此，翻译教学中需要包含以下内容。

1. 英汉语言差异

由于翻译是目的语和母语这两种语言间的变换，翻译教学的首要内容就是两种语言间的差异。对我国的大学英语翻译教学而言，翻译就是英语和汉语之间的变化，因此，我国的翻译教学必须注重英汉两种语言之间的差异。

连淑能（1993）从十个方面对英汉两种语言进行了对比。这十个方面分别为：综合语与分析语、聚集与流散、形合与意合、繁复与简短、物称与人称、被动与主动、静态与动态、抽象与具体、间接与直接、替换与重复。其中，前半部分是英语的特点，后半部分是汉语的特点。当然，英汉语之间的差异远不止这十个方面，但这些方面的特点基本上总结了英汉语言之间的差异。大学英语教师在翻译教学中很有必要给学生传授一些这方面的知识，这可以有效减少中式英语或者英式汉语出现的频率。

2. 英汉文化差异

翻译还被认为是一种跨文化交际活动。而由于诸如地理环境、意识形态、宗教信仰、历史等方面的不同，不同文化下的语言在从表达形式到表达内容等很多方面都有区别，因此翻译与文化紧密相连。李建波（2011）从语用意义、历史典故、文学作品、宗教神话、地理疆域、意识形态等方面对英汉语言中的文化差异进行了探讨，并讨论了“大学英语翻译教学中处理文化差异的基本原则与方法”。

翻译教学中适当地介绍母语与目的语之间的文化差异有助于减少理解上的误差，缩小两种语言间的距离，增强跨文化交际的顺畅度。

3. 常用翻译方法

翻译是各族人民沟通思想、促进民族交流的重要手段，也是学习外语的重要方式之一。翻译分为翻译理论方法和翻译实践两部分，二者之间是辩证统一的关系。翻译实践是翻译理论方法的基础，又常被用来检验翻译理论方法是否有效；翻译理论方法是对以前的翻译实践经验的总结，对这些理论方法的掌握有助于提高我们的翻译水平，促进翻译实践。张培基等（1983）认为，翻译常用的方法有增词法、重复法、省略法、正反—反正表达法、词类转译法、分句—合句法等，而在实际的英汉翻译过程中，除了一些常用的翻译方法之外，翻译者还需注意两种语言中特定句子结构及形式、特殊语言现象的翻译，如被动语态、名词从句、定语从句、状语从句、长句、习语、拟声词、外来词等。

4. 翻译核心策略

为了更好地将翻译内容通过目的语加以传递，或者在母语与目的语之间实现完美的转换，翻译过程中必须坚持一定的翻译策略。常见的翻译策略有三组：归化与异化、直译与意译、拆分与组合。

（1）归化与异化。

归化与异化的概念最先由美国翻译理论家 Laurence（劳伦斯）提出，它是翻译的策略与评判标准。归化译法以目的语文化为最终归宿，译者要以目的语文化中的读者为目标读者，因此，归化是通过采用目的语读者所习惯的方式来对原文的内容和信息进行表达；而异化则以原语文化为最终归宿，译者要以原语文化中的读者为目标读者，因此，异化是通过采用原语读者所习惯的表达方式来对原文的内容和信息进行表达。相对而言，归化有助于产生更流畅的译文，读起来可以使读者产生亲切感，有利于交流的顺畅；而异化有助于确保原文意义的真实性，读起来更有异国情调。

（2）直译与意译。

直译与意译是翻译中常用的策略，主要聚焦于译文在形式及内容上与原文的一致关系。直译强调的是译文在形式及内容上与原文完全一致，即参照原文的信息和风格进行翻译；意译强调的是译文的内容与原文一致但表达形式却与目的语一致，当前文学作品多采用意译的方式进行翻译。直译以原语读者为主要对象，而意译则以目的语读者为主要对象。

（3）拆分与组合。

拆分与组合的翻译策略更加适用于英译汉，而非汉译英。拆分主要指拆分英语句子中的语法结构，因为英语是形合型语言，无论句子有多复杂，句子内部都是由一定的语法手段及逻辑手段连接起来的，所以英译汉时要先通读整个句子，然后根据语法结构和逻辑关系将句子拆分，主要是主从句的拆分、句子主干与其他辅助成分的拆分。在完成句子结构的拆分之后就需要进行句子的组合，组合是汉语句子的组合，是将原句所表达的意思按照汉语习惯进行重新组织的过程。根据前面所说的可以看出，拆分与组合其实可以看作归化的一种形式。

四、大学英语翻译教学的方法

与大学英语教学中的其他领域的教学一样，翻译教学也需要讲究方法。在一定教学方法指导下的翻译教学将更加符合教学实际，也更能满足学生需求。栾奕（2010）认为，翻译教学应该讲究方法，而翻译教学中常见的教学方法有九种：重视理论和实践的结合、重视翻译教学和语言教学的结合、重视经验论和方法论的结合、重视汉英互译的结合、重视翻译教学中的学习自主性的培养、重视翻译教学中的任务型教学法、重视翻译教学与现代教育技术的结合、重视汉英语篇对比、重视工具书的使用。从这些翻译教学方法可以得知，翻译教学中既要注重语言知识的积累，也要注重学生学习习惯的培养，还要注重学生翻译理论和翻译方法的应用，更要注重翻译理论和实践的结合。

唐晓（2008）也提出将错误分析法运用在大学英语翻译教学中的建议，认为这一方法既可以使教师“有效了解学生学习情况、检查教学效果”，又可以“利用翻译中的错误信息有针对性地组织教学，采取相应的教学方法，促进教学质量的提高”。

五、大学英语翻译教学的常用模式

当前我国大学英语教学中对翻译方面的教学还缺乏足够的重视，也因此而缺乏对非英语专业的大学生进行翻译教学的有效模式的研究。但随着新型教学模式的不断出现，传统的翻译教学模式显然已经不再适应翻译教学发展的需求。因此，在新的社会发展和新的教学模式的指引下，笔者认为翻译教学可以采用以下四种教学模式。

1. 以学生为中心的翻译教学模式

为了满足不断发展的社会需求及学生的实际需要，目前的大学英语教学理论上基本都以学生为中心。但翻译教学由于未得到足够的重视、传统上翻译用途显得不是很广泛以及翻译教学时间的限制等众多原因，导致了在翻译教学中多以教师为中心，教师是翻译教学的主体，学生在翻译教学中只是被动地接受教师讲解的内容，而很少能主动思考，也因此造成了实践不足、翻译水平不高的事实。对此，急需对传统教学模式进行改革。“以学生为中心”的教学模式要求教师转变角色，由教学主导转换为教学引导，而学生则需要由被动接受知识转为主动学习知识、积极思考问题、主动实践，最终才能提高自己的翻译水平。

2. 任务型翻译教学模式

李琳（2009）认为，大学英语翻译教学应该建立“任务型翻译教学模式”，该教学模式融合了翻译教学和任务型教学的有关理论知识，强调以各种不同的翻译教学任务为中心，以学生为活动中心，既有助于强化学生的中心地位，又可以增强学生的团队合作精神。一般来说，该教学模式的教学可以分为三个步骤：第一步为规划及确定翻译教学内容及活动；第二步为对翻译教学内容的开展、教学活动的执行以及后续活动的计划；第三步为结合相关的翻译理论和技巧，总结分析前面翻译活动中学生翻译的得与失。

3. 建构主义翻译教学模式

基于认知发展和心理学有关理论的建构主义能够清晰解释人类认知发展的有关规律，也就能够解释人类学习者怎样利用已有的知识经验、心理等知识来构建所需的知识结构，因此，理论上来说，结构主义的有关知识可以用来指导大学英语翻译教学。在这一理论的指导下，大学生比较成熟的思维体系可以利用他们已有的知识进行有关结构的建构，形成属于自己的特有的认知及知识图式，从而为后续学习和练习中新知识与已有图式的结合奠定完美基础。这一教学模式仍然坚持学生在学习中的中心地位，其教学重点在于解释重点句型、分析翻译中的语法、词汇使用、篇章结构等方面的错误以及具体操练等方面。

4．合作学习翻译教学模式

合作学习的具体方法已经在本书第四章得到详细解析，大学英语翻译教学也可以将该方法加以利用，在使用这一方法的过程中，教师需要依据该方法的要求对学生进行分组，而学生也需要根据教师的要求对自己的任务加以认真完成。在大学英语翻译教学中使用这一方法不仅需要师生之间及学生之间的合作，还需要学生综合利用各种方法、途径及资源来对小组成员的翻译作品进行品评，找出错误、分析错误、改正错误，合理有效地反馈，最后由被修改对象进行修改。笔者在教学过程中就曾使用过这一方法，下面以笔者所教的 2013 级的一位会计学专业学生的合作学习经历为例加以说明。

本次翻译练习为大学英语四级模拟考试题，原文为“人们在农历八月十五日庆祝中国的传统节日——中秋节。几千年来，中国人喜欢将人的悲欢离合与月亮的阴晴圆缺联系起来。因为满月是圆的，象征着团圆，中秋节也被称为团圆节。所有家庭成员会尽力团聚在这个特殊的日子里，而那些不能回家的人则观望明月以寄相思。此外，月宫里美丽的仙女嫦娥的神话故事也赋予了这一丰收节日的神话色彩”。

经过该学生的仔细思考之后，她将这段话翻译为：People celebrate the traditional festival of China-Mid-Autumn Festival in the lunar calendar August 15. Thousand years, Chinese liked connecting people’s sorrow, joy, separation and togetherness with the moon’s cloddy, sunny, full and lack. Because the full moon is round, it’s a symbol of reunion, the Mid-Autumn Festival is called the reunion festival. All the people in a family will try their best to meet with each other in the special day, for those people who can’t go home will watch the bright moon to sand their missing. Above all, the beautiful fairy Chang’e in the moon palace, her fairy tale gives the mythology flavor to the harvest festival.（学生翻译的原始结果）

该学生的合作伙伴在认真阅读、品评、找出错误、分析错误后，将该翻译作品修改为：Mid-Autumn Festival, one of Chinese traditional festivals, is celebrated on the 15th day of the 8th month of the lunar calendar. For thousands of years, Chinese have liked to relate joy and sorrow, parting and reunion to changes of the moon. Since the full moon is round, which symbolizes reunion, the Mid-Autumn Festival is known as the reunion festival. All the people in a family will try their best to get together on the special day, but those people who can’t go home will watch the bright moon to express their longing for the loved ones. In addition, this harvest festival is also given a mythological flavor with legends of Chang-E, the beautiful fairy in the moon.

对比两篇翻译作品可知，尽管二者都谈不上特别优秀，但修改者在修改过程中所做出的努力跃然纸上，笔者相信，修改者在修改过程中的收获也肯定比较大。

六、文化差异对大学英语翻译教学的影响

前面提过，翻译也是一种跨文化交际活动。而由于地理环境、意识形态、宗教信仰、历史等众多方面的不同，不同文化下的语言在表达形式、表达内容等很多方面都有区别，因此翻译时必须将文化因素及其对语言形式和内容的影响考虑在内。但由于各文化之间的区别，文化差异难以避免地会对翻译活动产生影响，而且这种影响多是消极影响，这在语言学领域常被称作“负迁移”的现象。因此，在文化差异的影响下，翻译教学过程中除了正常的语言差异、翻译方法的讲解及实践之外，教师还需要既讲解一些文化差异，也要给学生讲解一些由文化差异而引起的语言形式及结构上的差别。

七、大学英语翻译教学现状

《课程要求》对大学英语翻译教学水平的界定充分说明了政策层面对翻译教学的重视，也反映了当前社会对大学毕业生的英语翻译水平的需求，这足以说明翻译教学对大学生学习、工作和生活的重大意义和价值。而从 2014 年 6 月开始的新的大学英语四、六级考试中的翻译题型的重大变化也是与社会需求相呼应的。尽管如此，当前我国大学英语翻译教学中仍然存在着众多不容忽视的问题。

1. 理论教学领域对翻译教学的重视程度不够

教学领域与翻译教学有关的方面包括教师、学生、教学计划的制订及课程设置、教材的编写等。

（1）教师方面。

在翻译教学中教师方面的问题主要包括师资力量不足、部分教师认识程度不够等。由于翻译教学对任课教师的要求相对于普通意义上的大学英语教学来说要高一些，不仅要求教师要有很好的英汉双语语言知识、语言学理论知识及翻译理论和技巧知识，最好还要有较为丰富的翻译实践经验，但这方面的教师储备明显不够。同时，鉴于以往的教学经验及社会需求，部分教师仍然认为翻译应该是英语专业学生所需要掌握的知识而不是非英语专业学生需要掌握的，因为他们学好专业课所需的时间和精力已经让他们有点疲于奔命、应接不暇了，根本没有多余的时间来学习翻译及进行实践；甚至有的英语教师认为英语水平主要体现在听说读写四个方面，这几个方面的能力好就可以了，对翻译的教学及实践要求并不是特别高。

（2）学生方面。

必须承认的是大学生的学业负担确实比较重，如果他们要想学好专业课程就必须花费很多课外时间和精力，对于有的学生来说在专业课之外还要练习英语翻译则显得有点

力不从心，所以，部分学生就以此为借口而不进行翻译方面的练习和实践。同时，教师认识上的不足对学生的影响也非常大，并且多是消极的。在任课教师的“消极”影响下，本来就没有认识到翻译重要性的学生对翻译的态度可想而知。

（3）教学计划及课程设置方面。

目前，我国的大学英语课时普遍比较少，并且从 2014 年 9 月起我国的很多高校又进一步缩减了大学英语的理论课时（大学英语课基本上没有实践课时）；而且，我国传统的大学英语教学非常重视听说读写四个方面，以往的课程安排就是围绕着这四个方面进行的，而翻译课则基本没有为非英语专业的大学生开设，即便有的学校开设了翻译选修课，但从目前我国多数选修课的学习现状就可以猜测得到这些课程的教学效果。

（4）教材编写方面。

目前，我国针对非英语专业大学生的翻译教材很少，其质量也亟待提高。已有的教材基本上就是翻译技巧及英汉双语句子的罗列，很少涉及翻译领域的更深层次的知识讲解，有的教材甚至缺乏系统性及科学性。教师在使用这些教材的时候也多采用照本宣科的方式，甚至是直接通过多媒体设备进行展示，而没有任何理论或翻译技巧在实践中的应用。这种多以教师为中心的传统翻译教学方法很难激起学生的兴趣。

2. 实践教学领域的缺陷

实践翻译教学领域存在的问题主要体现在实践课程的设置及实践活动的安排两方面。

（1）实践课程的设置。

前面提过，我国的大学英语课程课时少，重心又偏向听说读写等方面，自然就有点轻视或者忽略翻译教学的情况。同时，我国的大学英语课程基本上以理论教学为主，很少有高校开设大学英语的实践课程，翻译教学的实践课程也就无从提起。

（2）实践活动的安排。

由于翻译没有实践课程的安排，翻译的实践活动就难以开展。即便在有些开设了翻译选修课的学校，由于选修课的尴尬地位和现状，很多教师平时既不关心学生的到课情况，也不给学生留课后作业，而期末测评时有的教师要求学生教一份作业（这些作业很多学生都是利用网络工具翻译的），有的教师甚至没有要求就直接给学生打分。

八、大学英语翻译教学的对策

根据上面的分析可知，我国大学英语翻译教学领域存在很多方面的问题。针对这些问题，翻译教学人员及研究人员仁者见仁，提出了很多的解决方案。如王玉西（2010）提出以下几个解决问题的办法：根据培养目标制定翻译教学大纲；改革教材内容和课程设计；不断创新教学模式，加大案例教学的比重；改善教师队伍结构；提高学生语言综合能力；强化学生的跨文化意识。这些方法从理论上来说是有一定的解决能力的。

根据前面所提出的问题，笔者认为应该“对症下药”，从教师、学生、课程设置、教材编写、结合实际五个方面来解决问题。

1．教师

针对教师方面存在认识不足、理论素养不高、重视程度不够、教学理念落后、教学方法落伍等现状，教师需要进行有针对性的改进。首先，要从思想上重视翻译教学；其次，要从翻译理论及翻译技巧方面武装自己；再次，要改变落后的教学理念，不再以自己为教学活动的中心，要以学生为中心；最后，教师还需要走出去，去其他翻译教学做得好的学校吸取先进经验及先进教学方法，并结合自己所在学校学生的具体情况，根据他们的具体学习需要，对自己的教学方法进行改进。

2．学生

作为学习主体的学生，一方面肯定要继续以专业课程为重，但同时，对于学有余力的学生来说，他们在学好专业课程并参加必要的社会活动之余还可以适当花点时间来提高自己的翻译水平，因为翻译水平对他们以后的工作及生活来说可以起到很重要的作用；另一方面，他们也应避免受到个别教师的消极观念的影响，应该弄清楚自己需要什么、想学什么、怎样才能学好等问题，然后才能做到有的放矢，为将来的生活和工作做好准备。

3．课程设置

课程设置其实是和学校教学主管部门、教师、社会大环境等因素紧密相连的，因此，学校教学主管部门应该考虑结合社会的实际需求，教师在教学时也需要既考虑社会需求，又考虑学生的实际学习需求，这样才能综合考虑各方的利益，做到为学生着想、为学生的利益着想。

4．教材编写

教材在教学中的重要地位无须多言，面对当前翻译教材不够理想这一现实，教材编写专家不能继续享用已有的成果，而是需要在编写教材时既结合教学研究的最新成果、教学研究的最新趋势，使用最新的教学材料，也要将现有的教材编写体系加以改善，使之更加科学、系统、有效、有针对性。使新的翻译教材成为符合非英语专业大学生特点的、是他们所急需的并为他们所用的教材，里面既有最新的教学思想和理念，也有最新的教学材料。

5．结合实际

翻译水平高低的检验场所不在教室，也不在实验室，更不在书本里，而是在社会实践中，只有能够满足社会实际需求、达到社会标准并经历了社会实践检验的翻译才能称得上是好的翻译，因此，翻译教学改革的关键在于结合实际。此处的结合实际包含三个方面：一是社会的真实材料，二是社会的实际需求，三是社会的批判标准及手段。当然，对于我国当前的大学英语翻译教学来说，要做到这些并不容易，但至少也要做到以下两点。

（1）紧密结合教材。

由于本书以《读写教程》为例，因此，此处说的教材指《读写教程》。

《读写教程》尽管已经出了第二版，但主要内容还是第一版里面的），教材里面的练习，尤其是翻译练习主要还是对课文中出现的主要语言知识的复习和巩固，因此，结合教材所进行的翻译教学内容主要以课文及课文的翻译为主，在翻译教学过程中，教师既需要注意语言知识的巩固，也需要注意文化知识的传授，还需要加大翻译理论和技巧的讲解，更需要让所有学生都积极思考并参与到翻译教学过程中来。下面以《读写教程》第四册第五单元第八段为例进行翻译教学的分析。第八段为“The American high priest of solitude was Thoreau. We admire him, not for his self-reliance, but because he was all by himself out there at Walden Pond, and he wanted to be-all alone in the woods.”该段由两句话构成，其中，文化信息包括作家 Thoreau（梭罗）及其代表作 *Walden Pond*（《瓦尔登湖》）以及他的写作风格等方面的信息；而语言知识方面既包括里面可能的生词，也包括需要提醒的第二个句子的句子结构（包括 not...but...结构，也包括 because 引导的原因状语从句等）。在分析完这些语言知识之后教师可以让学生自己试着翻译一下，然后给出参考答案，并要求学生将自己写的与教师给的答案进行比较，以发现自己翻译上的不足。学生的翻译版本较多，此处不加以列举，仅提供参考翻译“美国的独处代表人物是梭罗。我们钦佩他，并非因为他能自力更生，而是因为他孤身一人在瓦尔登湖畔生活，他喜欢这样——独居在湖畔的树林中。”

当然，即使就这一单元来说，还有很多的有关文化方面的信息，包括个人的、社会背景方面的，等等，也同样还有很多长句、难句等值得教师在教学过程中加以使用。

（2）紧密结合考试题型。

当前，在我国受关注程度最高的英语类考试莫过于大学英语四、六级考试，此处也将以最新的大学英语四、六级考试的翻译题为对象对这一观点进行解析。新的四、六级考试中翻译题为段落翻译，占比由原来的 5%增加到 15%，翻译内容为中国文化相关的信息。2013 年 12 月的四级翻译题共有 4 个不同的段落出现在各种卷型中，2014 年 6 月的四级翻译考试也是如此。下面仅以 2013 年 12 月考试中的其中一段为例进行解析。

原文如下：“许多人喜欢中餐。在中国，烹饪不仅被视为一种技能，而且也被视为一种艺术。精心准备的中餐既可口又好看。烹饪技艺和配料在中国各地差别很大。但好的烹饪都有一个共同点，总是要考虑到颜色、味道、口感和营养。由于食物对健康至关重要，好的厨师总是努力在谷物、肉类和蔬菜之间取得平衡，所以中餐既味美又健康。”

这个段落的特点是所有人都对内容非常熟悉，但句子结构比较多变。学生在翻译这个段落时基本不需要去考虑文化方面的问题（尽管中西方关于“吃”的理念还是有很大区别的）。所以第一步就是通读全段，对其中的难点及重点加以留意；第二步应该重点关注句子之间的关系，对这些句子根据自己的理解进行拆分或者合并；第三步开始翻译；翻译完成后进行第四步，即修改、润色等。参考翻译结果如下：

Chinese food is enjoyed by many people. In China, cooking is regarded as a skill, as well as an art. The well-cooked dishes are delicious and good-looking. Although, the cooking skills and ingredients differ a lot throughout China, there is still a commonplace among the great dishes, that is, they all take the color, taste, flavor and nutrition. The importance of food to health taken into consideration, great cooks are always trying their best to keep balance among the crops, meats and vegetables, which account for the bottom line for the fact that Chinese dishes are so delicious and healthy.

小 结

由于涉及较多的学科及信息，翻译教学一直是公认的难题，也因此使很多人望而却步，但只要坚持以学生为中心，使学生参与到课堂中来，并坚持先进的教学理念及有效的教学方法，并在师生共同的努力下，翻译最终也会成为“纸老虎”。在2014年6月的四级考试结束后，笔者的很多学生都反映自己的翻译完成得比较理想，原因就是平时努力学习以及学校比较合理的课程设置等，并且这一考试结果肯定会对以后的翻译教学起到促进作用。所以，总结起来可以看出，结合课文实际以及考试实际的翻译教学对后续的翻译教学有以下反拨作用：重视翻译教学；完善教学内容和模式；改变教师观念，推动新教材的开发（闵睿，2014）。

第六章

大学英语课堂中的跨文化教学

信息化与资本国际化的快速发展使得国家间的交往愈加频繁，多元文化的碰撞与交流不可避免，这也成为全球化背景下人类交往的重要特征。文化的交流离不开语言，语言文化教育研究专家 Kramsch（克拉姆西，1998）指出，语言表述着、承载着，也象征着文化现实，两者不可分。随着不同文化的交流加深，人们越来越意识到跨文化交际能力在语言教学中的重要地位。我国经济加入全球化浪潮的同时，也迫切需要一批具有国际化视野的人才。英语作为全球通用语在我国拥有大量学习者，但英语教学的质量却遭到较多质疑，其中就包括对学习者跨文化交际能力普遍较差的批评。为应对全球化给新时代的语言教学提出的挑战，我国的语言教学和研究也进行了相应的变革。《课程要求》明确将跨文化交际列入大学英语教学的主要内容，可见教育界和语言学界对跨文化交际能力培养的重视。近二十多年来，我国的跨文化教学研究受到了学术界的广泛关注，相关的学术论文增长速度很快，同时也促进了教师在课堂教学中进行跨文化交际能力培养的探索。已有的研究取得了一定成果，也存在不少问题。我们将在本章就跨文化教学中的主要理论和我国大学英语教学中跨文化能力培养的重要问题进行探讨。

在本章中，我们将首先回顾跨文化教学研究的主要观点，讨论其主要特征。然后，结合《课程要求》讨论大学英语跨文化教学的目标以及跨文化交际能力的构成。接下来，我们将讨论中国文化在跨文化教学中的地位和作用。最后，结合我国大学英语课堂现状，我们还将探讨适合国情的跨文化教学模式，并结合实例探索可行的课堂活动。

第一节 跨文化教学研究的理论回顾

一、跨文化交际的相关概念

语言、文化与交际是跨文化交际活动中涉及的主要概念，也是最基本的概念。跨文化交际是一项涉及人类学、社会学、心理学、传播学和语言学等多种学科的活动，因此各学科也从各自的角度出发对语言、文化与交际做出了多种表述，接下来我们将对这些概念进行简略的梳理，并厘清三者的关系，为后续的讨论提供基础。

1. 语言

对于学者来说，越是看起来简单的概念，往往越难下定义，对于语言的定义亦是如此。语言不仅是语言学家关注的现象，同时也受到其他人文学科的关注。语言学家和其他学科的专家对语言的理解存在差异，同时也有共识。

早期的语言学家更加关注语言系统本身。Saussure（索绪尔）在《普通语言学教程》中提到，言语活动是异质的，而这样规定下来的语言却是同质的：它是一种符号系统。……它（语言）是言语活动事实的混杂的总体中一个十分确定的对象。我们可以把它定位在循环中听觉形象和概念相联结的那确定的部分。它是言语活动的社会部分，个人以外的东西；个人独自不能创造语言，也不能改变语言；它只凭社会成员间的一种契约而存在。索绪尔指出语言作为符号系统的形式特征，同时强调了语言的归约性，是一种社会契约。Bloomfield（布鲁姆菲尔德，1942）也表达了类似的观点：“语言社团内部的人们通过语言进行合作，语言弥补了不同的人们在神经系统上的差距，对语言社团中某一个人的刺激，可能会引起另一个人的反应行为。语言把个别的人凝聚成社会的有机整体。”我国语言学者赵元任（1968）也指出，语言是习惯性的声音行为形成的一个约定俗成的体系，社团成员用来彼此进行交际。可见使用语言虽然是个人行为，但不可避免地受到社会归约性的制约，想要达到交际目的，就要了解和遵循相应的约定俗成的体系。

语言学家在语言的符号特征、归约性、交际功能方面具有共识。语言既是具有约定俗成形式的符号，也是意义表达和交流的工具。我国学者束定芳、庄智象将语言的特征论述得更加通俗：“从语言的结构特征看，语言是符号系统。它是一个由音位、音素、词和词组、句子和篇章构成的层级系统。从语言的功能特征来看，语言是工具，是个思维的工具、交流的工具。”（束定芳、庄智象，1996）

人类学家和社会学家在研究语言时表现出不同的倾向。Whorf（沃尔夫，1941）曾说：“每种语言都是与他种语言各不相同的型式系统，其形式与范畴都由其文化所规定，人们不仅利用语言进行交际，还利用它来分析外部世界，对各类关系、现象或关注或漠视，从而理清思路，并由此建立起他自身的意识大厦。”人类学家 Kluckhohn（克拉克洪，

1949）也指出，每一种语言不仅仅是交流信息和观点的手段，也不仅仅是表达情感、发泄情绪，或者指令别人做事的工具。每种语言其实都是一种观察世界以及解释经验的特殊方式，在每种不同的语言里所包含的其实是一整套对世界和对人生的无意识的解释。人类学家们承认语言是一套符号系统和交流工具，但更吸引他们的是语言承载的文化内涵和价值。文化不仅在一定程度上限定了语言的形式，而且人们利用语言了解世界，同时塑造自身的思想。美国著名人类学家 Sapir（萨丕尔）在其《语言论》中有一段名言："语言有个底座，说一种语言的人是属于一个种族或几个种族的，也就是说，属于身体上具有某些特征而又不同于别的群体的一个群。语言也不能脱离文化而存在。"可以说，"语言的底座"即一个话语社团共同的文化属性，它使得使用这种语言的人在对世界和人生的理解上区别于其他社团。"语言不仅仅是一个交际工具或符号系统，语言本质上是一个民族的意义体系和价值系统，是一个民族的世界观。"（申小龙，1990）

语言的形式和使用均呈现出文化内涵。语言形式上的差别体现在语音、句法和词汇等方面。如在语音方面，英国各地区和阶层持有不同的口音。Received Pronunciation（英式标准发音，缩写为 RP）作为官方口音通常出现在电视节目中，非英语国家的英语教材也使用这种语音，它被认为是受过良好教育的体现，较多和上流社会、中上层阶级联系在一起。但对英语国家的普通百姓来说，这种口音却有装腔作势之嫌。因此，像鲁尼这样出身草根的足球运动员，即使在成为百万富翁后也拒绝说 RP，依然保留自己的方言。而英国的政客则刻意改变自己的口音以讨好民众，前首相布莱尔即是其中之一。在句法方面，不同语言的语法系统和规则也受到该群体的思维和文化特点的影响。例如中文讲求意合，其句法主要靠次序和语义关系表达，不追求形式上的完整性。尤其是中文的诗词，给读者以极大的想象空间。而英语则注重形合，强调形式逻辑，通过大量表示形式关系的词将句子的各个成分搭建起来。中英句法的形式在一定程度上反映了两种思维模式的区别。汉语文化注重整体与融合，而英语文化的思维方式则是线性的，强调细节的逻辑分析和规则的制约。词汇方面的文化差异更是明显。Lado（拉多，1957）在《跨文化语言学》（*Linguistics Across Cultures*）一书中总结出词汇文化差异的三种情况：形式相同，意义不同；意义相同，形式不同；同形同意，分布不同。例如"西风"一词，在中英两种语言中具有完全不同的联想意义。英国西临大西洋，西风给英国带来温暖的春风，所以著名诗人雪莱在《西风颂》中将其比作自由、力量和希望的象征。而中国西部处于亚洲内陆，"西风"起时正值深秋或隆冬，因此西风也就成了"凋零""萧瑟"和"凄凉"的代名词。马致远在《天净沙·秋思》中描述的"古道西风瘦马"就是一幕典型的苍凉景象。语言使用中同样体现文化内涵。如言语行为方面，有不少言语行为是人类共有且形式相对固定的，如问候、感谢、道歉等。但是跨文化语用分析研究表明，在不同文化的语言中这些固定且程式化的言语行为有不同的表现形式和含义。黄永红（2001）曾用问卷调查的方式对言语行为“道歉”进行了跨文化研究。结果表明，由于美国属于低语境文化，意见的冲突和据理力争被认为是一种民主的表现，人们在致歉时常辩解自己应负的部分责任，因而多采用轻化自己冒犯程度的方式。而中国属于高语境文化，人们主张和谐，认为在公众场合发生争执是令双方丢脸的事情，所以一旦发生冲突，马上诚恳道歉。中国的道歉多采用直接道歉的形式。如果涉及等级关系，下级对上级的道歉通常不仅正式，而且充满自责。在中国古代，情形尤甚。我们在文学作品中经常可以看到大臣们自责“臣罪该万死”的场景。

虽然语言学家最初主要关注的是语言作为符号系统的规则和特性，但随着研究的深入，研究者们不可避免地发现文化与语言的密切关系。语言的形成与发展受制于文化，但同时也承载着文化。所以人类学家和社会学家常常通过分析语言事实来发现一个群体的文化特性，甚至有人认为，借助语言分析各种文化现象要比对文化直接进行分析更加方便、清晰（张公瑾、丁石庆，2004）。

2．文化

“文化”本身就是一个多义、模糊而复杂的概念，因此关于文化的定义也是林林总总，不一而足。美国人类学家 Kroéber（克鲁伯）和 Kluckhohn 在 1952 年出版的《文化：概念和定义批判分析》一书中列举了 164 条不同的文化定义。其中最早的定义来自英国人类学家 Edward Tylor（爱德华·泰勒，1871）。他在其著作《原始文化》中对文化做了如下表述：文化是一个复杂的综合体，包括知识、艺术、宗教、神话、法律、风俗以及人类在社会里所得一切的能力与习惯。Tylor 的定义倾向于将文化看作智力的产物。Kroeber 和 Kluckhohn（1952）对文化的表述则更加全面，他们认为，文化由外显和内隐的行为模式构成；这种行为模式通过象征符号而获得和传播；文化代表了人类群体的显著成就，包括它们在人造器物中的体现；文化的核心部分是传统观念，尤其是它们带来的价值观念；文化体系一方面可以看作活动的产物，另一方面则是进一步活动的决定性因素。在这个定义中，文化不仅涵盖了物质产物，而且强调了价值观念在文化中的核心地位，更重要的是提出文化与人类行为的关系。人们的活动孕育出文化，而文化又指导人类的活动，Kluckhohn 甚至认为文化是人们行为的蓝图。

在文化的分类方面，Hendon（亨顿，1980）把文化分为大写文化 C 和小写 c 文化。前者包括人类社会文明的各个方面，如政治、经济、文学、艺术、音乐、建筑、哲学、科技等；后者指的是与生活密切相关的具体的生活方式，如饮食起居、风俗习惯、行为准则、社会传统等。同时，文化还包含与其历史发展紧密相关的思想、价值观念，系统地解释人们的交际行为。小写的 c 文化与跨文化交际活动更加密切，往往与人们的日常交往有关，但一旦进入某一方面较为深入的交流，参与者则需要具备与大写文化 C 有关的知识以及对相关文化知识的理解。

文化的定义虽然纷繁复杂，但在这些定义中，我们也能找到一些共性。Samovar（萨默瓦）等（2000）列出了七个被认可的特点：文化是习得的，文化是世代传承的，文化是以文字符号为基础的，文化是变化的，文化具有整体性，文化具有民族中心主义倾向，文化具有适应性。笔者认为，除了以上几点，也不能忽视文化对人类行为的约束性。尤其在跨文化交际活动中，当与来自不同文化的人进行交流时，参与者对文化的指导，甚至是制约作用感受更加明显。例如日本人在与人交往时有鞠躬的习惯，无论是见面打招呼、道别，还是表示道歉，鞠躬已经成为一种程式化的交际方式。而在中国人看来，鞠躬是一种非常正式的礼节，日本人的频频鞠躬往往让中国人感到不适应。但事实上，不同角度的鞠躬代表的含义并不相同，只有 90° 鞠躬才是表达正式的感谢或者道歉，其他形式的鞠躬往往是礼节性的。日本人这种具有距离感的交际方式也在一定程度上表现出这个民族对秩序的尊重，而文化对民族性格和人们行为的制约作用也可见一斑。

3．交际

Communication（交际）一词来自拉丁语 Commonis。Commonis 是 Common 的意思，那么交际的含义也与之相关。交际的核心是一种信息的交换，以达到信息共享的目的。如 Lustig（卢斯蒂格）& Koester（1996）所说，交际是人们运用符号创造共享意义的过程。Samovar 等（2000）对这一过程的描述更为细致，他们认为，交际是人类在相互交往中使用符号创造意义和反射意义的动态、系统的过程。他们强调了交际的动态性，参与者在信息交换的过程中甚至可以产生新的意义。

贾玉新（1997）比较全面地描述了交际的过程。他认为，交际是交际符号过程，一个动态多变的编译码过程。当交际者把意义赋予言语或非言语符号时，就产生了交际。他认为，交际受制于文化、心理等多种因素。贾玉新的表述提到了交际的几个基本特征。

第一，符号是交际的工具。信息只有通过符号进行编码后才能传播出去。符号系统可以是语言的，也可以是非语言的，例如身体语言。第二，交际过程是一个编码和解码的过程，这一点和传播学的理论类似。例如，当日本人鞠躬时，他们就是将自己的思想和情绪用鞠躬这种行为进行编码，只有当参与者理解编码系统时，才能成功解码，达到意义共享。第三，交际具有动态性。人们在交际中不断发出并接收信息，同时交际参与者也会不断自省，思考自己解码的可接受性，从而生成新的信息。第四，交际受到社会、文化、心理等因素的制约。这些因素影响人们使用符号进行编码到解码的全过程，有时人们甚至可以根据这些因素预测交际行为。预测的准确程度取决于对交际规则的掌握程度，就是说对有关交际的因素知道得越多，预测能力就越强，交际就越有成效。对于来自不同文化的人来说，交际规则掌握得越多，在交际中遇到障碍的可能性就越小。

4．语言、文化与交际的关系

以上对语言、文化和交际的论述显示出三者密不可分的关系。语言是人类思维“物化”

的产物，人们使用语言达到交际目的的同时，又产生了文化。没有语言，无法形成多姿多彩的文化，而语言也成为文化的一部分。反过来，文化又促进语言的发展，成为语言承载的核心内容。在交际活动中，参与者的文化背景和文化所营造的社会语境成为制约交际的至关重要的因素。因此可以说文化决定着语言和交际（张红玲，2007）。语言和文化传播又依赖于交际。没有必要的交际活动，语言和文化就无法传播和发展。可以说，语言、文化与交际之间是一种水乳交融、不可分割的“三位一体”的关系（陈桂琴，2013）。在信息传递过程中，文化是信息传递所依托的环境，语言和非语言是信息传递的重要渠道。交际既依赖于语言和文化，又促进语言和文化的习得和传播（张红玲，2007）。

语言、文化和交际的密切关系为大学英语教学提供了启示。语言教学不仅仅教授语言符号的规律，不应将其与文化教学和交际能力培养割裂开来。语言教学不是为了培养“口齿伶俐的白痴”，而是使教学对象具合理使用目的语的交际能力，而目的语的文化会影响语言和交际，所以我们的教学应该以培养学生进行跨文化交际的能力为目标，使教学对象在目的语的文化语境中不仅能以符合对方文化习惯的方式交际，还能利用跨文化知识达到有效的交际。

二、跨文化交际与外语教学

随着经济和科技的发展，人们的活动半径不断扩大。火车、飞机的出现使人们轻松跨越陆地和海洋的空间障碍，而网络技术的发展使信息传播在瞬息之间即可完成。传播媒介的改变使频繁而广泛的跨文化交际活动得以实现，相关的研究也就应运而生。

跨文化交际是一门年轻的学科。美国人类学家 Edward Hall（爱德华·霍尔）于 1973 年所著的《无声的语言》（*The Silent Language*）被认为是跨文化交际研究的奠基之作，他本人也被称作跨文化交际学之父。他提出由于文化背景的不同，人们在使用时间、空间等概念时存在明显的差异，并在书中提出了较为系统、科学的文化研究思路和方法。20 世纪 80 年代是跨文化交际学的快速发展期。在这一时期。以 Gudykunst（古迪昆斯特）为首的学者出版了一系列关于跨文化研究理论和方法的著作，包括 Gudykunst 于 1983 年发表的著作《跨文化交际理论：当前视角》（*Intercultural Communication Theory: Current Perspectives*）、Gudykunst 和 Kim（金）所著的《跨文化研究方法》（*Methods of Intercultural Research*）（1984）、Kincaid（金凯德）的《交际理论：东方与西方视角》（*Communication Theory: Eastern and Western Perspectives*）、Kim 和 Gudykunst 的《跨文化交际理论》（*Theories in Intercultural Communication*）（1988）以及 Asante（阿桑蒂）和 Gudykunst《跨国与跨文化交际手册》（*Handbook of International and Intercultural Communication*）（1989）。这些著作的问世也标志着跨文化研究成为一门独立、成熟的学科。

我国的跨文化交际研究从 20 世纪 80 年代初开始，由外语教学界引入国内。许国璋先生于1980年在《现代外语》期刊上发表的论文*Culturally Loaded Words and English Language Teaching*，被认为是国内最早主张在语言教学中重视文化的文章。随后胡文仲、关世杰等学者将跨文化交际这门新兴学科系统地引介到我国外语教学界和语言学界，扩大了跨文化交际研究在我国的影响，尤其在广大外语教师中，跨文化交际理论的出现为语言教学带来了巨大的变革。

语言、文化与交际的天然联系决定了跨文化教学在语言课堂中的重要地位。实际上，文化从来没有脱离外语教学，只是在外语教学的不同历史阶段其存在方式和处理方式各有不同（张红玲，2012）。在以阅读、欣赏和翻译文学作品及宗教文本为主要目的的外语教学初期，文化存在于作品中，外语教学对文化的处理主要是介绍背景知识，目的是扫清学习者理解这些文本的障碍。在这种教学模式下，语言与文化往往被割裂成两种知识进行教授。交际法兴起后，培养交际能力成为语言教学的重要目标。随着交际法的兴起，人们意识到真实交际中的许多问题不能通过练习语言熟练度解决。越来越多的教育者意识到语言与文化应在外语课堂中融为一体，提高交际能力也成为外语教学的重要目标。与跨文化交际能力相关的研究在我国也随之升温，并在近年成为一门显学。根据一项统计（胡文仲，2013），2003至2012年间，中国知网中收录的有关跨文化交际能力的论文共有6942篇，其中5605篇属于外国语言文学类，占到综述的80%，说明跨文化交际能力的讨论主要在外语界展开。我国学术界主要以介绍和评价国外跨文化教育，并阐述在我国开展跨文化教学的重要意义（鲁子问，2002；王鉴，2003、2004；韩骅，2000；曾煜，2005）。胡文仲等（1997）、陈申（1999）、鲁子问（2005）、张红玲（2007）等也出版了专著讨论外语教学中的跨文化教学。

虽然研究者们和广大教师对跨文化教学的热情很高，但跨文化能力的培养在外语教学中的定位仍然存有争议。胡文仲（2013）对国内先后公布的三份外语教学大纲进行了深入的剖析，并提出了跨文化交际能力在教学中的恰当地位。这三份大纲分别是2000年公布的《高等学校英语专业英语教学大纲》（以下简称《英语大纲》），2007年颁布的《课程要求》和2011年启用的《义务教育英语课程标准》（以下简称《课程标准》）。《英语大纲》在"教学原则"部分写道："注重培养跨文化交际能力。在专业课程的教学中要注意培养学生对文化差异的敏感性、宽容性以及处理文化差异的灵活性。"这一要求体现在高年级专业课的设置上，各高校开设"英美概况""跨文化交际"等课程，教授西方国家地理、历史、文化等方面的知识，有助于培养学生的跨文化交际能力。但这些课程以教授西方文化知识为主，并不是跨文化交际能力的全面培养。《课程要求》在"教学性质和目标"部分提出："大学英语是以外语教学理论为指导，以英语语言知识与应用技能、跨文化交际和学习策略为主要内容，并集多种教学模式和教学手段为一体的教学体系。"虽然《课程要求》将跨文化交际列为英语教学主要内容，但对于跨文化交际能力和培养方法并没有做出详细的表述。这也在一定程度上导致跨文化教学的目标不明确，教师在具体操作时缺乏更具体的实施建议。相比之下，《课程标准》对跨文化交际能力的表述最为具体，在“课程设计思路”部分有这样一段描述：“这一课程体系以培养学生的综合语言运用能力为目标，根据语言学习的规律和义务教育阶段学生的发展需求，从语言技能、语言知识、情感态度、学习策略和文化意识等五个方面设计课程总目标和分级目标。”文化意识的内容被分为文化知识、文化理解、跨文化交际意识和能力。这一描述为教师在制定教学目标时提供了明确的参考，并将文化意识进行了更细致的分类，不仅包括传统教学认可的文化知识，而且强调了交际意识和能力层面的培养。《课程标准》在跨文化交际能力方面的表述方式也给大学英语的教学要求提供了借鉴意义。在该文中，胡文仲进一步提出，跨文化交际能力的培养是一个长期而艰巨的过程，不能仅靠一门或几门课来完成，它必须贯穿整个教学过程，外语专业的诸多课程都需要从跨文化的角度来教。即使是精读的一篇课文，也可以（或应该）从文化对比和提高文化意识的角度来教，这是对教学过程的一种革新，也就是我们所说的教学中的跨文化视角。除此之外，还需要课外及实际工作等各方面的配合。外语学界应该讨论并论证在教学的不同阶段跨文化交际能力应该如何规定，修订大纲时，在相应教学阶段恰当的安排和要求，并做好各阶段的衔接。

林汝昌（1996）也提出文化导入在外语教学中的不同层次。他将外语教学分为三个层次：语言的结构层次、语言结构的文化层次和语言的语用文化层次。语言的结构层次指的是从语音、词汇到语篇、文体的基础语言知识。语言结构的文化层次指的是语言结构里面的各种感情、联想、搭配等方面的文化内涵。语言的语用文化层次旨在培养学生将语言结构及有关文化知识用于实践，也就是培养学生在不同场合中使用恰当语言的交际能力。这三个层次可以说是从语言到文化知识再到跨文化交际的层层深入，代表了学生语言综合能力的步步提升。与之相呼应的是文化导入的三个层次。第一层次的导入以消除影响理解的文化障碍为主，主要导入与词汇相关的文化因素和与课文有关的文化背景知识。第二层是较系统的文化导入，教师可结合所授课文内容列出相关文化项目，例如就餐、住宿、称呼、介绍、邀请、拒绝等，有系统地导入文化知识。第三层次的导入是对第二层次各文化项目的综合与概括，可以从社会模式和价值的角度解释前两层次的文化现象。我们可以看到，三个层次的划分为跨文化教学的内容设计提供了较为清晰的指导，但三个层次不是截然分开的，只是因为对语言能力的要求不同，在各个级别的外语教学中有所侧重。林汝昌建议，第一层次的文化导入适用于外语的初学者以及高等学校非外语专业的低年级学生。第二、第三层次的文化导入（当然也包括第一层次的文化导入）即应侧重于高校外语专业的学生及非外语专业的高年级学生。对于大学英语教学而言，在低年级阶段以第一层次的文化导入为主，而在高年级阶段，应更加重视培养学生对文化知识的系统归纳概括能力。

这篇文章对当时的文化教学具有较强的指导意义，但其中的有些表述也值得商榷。

林汝昌在文中提到，语言和文化知识的导入方式在初级层次以教师教授为主，到高级层次才注重实践，但在实际教学中，初级学习者也有很强的实践需求，应根据不同层次的能力，设计合适的活动，培养交际能力。此外，文中将文化导入定位为外语教学的延伸、补充和发展，不影响现行教学法的使用，不影响教师的教学安排，在讲授语言知识时适当导入文化因素，“可多讲，也可少讲，甚至不讲”。这种提法与文中所提倡的系统教学似乎存在相悖的情况。虽然这篇文章写于20世纪90年代，但这种将文化导入当作课堂教学“附加物”的定位方式依然代表了相当一部分大学英语课堂的现状。由于大纲中对跨文化交际教学没有具体要求和建议，导致跨文化教学定位不准，教学缺乏系统性，教师常常以自己的经验为基础，在时间允许的条件下给学生补充介绍一下与课文相关的文化知识，实际的跨文化交际活动就更少了。这种缺乏指导、不成体系、肤浅片面的跨文化教育活动或许可以在一定程度上满足学生提高跨文化交际能力的需要，但是很多时候这样的教育会适得其反，导致对文化狭隘、僵化的理解（张红玲，2012）。

要确定跨文化交际能力在外语教学中的定位，首先应从教学大纲入手，对跨文化交际能力进行更加具体的表述，从而在教学设计环节为教师提供更明确的指导，使教学内容更具系统性。其次，跨文化交际能力的培养应贯穿在教学的各个层次，对不同层次的学生在教学内容上有所侧重，在教学要求上，对不同阶段的学生制定符合其认知水平和语言能力的跨文化交际能力标准，对文化知识、意识和技能的培养应贯穿始终。Coperias（科佩里亚斯，2009）甚至认为，跨文化交际能力的获得是一个不可能完成的过程，因为学习者在所有场合、所有时间需要的所有知识不可能被预见到，因此获得跨文化交际能力是一项终生从事的活动。再次，在教学方法上，传统的注解法和专门讲解法容易使文化教学与语言教学割裂开来，无法适应网络技术冲击下的教学环境。文化的导入应与语言材料、语言活动结合，即束定芳（1996）所说的融合法。这种教学方式也使得文化成为外语教学不可分割的一部分。如Fries（弗莱斯，1927）所说，讲授有关民族的文化生活情况绝不仅仅是语言课的附加成分，不是与教学总目的全然无关的事情，不能因时间有无或方便与否来决定取舍，它是语言学习的各个阶段不可缺少的部分。最后，跨文化交际能力的培养还应得到学校各部门的支持，以便提供更好的教学资源。应将课内教学与课外活动配合起来，这包括为学生提供与外国人士交流，甚至出国学习或工作的机会。

第二节　跨文化交际能力与大学英语培养目标

一、跨文化交际能力

跨文化交际能力的提出是以对交际能力的研究为基础发展而来。Park（帕克，1976）认为交际能力是“交际者控制或操纵周围环境以达到个人目标的能力”。这一定义从实用主义的视角出发，强调了交际的目的性和有效性，重视交际的结果。另一些研究者则提出交际过程中，环境对交际结果起着至关重要的作用。不同交际环境下，人们需遵循不同的交际原则，因此得体性是另一个影响交际结果的关键因素。Allen & Wood（艾伦和伍德，1978）甚至认为得体性是评价交际能力最重要的标准，并提出交际的数量、质量、相关性和方式是评价交际行为是否得体的四大要素。我们可以看出，有效性和得体性是衡量交际能力最重要的标准。

在跨文化交际中，交际环境中增加了文化的因素，交际双方还需考虑自身与对方文化的关系，因此 Wiseman（怀斯曼，2003）将跨文化交际能力定义为“与来自其他文化的成员进行得体、有效交际所需具备的知识、动机与技能”。Lustig & Koester（1996）的定义与之类似。他们认为成功的跨文化交际是在一定的情境之中发生的得体有效的行为，需要具备丰富的知识、合理的动机和有技巧的行动。Lustig & Koester 所说的“一定情境”即交际双方来自不同文化的情境。在上述定义中，研究者除了提及交际的有效得体性外，还提到了特定环境，即环境中的文化因素。事实上，在过去，学者们虽然提出了对跨文化交际能力各自的定义，但这些定义中依然存在共性，即交际场景的跨文化性，交际行为的得体性和有效性。如 Perry & Southwell（佩里和索斯维尔，2011）所说，学者们所下的定义和所做的理论概括都承认“跨文化能力指与不同文化背景的人们有效、恰当的交往的能力”。

交际场景的跨文化性使得交际原则变得更加复杂。在某一文化语境下适用的文化规约在另一文化语境下可能并不适用，不能简单地以某种文化规约作为得体性的标准，否则可能影响交际的有效性。例如，在西方文化中，善于“自我展示”被认为是交际能力强的表现。但在东方文化，尤其是中国文化中，“自我展示”的接受度相对较低，过于展示自我而忽视他人的感受会被认为是过于自我的表现。在中国文化中，交际双方往往是点到为止，很多信息并不是以显性的方式表现，而是通过对文化规约预设的了解来沟通。因此，“谦逊”被认为是美德，人们常常认为不显山、不露水的人反而是深藏不露的能人。然而，在跨文化交际中，以任何一种文化的交际原则来评价交际活动的参与者都是不公平的。Kramsch（1998）也曾在 *The Privilege of the Intercultural Speaker*（《跨文化者的特权》）一文中反对使用英语文化的标准来衡量外语学习者的语言水平。她认为外语学习者有权为了自己的目的去使用外语，否则学习者在跨文化交际中将始终处于一个弱者的、从属的地位。事实上，在成功的跨文化交际中，不同文化的交际双方应该能够努力达到大家都能接受的“得体”，从而达到理想的效果，即实现交际的有效性。

对于跨文化交际能力的主要组成部分，学者们已达成一定共识，多数学者都认可跨文化交际能力的三分模式，即认知、情感和行为三个层面的因素。Lustig & Koester（2007）

认为："跨文化能力需要足够的知识、合适的动机以及训练有素的行动。单凭这些要素中的任何一个都不足以获得跨文化能力。" Byram（拜拉姆，1997）从语言教学与文化教学的角度出发，以态度、交际知识及交际技能为成功交际的基础构建了跨文化交际能力的模式。他认为语言能力、社会语言能力和篇章能力会促进交际的成功进行。Spitzberg（斯比兹伯格，1991）也认可知识、动机、技巧三因素的构成方式，足够的跨文化知识、积极的动机和有效的交际技巧，这三个因素应同时具备。Kim（1992）从社会心理学、应用语言学和社会学理论的角度出发，将跨文化交际能力分为认知能力、情感能力和行为能力。张红玲（2007）认为："跨文化交际能力可以定义为：掌握一定的文化和交际知识，能将这些知识应用到实际跨文化环境中，并且在心理上不惧怕，主动、积极、愉快地接受挑战，对不同文化表现出包容和欣赏的态度。"从以上学者们的表述来看，认知（知识）、情感（态度、动机）和行为（技能、行动）的三分方式受到了普遍的认可。认知层面包含交际者对外国文化和本国文化的理解，包括对文化知识、交际系统的理解以及综合认知能力等。情感层面包含对跨文化认同感、文化敏感度、身份弹性、对跨文化环境的适应能力等。好的交际者应在交际过程中采取积极的态度进行交流，乐于倾听，求同存异。行为层面包括有效得体地进行跨文化交际行为所需的能力，包括分析解决问题的能力、运用语言策略的能力、应变能力、协同能力等。

胡文仲、高一虹（1997）针对外语教学将跨文化交际能力分为微观、中观和宏观三个层面（见图 6-1）。宏观的社会文化能力包含中观的交际能力和扬弃贯通能力。其中交际能力包含语言能力和语用能力。语言能力指的是教学中通常训练的听说读写译能力。语用能力涵盖社会语言学能力、语篇能力和策略能力。扬弃贯通能力包括理解不同文化的能力、理性评价所接收信息的能力以及整合新旧知识的能力。把所有这些能力集合到一起就构成了跨文化交际能力，即胡文仲和高一虹的"社会文化能力"。这种划分方式更突出语言教学的内容，对教学具有较强的指导作用，但对情感层面的能力描述不足。而在实际交际活动中，积极的交流态度往往可以弥补语言能力的不足。

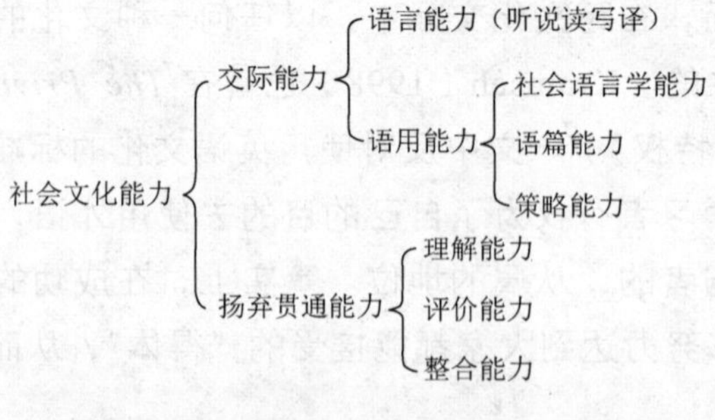

图 6-1　社会文化能力模式（引自胡文仲、高一虹，1997）

受社会心理学研究的影响，研究者们在分析跨文化交际能力的具体内容时倾向于将其解构为一系列有利于跨文化交际进行的能力与品质。Deardorff（迪尔多夫，2006）对

23 名跨文化交际研究领域的学者展开问卷调查，80%以上的人认同的具体跨文化交际能力要素达到 22 条，包括理解外国文化世界观、文化自觉和自我评价、适应新文化环境、倾听和观察的技能、对跨文化学习的开放态度、灵活性、对交际模糊性的容忍度、跨文化移情、尊重他国文化、理解多元文化的价值、对外国文化和本国文化的深刻理解、认知灵活性、社会语言能力、专注力、好奇心、分析、解释以及关联的技能等。Dodd（多德，1995）曾经用文献研究的方法，列出了一个多达 20 余项的具体的跨文化交际能力，如开放外向、交际恐惧程度低、具有较多对方文化的知识、会话技巧好、修辞敏感度高、与家庭成员交流技能强等。这些具体能力的清单有助于解析跨文化交际能力，扩展跨文化交际能力的范围,但也有学者认为这种社会心理学路径主导的跨文化能力构建存在“碎片化”倾向（许力生，2011）。这种方法所描述的交际者似乎拥有了所有有利于跨文化交际的能力，显得面面俱到、过于完美。而在实际交际中，犯错在所难免，但成功的交际者能够从错误中学习，利用合适的策略缓解交际失误造成的影响。清单中的能力也确实存在界定模糊、缺乏逻辑联系的问题，例如“对跨文化学习的开放态度”与“跨文化移情”“尊重他国文化”之间，“认知灵活性”与“分析、解释以及关联的技能”之间存在交叠之处，层次与逻辑并不清楚，并列列在清单中并不合适，结果“往往是混淆了不同层次、不同方面，对跨文化能力的认识反而难以达到足够的深度”（许力生，2011）。

一些学者试图建立跨文化交际能力的模式，以更系统的方式描述跨文化交际能力（Byram，1997，2009；Spitzberg，2000）。其中被广泛引用的是 Byram（1997）的模式。Byram 针对二语/外语学习者提出了他的跨文化交际模式，他把跨文化交际能力分为五个维度，并将每个维度以学习目标的形式描述出来，这是 Byram 模式有别于其他模式的一大特点。Byram 从以下五个维度对跨文化交际能力进行了描述。

（1）知识。

具备本国及交流对象所属国家的社会群体及其社会产品和行为的知识，了解一般社会和个人交往过程的知识。目标包括具备如下知识：本国和交流对象所属国之间过去和现在的关系，不同文化背景的交际者产生误解的原因类型，本国重要历史事件及他国对这些事件的看法，他国重要历史事件及本国对这些事件的看法，本国的地理空间的官方表述及他国的对此界定方式的看法，交流对象所属国的地理空间的官方表述及本国对这种界定方式的看法，本国和交流对象所属国的社会化进程和制度，本国和交流对象所属国的社会阶层划分及其主要标志，交流对象所属国的社会交往过程。

（2）解读和联系的技能。

解读另一文化中某一文献或事件，并将其与本国文化中的文献或事件相联系的能力。目标包括具备如下能力：发现文献或事件中的民族优越感，并能解释其来源；发现交际活动中的误解和障碍，并能在所涉及的不同文化系统中加以解释；对某些现象的矛盾解读进行调解。

（3）发现和交际的技能。

学习新文化和文化行为的知识的能力，并能在实时交流和互动的框架下运用知识、态度和技能。目标包括具备如下能力：能从交际对象获得关于某些文献或事件的观念和价值，并能发展出一套解释其他现象的系统；能在某文化内或某些不同文化间发现重要引证，并得出其重要性和内涵；能发现语言和非语言交际过程中的异同点，并在特定环境中恰当应用；在实时交际过程中能恰当运用知识、技能和态度与来自其他国家和文化的人交流，并能考虑到对该国、该文化、该语言现有的熟悉程度和与本文化间的差异度；能发现本国与他国和社会的历史联系和现今的关系；实时交际中能运用知识、技能和态度在来自本国和外国文化的人之间进行调解。

（4）态度。

好奇心和开放度，能兼容其他文化，不固守本国文化。目标包括具备如下态度：乐于寻求和利用机会在平等的关系中与他人交流，不以猎奇和营利为目标；不论是否熟悉，都乐于从本国和他国文化及文化行为现象中发现新的观点和看法；自发地对身边的文化行为和文化产品的价值及预设提出质疑；乐于遵守语言和非语言的交际规则和惯例。

（5）批评文化意识/民主教育。

以批评的视角和明确的标准评价本国和外国文化的观点、行为和产品。目标包括具备如下能力：能在本国和他国文化的文献和事件中找出并诠释直白的和暗示的价值观；对具有清晰社会文化观念和标准的文献和事件能做评判性分析；能根据清晰的标准进行跨文化交往和调解，在必要时，通过运用自己的知识、技能和态度协商达成双方都能接受的共识。

Byram 将以上五个维度的关系以图 6-2 的形式呈现。他认为成功的跨文化交际者应对本国和他国的基本知识有一定了解。一方面对交际对象表示了尊重，减少了交际的障碍；另一方面可以将本国文化传播出去，有助于塑造自己的文化身份。Byram 将技能分为两种，一种是将两种文化建立联系的能力，另一种是人际互动中运用跨文化交际能力的能力。态度则决定了知识和技能能否成功地应用，没有良好意愿的交际活动是难以维系的。除此以外，Byram 相当重视文化中的意识形态，所以他将批评文化意识/民主教育放在跨文化交际能力模式的中心位置，并希望交际者能以本国（西方）的意识形态作为文化价值判断的标准。这种提法受到了当时政治局势的局限，虽然他也提出通过协商达成一定共识，但表现出“西方中心”的明显痕迹。总之，在该模式中 Byram 为知识、技能和态度三个层面的能力提出了具体的学习目标，并且认为这些能力可以通过教育获得，也可以通过实践交际活动获得。他的模式为教学和跨文化交际能力测试提供了较为具体的目标。

Byram 的模式遭到了一些持后现代观点的研究者的批评。从后现代视角看来，Byram 模式最大的问题是将跨文化交际者笼统地归为某一文化背景的人，忽视个人差异，从而造成文化身份的定型，产生思维定式。在交际的初期，思维定式在一定程度上为交际双方提供交流基础，但固守思维定式则会造成偏见，阻碍交际的深入发展。由于文化知识差异、性格差异、交际技能的差异等，在实际交际活动中，即使来自于同一文化的人，也往往表现出不同的特质。在国际交往日益密切的今天，一个美国人可能在中国长期居住，对中国文化的理解甚至超过某些中国人，那么在和这个美国人的交往中，交际预设应有别于完全不了解中国的美国人。Byram 模式的另一问题是倾向以明确的标准，即说话人本国（西方）的意识形态，来评价他国的文化价值，其本质有悖于该模式中提倡的开放态度。此外，该模式虽然是以外语教学为框架，但对于跨文化交际中语言使用的问题则较少体现。

技能
理解与联系

知识	**教育**	**态度**
有关自身与他人	民主教育	相对自我
有关交际	文化意识	尊重他人
个体与社会		

技能
发现与交际

图 6-2　Byram 的跨文化交际能力模式（1997）

对于 Byram 模式，笔者提出三点改进建议。首先，跨文化交际者应认识到交际的不确定性和个人差异，每一次交际活动的对象不同，交际情境也不同，避免将某一国家或文化的思维定式强加到交际对象身上。其次，文化价值的评价标准不是简单且唯一的，在交际过程中切莫匆忙做出判断，无论以本土文化价值标准还是外国文化价值标准来评价一个人或事件都是不公平的。此外，对二语学习者来说，态度、技能和交际能力的培养其实是渗透在语言学习中的，因此在语言教学中应贯穿跨文化交际能力的培养。例如在教学中，让学生注意措辞，避免以个人代表整个文化的形象，尽可能不使用“We Chinese are like this”（我们中国人是像这样的）或者“You Americans are like this”（你们美国人是像这样的）之类的言辞。即使在提到民族或国家的文化形象时，也避免进行价值判断，如讲解“Individualism”（个人主义）这个词时，可以某些民族文化举例，但不应为其贴上褒义或贬义的标签，可为学生提供更多文化语境，引导学生通过自己的思考，理解 Individualism 所代表的文化内涵。

二、大学英语跨文化教学的目标

传统的外语教学与文化教学相对独立，但鉴于语言与文化之间天然的联系，传统的外语教学也包含一定意义的文化教学，文化教学的内容基本上传授既有的文化知识，如其他民族或国家的历史发展、社会制度、风俗、礼仪、禁忌等。文化被作为一种附加知识出现在语言教学中。随着社会经济的发展，以及交际语言教学理论、社会语言学、语用学的兴起，外语教学的重心由传统语言知识的传授转向语言语用能力的培养，文化教学的目标也由单纯传达目的文化的信息转变为培养学生的交际能力。越来越多的学者和教师意识到，仅仅了解目的文化的知识和培养目的文化环境中得体的交际行为是不够的，培养跨文化能力应该是21世纪语言文化教学的更高目标（祖晓梅，2003）。甚至有学者提出，跨文化交际能力应该成为外语教学培养最终目的，而语言综合应用能力的提高是外语教学的一个主要任务，它只是实现跨文化交际能力的途径和依托，跨文化交际能力最终还是要通过有效沟通、完成特定交际目的来体现（杨盈、庄恩平，2007）。

在欧美外语教学领域，跨文化交际能力的培养早已被列入了外语教学的培养目标。美国在1996年颁布了《面向21世纪的外语学习全国标准》（ACTFL，1996），其中提出：外语教育应该包括五个目标（即五个C）：交流（Communication）、文化（Cultures）、联系（Connections）、比较（Comparisons）和群体（Communities）。其中，语言交际能力是外语学习的重点，文化知识是交际的基础保障，联系（即应用所学的外语巩固和拓展已学的其他学科知识或获取和学习其他学科知识，掌握新的技能）是外语学习的重要目的。比较和群体是针对21世纪时代特征提出的新的目标概念。通过比较目的语和母语以及目的语文化和本族文化，学习者不仅增强了对两种不同语言和文化的认识，而且也认识了语言和文化的本质，了解了文化差异可能导致的交际困难。群体作为一个目标概念指的是外语学习者融入国内外多元文化环境，应用所掌握的外语技能和文化技能有效地工作，愉快地生活。这两个目标概念强调了外语学习对于学习者认识本族文化、参与多元文化活动的重要作用。我们可以看出，文化是这五个目标的核心内容，尤其是比较和群体这两个目标概念的提出，体现了培养学习者跨文化交际能力的实际需要，也在教学中将语言教学与文化教学“融合”了起来。

在欧洲，欧盟的成立促进了欧洲语言政策的改革。2001年，欧盟通过了《欧洲语言教学与评估共同纲领》（CEFR）。CEFR将语言能力目标分为两大类：综合能力和语言交际能力。其中综合能力分为陈述性知识、技能、存在能力和学习能力。语言交际能力分为语言知识、社会语言能力和语用能力。每一项具体能力都与跨文化交际能力有交叠之处，可见文化教学在外语教学中的中心地位。CEFR进一步指出：当代语言教育的目的是进一步维护和发展欧洲语言和文化多元化特征，同时帮助学习者适应这种多元化社会环境，通过国际交流和跨文化交际，促进相互理解，培养对不同文化包容和尊重的态度，加强欧洲各国之间的紧密合作。

在中国，跨文化交际能力的培养总体来说表现为两种路径，也体现出两种不同的外语教学培养目标：第一种路径是独立或相对独立于语言学习的，较为直接、相对系统的文化学习，可称为“显性”的路径；第二种路径是融于语言学习之中的，较为间接、相对分散的文化学习，可称为“隐性”的路径（刘学惠，2003）。显性路径的代表做法是开设“英美概括”“跨文化交际”等各类文化课程，以专门系统的文化知识讲授为主，目的是为学生提供系统的知识框架，增强学生对文化的整体认识。另一类显性的跨文化教学是外语课堂中常用的文化导入。这类导入依然以系统讲授与课文相关的文化知识点的方式为主，内容主要有：①知识文化；②干扰交际的文化因素；③词语的文化背景；④话语、语篇结构蕴含的文化因素；⑤非语言形式的文化背景知识（廖光蓉，1999）。外语课程中的文化导入主要目的是为语言学习扫清背景知识上的障碍。显性路线的劣势也是显而易见的，学生无法体会现实交际活动中隐藏的文化因素和特质，忽略了学习者在交际活动中发展交际能力、思维能力的需要，忽略了学生的跨文化交际实践的需求，而这些恰恰是现今社会经济以及文化发展所需的。隐性路径的学习方式相对间接，更强调学生的主动参与，通常是渗透在语言学习中。事实上，我们在接触语言的同时就在接触文化，只是可能我们并未有意识地给予关注和思考。当我们思考话语和文本的隐含信息，比如态度、价值观等，我们就可以体会到更深层、更本质的内涵，即 E. Woods（E．伍兹，2004）所说的“the deeper what and why”（更深层次的内涵信息及其原因）。这种思维模式也有助于学习者理解本族文化的隐蔽内容。这也是部分解释了为什么我们有种印象，觉得外语学得好的人思维方式也常常有所不同。事实上，这有可能是语言学习中的隐性文化学习的影响，即使在我们并未有意识关注隐含文化信息时，这些信息也在一定程度上内化到我们的思维方式中。这种学习方式与之前讨论的语言、文化、交际的一体关系是一致的。教学的作用则是引导学生有意识地思考话语和文化的隐含文化信息，对“非结构的”“捉摸不定”的事物进行“主动建构”“主观理解”。教学的目标不仅仅是知识学习，而是知识、思维、实践全方位的培养，是跨文化交际能力的建构。

既然 21 世纪外语教学将培养跨文化交际能力作为主要目标，甚至最终极的目标，那么制定教学大纲是就应考虑如何提出明确的、适合评价的跨文化交际能力培养目标，指导教学活动，促进学习者跨文化交际能力的构建。刘学惠（2003）转引了 Danova（多诺瓦，1999）的一个颇有建构主义特征的“文化学习大纲”中的对文化学习目标的分类供参考。

（1）批判性地阅读和听的能力。这项能力与语言技能联系在一起，要求学生会解释各种文本的结构，辨认其出处、目的和意向读者，会区分事实与观点。

（2）比较和对比的能力。要求学生会识别本族文化和目的语文化的差异和相同点，激活学生原有知识与经验，使之能对两种文化做出自己的结论。

（3）人种学调查技能。即学习者通过走访、调查等学会识别、观察和解释本族文化中的个人和集体行为，然后将其应用于目的语文化。

（4）研究能力。即学生学会规划、组织和实施研究工作，学会使用图书馆和其他资源，学会收集数据和做出分析和结论等。

Danova 的文化学习目标描述比较明确，对学习者的能力要求逐层提高，前两种目标符合日常跨文化交际能力的要求，而后两种学习目标对研究能力的要求较高，需要较强的理论和研究能力支撑。对于大学英语的学习者来说，前两个目标比较符合这一阶段的能力水平，对于编写大学英语的跨文化能力培养目标具有借鉴作用。

杨盈、庄恩平（2007）认为，“完成任务能力”综合了交流与合作能力、组织能力、协调能力和知人处事能力，是外语教学培养跨文化交际能力的目标所在。以完成任务为导向的培养目标具有很强的实践色彩。完成任务能力不仅要求交际者拥有流利的语言表达能力，而且能在实际的跨文化工作中运用恰当的交际策略、良好的心态，进行日常交流、商务、外交等活动，组织跨文化活动，协调人际关系。这样的目标直接与工作要求接轨，但即使对于已经进入职场的跨文化交际者来说也是不容易达到的，对于广大大学英语学习者来说就更困难了。由于实践机会少，教学环境下难以有效模拟真实工作环境，对大学英语的学生来说要求偏高，即使是对英语专业的学生，也属于较高要求。

高一虹（1997）则针对跨文化交际研究中“功效中心”的倾向，提出了跨文化能力的“道”与“器”理念。她认为，跨文化能力有“道”与“器”之分。“道”主要指交际主体的基本取向和健全的人格，“器”指文化知识、交际技巧及功效。她认为跨文化交际能力培养应遵循的原则是：道高于器而寓于器；器由简至繁，而道贯穿始终；由器得道，得道而忘器。道高于器而寓于器指的是跨文化交际能力的培养要以人格的基本取向为目标，而不是技能训练，同时人格的培养又需要通过具体的教学或训练内容、材料、活动来进行。“器由简至繁，而道贯穿始终”指的是文化知识和交际技能的传授、训练可以由浅入深，但人格的培养应贯穿始终。由器得道，得道而忘器指出了走出跨文化交际能力培养悖论的路径。由于“道”难以用语言清晰无误地描述，所有人格培养还是要通过语言文化知识和概念的学习而获得，但使用语言同时应意识到它的局限，掌握文化知识和概念，而又不被概念所束缚。

后来，高一虹又用学界所熟悉的主流话语方式将“器”与“道”分别阐述为直接的、表面的跨文化能力和深层的、终极的跨文化能力两个层面。对应于此，跨文化能力的培养也有文化的“跨越”和“超越”两个层面。文化的“跨越”是指：①目的文化知识和交际技能的获得；②立场、情感、行为模式从本族文化转移到目的文化。这种转移可能是暂时的，也可能是长期的。文化的“超越”有三层含义：①意识到文化的差异或定型的存在，但不被其束缚；②能够以开放、灵活、有效的方式进行跨文化交流；③在跨文化交际中“生产性”地建构自我认同。“超越”是高于“跨越”的跨文化交际能力培养目标。达到“超越”层次的学习者不会将文化的差异看作交流的障碍，也不会感到本族文化的地位受到了威胁，更多的是发现不同文化之间、不同文化的人之间的共通之处，他们眼中文化的疆界是“软的”“活的”，跨文化交际能力的提升使他们获得了比单独的本族文化、目的文化都更宽阔的视野、更高层次的认知、更深的移情能力，达到了“至高人格状态”的“道”，这也是发展跨文化能力的终极目标。

从以上学者的论述来看，跨文化交际能力培养既要起到实际的功效，满足交际实践的需要，又要让学习者在学习的过程中超越文化的界限，实现人格的终极发展，可谓“道”“器”兼得。那么对于学习大学英语的学生来说，在将来的工作中并不是每个人都会从事与跨文化交际有关的活动，那么他们的跨文化交际能力的培养目标又该如何制定呢？笔者认为，正如高一虹所说的，“器”可由浅入深，对于不同语言能力的学生，可以给予不同要求，但“道”应贯穿始终，无论语言能力如何，学习者应具备超越文化疆界的意识。鉴于大学生语言层次不同、专业不同，笔者尝试列出一般要求和更高要求两个层次的跨文化交际能力培养目标，具体内容如下。

一般要求：尊重他国文化，保持开放心态，具备较强的文化敏感性，了解本族文化和目的语文化的一般性风俗习惯、社会制度，对一般性题材的文章能够做批判性阅读，能与来自目的语文化的人进行日常交流，能用目的语介绍中国社会的一般性话题，如风俗、节日、职业等，会利用所学的文化知识和交际策略消除文化差异带来的交际困难，发展人际关系，会识别本族文化和目的语文化的差异和共通之处，并坦然接受人与人之间、文化与文化之间的差异，在进行跨文化学习的过程中开阔视野，认识自我，提升自我。

更高要求：尊重他国文化，保持开放心态，文化敏感性强，较为深入地了解本族文化和目的语文化的风俗习惯、社会制度，对有一定主题深度的文章能够做批判性阅读，能够以开放、灵活、有效的方式进行跨文化交流，能用目的语介绍中国国情和传统文化、讨论社会话题，能组织、协调跨文化相关的活动，善于在原有知识与经验的基础之上探索和发掘本族文化和目的语文化的差异和共通之处，接受并欣赏人与人之间、文化与文化之间的根本差异，在进行跨文化学习的过程中开阔视野，认识自我，提升自我。

一般要求是高等学校非英语专业本科毕业生应达到的基本要求，重点是让学生形成一种稳定的知识、技能、行为和价值系统。更高要求适用于英语水平较高、英语学习动机较强且学有余力的学生，尤其是所学专业与跨文化交际活动有关的学生。需要提出的是，大学英语跨文化交际能力的培养不能仅靠大学英语这一门课来完成，学校应将跨文化交际能力的培养目标纳入学生的整体培养计划以及各专业的培养计划中，使学生能有更多的机会在实践活动中，尤其是与专业相关的实践活动中锻炼跨文化交际能力，塑造健全的人格。

第三节　母语文化与大学英语教学

一、母语文化在大学英语教学中的发展历史及现状

在教育学界，外国文化与母语文化的关系是一个由来已久的话题。早在晚清时期，就有人担心西学对中学的冲击，所以作为洋务运动主将的张之洞提出“旧学为体，新学为用”的观点。在当时的中国，张之洞提出西学为强国之道，但“讲西学必先通中学，乃不忘其祖也”。他在《劝学篇·序》中写道：“今欲强中国，存中学，则不得不讲西学。然不先以中学固其根柢，端其识趣，则强者为乱首，弱者为人奴，其祸更烈于不通西学者矣。”在内忧外患的晚清时期，西学的引进是一条不得不走的求生之路，而伴随而来的自然是西方文化的引入。当时进入教会学校学习十分流行，“申请进教会学校的人多到学校无法接受”（卢茨，1987），其中使用英语教学也是其受人追捧的原因之一。但在西方文化，尤其是基督教文化的强势入侵下，汉语和中国文化的价值受到极大挑战。所谓“国学”被认为已是过时之物，“生徒之视中文，亦若有无可忽”（李楚材，1987）。在整个教育体制中中文也处于弱势地位，金陵大学国学系五位教员曾在给胡适的信中写道：“同人等目击金大五百学子欧化过度，茫然不知中国文化为何物，国学为何事。……此校教员近百，而讲国学者仅有五人。”从这个角度看，“中学为体”的教育思想虽然本质是以“中国之伦常名教为原本”的“固本”教育，但在当时的环境下这一思想对维系中国传统文化还是起到了积极的作用，在一定程度上抑制了西方文化取代中国文化之势。张之洞所说“西学必先由中学”“华文不深者，不能译西书”也是教育界一直以来支持的观点，对如今的大学英语教育具有极大的启示作用。

当今中国，西方文化不再采用强势侵入的姿态，而是在经济发展、国际交流等需求的驱动下，以更加温和的方式进入国人的生活中。从语言方面来说，国人对英语学习的积极性空前高涨，不少小孩从学前阶段就开始学习英语，即使在大学毕业后也常常因为工作的需要而进修英语。语言课程的设置也可以看出英语的重要地位，英语课贯穿了学前教育到高等教育的各个阶段，对英语语言能力的测试也成为学生综合素质评价中极其重要的部分，“其重要性在某种程度上已被强调到无以复加的地步”（曾宏伟，2005）。与之相比，母语文化的教育则处于相对弱势的地位，大学生的母语文化知识仍停留在中等教育的阶段，甚至在经过几年大学阶段的学习后，母语的应用能力出现一定程度的退化。

母语文化趋于弱势的原因是多方面的。首先，母语习得的方式使其重要程度往往被忽视。由于母语的习得方式和过程不同于二语，大家往往认为获得基本语言能力后，除非从事与语言相关的工作，否则没有必要专门提高母语修养。而作为二语的英语，在习

得过程中需要刻意投入更多的精力，因此往往获得更多的关注。其次，母语文化素质的作用被低估。母语能力弱的原因常常被误以为是交际能力不足，而忽略了母语文化素养的作用。没有足够的语言知识、文化素养，交际活动的质量自然无法保证。在现行的教育体制下，中等教育后，母语能力的提高基本依靠自学。在大学期间，绝大多数高校将中文课列为公共选修课，或者根本不开设相关课程，学生因此将其误解为中文的重要性降低，或者不需要学习了。而作为世界通用语，英语在国际交流中的重要地位在中国得到了广泛认同，国人普遍认为英语学习能培养学生国际化的视野，为将来的人生发展提供更高的平台和更多的机遇，因此国人对英语学习相应投入了更多的热情。再次，进入高等教育阶段后，母语不再纳入对学生的评估范围，而英语则依然是必修必考的课程，在一定程度上也造成了一冷一热的局面。除了学习大学英语必修课程外，学生还面临四、六级考试的压力，想要出国留学的学生还要参加托福、雅思等出国语言考试。显然，比起学习母语，学生学习英语的动机更多，动力也更强。也难怪不少学者认为，国内的教育环境缺乏对母语的热情，国人的汉语日渐退化。

二、英语学习中忽视母语文化所造成的不良影响

强调英语学习，忽视母语文化教育，已经在我国显现出一些不良的后果，首先受到影响的就是学习者的母语文化素养降低。姚小平先生曾经举过一个例子，他的儿子从欧洲发来一封电邮，信中提到他在科隆大教堂的广场上看到一支小乐队，“还有一个奇形怪状的不知道是什么的特大号的三角形的三根弦的吉他”。姚先生觉得句子组织得不太好，于是在回复中写道：“这个句子太长了，不妨改一下，破成几个短句，比如：‘一个奇形怪状的东西，说不上是什么，三角形的，带着三根弦，有点像特大号的吉他。’这样，读起来就松快多了。按照汉语的习惯，句子短一些好，一个个短句接续起来，像流水似的。特别是，句子里的‘的’别超过两个。三个就嫌多了，五个‘的’，读着气都喘不过来啊。”（姚小平，2003）这种表达形式上的西化也许并不影响最终交流的效果，但在一定程度上反映出英语对汉语的侵蚀和年轻一代对母语的忽视。如果说这件事仅是孤例，那么大范围的调查研究可以更清楚地反映出大学生母语素质堪忧的现状。屠锦红、徐林祥（2010）对全国 37 所高校 4810 名大学生进行了问卷调查，调查内容包括语言文字素养、阅读理解能力、书面表达能力、口语交际能力以及文学素养五个方面。调查结果显示，大学生在这五方面的素养都不容乐观。首先，作为最基本素养的语言文字就呈现出诸多问题。参与调查的大学生中 93.7%的大学生不知道“的、地、得”的使用规则，71.3%的大学生读不准“涪陵”这个词。由于长期使用电脑，相当一部分人承认连一些最基本的汉字也不会写了。作为母语素养的核心成分之一的阅读理解能力同样令人担忧。76.2%的大学生反映自己缺乏阅读的技巧与策略，仅有 6.2%的受访者认为自己的阅读能力“良好”。书面表达能力的调查结果也不乐观。84.7%的大学生反映自己在写作中经常出现“有思

想但找不到适合的语词”。在问及“你觉得自己的书面表达能力如何”时，仅有 4.3% 的受访者选择“良好”。口语交际能力也是大学生语言能力的短板。69.6%的受访者觉得自己“不善言辞”，尤其是在演讲、社交等公共场合中觉得紧张、怯场。认为自己口头交际能力“良好”的大学生仅占 12.1%。文学素养方面主要调查了受访者文学知识的掌握程度。结果显示，中国古典四大名著都读过的仅占 6.3%，62.9%的大学生不知道韩愈是“唐宋八大家”之一，84.1%的大学生说不全“四书五经”。多数非文科的大学生在校期间基本不看文学名著，取而代之的是网络娱乐，而网络行为主要是聊天、玩游戏、听音乐、看电影等。当然，该问卷调查的效度有一些值得商榷的地方，比如没有经过效度检验，问题的设置偏重知识考查和自我评估，不一定能准确测量出受访者的母语素养。而且，在网络时代，新的学习方式有别于传统教育中“读经书、作诗文”的方式，语言素养的培养不一定只能通过阅读古典文学名著来获得。此外，现代大学生所学科目多，重点是科学技术，对母语学习的投入减少也是客观条件使然。但至少我们可以看到，受访者的母语文化知识储备不高，自我评价低，显然对自己的母语素养信心不足。

强调西方文化教学而忽略中国文化知识的必要输入，大学英语的课堂成为以西方文化为主导的单向传输和渗透，导致学习者缺乏对母语文化和多元文化的认识。不可否认的是，现代社会对文化教学重要性的认识比以往任何时候都高，大学英语教学也逐步采用西化教材，教材内容以英美国家的生活为主，强调通过学习英语以了解英美社会文化，比如《新视野大学英语》采用的文章即以美国作家的作品为主。西方文化的引入和教学在一定程度上扭转了“聋子英语”和“哑巴英语”现象，但是学生在学习时只是单向接受西方文化及其价值观，缺乏多元文化下对文化现象的思考。而且，在中国文化的土壤里，远离真实语境的英美文化教学未能从根本上改变我国英语学习者言说能力低下的实际情况（张蓓、马兰，2004）。缺乏真实性言说和语篇内涵的教学不但没有帮助我国大学英语学习者真正了解英语国家的历史文化、社会习俗，反而使得他们对本国的传统文化也不甚了解，更不知如何用英语去表达（张友平，2003）。从跨文化交际的角度来说，交际行为是双向的，交际双方应形成文化的共享并互相影响。而母语在大学英语课堂中的边缘化最终造成了所谓“中国文化失语症”的现象。刘世文（2003）对厦门集美大学英语系英语专业的学生进行了测试，调查学生使用英语表达中国特色文化内容的能力和对中国文化的了解。被试者分布在大一到大三三个年级，共 157 名。测试内容包括三部分：第一部分为生活中十分熟悉的 40 个具有中国文化特色的词语，让被试者用英语表述出来；第二部分是让被试者用书面表述成语“自相矛盾”的故事；第三部分是一个问答题，问题为 Why is the Spring Festival also called Guo Nian in Chinese?（为什么中国的春节又被称为“过年”？）从测试结果看来，从一年级到三年级，被试答题的得分逐层提高，但整体来说都相对较弱。例如《三国演义》的英文译名在一年级中无人答对，在三年级中也只有 4 人答对。讲述“自相矛盾”

故事时，因为对内容熟悉，学生表达得相对较好，但对于“矛”和“盾”的翻译仍然掌握不准。而且，学生对传统文化的了解和领会也不够好，二、三年级的被试者中大约只有一半能比较准确的叙述中国春节起源的传说。8 年之后，张明亚（2011）对广西 5 所高校的 184 名英语专业学生做了类似的测试。结果表明，中国文化英语表达能力弱的问题依然如故，并没有因为时间的增长而得到缓解。那么，英语专业的学生尚且如此，非英语专业的大学生就更不容乐观了。蒋亚瑜（2014）对 146 名来自对外汉语、日语和养殖专业的非英语专业大学生进行了问卷调查。问卷调查分两个部分：①翻译 30 个涉及中国文化的词语或成语；②两个问题，问题 1 询问学生完成测试后的感受，问题 2 询问学生认为是否有必要为非英语专业的学生开设中国英语文化课程。第一部分的测试结果不尽如人意。三分之一的测试词几乎没有被试者答出，答对的词中与传统节日有关的较多，例如，春节、龙舟赛、粽子。对外汉语专业学生的表现明显优于其他专业，这与该专业与跨文化交际活动密切相关有关。但无论专业相关与否，学生对于学习中国文化英语的需求相差不大，78.8%的受访者表示希望设置相关课程。虽然作者只是进行了一个比较简单的随堂调查，问卷的严谨性不高，但至少可以看到，社会对学生的英语能力要求和学生现有的能力水平是有差距的，我们现有的课程设置与学生的学习需求也是有差距的。但从现在的情况来看，学生在完成大学英语课程后，辅修其他类型英语课程的时间和精力是有限的。那么，我们的大学英语课堂就应该增加中国文化的内容，让学生在基础阶段就能学习多元文化知识，发展多元文化意识。可惜的是，在现在的大学英语课堂中，尽管西方文化的教学有所增加，但与中国文化相关的教学却少得可怜，导致中国学生无法用英语表达中国文化的声音，更不用说具备多元文化的意识了。

大学英语课程中忽视母语文化教学导致的另一问题是学习者对自身文化身份产生的焦虑。Lustig 和 Koester 在《文化身份的本质》（*The Nature of Cultural Identity*）一文中讨论了文化身份的定义和特征。他们（2000）认为，文化身份是个体对某种特定文化或民族的归属感，是对其所属文化群体的信仰、价值观、文化习俗、道德标准及社会实践模式等的认同。文化身份是个体自我认同最核心的组成部分，对自我认知的各个层面产生直接的影响。例如，中国学生在课堂上表现出的沉默、谨慎与其所属的文化身份有很高的相关性。文化身份具有动态性的特征，其发展是一个动态的过程，它是人在社会化的过程中，通过与群体成员交流和对已有文化学习而构建的。文化身份动态性还体现在其变化的突显性上。时间、空间不同，文化身份的突显性也会发生强度的变化。一个中国人在中国生活的时候，即使性格内敛、不擅表现，由于周围的人与其具有类似的文化认同，他的文化身份突显强度就低，交流障碍也少。而当他在美国生活时，周围人的文化身份发生了很大变化，比较之下，他的文化身份突显程度就高了，交流障碍也会增加。这也体现了文化身份的另一特征——对比性。正是与其他文化的对比、交流或者冲突使得文化身份得以突显，同时，人们在排斥或接受的过程中获得对所属群体的认同。大学英语课堂虽然以教授英语国家文化为主，但实质上是母语环境下的二语教学，母语文化与英语国家文化的对比本就是潜在存在的。如果教师在授课时不加以正确的引导，学生可能会对自己的文化身份产生焦虑情绪，导致混乱的跨文化交际意识。

在跨文化交际领域，Gudykunst（1995）提出了著名的焦虑/不确定性管理理论。根据 Gudykunst 的观点，每个人都可能有因为某种原因或某种处境而感到焦虑和不确定性。焦虑是人际交往或群际交往中一种担心、不安、紧张或忧虑，是个人感知陌生人的情感方面；不确定性即无法预测或解释他人的态度、行为和感受，是感知陌生人的认知方面。焦虑感的原因是对交际对象和交际环境的不确定。Gudykunst 认为有效的交际要求焦虑和不确定性介于最小和最大限度之间。如果不确定性和焦虑感太强，交际者很难对交际对象的行为做出准确判断，并且会用母语文化来参照解释交际对象的行为。如果不确定性和焦虑感太弱，交际者则会过于自信，毫不担心自己的预测是否会出错。因此，Gudykunst 说如果陌生人懂得时刻留意，有意控制焦虑和不确定性的程度，使之在最大和最小限度之间进行调整，对新信息保持开放的心态，那么他对居住国文化成员的行为可以做出准确的预测与解释。控制焦虑和不确定性的途径之一就是增加目的语的文化认同。从心理学的角度来说，焦虑是人对威胁自身存在、自身价值的基本反应。焦虑与文化的联系密切。首先，既然焦虑是由人的基本价值受到威胁而导致，而个人的基本价值观是社会文化的产物，个人的基本价值观的确立受到社会文化的影响，所以，焦虑与文化有必然的联系。其次，20 世纪的文化普遍衰落和崩溃。个人有赖于文化的价值观及道德标准也随之衰弱，个人行为没有固定的价值标准，造成无所适从，必然会体验到痛苦的焦虑（叶浩生，1988）。从以上两个学科对焦虑的研究看来，要保障跨文化交际的顺利进行，增加对目的语的文化认同是必需的，但同时，也可能导致母语文化认同受到威胁。因此，西方文化认同程度越强，往往使得母语文化身份的焦虑感越大。外语学习者在外语学习（跨文化交际）过程中会产生不同程度的文化身份焦虑。具体表现为：对西方文化过度欣赏、好奇、向往、追捧和模仿，对中国文化缺少认同、诉求和自信，产生游离、迷茫、担忧、自卑、怀疑、排斥、厌恶甚至否定等心理焦虑，它反映了当代中国语境下 EFL（English as a Foreign Language，英语作为外语）学习者对中国文化身份的迷失、模糊和不确定性（韩海燕，2013）。韩海燕（2013）曾就中国语境 EFL 学习者的文化身份焦虑进行问卷调查研究。该调查的调查对象是来自四所不同层次的高校的不同学历层次和专业类别的外语学习者。调查结果显示，外语学习者总体上对中国文化的认同度高于西方文化，但程度并不高。说明母语文化还是根深蒂固的，但外语学习确实对他们影响较大，尤其对西方文化的“文化行为”和“社会规范”等表层文化和中层文化的认同度较高。在“语言”这样的深层文化方面，大部分人并不认为英语比汉语更有优越感。但同时，他们普遍认为，英语学习在很大程度上对西方文化的认同起到了推动作用，英语学习会使他们不知不觉地在学习过程中获得一种新的文化身份，英语学习对于文化身份的塑造显然是非常重要的。这也与之前所讨论的语言与文化的关系一致，如 Bamgbosde（班格博斯，1994）的观点所说，“语言的中立性是不存在的，每一个学习另一种语言的人起码对于与那种语言相关的文化有认同感”（刘永厚、李燕姝，2004）。与之相对应的是，外语学习者对中国语言、价值观方面的认同度较高，对具体的文化行为和社会规范认同却较低。他们了解西方的“圣诞节”“复活节”和“情人节”的来历和典故，但对中国的“清明节”“端午节”等节日却只停留在表面，对其文化内涵缺乏了解，甚至讲不清楚节日的来龙去脉。这反映出，以节日习俗为代表的传统文化行为在现代社会逐渐被淡忘或者异化，如今的“端午节”“中秋节”“七夕节”在商家的炒作下渐渐沦为“送礼节”，年轻一代对过去的习俗既不甚了解也较少履行了。在价值观方面，受访者对西方的价值观特别是自我实现、自由和个人权利等有较高的认同度，但他们也同时认同中国的集体主义价值观和一些传统的价值观，例如长幼尊卑观念中对上级、老人等的尊重等。可见，作为文化的核心，价值观具有较强的稳定性，即使受到了西方文化的影响也不会轻易改变。从该研究可看出，外语学习者对中西方文化都具有较高的认同度，反映出传统与现代共存的时代特点。年轻一代的价值观体系不再表现出个体主义/集体主义的二分维度，他们既认可集体主义价值观，又崇尚个体主义价值观，推崇独立和平等意识，追求个性和自主性。那么，在这种矛盾价值观的指导下，学习者的母语文化认同会有所削弱，从而产生文化身份的焦虑感。韩海燕（2013）的研究结果表明，外语学习者对中国文化的认同度越高、文化身份的焦虑越低；对西方文化的认同度越高，文化身份的焦虑则越高，且外语水平越高的学生，焦虑感越强。总体来说，外语学习者存在着文化身份焦虑现象，主要体现在不同程度地对西方文化的赞赏、认可、接受，对中国文化表现出一定程度的怀疑、担忧、排斥、反感等焦虑心理。“文化行为”和“社会制度”两个层面上的认同度较低，反映出学习者对中国传统文化中某些内容的质疑。事实上，对于这一调查结果，我们也应理性对待。对于西方文化予以一定程度上的赞赏、认可和接受是跨文化交际活动中应有的态度，如果完全否定西方文化，也会落入 Gudykunst 所说的焦虑感太弱的情况，导致对母语文化过于自信，甚至用母语文化的标准来预测交际对象的活动。另一方面，如果对西方文化过于赞赏，对母语文化全盘否定，则会走向另一个极端。无论是哪一种情况，都是缺乏思考、缺乏多元文化意识的结果。所以，即使一个人学会了恰当地与另一种文化的人进行交往，也并不意味着他就一定拥有了跨文化能力，因为他所获得的可能还会是另一种特定文化能力。事实上，焦虑感本身说明学生对两种文化的内涵进行了一定程度的思考，是值得肯定的，只是学习者仍处于思考、分析的过程中，尚未形成稳定的文化身份。在此过程中，个体自身的文化身份稳定性降低，同时产生一系列负面的情绪[Stets（斯特兹），2005]，但这种负面情绪是可以通过教学过程的调整来加以控制和疏导的。那么，大学英语课程所要做的，就是避免以上两种极端的发生，尤其是后一种。

费孝通先生（1997）在《反思·对话·文化自觉》一文中写道："首先要认识自己的文化，理解所接触到的多种文化，才有条件在这个已经在形成中的多元文化世界里确立自己的位置。"大学英语课程的教学目标之一就是帮助学生在跨文化交际中确立自己的位置。Byram（2006）认为，拥有双语的甚至双文化的能力固然不错，也很有用，但都不等于获得了跨文化能力，因为跨文化能力应该而且也必须是超越特定文化的。那么，在多元文化的环境下，我们在跨文化交际中所要确立的位置也应该是超越特定文化的，固守传统和过度西化都无法适应多元文化的环境。

三、母语文化融入大学英语学习的途径

在大学英语课程中，母语文化应该作为关键的一环融入到以英语为目的语的学习中。如 Kirkpatrick（柯克帕特里克，2004）所说，全球化语境中的频繁交往需要相互理解，因此，文化多元化、对本土文化和目的语文化的了解都是外语教学不能缺少的内容。由于中文课程在高等教育阶段只属于选修课范畴，母语文化的教育在这一阶段出现了断层，那么同样属于语言课程的大学英语课应该在一定程度上承担母语文化教育的作用。那么，要改变现在以西方文化输入为主的教学模式，平衡中西方文化在大学英语课堂中的比例，我们须从大纲设计、教材、课堂活动、教学评价、教学研究等几个方面入手。

1. 设计包含母语文化教学目标的教学大纲

大纲设计可以从宏观的政策层面指导大学英语教学。教学目标为具体教学活动提供指导和预期的结果，是大纲设计中最关键的一环。英美等国的教学大纲普遍采用 Risager（里萨格）提出的跨文化模式。跨文化模式除了强调目的语言和文化的教学之外，还强调不同文化之间的必然联系，特别是将目的语文化与本族文化的关系纳入教学内容，主张进行文化比较和文化相对论教学（张红玲，2007）。如前文所提到的《面向 21 世纪的外语学习全国标准》（ACTFL，1996）和《欧洲语言教学与评估共同纲领》（CEFR，2001）都将多元文化教学列入了教学目标。但是，《课程要求》的目标定位中却缺少母语文化认同模块。在《课程要求》规定的三个层次的英语能力要求中，只是在"更高要求"的翻译能力中规定学生要"能翻译介绍中国国情或文化的文章"。这既与《课程要求》中所描述的教学性质与目标不符，也与中小学英语教学存在着不衔接之处。《普通高中英语课程标准（实验）》已经把"熟悉我国一般的社会生活话题：职业、节日、风俗、社交礼仪等"、"能在交流中用英语介绍祖国文化"、有较强的"祖国意识和国际视野"作为知识和情感态度目标，而到了大学阶段却没有使这一目标得以延续。这反映了大学英语教学主管部门对于这一问题的忽视。那么，在培养学习者的跨文化交际能力的目标方面，我们的大纲设计应该从以目

的语文化为中心转向以多元文化为中心，平衡西方文化和母语文化，从而更加科学地指导大学英语教学和研究。笔者尝试在跨文化交际能力培养目标中对母语文化的能力要求做出了具体描述（参看一般要求），学习者应至少能就与中国文化和社会有关的一般性话题进行介绍和讨论，并对传统文化内涵有一定深度的理解，能以多元文化的视角分析文化间的差异，并在母语文化的基础上逐步形成稳定的文化身份。对于更高要求而言，学习者能用更准确的语言表述与中国文化和社会有关的话题，对传统文化内涵有更加深入的理解，具备多元文化视角和以母语文化为基础的稳定的文化身份。

2．有效利用教材平衡中西文化教学

目前在高校普遍使用的教材中，直接涉及文化话题的内容偏少，更不用说中国文化了。以《读写教程》为例，四册读写课本共有 40 个单元，但直接涉及文化话题的只有 4 个单元，其中只有一个单元的 Text B 课文选用了华裔作家谭恩美的《喜福会》片段，表现了中美文化差异的内容。所选课文的作者也以美国作家为主。那么，对于使用这些教材的教师来说，就需要善于挖掘和拓展文章中的文化话题，创新课堂任务，摆脱教材的局限。以《读写教程》第二册第一单元的课文 *Time-Conscious Americans*（《珍惜时间的美国人》）为例，文中介绍了美国人惜时如金的时间观念，强调美国人评价他人的标准为是否能够省时、高效地完成任务，在工作中并不重视私人往来，因此在外国人看来，美国人似乎有些不近人情。从这篇文章的口吻来看，作者是美国本土人士，对美国人的这种时间观念采取了比较积极的态度。教师在处理文章时，如果仅仅讲解作者的观点，学生会觉得收获不大、缺乏挑战，因为文章内容不算太难，学生自己也能读懂作者的观点。但这篇文章非常适合进行文化主题的拓展。从文化价值观的角度来说，首先，可以让学生按照自己的时间价值观来评价文章中的观点，询问他们是否喜欢美国人的生活方式，并且思考这种时间观念有何利弊。接下来可以在课后让学生思考中国人或者其他民族的人有一些什么样的时间观念，有哪些有代表性的观点，并查找相关的资料，下次上课时可以和同学们分享讨论。这样的任务设计将课文的单文化主题拓展为中西文化对比，甚至多文化对比，并且结合了学生自己的生活经验，有利于培养学生的学习兴趣、多元文化思维，甚至有助于培养学生的时间管理观念。从交际行为的角度来说，可以让学生观看教学短片，感受一下美国人和中国人在商务场合与人见面时的两种打招呼的情景，然后通过角色扮演的方式，分别模仿美国人之间、中国人之间、美国人和中国人之间见面时的对话，通过模拟情景体验交际时的语言使用和文化差异。无论是文化价值观的讨论还是交际行为的体验，教师都要有针对性地进行小结。小结时，注意引导学生保持对多元文化的开放态度，避免形成思维定式。

此外，对于不直接涉及文化的一般性话题，同样可以通过中西对比的方式进行拓展。例如，《读写教程》第二册第五单元 Text B 的课文标题为“停止溺爱小孩”，文章本身与文化并无直接关联，但教师可以引导学生结合中国国情进行讨论。由于中国的独生子女政策，中国家庭的溺爱之风丝毫不逊于课文描述的情况，但同时中国的传统教育又是以“严格”著称的，各朝名士也有不少家训流传至今。学生可以在查找相关资料的过程中，增加对两种文化的了解。除了从活动设计的角度进行扩展外，教师还可以为学生选择一些补充语言材料，既可用于课堂活动设计，也可作为课外自主学习。材料既可以是书面材料，也可以是多媒体的影音材料。

鉴于网络信息的丰富，使得可获取的语言材料纷繁复杂，教师在选取教学材料时可注意以下几点。首先，语言材料应使用真实语料，让学生在耳濡目染中习得语言、理解文化。这里所说的真实语料不仅仅指英美人士所使用的语料，而是指以英语为母语的人，或者将英语作为二语但具有较高语言能力的人，在真实语境下所使用的、符合英语语言规范的语料。秉承这个原则使教师在寻找合适难度的语料时需要花费更多的时间，但对于二语学习者来说，语言输入的真实性是保证学习者语言准确性的必要条件。其次，语言材料的选择上，要注意西方文化和本土文化的平衡。除了使用反映西方文化的语料，还应选择一些反映中国文化和社会生活的语料。在英语学习材料中适当加入中国本土的内容将有助于提高学习和使用者的文化认同和归属感，为英语教学中真实性难题提供一个有效的解决方案，英语教育的目的是使学习者能够在国际交往中使用国际语言表述母语文化（李文中，2006）。在这里，我们并不排斥将英语作为二语学习者所使用的语言，符合英语语言规范的文字都可以。随着英语全球化的深入，英语已经不再是属于某一种文化的语言。在表达中国文化时，英语已经逐渐本土化，产生了属于中国文化的变体。这种中国英语也是符合英语的语言规范的，在文化交流和传播中起到了至关重要的作用。因此，虽然《中国日报》《21 世纪英文报》等中国英文报纸中的语料有不少是高水平的二语人士所写，但符合规范，难度适中，且经过英美人士审稿，适合大学英语的学习者。更重要的是，这类报纸中的语料关注当今中国社会的流行话题，能够在一定程度上满足学生的交际表达需求。再次，鉴于文化因素繁复纷杂及外语教学的时限性，外语教学中的文化导入首先应强调交际文化，即直接影响并主导外语学习者言语和非言语交际的普通文化，或者他们的“价值观和行为准则”［Hofstede（霍夫斯蒂德），1991］。换句话说，即前文所提到的小写的文化 c。小写的文化 c 隐藏在人类行为中，影响人们的生活方式、行为规范、风俗习惯、传统等，是大学英语课程中教学的重点。我们的母语文化虽然在学习者成长的过程已经融入我们的意识，但在语言课程中，教师还应注意两点：一是如何用英语来表达母语文化，这一点是需要通过有意识的学习来积累的；二是发挥母语文化在塑造学习者文化身份中的作用，活动话题应尽量将文化的比较与思考包括在内，帮助学生在了解两种，甚至多种文化的基础上形成超越某一特点文化的多元文化价值观和稳定的文化身份。最后，注意所使用材料的形式多样性。教师本人应具备开阔的眼界，能够利用现代电化教育和网络技术，善于寻找合适的英语原声电影、电视、纪录片、讲座等，并依此设计出有创意的课堂活动，并且能够利用网络活动平台、手机应用等学生感兴趣的交流工具，让学生“浸入”到跨文化交际的氛围中，使其有机会应用英语，进行有意义、有跨文化交际目的的互动。

3．采用多样的教学方法引导学生体验多元文化语境、思考文化内涵

增加与文化，尤其是中国文化相关的语言输入只是跨文化教学的准备阶段，要使学习者进一步认识、理解，以至于认同这些文化，在教学过程中应加入体验和思考的环节，使学生将活动准备阶段获取的知识应用于实际的教学活动，甚至是真实的交际活动中。因此，笔者认为可采用如下教学方法增强本土文化在英语课堂中的地位，提升学生理解多元文化的能力。

（1）在背景知识导入中增加本土文化的内容。背景知识导入是传统的文化导入方式，但在现在的外语课堂中依然占有重要的地位。以教师为主导的背景知识导入虽然形式相对单一，但仍不失为一种快速、高效、信息量大的文化知识输入方式。恰当应用有利于加强文化输入的系统性和紧凑课堂进程。但是，背景知识的输入容易陷入两个误区。一个是英语文化与本土文化的失衡。例如，《读写教程》第三册第四单元的主题是美国文化，其中 Section A 的文章介绍美国的文化象征。对于美国文化的介绍和探讨自然会成为本单元的重点，而且，一般而言，教师会倾向于对其采取赞成的态度，容易让学生形成片面的认识。Byram（1991）指出，文化教学的目标“不是复制异国文化群体的社会化过程，而是培养文化理解能力”。因此，当教师在介绍知识时，应保持中立态度，引入相应的本土文化，引导学生理解两种，甚至多种文化的特征。对于美国文化的象征，教师可引导学生思考中国有哪些文化象征，分别代表什么意义。这一环节还可以为后面的深入文化内涵探索做好铺垫。文化背景知识输入活动中容易出现的另一个误区是刻板印象的形成。教师在进行文化知识输入时，不可避免地会加入自己对文化的认识。如果教师的语言选择有欠严谨，则可能造成学生对某种文化产生刻板印象。在教学中应尽量避免简单下定义的表达，例如，“美国人非常开放”“英国人很严肃”“中国人很含蓄”等。在进行背景介绍时，尽量给出具体情景，并注意每种文化的多面性。Kramsch（1999）认为外语课堂的参与者通过设计教室语境中的交际和理解条件来创造他们自己的文化语境，他们不是某个单一社会环境的代言人，教师本人是创造各种文化语境的工具。那么，大学英语的教师应充分意识到母语语境在课堂中的存在，避免对文化的片面理解或者概括。

（2）鼓励学生采用对比法探索文化内涵。探索文化内涵是一种提高学生思辨能力、增强文化认同、培养跨文化交际能力的重要途径。探索的方式是灵活多样的，其中比较常见的是语言特征分析。无论是词汇、篇章，还是语法、语音，语言的各个层面都与文化关系密切。学生通过对比、分析、挖掘其中的关系，可以更深入地了解语言，更清楚地看到文化的影响力。词汇的文化内涵对比研究较多，也是极好的教学材料，比如中西文化中“狗”的文化内涵对比。在英语国家中，狗除了打猎和看家护院之外，还被看作人类的伙伴。因此，“dog”一词常出现在一些带有褒义的表达中，例如“a lucky dog”指幸运的人，“Every dog has its day”意为“凡人皆有得意时”，“Love me, love my dog”指爱屋及乌，“A good dog deserves a good bone”指有功者应受奖赏。而在中文里带有“狗”的词语以贬义词居多，例如狼心狗肺、狗仗人势、狗腿子、狗头军师、狗血淋头、狗嘴里吐不出象牙等。这种不同在一定程度上与西方国家的狩猎文化和中国的农耕文化有关。狗在狩猎中起到极其重要的作用，因此狗的主人将其看作自己的宝贵财产，甚至家庭的一员。而狗在中国一般用来看家护院，人们更多看到的是狗的被奴役性。通过词汇文化内涵的对比，学生不仅学习到相关的词汇，而且认识到中西方两种不同生活方式所形成的影响。篇章、语法和语音所隐含的文化内涵更加隐蔽，需要学生具有较强的概括能力来探索。当然，学生也可以通过搜索相关的已有研究来获取这方面的信息。探索式学习还有利于培养多元文化价值观，有效地提升文化认同，降低文化焦虑。在进行探索式学习时，教师应鼓励学生认识文化的多面性，避免产生片面、狭隘的看法。例如，学生对外国文化的印象常常是比较开放、自由的，而中国文化更加含蓄、拘谨。这种情况在某些情境下是存在的，但并非所有情境都是如此。以餐桌礼仪为例，在西方的正式用餐场合，礼仪是非常讲究的。例如，盘子右边旁摆刀、汤匙，左边摆叉子，食客依用餐顺序：前菜、汤、料理、鱼料理、肉料理，视所需而由外至内使用。用餐中，有事离席时，宜把刀叉摆成“八”字形放在餐盘上。用餐结束后，则是平行地斜放在盘的一侧，否则餐具可能会被服务生收走。食用面包时，用手将其撕成小块，不可用刀切割。正式场合中，来宾需穿着正装。即使是一般用餐时，大声讲话、咀嚼食物时发出声音，都是不符合西餐礼仪的。而在较正式的中餐场合，人们并不一定表现得含蓄、拘谨。以婚宴为例，中国人更爱热闹，主人热情地招呼来宾，宾客们也是高声交谈，来宾的着装也没有特别的要求。如果教师能够引导学生思考这些有违文化刻板印象的现象，学生不仅可以认识到文化的多面性，而且对两种文化的特性可以展开进一步的思考，探索这种多面性形成的原因。这种一步步思索的方式能够积极推动学生的思辨能力，对我们的文化，甚至我们自己形成更深的认识。

（3）通过体验学习感受中西文化差异。早在两千多年前，荀子就曾说过：“不闻不若闻之，闻之不若见之，见之不若知之，知之不若行之，学至于行之而止矣。”两千多年后的 John Dewey（约翰·杜威）提出了“做中学”的观点，与荀子的思想不谋而合。Dewey 的体验式教学活动分为五个步骤：营造真实的经验环境，从情境中产生真实的问题，搜集材料，产生问题解决办法，通过应用检验办法。这五个步骤不仅强调学生在营造的环境中感受学习的过程，而且强调学生在活动的过程中将已有知识和体验中获得的感受和经验进行整合，从而建构自己的意义世界。

在跨文化交际活动中，隐性的社会知识和规则可以通过背景知识输入部分介绍给学生，但在真实语境下使用时，客观条件常常会发生不同程度的变化，使学生对原有的知识输入不断进行完善。正如英国学者 Fantini（凡蒂尼，1997）所言：没有经历过第二语言学习的人，就不可能通过与异族文化的人进行交际来获取深刻的认识和益处。只说一种语言的人，纵然对异族文化有很多的了解，如果不经过直接亲身的体验，那么他们关于这些语言文化的知识就只限于认知层面的理解；如果不具备多种形式交际的能力，他们也就只能从单一角度来感知、理解、形成和表达思想。尽管他们能够用自己的语言讨论跨文化的概念，他们的理解仍然是间接的，这种单一视角会导致狭隘的自满和自满的狭隘。

因此，"后现代知识观对于非确定的知识、个体知识、缄默知识关注，对获得知识过程中的人的认知方式、主观态度、情感体验的关注，提醒我们教学不仅仅是让学生接受现成的知识结论，还必须由学生自己去参与、去经历、去感受、去体悟。对此，教师应该充分认识到，知识的学习过程是学生的精神世界'自主建构'的过程，学生不是被动地接受外在信息，而是通过生活中的感受、理解、领悟，自主生成新的意义世界，在这一过程中，教师所要做的不是给出现成的知识，而是创设与学生的生活世界相关联的情景。"（辛继湘，2003）

教师在为大学英语的学生设计体验活动时，需要充分考虑学生在现在生活中和将来生活中使用英语的情境。对于大学英语的学生来说，在外国使用英语的人并不占多数，更多的人将会在母语语境下、在工作中使用英语。因此，学生更需要学习如何在母语语境中成功交际，如何将母语文化中的思想表达出来，以及如何在跨文化交际中保留我们的母语文化身份。蒋亚瑜（2014）曾经做过一个实验，让本土教师和外籍教师一同上课。在一次授课时，学生问外籍教师："What do westerners do on Qingming Festival?"（西方人怎么过清明节？）外籍教师问："What is Qingming Festival?"（清明节是什么？）中国教师补充："Something like All Soul's Day. "（类似万圣节。）又如，当学生尝试用"Where are you going?"（你去哪儿啊？）或"Have you had your meals?"（吃过饭了吗？）打招呼时，中国教师解释这种中国式的招呼语并未涉及个人隐私，纯粹是一种问候，相当于英语中的"Hello"（你好），外籍教师对此并没有反感，反而乐于接受。再次碰到学生时，令人意想不到的是，外籍教师学会了用"Where are you going?"打招呼。这种合作课堂的形式可以很好地模拟学生将来使用英语的情境，学生在这种语境中，可以体验如何为外籍人士解释母语文化中的概念，甚至使外籍人士"入乡随俗"，接受母语文化中的行为方式。在以英语国家文化为主流的大学英语课堂中，这样的情境营造无疑是非常好的尝试。当然，并不是每所学校都能够为大学英语的班级配备外籍教师，但本土教师不应忽视母语环境对学生跨文化交际能力培养的作用，努力营造符合实际需求的体验环境。

综上所述，背景知识导入、探索文化内涵和体验式教学从认知、情感和行为三个层面为学生提供了认识、理解和体验文化的机会，使学生能够多层次、逐渐深入地建立起对文化的认识。将本土文化与这些教学方法相结合，有助于增强学生对多元文化的理解和体会，防止对本土文化或西方文化的片面认同。此外，如前文所述，跨文化交际能力可分为认知、情感和行为三个层面的能力，那么在课堂活动的设计上，教师应充分考虑这三个层面的能力训练，将多种教学活动灵活应用，合理安排，丰富课堂设计。

第四节　中国英语及其对跨文化教学的影响

一、世界英语和语言文化属性的改变

1. 世界英语的出现

20 世纪下半叶，随着经济和技术的快速发展，全球化的脚步不断加快，英语也成为国际交往中的通用语。由于历史原因，英语本身在其发展过程中从日耳曼语、法语、拉丁语等语言中吸收了大量词汇和表达，它是一门包容能力很强的语言。在近几十年的全球化进程中，英语表现出极强的工具性和传播能力，英语的全球化已是不争的事实。因此，英语在全球化的过程中不断吸收全世界各区域的语言和文化特征，形成了各种变体。英国英语和美国英语也不再被看作仅有的两种标准语，而只不过是英语的两种国别变体（榕培，1991）。世界英语理论也应运而生。世界英语的相关研究始于 20 世纪 60 年代，Strang（斯传）在他的著作《英语历史》（*A History of the English Language*）一书中首次提出“各种形态的英语”（Englishes）一词（潘章仙，2004）。随后，语言学家们先后提出了多种模型，例如 Strevens（斯蒂文斯）的世界英语树形地图，Kachru（卡奇鲁）的三个同心圈模型，McArthur（麦克阿瑟）的世界英语圈模型（The Circle of World English），Modiano（莫迪亚诺）的世界英语向心圈（Centripetal Circle）模型等。这些理论模型多数将某种或某几种变体作为世界英语的核心，其他变体围绕其发散开来。

各区域变体的涌现是英语全球化和本土化的必然产物。Kachru 强调，英语与其他语言和文化的接触会产生两种结果，即全球化（Globalization / Englishlisation / Internationalization）和本土化（Nativization / Indigenization / Hybridization）。这两种结果受到两种力量的推动，分别是向心的趋同力量和离心的变异力量。向心力推动英语在全球范围内形成核心的标准形式，而离心力使英语加速形成具有本土特点的语言变体，以至于演变成各自独立的语言。这两种力量相互制衡，因此，英语在发展出多种变体的情况下，依然存在大量“共

核”的语言形式。但不可否认的是，“全球化进程已经使英语产生了深刻的变化，其主要结果就是国际英语以及各种新变体的形成，英语本族人的文化与语言威权受到挑战和颠覆，英语与其本族文化的纽带变得愈来愈薄弱，其语言中旧有的单一性标准和规范受到质疑，并逐渐被多元标准和多中心论所取代”（李文中，2006）。

虽然英语的变异由来已久，在各地也形成了具有一定历史的变体，但在英语教学界，变体的教学仍然存在争议。争议之一即何为“标准英语”。一部分学者坚持维护英语的“纯洁性”，排斥本土化的语言变体。其中，英国著名语言学家 Quirk（夸克）是“正宗英语”的拥护者。他认为，英语虽然在其发展过程中已经衍生出了许多地域变体，但是这些变体与英国英语和美国英语是不能相提并论的（1990）。即使像新加坡这样将英语设定为官方语言的国家，其语言的特有形式仍然得不到承认，Kandiah（坎迪亚，1999）把新加坡语境下出现的新形式归咎于“不完善的学习”。以 Kachru 和 Ahulu（阿胡鲁）等为代表的学者认为 Quirk 等人的观点漠视了其他地区英语形式的存在，是一种保守而草率的观点。他们认为并没有“标准英语”一说，英语在本土化过程中出现的变异存在合理性，应该予以尊重和认真研究。Kachru（1985）指出：“本土化是语言充满活力的表现，是语言创新的结果。它体现了外来语言的地方性功能、新语境下的‘会话文化’和交际策略，以及来自地方语言的迁移。”他认为应当认可“各种形态的英语”的合理存在，并对其轮廓和文化导入等由英语学习和使用所引发的一系列问题进行全方位探讨。作为“多元标准”的倡导者，Kachru 提出了著名的同心圈学说。根据同心圆学说，全球的英语可以分成内圈、外圈和扩展圈。“三个同心圈”理论将英语的覆盖人群分为内圈、外圈和延伸圈三个同心圈。内圈人口最少，以英语为母语的国家有美国、加拿大、英国、爱尔兰、澳大利亚、新西兰等，人们通过自然习得获取语言。外圈人口比内圈多，英语在这些国家是第二语言（官方语言），主要由英语国家的前殖民地组成，比如印度和新加坡等国。官方语言使用者在国内交流中对英语有一定的依赖性，英语是司法、行政、教育、科学研究等领域的专用语言，获取的方式是学校教育。延伸圈人口最多，把英语作为学校外语课程的国家有中国、日本、韩国等，获取方式是长期的学校教育。所有这些形态的英语全部处于同一个共核之下，也就是说它们是建立在一个共核基础上的、具有各自特点的、独立的英语变体（Kachru，1985）。

从世界英语研究对各区域变体的研究来看，英语变体存在不争的事实。英国本身也是一个多方言的国家，根据 Trudgill & Hannah（特鲁吉尔和汉纳，1994）的调查，只有极少数人（3%～4%）使用 Received Pronunciation，即在正式出版物中使用的语言。从语言的发展来看，语言的变异是难以避免的，为了适应不同的文化和语境，语言总是会处于不断的自我调节中。如果一味地坚持语言的“纯洁性”，语言则会僵化，失去活力。从另一方面来说，如果放任各种变体发展，英语则可能像拉丁语那样，分化成各自独立的语言，造成交际困难，反而削弱了英语的通用性和功能性。

就英语教学而言，根据 Kachru 的同心圈学说，各种语言变体存在交叠的部分，即语言的“共核”。这部分交叠的语言形式可以作为教学中的规范形式。而对于“共核”之外的变异形式，Strevens 和 Halliday 等讨论了其作为教学模式的两个判断标准，“首先应当为大多数受教育者所使用，其次能让使用不同变体的受教育者相互理解” [Bolton（博尔顿），2003]。文秋芳、俞希（2003）提出的“双层英语”假设也将“可理解性”作为本土化层和英语共核层和谐共处的基本原则。跨文化交际的双方如果能够本着宽容、理解的态度，尽量从对方的角度考虑，同样可以达到成功的交际结果。换句话说，接近英语变体的“共核”形式是我们学习英语的目标，但并不是唯一的目标。例如，一个新加坡人在亚洲会议上为了和韩国人交流，并不需要使自己的英语听起来非常像英国人。一般来说，内圈对外圈的容忍度相当高，我们经常会搞错一些英文用法，比如“我们来谈谈这个问题”，这里经常说成“We'll discuss about this problem”；实际上这里的“about”是因为名词 discussion 的传染，纯属多余。母语是英语的人对这些瑕疵都能容忍。

2. 语言本土化中文化属性的改变

语言变异总是与社会文化语境密切相关的。Firth（弗斯）很早就认识到文化语境的重要性，并且第一次使用“Sociological Linguistics”（社会语言学）的概念，同时还指出，“人们无论走到哪里都会携带自己的文化和社会生活信息”（颜治强，2002）。当人们需要用英语来表达具有本土文化特色的思想时，“共核”部分的语言可能无法满足表达需求，那么，人们需要根据自己对英语的理解，有创造性地发展能够承载自身文化和社会信息的语言形式。这样的变异过程就意味着“英语在某一社会环境中的本土化包含两个方面的意义，一是语言特征的本土化，再就是本土文化的融入”（李文中，1993）。

因此，尽管有些学者认为，英语全球化带来的西方化和美国化导致了本土语言和本土文化的边缘化，但事实是，只要其他文化有表达自己的需求，本土文化就不会消失，英语的本土化就将继续。当来自不同文化的人使用英语进行交流，并形成了自己的标准时，英语的所有权不再为本族语者独有，而成为全球的英语使用者所共有，英语则“成为一个跨文化跨语言的界面”[Mckay（麦凯），2003]。正如一位菲律宾诗人所言，“英语现在是我们的了，我们把它殖民化了”。

与语言所有权的转移伴随出现的，自然是语言文化属性的变化。英语本族语者的文化随着英语全球化的进程传播到世界各地，成为英语学习者必须学习的项目之一，甚至在一定程度上威胁和抑制了本土文化的发展。但本土文化的生存需求以及跨文化交流活动的需求使得本土文化也在悄然移入世界英语中，并形成一套具有中国特色的表达形式，承载了具有中国特色的社会文化和信息。对英语的所有权意识，以及对英语本土化的正确理解能够使中国的英语学习和使用者强化自我文化身份和心理意识，懂得运用英语表达中国特色的事物和思想，不为自己的“中国腔”而感到羞愧。如 Smith（史密斯，1983）所言，“真正的语言能力就是你能拥有这一语言，为己所用，并使它成为自己的真实语言，这样才算掌握了它”。

对于中国英语学习者而言，“英语在中国的本土化既包括语言上的中国特征，即中国英语变体的形成，也包括中国文化的移入，即英语在中国可以成为中国文化的承载物和传播媒介”（李文中，1993）。中国英语的学习应该成为跨文化交际能力培养的重要内容。

二、中国英语及其对大学英语教学的影响

1. 中国英语的概念

国内语言学界很早就开始关注具有中国特色的英语表达现象，但学界对于中国英语的概念颇有争议。陈文存（1999）、邱立中、宁全新（2002）等人认为，英语在中国的本土化没有必要，“中国英语”是一种“糟糕的变体”，“中国英语”的提法不利于英语教学，并可能进一步造成中介语的石化。也有部分研究者认为中国英语是干扰性变体，属于中介语的范畴，是语言变化中的“过渡现象”（谢之君，1995；林琼，2001）。还有很多学者相信中国英语是客观存在的，它不同于“中国式英语”，不是不符合语言规范的“荒谬”的英语，而是反映中国文化和社会现实的语言，是符合英语语言规变体的（汪榕培，1991；李文中，1993；贾冠杰、向明友，1997；姜亚军、杜瑞清，2003）。

（1）“中国英语”的提出。

1980 年，葛传槼先生在《翻译通讯》（现更名为《中国翻译》）中提出了“中国英语”（China English）这一术语。他在文中写道：“我认为，英语是英语民族的语言，任何英语民族以外的人用英语，当然应该依照英语民族的习惯用法。不过，各国有各国的特殊情况。就我国而论，不论在旧中国或新中国，讲或写英语时都有些我国所特有的东西需要表达。”例如 Four Books（四书）、Eight-Legged Essey（八股文）、Four Modernizations（四个现代化）、Ideological Remoulding（思想改造）、Xiucai（秀才）等。葛先生认为，在翻译中应尊重英语的表达习惯，但有些中国特有的事物和现象名称只能“委曲求全”翻译为“中国英语”的词汇，他指出：“这些英译文都不是 Chinese English 或 Chinglish，而是 China English。”。

葛传槼先生虽然提出了“中国英语”的说法，但在 20 世纪 80 年代并未引起学界的太多关注，直到 90 年代初，人们又重新开始讨论“中国英语”的概念。汪榕培（1991）提出了“中国英语”是客观存在的观点，随后李文中（1993）对汪榕培的观点提出了修正意见，并对“中国英语”和“中国式英语”进行了界定。虽然对于“中国英语”的界定仍有一些争议，但随着社会的发展和越来越多描述性语言证据的出现，英语本土化的趋势是毋庸置疑的。

（2）中国英语与中国式英语。

贾冠杰（2013）对 1979 年以来"中国知识资源总库"中"中国英语"或"中国式英语"的相关文章进行了检索，结果发现有相当数量的文章并没有对"中国英语"和"中国式英语"的概念进行清楚的界定。有的文章标题是"中国英语"，但内容讲的却是"中国式英语"，而有的文章直接就将两者等同起来，互换使用。

葛传椝先生提出"中国英语"的概念时，并未对其进行严格界定。20 世纪 90 年代初，研究者们开始严肃讨论"中国英语"的定义。汪榕培（1991）认为"中国英语"的定义应该有三个方面的含义："中国人在本土上使用"、"以标准英语为核心"、"具有中国特点"，并也认为应该对"中国英语"和"中国式英语"加以区分。李文中（1993）对其中的第一和第三点进行了修正。他认为中国英语并不仅仅局限在中国本土使用，tea（茶）、kowtow（叩头）、Four Modernizations（四个现代化）等词虽然也在本土使用，但更多是在国际交流中出现。有些词甚至是由外国人杜撰出来描述中国特有的社会文化事物和现象的，这些词的使用已超出"本土"的范围。而"标准英语"的说法也不够准确，由于世界英语的发展，英、美两种英语也不被看作"标准英语"，而是将合乎英语语言普遍规则，为英语国家的人所接受和理解的英语称之为"规范英语"（Normative English）。因此，李文中提出，中国英语是以规范英语为核心，表达中国社会文化诸领域特有事物，不受母语干扰，通过音译、译借及语义再生等手段进入英语交际，具有中国特点的词汇、句式和语篇。他同时指出，中国式英语是指中国的英语学习者和使用者由于受母语干扰和影响，硬套汉语规则和习惯，在英语交际中出现的不合规范的英语或不合英语文化习惯的畸形英语。例如将"Teacher Zhang"（张老师）作为称呼用语，将"Have you eaten up？"（你吃了吗？）作为招呼用语，虽然语法上没有错误，但不符合英语文化习惯，属于中国式英语（Chinglish）的范畴。

谢之君（1995）和林琼（2001）对于中国英语"不受母语干扰"这一点并不认同，于是提出中国英语是一种"干扰性变体"，是"学习者对第二语言（目的语）的语音、词汇或句法选择上的差异"，是语言学习中的一种过渡形式。从这一点上来说，二人所理解的中国英语是不符合英语的核心规范的、带有中介语特征的英语。他们所认为的中国式英语则是指中国人在学习和使用英语时，把汉语的语言规则运用到英语语言之中，受汉语的思维方式和相应文化背景知识的干扰和影响而说出或写出的不合英语文化习惯的畸形英语。这与李文中（1993）对中国式英语的定义相似。

贾冠杰（2013）对中国式英语进行了更细致的界定，分为"中国式英语"和"中国人造错误英语"（Bad English）。他认为中国式英语，或者中式英语中虽然有不符合规范的地方，但能够被英语本族语者理解，并不能算作畸形英语。他对中国式英语的定义是：

1）操汉语的人们使用的；

2）以英语为核心的；

3）反映中国文化的；

4）具有中国特点的；

5）英语本族语者能够理解，但不接受的英语。

例如，“We must make an improvement in the work”虽然没有语法错误，但受母语干扰，表达累赘，并不地道，应改为“We must improve the work”（我们必须改进这项工作）。再如，前文提到的“Teacher Zhang”，虽然不符合英文习惯，但并不引起歧义。即使是出现语法错误，例如“Let’s discuss about the matter”（我们来讨论这件事），也容易为外国人所理解，对交际活动的影响不大。陈林汉（1996）的调查表明诸如《北京周报》和《今日中国》一类的刊物中也存在冠词和介词使用不当等问题，但被调查的外籍人士都表示能够理解。

“中国人造错误英语”则通常是错误和荒谬的英语，具有以下特征：

1）中国人根据汉语结构随意翻译的；

2）语法错误的；

3）没有反映中国文化的；

4）没有中国特点的；

5）英语本族语者不理解、也不接受的英语。

这一类英语只是对汉语的生硬翻译，对英语本族语者来说难以理解，已经失去了实际交际的功能。例如，“people mountain, people sea”（人山人海），“good good study”（好好学习）。更多时候，这种英语是出现在网络中的恶搞，或者是低水平英语学习者的语言。

笔者认为，中国英语免不了受到母语的影响，例如，“one country, two systems”（一国两制）、“planned commodity economy”（计划经济）、“vegetable basket project”（菜篮子工程），在英语中原本没有与其对应的表达，采用带有中国味的翻译难以避免，但不能因此将中国英语看作不规范的语言形式而加以排斥。中国英语也不等同于第二语言学习过程中学习者使用的介于母语和目的语之间的中介语。例如俞希、文秋芳（2010）在中国英语报章中发现的评价性形容词搭配的本土化特征，这些特征虽然受到母语影响，与英语的表达习惯有异，但并非影响交际效果的畸形英语或者二语学习者在学习过程中发展出的中介语。因此，中国英语并不是有语病的，而应是与其他英语变体具有同样地位的语言变体。对于中国英语的翻译，笔者认为“China English”是更为合适的翻译。虽然“Chinglish”在国外是更为流行的说法，但“Chinglish”包含有一定的负面含义，更适合用来翻译英语本族语者能够理解，但不接受的中国式英语。

而对于中国式英语，笔者认同贾冠杰（2013）的观点，应该将“中国式英语”与“中国人造错误英语”区分开来。从某种角度来说，“中国式英语”并非有意为之的语言错误，使用者通常具有一定的英语语言基础，而“中国人造错误英语”往往是对英语并不了解的人随意为之，甚至是故意为之。

2. 中国英语的本土化特征

Platt, Weber & Ho（普拉特、韦伯和霍，1984）认为判断英语新变体可适用四条标准：①该变体是否在教育体系内使用；②在本族英语为少数语言地区的发育情况；③在某一国家和社会应用的功能；④它在发音、词汇和句子结构方面的地方化或本土化的语用依据。从以上标准来看，中国英语既有与世界英语共核的部分，又有本土化英语的特征，是英语全球化和本土化的产物。其本土化特征有以下表现。

第一，中国英语正在逐步融入我国的教育体系中。近年来，各高校逐渐开设面向非英语专业的“中国文化英语”类型的课程。虽然大学英语课程中使用的主流教材对中国英语还未予以足够的重视，但学生想用英语来表达中国社会文化事件的愿望是迫切的。这方面的教材也不断面世，如常宗林等主编的《中国文化导读》（清华大学出版社出版），杨敏等主编的《中国文化通览》（高等教育出版社出版），叶朗、朱良志著，章思英、陈海燕译的《中国文化英语教程》（外研社出版），文秋芳等主编的《新标准大学英语文化阅读教程》（外研社出版）。这些教材的出版，恰恰说明专家、学者对培养学生中国文化英语表达能力的重视（蒋亚瑜，2014）。从 2013 年 12 月开始，全国大学英语四、六级考试中有些题型做了调整，把原来的句子翻译改为段落翻译，主要涉及中国的历史、文化、经济、社会发展等旨在考查学生用英语表达中国文化知识和社会事件的能力。此外，一些有影响力的教育文化事件也对中国英语更加重视，例如，“外研社杯”全国英语演讲大赛决赛增加了中国文化元素，考查学生的中国文化英语表达能力。如 How would you introduce the song “Jasmine Flowers” to foreigners?（如何向外国人介绍“茉莉花”这首歌？）

第二，在本土化的语境下，中国英语中植入了中国人的文化和思维模式。汉英在语言上的差异实际上是复制了思维方式的对立。从语言世界观的角度，思维模式一旦成形就很难改变，它总是借助某一特定的语言系统尽可能完美地呈现出来（付宁，2007）。这也是用英语表达中国特色思想和事物时需要跨越的鸿沟。思维模式的差异往往造成两个问题。一是中国的“文化负载词”难以在英文中找到对应词，造成文化空缺现象。因此，中国人必须“创造出具有中国特色的英语词汇或语言风格”，例如，Nail Houses（钉子户）、Zongzi（粽子）、Four Books（四书）、Five Classics（五经）、Eight-legged Essay（八股文）、Chinese Herbal Medicine（中草药）等。另一种问题则是中英表达的“虚假对应”。此类问题往往由字面直译造成，也是中国式英语的代表性特征。以“黑车”为例，字面直译为“black taxi”，但英国人则可能会想到贝尔法斯特的出租车，即为游客提供观光服务的出租车。而中文中的“黑车”实际上是私家车充当营运车辆，因为私自载客违反车辆运营的法规，所以被称为“黑车”。“黑”在中文中与表示车辆的词共现时具有“违法”之意，是一种负面隐喻，并且这种表达方式已经为公众所认可。在英语中 black 虽然也存在负面隐喻，但因为在英国确有刷成黑色的出租车，black 与 taxi 搭配时，black 是中性的，仅指颜色。可见，中英两种文化及思维方式的差异导致翻译时容易造成“虚假对应”，引起误解。实际上，“黑车”宜译为“unlicensed makeshift cab”，既说明了“黑车”的具体含义，又避免了误解。

第三，官方和权威媒体推动中国英语的发展，并使其在国际交流中起到重要作用。从社会符号学的角度来说，符号的使用具有任意性，但在信息交换的过程中，一旦某种符号为多数人认可并使用，“它就不再带有任意性，只能表达特定的意义，而成为一种公众准则或社会准则了”（陈原，2000，转引自贾冠杰，2013）。中国英语的主要功能之一即国际交流，因此与社会文化相关的许多表达已经相对固定，这与官方和权威媒体的推广影响力紧密相关。以政治话语为例，具有中国特色的语言往往都有相对固定的英文表达，例如，the Three Represents（三个代表）、a Well-off Society（小康社会）都曾出现在全国人民代表大会工作报告（英文版）中，one-child policy（独生子女政策）、resident permit of Hukou（户口）也常常见诸报端。中国英语使用者的权威性在这一语言变体的形成过程中起到至关重要的作用。

第四，以表达中国特色思想和事物为目的。从语用的角度来说，中国人的思维模式、行为模式、社会现状、文化思想等需要用语言加以呈现，这种表达和交流的诉求不仅体现在最为明显的词汇层面，而且在语音、句子和篇章等层面都有体现（杜瑞清、姜亚军，2001；文秋芳等，2003；俞希、文秋芳，2010），从而形成一套具有中国本土特色的语言体系。

3. 中国英语的语言特征

从“中国英语”的提出到现在，30 多年过去了，学界对这一话题的讨论一直没有停止过，虽然现在仍然缺乏系统性的研究，但研究者们对中国英语的语言特征也做出了初步描述。以下将从语音、词汇、句法和篇章的层面对中国英语的语言特征进行简要概括。

（1）语音层面。

由于中文发音方式的特点，中国人想要达到英语本族语者的口音是相当困难的。但一般来说，人们对英语学习者的口音也没有太高的期待。所以，如果仅以跨文化交际为目的，通过一定的练习，中国人的口音不会对交流带来太大影响。大体来说，音位层面的特征体现在音段音位和超音段音位。

音段音位最常见的特征就是加音和变音现象。一种加音现象是在辅音后增加元音。英语中有辅音串和词尾出现辅音的现象，但中国人并不适应这样的发音方式，于是很自然地在辅音后加上元音/ə/或者/i/。另一种加音现象是在元音前增加辅音。比较常见的情况是在/ɔ:/和/ɔ/前增加浊辅音/w/，因此经常可以听到中国英语学习者在发 talk、pot 这类词时出现过度圆唇的现象。此外，由于中文的影响，某些元音的发音位置也与英语本族语者不同，例如/i/ /e/ /æ/ /ʌ/ /ɔ/。中国英语学习者的发音位置一般来说稍靠前一些。

超音段音位层面的迁移具有积聚性[Leather（莱瑟），1983]。因此，也被认为更难克服。杜瑞清、姜亚军（2001）认为中国英语音位层面的特点应主要体现在超音段音位层面，如重音、音渡、弱化、同化、连读等。这些方面的“中国特色”根深蒂固，难以根除。英语是以重读计时的语言，重读音节和轻读音节的交错出现，具有很强的节奏感。中文是以音节计时的语言，一字一音的特点是汉语话语节奏的一种直观形式，这就造成中国英语学习者倾向于增加元音和重读弱读音节，从而增加了音节数和重度音节数，听起来更像中文的节奏。此外，以音节计时的特征也使得中国学习者不习惯使用弱化、同化和连读，在一定程度上影响了英语的节奏感。从声调的方面来看，汉英两种语言也差别显著。汉语是声调语言。汉语的四声——阴平、阳平、上声、去声——可用于区别语义。而英语是语调语言，分为升调、降调、升-降调和降-升调四种，语调的差异表现出语气的不同。相比之下，汉语的语调变化并不明显，因此中国英语学习者的语调偏于平缓。

此外，中国英语学习者通常混合了美式英语和英式英语的发音特征。周榕和陈国华（2008）对英语专业大学的英、美英语态度偏好与实际口音特点进行了测试。结果表明，学生对美国英语的态度和认同感已超过对英国英语的态度和认同感，但其实际英语口音则是三分之二为英国英语、三分之一为美国英语的混合体，表现出更倾向英国口音的特点。事实上，对于英语学习者来说，由于受到母语和各类教学资料的影响，要达到某种纯粹的口音十分困难。一位知名的英语节目主播曾经这样评价自己的口音：“在我看来，（我的口音）算不上纯粹的英国英语，美国英语的成分更少，更谈不上澳洲英语或者加拿大英语了。这是一种中性的口音，很难分辨出到底来自哪里。”（张凌，2009）

虽然有些学者认为，中国人说英语时表现出的语音特征不应纳入中国英语的范畴，而应与“非规范”甚至错误联系起来。但不可否认的是，即使在高水平学习者中，“foreign talk”也很难避免，只是表现得更轻微一些。中国人说英语时这些特征是难以消除的现象，不应过于苛责或贬低，尤其是对非英语专业学生的口音，应采取适当包容的态度。而对于研究者来说，需要进一步讨论如何量化区分接受性强的语音特征和接受性弱的语音特征，从而将中国英语的语音特征给予更清晰的界定。

（2）词汇层面。

中国英语词汇层面的特色是最为显著，也是现有文献讨论最多的特色。从汉语中借词是使用英语表达中国特色事物的典型方式。Cannon（加农，1988）曾经进行了统计，截至 20 世纪 70 年代末，在英语词典和参考书中出现了 979 个汉语借词（Chinese Borrowing）。但实际上在近代，中国特色词汇快速增长的时期是改革开放之后，随着交流的日渐频繁和社会的快速发展，更多的传统文化和新生事物需要合适的英语来表达，使得大量的汉语借词进入英语。就总体而言，汉语借词由音译词、借词+英语词和译借三部分构成（李文中，1993）。

现在英语中的音译词主要来自两种拼音系统。一种是威氏拼音，另一种是汉语拼音。早期的音译词主要以广东话为基础，很多词汇也与广东人的生活紧密相关，例如 tea（茶）、chow mein（炒面）、dim sum（点心），现在的音译词中也有不少保留了当年的拼法。近期的音译则以汉语拼音为准，并逐渐替代原来的威氏拼法。但少数约定俗成的词依然保留了原来的译法，例如，Lhasa（拉萨）、Hong Kong（香港）、Macao（澳门）等。有意思的是，在官方媒体中，"北京"的音译 Beijing 已经替代原来的拼法 Peking，但在"京剧"和"北京大学"这两个词条中，"北京"一词依然保留了原来的拼法 Peking opera 和 Peking University。

英语历来具有较强的包容性，因此借词+英语词的构词形式在英语中也较为普遍。例如，"television"即由法语词根"tele-"和拉丁词根"vision"组成。在中国英语中，这种类型的词也有不少，较常见的是地名、节日名等专有名词。例如，Tian'anmen Square（天安门广场）、Yongdingmen Gate（永定门）、Zhongshan Park（中山公园）。这类词的译法一般保留原中文发音，再加上表示类别的英文词。这种译法的好处是在跨文化交际活动中避免了直译专有名词所带来的误解或歧义，也避免了多种译名所带来的翻译标准不一的问题，在翻译地名等专有名词时非常实用。缺点是原中文名称中传达的意义无法显现。

第三种借词的方式是译借。译借词主要来自于中文词汇的直译和解释性翻译。直译的方式可以很好地保留中国文化中的意象，有利于展现中文的文化个性。Paper tiger（纸老虎）就是一个很好的例子。从表达的意义来说，英文中有与之类似的词 scarecrow（稻草人），指的都是表面看起来吓人，但实质上并没有任何攻击力的人或事物。如果将"纸老虎"译为 scarecrow，西方人虽然能更快理解，但无法传达出原来中文中巧妙的比喻，颇为遗憾。直译的方式则能弥补这种缺憾，并且在意义上具有较好的通达性。随着中国文化的广泛传播，中国特有的概念也越来越为外国人所熟知，例如 Year of Tiger（虎年）、Lunar Calendar（农历/阴历）等。此外，有中国特色的政治词汇也以直译为主，例如 Spiritual Civilization（精神文明）、the One-child Policy（独生子女政策）、Scientific Outlook on Development（科学发展观）等。在政治新闻中，采取这样的译法可保证文字的简洁性，并保留"最大限度的客观性"（张建，1994）。对于直译处理起来有困难的词汇，译者也经常使用解释性翻译的方式，从而扫清理解的障碍。例如将"外来务工人员/农民工"以为"migrant workers"，"馒头"译为"steamed bread"，"方丈"译为"head monk"，"大白菜"译为"Chinese cabbage"。

总的来说，中国英语的词汇翻译显现出越来越强的异化趋势。范勇（2010）曾对 2009

年《纽约时报》中出现的中国特色词汇进行了统计，中国特色词汇采用最多的翻译方法是完全直译（34.13%），而完全直译、完全音译、直译加解释和音译加解释的比例达到60.82%。《纽约时报》是西方具有代表性的媒体，其中国英语词汇的使用尽量保留了原中文文化的个性，也表现出中国文化影响力的扩大和西方媒体对多元文化的尊重。

此外，值得注意的是，在中国语境下，英语词汇的语义和词汇的搭配行为也在悄然发生本土化的转变。近年来，一些实证研究表明，中国语境下的英语已经形成了一些惯例性搭配，其频数显著高于本族语中出现的频数，部分搭配甚至是中国英语中的独有搭配，相应地，一些英语词汇的语义也发生了一定程度的异化（高超，2006；俞希，2006；俞希、文秋芳，2010）。其中较有代表性的研究是俞希、文秋芳（2010）基于语料库的对中国英语报章中评价性形容词搭配的本土化特征研究。该研究以我国三家权威的英文报纸为语料，构成一个中国英语新闻语料库，并将其与BNC（英语国家语料库）的新闻字库进行对比，提取出最高频的20个评价性形容词。研究发现，中国英语中高频搭配具有如下特点：这些评价性形容词的搭配行为与中文的固定概念和用法有着紧密的联系，例如，great 频繁搭配 change（s）、progress、achievements 和 contribution，直接迁移了巨大的变化/进步/成就/贡献这些中文中极为普遍的搭配；高频搭配涉及的名词相对集中与稳定，例如，涉及 history（历史）的评价几乎总是 rich（丰富的），而在英语本族语者的语料库中，用于修饰 history 的评价性形容词范围更广，包括 interesting（有趣的）、honourable（光荣的）、violent（暴力的）、painful（痛苦的）等；某些高频搭配发生语义变异，例如，colorful life 是中国英语中常见的搭配，colorful 意指“多姿多彩的”“丰富多彩的”，实际上是一种比喻性语言，而在本族语者语料库中，colorful 搭配 life 的情况只出现过一次，而且并不具有中国英语中的积极意义。中国英语中的某些独特搭配词也产生了意义上的差异，例如，environment（环境）在本族语语料库中的搭配词包括：（un）healthy（不/健康的）、attractive（迷人的）、pleasant（美好的）等，其中 environment 多用于其核心意义，即 the surroundings or conditions in which a person, animal or plant lives operates（人、动物或者植物活动附近的事物或者条件）。而在中国英语中，environment 一词通常表示 the setting or conditions in which a particular activity is carried on（某件活动进行的背景或条件），常用于 social environment（社会环境）、cultural environment（文化环境）等搭配中。这些高频搭配和独有搭配为中国英语的描述工作提供了数据支持，同时也反映出中国文化、经济发展中一些重要的概念和特点，“折射出中国文化中根深蒂固的价值观念、思想内涵和现代政治经济发展中的舆论导向”。

（3）句法层面。

Bolinger（勃林格，1981）认为，语法是语言组成部分中最保守的一部分，随时空的变化，其变化是极不明显的。中文和英文在句法方面的差异巨大，英语在本土化的过程中也表现出中文的句法特征。其中最为明显的特征之一是修饰语的前置倾向。英语中习惯于主语+谓语+宾语+修饰成分的结构，而中文则倾向于将修饰成分前置。

1）He bought a book yesterday.（昨天他买了一本书）

2）I played football after I finished my homework.（我做完作业后去踢了足球）

中式英语：1）Yesterday he bought a book.

2）After I finished my homework I played football.

修饰成分前置促成中国英语的语篇内单句偏多的现象，林语堂先生的英文小说《京华烟云》（*A Moment in Peking*）的句式就证明了这一点（贾冠杰、向明友，1997）。我国学者陆国强（1983）、周志培（1987）都认为现代英语句法结构上存在的移前（syntactic switch to frontal postion）倾向是受汉语影响所致。除了修饰语，句中的其他信息也有前移的倾向。英文中习惯使用头轻脚重的结构，而中文则与之相反，例如：It is impossible to finish the paper before Sunday（周日前完成论文是不可能的），中式英语为 To finish the paper before Sunday is impossible。

这些带有中文句法特点的句子都是“规范”英语，符合英文语法的规则。从跨文化交际的角度来说，对交际信息的交流并没有影响。但从句子呈现的效果来看，一般来说，并不提倡使用迁移中文句式特点的句子，因为多数情况下，不涉及文化特点的句子并不需要采用迁移的句式来表述。如果使用过多，文字读起来会显得生硬，不地道。而涉及中文特色的句子，则要考虑如何在保留特色的同时兼具文字的流畅。

中国人偏好使用简短、对称的句子结构。这类句子通常具有较强的句法特色和文化特色，如中文的四字词组。中国人习惯于用四字词组来表达思想和情感，以达到简洁有力的效果。江晓红（2001）提到一个例子，一位中央领导同志对中国外交人员提出了六项要求：“立场坚定，眼光远大，头脑敏捷，业务熟练，才华出众，风格高尚”。这六项要求读来对称整齐，铿锵有力。有人将之译为：“steadfastness, farsight, resourcefulness, professional competence, outstanding talent and nobility of character.”从信息对等的角度来说，这个译法完全能够传达原文的含义，语言上也无可挑剔，但与原文相比，但缺少了对称句法表现出的力量，显得零散。由此，黄金祺先生（1988）主张将译文改为：“A Chinese diplomat should be firm in stance, broad in vision, swift in wit, qualified in profession, outstanding in talent, noble in character.”这种译法不仅更接近原文的结构和风格，而且也像英文句子那样结构紧凑，连续使用六个对称式的短语又反映了汉语结构的特点。这段译文在中文和英语的句式特点之间达到了一个很好的平衡。

英语是形态语言，词、句、段、篇都有明显的形态标记，注重形式和内容的统一完整。汉语是非形态语言，词、句、段、篇均无明显的形态标志，而是以意念为主轴，以意役文。即我们常说的“形合”和“意合”的区别。在跨文化交际活动中，首先需要做到的是信息的传达，在传达信息的基础上，如果能体现出中文句式中传达的文化特色，那就更加理想了。

（4）语篇层面。

一种语言的语篇特征往往能反映出该民族的文化、价值观、思维方式等特质。在跨文化交际活动中，这种中国特色在语篇中的反映可能产生两种效果：一种是使交流的一方产生不适，影响交际效果；另一种是交际双方能够理解，并且保留语言特色。

胡曙中（1989）与加拿大修辞学教授 Richard M. Coe（理查德·M. 科）博士合作研究了英汉话语对比修辞模式的影响，论证了两种修辞结构的差异：英语话语的修辞结构呈线形，汉语的典型结构呈螺旋形。并提出了一些假设：语言学习和社会文化是相互联系的过程（如果不是同一过程的两个方面），文化对一个人所学的语言形式和修辞起着影响。因此，英语话语更钟情于从概括到具体的结构，直接切入主题；而中文则偏好循序渐进的非直接的方式。Young（杨，1982）引用了如下对话：

American: How does the Nutritional Institute decide what topics to do research on?（美国人：营养学院是怎么决定研究主题的？）

Chinese: Because, now, period get change. It's different from past time. In past time, we emphasize how to solve practical problems. Nutrition must know how to solve some deficiency diseases. In our country, we have some nutritional diseases, such as X, Y, Z. But, now it is important that we must do some basic research. SO, WE MUST TAKE INTO ACCOUNT FUNDAMENTAL PROBLEMS. WE MUST CONCENTRATE OUT RESEARCH TO STUDY SOME FUNDAMENTAL RESEARCH.（中国人：因为现在时代变了，和过去不一样了。过去，我们强调如何解决实际问题。营养学旨在解决营养缺乏症。我们国家有很多营养缺乏症，比如 X、Y 和 Z。但是现在，基础研究是重点。所以我们必须考虑一些根本性问题，我们必须把重点放在基础研究上。）

从以上例子可以看出，中国人采取逐渐接近中心观点的方式，先陈述原因（小写字母部分），最后才说出最重要的结论（大写字母部分）。对于美国人来说，需要等到话语结束部分才知道之前所有话的意义所在，这样间接的陈述方式可能给交流带来一定障碍。

另一种可能引起交际障碍的是中文的用词风格。陈林汉（1996）在所做的调查中发现，中国人偏好用“大词”和非常“正式”的词，因此在外国人看来语言风格略显夸张。李文中（1993）使用了这样一个翻译的例子：

The divine land of China has its rivers flowing across; the brilliant culture of China has its roots tracing back long.... The lightsome dragon-boat appear on the river as though the stars twinkle in the milk way.（中华大地，江河纵横；华夏文化，源远流长……轻快的龙

舟如银河流星。)

这段文字的翻译在外国人看来是相当夸张的，但问题是原文的风格即是如此，即使对译文加以“瘦身”，也难以摆脱夸张的成分。

笔者认为，是否将以上两种中国特色的英语纳入中国英语的范畴，还需进一步探索。在实际的跨文化交际活动中，还是应该以交际内容的通达性为重，尽量避免这类中国特色的带入。

但中国特色的元素并不一定都会对交际产生障碍，如果处理得当，中国英语可以做到既保障交际效果，又保留中文特色。谢之君（1995）在对杨宪益夫妇和 D. Hawkes（D. 霍克斯）、John Minford（约翰·闵福德）的两种不同的《红楼梦》译本的比较研究中发现：杨宪益夫妇的译本中不少地方有中国英语的特点，如句式较短、关系词少等。杨先生在汉语和英语两方面都有很高的造诣。许多研究者认为，杨先生译文与英文的语篇特征有所差异，更忠实地反映了原文。这同时说明中国英语运用得当，在表达中国特有事物中是有独特作用的。

从语篇的角度看，中国特色的思维方式、文化价值观确实会不同程度地内化在语言中，但中国英语有可接受性强弱之分。可接受性强者更接近于标准英语，可接受性弱者更接近于中国式英语（谢之君，1995）。英语水平的提高会减少可接受性弱的中国英语。我国著名翻译家叶君健曾在一次谈话中被问及在他写的英文小说中是否存在 Chinglish，叶老毫不犹豫地答道:“有。”但同时提到，这样的语言不应叫作 Chinglish，应该叫 Sinicized English（中国化的英语）。“我是中国人，不能不在使用英文时受汉语思维的影响。”叶老所说的“Sinicized English”即是指不影响交际的、“规范”的，但仍然带有汉语思维特点的中国英语。

以上列出的特征只是对中国英语的初步描述，还有很多需要进一步讨论和完善的地方。过去对中国英语的研究主要集中在定性研究，研究者多从理论入手探讨中国英语的形成理据，以少量案例为依据支持自己的观点。但随着科技手段的进步和语言研究方法的多样化，中国英语的研究也引入了语料库等量化研究的方法，从而为描述中国英语提供了实证依据，也为观察语言变化、编写相关教材提供了丰富的证据和素材。对跨文化交际教学而言，由于对中国英语语言特征的描述尚有很多有待讨论的地方，教师在教学过程中应保持开放的态度，不应对带有中国特色的语言一概排斥，在描述中国文化、社会生活相关事物时，应根据具体情况，尽可能在保证交际效果的基础上保留中国特色。

4. 英语本土化语境下大学英语教学的转变

英语的本土化促使我们扭转大学英语教学中中国英语长期受到忽视的现象，调整教学内容和方法，使英语学习与我们的本土语境对接起来。笔者建议通过三种途径来改善本土语境下的大学英语教学。这三种途径具体为：①坚持以各式英语的“共核”作为语言输入的主体；②适当引入中国英语；③发挥非本族裔英语教师的积极作用。

第一，各式英语变体的“共核”部分依然是大学英语教学所教授的主要内容。所谓“共核”，是指各种英语变体中共有的表达形式，是绝大多数英语母语者所遵循的语言标准，也可称为“规范英语”。它包括英语语音、语法、词法等基本层面，也包括本族语者所共有的文化层面。我们将始终坚持帮助学生在语音、语法、词汇等基本层面接近本族语者的水平。作为跨文化交际能力必备的要素，文化层面的内容也是教学的重要部分，但学生无须内化本族人的文化标准。当然，英国英语和美国英语也存在较大差异，并不是各种英语变体中共有的表达形式，例如，黑人英语中双重否定表达肯定意义的特殊用法。对于这一部分属于“内圈”，但不属于“共核”的表达形式，教师可以根据其应用的普遍程度和教学的目标来决定是否纳入教学内容。

第二，在教学中正确导入中国英语。中国英语的导入可以从几个方面入手。首先是语音、词汇和篇章的层面。对于中国学生来说，受到各种母语方言发音的影响，通常有一些发音是容易引起交际困难的，比如/θ/ /ʃ/ 。这些发音应尽量注意，但有些中式的发音特征通常对交际的影响不大，比如吐字的节奏、词尾辅音加重等。对于大多数人，只要让人听起来不费劲就可以了，无须苛刻要求。在词汇方面，英语通常从汉语中借词来弥补词汇表达的空缺，从而形成具有地域特色的英语词汇。此外，英语还在中国形成了具有本地化特色的词义和句式，这部分内容都是学生在跨文化交际中迫切需要的知识，但可惜的是，以《读写教程》为代表的大学英语教材对这类词汇极少涉及，需要教师在教学过程中补充并引导学生学习、积累。就篇章和文体而言，由于英语和汉语也存在颇多差异，汉语写作的特点很难避免，甚至形成了具有中国特色的表现形式。除了语言层面的课堂导入，教师还可以适当引导学生阅读中国人编写的英语作品。这类作品既包括中国文学大师创作的英文作品和中国翻译家的译著，也包括《中国日报》《21 世纪英文报》《今日中国》等报纸、杂志。对于学习大学英语的大学生来说，前者更多用作语言欣赏之用，后者则为他们学习如何表达中国文化和社会生活信息提供了大量语料，是学习本土化英语的良好语言范例。

第三，发挥非本族裔英语教师的积极作用。尽管本族裔教师能为学生提供标准的语言范例，但在国际英语教学中，作为非本族裔的英语教师更了解本土文化，应该更充分地发挥非本族裔英语教师的作用。一方面，非本族裔教师应重视中国英语对培养学生跨文化交际能力的作用，并完善自身的语言结构，学习和研究中国英语特点；另一方面，非本族裔教师本身应更清楚地意识到自身的优势，为学生“选择适合当地实际情况的材料和方法”（Mckay，2003）。

总之，英语本土化为中国大学英语教学提出了新的挑战，同时也为中国文化的发展和传播提供了契机。对于中国的英语学习者来说，我们可以更清晰地定位自己的文化身份，学习英语并不会使我们丧失自己的文化身份，只是让我们获得更开阔的视野和更多元的思维方式。对于中国的英语运用者而言，中国人不必把自己当作别人语言蹩脚的模仿者，也不必为自己达不到“本族人”那样的水平而感到羞愧，更不必为自己英语的“中国腔”而内疚。

第五节　大学英语跨文化教学中存在的问题及对策

受“语言工具论”和教育体制的影响，我国过去几十年的教学以语言知识的传授为主，注重语法训练、词语辨析、阅读理解等知识教学，容易陷入对语言的简单操练中，对语言之外的文化元素往往较为忽视，即使在教学中引入文化元素，也是主要进行介绍性的导入，学生也仅仅将这部分内容作为语言知识的扩展进行记忆，缺乏更深入的体验。

近年来，随着国际交流的增多，文化多元化的趋势日趋明显，人们也意识到跨文化交际能力的重要性。作为跨文化交际能力培养的前沿阵地，英语教学领域早就有人意识到语言知识教学不能满足跨文化交际活动的实际需求，但在我国，英语教师即使普遍认识到语言知识教学的局限性，但在实际操作中仍然受到各种因素的限制。以下将从跨文化教学研究层面、教师层面、学生层面、教材层面和教学评价层面对我国跨文化教学中存在的问题及对策进行讨论。

一、跨文化教学研究层面的问题及对策

近几十年来，国内学术界跨文化交际研究的质量和规模在不断增加，所涉及的领域也在扩大，但也存在不少问题。孔德亮、栾述文（2012）曾采用文献分析的方法对 2001—2010 年间大学英语跨文化教学研究的主要文献进行了分析，结果发现，现阶段的研究中“不相称、不协调和不平衡”的现象较为严重。首先是研究成果和教学规模的不相称。作为我国高等教育开课规模最大的公共课程，每年与之相关的外语类核心期刊论文和专著平均只有 8.4 篇和 3.3 部，与笼统的外语跨文化教学研究成果数量（论文 65 篇、专著 25 部）相比，针对大学英语的跨文化研究相对薄弱。其次，研究的层次和结构不平衡，发表跨文化教学类论文的外语类核心期刊以偏向教学型的期刊为主，部分期刊 10 年内不曾刊登大学英语跨文化教学研究的论文。针对大学英语跨文化教学的专著主要是选修课教材，如《大学英语跨文化交际教程》（高校英语选修课系列教材）（严明，2009）。

从文献数据可以看出，现在的跨文化教学研究主要存在以下问题。首先，现有研究缺少针对性，往往是一概而论，很少考虑中国大学英语课程的特点，例如教学规模、学生需求、生源背景、师资水平等，而大学英语的某些特征正是跨文化交际教学实施效率不高的原因。例如，绝大多数高校采取的大班授课模式严重抑制了课堂互动交际行为，学生能够获得的跨文化交际练习机会和时间极为有限。再如，大学英语课程的学生来自不同学科，学科背景不同，对于跨文化交际的需求也有所不同，这一点也往往被研究人

员忽视。这些缺少针对性的跨文化教学研究通常只能泛泛而谈，指导教学的意义并不大。其次，从相关论文在核心期刊的发表情况来看，大学英语跨文化教学缺少高层次、系统性研究。我国学者对跨文化交际的研究还是以介绍和引进外国研究成果为主，而国外的研究成果并不一定适合我国国情。例如，美国的跨文化教学大纲强调多元文化、消除歧视，这与美国的民族构成和国际地位有关。而在我国，跨文化交际教学所需要解决的主要问题不仅仅是培养跨文化态度和意识、增强文化敏感性，还有更加实际的问题——语言问题。对于中国学生来说，如何在跨文化交际场合中讲“得体”的语言是更困扰他们的问题。而对于某些场合来说，我们并不需要对目标语言的文化有深入的了解。因此，国外的跨文化交际理论也面临本土化的挑战。国内的一些学者，如高一虹，也曾提出“道”与“器”的理论和后来的“跨越”和“超越”理论（1997，2002），但这类具有本土化趋势的较为系统的跨文化交际理论并不多。总体而言，如刘润清先生所说，国内跨文化交际学研究零散罗列现象为多，整体系统研究居少；低层次概括为多，高层次的抽象居少；实用性建议为多，理论建树居少。此外，从研究内容来说，孔德亮、栾述文（2012）用几个“多”“少”和“缺乏”进行了小结：“抽象研究和纯理论研究多，实证性研究和具体性研究少；英美文化研究多，文化比较和中国文化研究少；跨文化能力的构成要素研究多，跨文化能力的实践途径研究少；静态研究多，动态研究少；机械性、介绍性研究多，本土性、创造性研究少；孤立性、单一性研究多，复合式、交叉性研究少；关于学生的研究多，关于教师的研究少；语言和文化关系的深入探讨缺乏，文化测试与评价研究缺乏，大学英语跨文化教材研究缺乏，跨文化教学大纲研究缺乏，真正体验式研究缺乏，实践性和可操作性研究缺乏，大学英语教师跨文化能力研究缺乏。”

以上在研究层面的问题导致跨文化教学从政策指导层面到具体教学层面都得不到扎实、系统的理论支撑。从政策指导层面来说，2007年的《教学要求》对跨文化交际能力的教学目标描述模糊，指导教学的作用甚微，在各省市地区以及各高校，也缺少相关的大纲指导。具体到教学层面，教师常常是根据个人的理解，甚至是直觉安排教学，致使教学内容缺乏系统性、延续性，教师方法单一，不能满足学生提升综合能力的要求。

跨文化教学理论和实践研究是提高跨文化教学质量的基础和必备条件。因此，我们首先应当加强跨文化教学理论和教学模式的研究，从大学英语课程的现状出发，制定系统、全面、操作性强的教学大纲。大纲的制定并不一定要采取国家统一的模式，各省市地区、各高校也可根据自身特点，量体裁衣，制定更符合当地和各院校特征的教学大纲。其次，我们的研究层次应该更加丰富，既有高层次的系统理论研究，也要有基础层次的行动研究，既要有抽象的理论探讨，也要有实证性的检验，避免经验总结式的概括讨论。跨文化教学研究在我国尚有很多空白和缺乏的领域，针对大学英语课程的研究更加稀少，给我们的研究人员和教师留下了广阔的研究空间。

二、教师层面的问题及对策

对于中国的学习大学英语的学生而言，课程学习是他们获取跨文化交际能力的主要来源。相应地，教师对跨文化教学的认识对于学生的跨文化交际能力培养有着直接影响。教师认知理论代表 Woods（1996）认为，支配外语教师课堂决策的是其对语言和教学的认识，是由外语教师的信念、设想和知识组成的认知参照系，在这一参照系中，信念、设想和知识相互联系、相互作用构成一个环链式体系，它决定了对具体课堂决策起着决定性作用。那么，大学英语教师的跨文化交际能力和教学现状又是怎么样的呢？近年来的多项调查显示，教师的跨文化交际教学能力和素养不容乐观（涂东琼、朱秀珍，2006；邵思源、陈坚林，2011；郭乃照，2014；韩晓蕙，2014；颜静兰，2014）。下面从教师对跨文化教学的信念、设想和知识三个方面来讨论教师的跨文化教学能力和素养。

（1）教师对跨文化教学的认识与教学实践不相符。

对于大学英语教学的目的，英语教师们的认识具有较高的一致性。教师们普遍认为，英语教学的目的之一就是帮助学生获得使用英语交流的能力，而文化知识是跨文化交际活动成功的基础。同时，大学英语教学不应把通过考试作为主要目标，而应该帮助学生增强文化意识，审视自己的文化身份，帮助他们恰当地处理文化间的差异，培养学生更加开放的文化价值观。英语教师对跨文化教学目的的认识说明，作为一个具有较高文化敏感性的群体，教师们相信跨文化交际能力是学生综合语言能力的重要部分，也意识到跨文化教学的重要性（韩晓蕙，2014）。

然而，在实践教学活动中，教学信念与教学实践不相符的情况却并不少见。有数据显示，相当一部分教师并没有把文化教学列为常规的教学内容。陈桂琴（2014）的调查显示，只有 55.6%的受访教师把“文化意识知识”列入教学教案中；郭乃照（2014）的问卷中问到“您采取何种方式进行外语教学”时，只有 33%的受访者选择“语言与文化融合”的方式。可见，虽然教师们意识到跨文化教学的重要性，但在实践环节上，信念与现实出现了严重脱节。不少教师仍然将文化知识作为课堂活动的调味剂，一旦课程进度收紧，跨文化教学的环节往往就会让位于语言知识教学。跨文化教学所占有的时间也十分有限，平均在 10 分钟左右（一堂课为 45 分钟）（陈桂琴，2014）。而即使进行跨文化教学活动，教学的形式和手段也偏向单一，多采取输入式的讲解，辅以图片、文化或者多媒体视频，较少进行课堂讨论、角色扮演以及其他跨文化体验活动。输入性文化导入的好处是能控制课堂节奏，保证教学任务的完成，但缺少学生的参与。而文化对比活动和体验式教学活动能够很好地调动学生的积极性，激发其对文化内涵的思考，让学生感受文化知识在具体情境的使用。但缺点是这类活动往往占用更多的课堂时间，拖慢教学节奏。因此，在课程进度要求较高的大学英语课堂中，教师常常选择放弃或缩短跨文化教学的时间。

（2）教师对跨文化交际能力和跨文化教学的理解模糊。

由于教师群体对于跨文化教学理论并不熟悉，常常根据自己对教学的设想来设计和安排教学活动，导致教学目标出现偏差，教学活动达不到预期效果。

教师对跨文化交际能力的构成要素持有不同理解。跨文化交际能力的构成要素具有多样性和复杂性的特点，但学术界对于认知（知识）、情感（态度、动机）和行为（技能、行动）的三分方式还是普遍认可的。教师群体也普遍认同这一观点，但对三个方面的理解有所不同。教师最看重的依然是语言文化知识，认为语言能力必须达到一定水平才能进行跨文化交际活动，只要语言能力具备了，交流起来就容易了。虽然语言中就蕴含文化元素，学习语言知识的同时，不可避免地会习得与文化相关的内容，但有意识的文化能力培养也不应忽视。Lessard-Clouston（雷萨德-克劳斯顿）曾对部分中国外语教师做了深入的调查研究，结果发现有近70%的教师很少或从未有意识地在课堂教学中设计文化教学。有部分教师认为学生的语言能力不够，而不敢在课堂中尝试跨文化交际活动，担心学生无法完成。而缺乏设计的文化教学与语言教学常常出现脱节的情况，使得文化内容成为静止的信息，也失去了对学生的吸引力。此外，教师对于跨文化交际能力的构成仍存在一些局限，例如，极少有教师认为跨文化交际能力应当包括公民意识（韩晓蕙，2014）。

而对于大学英语课堂中的“文化”是何种文化，“英语”是何种英语，教师也有不同的看法。如前所述，文化是一个很难定义的概念，Hendon（1980）把文化分为大写文化C和小写c文化，涉及文化的不同层面。而教师们由于缺乏相关的文化学习和研究，往往使得跨文化教学流于表面，深层次的文化内涵挖掘、思维模式、价值观讨论则难以深入，使得跨文化教学缺少了思辨的乐趣。对于跨文化教学所教授的英语，大多数教师还是选择传统的英美英语，即所谓的“规范英语”，而对于世界英语，尤其是中国英语的重视度不高。

（3）教师的跨文化知识结构欠缺。

跨文化交际是一个带有很强跨学科性质的领域，也为外语教师的知识结构重塑提出了挑战。Byram（1997）认为跨文化交际需要两种主要的知识，一是对本国和交际方国家的社会群体与文化的知识；二是与群体或个人交际过程中的知识。这其中涉及的知识十分广泛，包括社会学、心理学、文学、地理、艺术等。对于英语教师而言，了解一些这些方面的知识很有必要。但是，我们注意到，高校英语教师的知识结构单一，缺乏足够的文化积淀，难以满足跨文化教学的要求。首先，高校英语教师通常是英语专业出身，不具备其他专业的背景。其次，大学英语教师与英语专业教师相比，缺少跨文化教学培训和体验国外文化的经验。跨文化教学培训可以帮助教师在短时间内了解跨文化教学的理念，更新教学方法，是一种提升教师教学素质的有益手段。但可惜的是，国内此类资源不足，国外培训成本过高，使得大多数教师不得不自己摸索。颇为讽刺的是，外语教师自身缺乏跨文化经验。邬姝礼、周英莉（2010）经调查发现，大部分教师接触外国文化的时间短、形式简单，出国学习一年以上的为 31.5%，有 2～4 周出国经历的教师为 39%。短时间的境外体验只能对外国文化形成粗浅的印象，甚至是形成带有偏见的“文化错位”。此外，由于家庭和科研压力的原因，教师平时不是忙于教学就是撰写科研论文，难以挤出时间提高自身的文化积淀，这也在一定程度上造成跨文化教学缺乏深度。当然，现代社会的知识量极速膨胀，教师如果针对某一主题准备跨文化教学活动，还需要具备信息搜集和检索能力以及快速的学习能力。

教师的跨文化教学能力培养是一个长期的过程，不仅需要教师自身提高跨文化教学意识，还需要学校、社会各方的政策和资源支持。以下从教师的角度出发，提出几点改进大学英语跨文化教学的建议。

（1）提升教师对跨文化交际能力和跨文化教学的认知。

理论知识是大学英语教师较为薄弱的一环。对大多数大学英语教师来说，想要提升对跨文化交际能力的认知，还是要以文献阅读为基础，厘清跨文化交际能力的要素，以便有针对性地安排教学。以跨文化交际理论的角度看来，现在的大学英语跨文化教学基本等同于文化知识导入，这种教学方法只是单向的知识输入，有时甚至只是教师观点的展示，抑制了学生的深入思考，更不用说文化体验了。教师应反省传统的教学方式，以跨文化交际理论重新审视自己的课堂，改变原来单一、僵化的授课思想，将语言教学和文化教学相结合，以提升跨文化交际能力为目标设计课堂。

就教师个人而言，最直接、快速获取跨文化教学信息的方式之一就是文献学习，也是教师提升自身理论水平、教学水平最简单可行的方式。这里所说的“文献”不仅仅是专业书籍和期刊中的论文，还包括各高校网站提供的教学信息、视频。虽然大学英语教师可能在几年里重复使用同一本教材，但教师应该在每一轮备课时都搜集新的信息，更新教学内容，改进教学方法。文献的阅读可以帮助教师有针对性、系统性地改进跨文化教学。

（2）为教师提供跨文化培训机会。

跨文化交际能力和跨文化教学方法的培训可以有效地在短时间内帮助教师深入理解跨文化交际的重要概念、增强跨文化敏感性、明确文化教学的目的以及设计教学大纲和教案、分析教材、选择教学方法等一系列教学活动。Brislin（布里斯林）等（1983）总结出以下六种主要的跨文化交际能力培训方法（转引自张红玲，2007）。

1）文化现实培训：这是一种较为传统的文化培训方法，主要通过关键事例、案例分析、讲座、录像等手段，由培训者向受训教师传授目的语文化各方面的知识。

2）归因培训：这种培训的目的是使受训者了解并掌握目的语文化的价值标准，从而根据目的语文化的价值标准去对社会行为和言行举止进行归因解释，这种培训常常采用文化模拟的方法。

3）文化意识培训：这一培训介绍文化的概念、特点和文化差异的本质，旨在增强受训者的文化意识，树立文化相对论的思想。通常借鉴文化人类学的研究结果，以目的语文化和受训者的本族文化为实例，进行培训。具体方法有价值取向一览表、价值观排序表、个人意识建构、文化对比分析等。其他一些文化学习的普遍方法也都适用，如模拟游戏、感知练习、语言和非语言交际活动等。

4）认知行为调整：这是一个利用学习理论来解决跨文化调适中一些特殊问题的方法，就一些学习者感到特别困难的目的语文化的特点，让受训者列出在自己本族文化中被认为应该表扬或惩罚的活动，然后，帮助他们对相同活动在目的语文化中的不同反响进行分析和学习。

5）体验式学习：这是关于具体文化的培训，它不同于文化意识的培训，其目的在于把受训者的情感、行为和认知等各层面的因素都调动起来，采用实地考察、情景练习、角色游戏、文化浸入等体验式学习方法，使受训者在亲身经历和体验中学习。

6）互动式学习：通过将受训者与目的语文化群体的人或有丰富跨文化交际经验的人结对子，开展一些互动活动，帮助受训者更多地了解目的语文化。

常用的跨文化教学方法培训包括反思教学和行动研究。这两种研究方法对于一般教师来说易于掌握，可行性高。

反思教学是教师针对实际教学活动所做的思考，是教师发展中重要的一个环节。反思教学可以从以下几个方面促进跨文化教学（张红玲，2007）：第一，通过反思，教师对自己的文化教学和语言教学的态度和认识进行自我批评；第二，通过反思，教师可以了解自己作为一个学习者的进步和不足；第三，通过反思，教师可以提高自身的教学能力和水平，不断改善教学效果。反思既可以是独立的、个体的理性思维活动，也是集体行为。两种方式最好结合使用，独立反思有利于厘清思路、建立系统性，集体反思有利于启发思想、激发创意。反思教学研究可以通过定量和定性研究的方法，由个人独自完成，如采用问卷调查、案例分析、深入访谈、教学笔记、教学日记、关键事件等；也可与其他教师共同合作进行讨论或项目研究

行动研究秉承“教师即研究者”的理念，是教师针对实际教学问题，尤其是本校本班中发现的问题，不断改进教学工作的研究方法。行动研究着眼解决的是教师在自己的教学中面临的实际问题，而不是额外的科研负担。一般的行动研究大体分为计划、行动和反思三步，是一个螺旋式上升、不断反复的过程[Lewin（勒温），1948]。对大学英语教师来说，行动研究是非常适合解决日常跨文化教学问题的研究方式。

跨文化交际能力和跨文化教学培训对于教师的自身发展、教学工作的改进有着非常积极的作用，有条件的高校应将此类培训常态化、系统化。提高高校教师素质不能仅仅

依靠引进高质量人才，对于大多数高校来说，更重要的应该是建立完善的教师发展机制，发展自己的教师队伍，给教师提供更广阔的自我发展空间，形成有效的校内激励机制。

3．完善教师跨文化知识结构

大学英语虽然不是专门的跨文化交际课程，但对教师的跨文化知识结构还是提出了较高的挑战。教师首先需要补充的就是文化知识，涉及文学、历史、地理、宗教等各个领域，不仅包括外国文化，还包括本国文化。文化知识是考查一个教师知识广博程度的硬指标，是一个长期积淀的过程，需要教师平时有意识地做好积累的工作，形成一套自己的记录方式。其次需要补充的是语言知识。虽然语言知识是英语教师的专业知识，但语言知识背后的文化内涵往往是隐性的，并不容易被发掘。教师需要提高跨文化敏感性，从文化的视角来研究语言现象。例如，语言中的隐喻现象与文化现象就是相互影响、相互作用的。此外，教师还需要补充的是交际层面的知识，这就涉及社会学、心理学、传播学等人文领域，但教师需要的不仅是理论知识，同时还需要补充个人的经验性知识和具体的沟通技能，这类"软"知识也是跨文化教学必备的素质。除了以上几种知识，教师还应具有的是关于如何搜索知识的知识，这就是信息检索能力。现代社会的跨文化教学对教师的知识积淀提出了巨大考验，但并不是要求每个教师都成为博学多才的全才，能够就某一主题检索出足够精华、系统、立体的材料就可以满足课堂的需求。如果缺乏高效的检索能力，结果可能事倍功半。这一能力对现代高校教师来说十分重要，但往往被忽视。

三、学生层面的问题及对策

作为跨文化学习的主体，学生的态度和动机对于跨文化教学的效果起着决定作用。那么，大学英语学生的跨文化交际能力现状如何呢？近年来，有多项研究对我国高校学生的跨文化交际能力进行了调查，整体来说，结果不甚乐观。高校学生，特别是非英语专业学生的跨文化意识较为薄弱，文化知识储备不足，跨文化经验缺乏（胡超，2005；高永晨，2006；胡艳，2011；常晓梅、赵玉珊，2012）。根据跨文化交际能力的构成，下面从认知、情感和行为三个方面讨论大学英语学生跨文化交际能力的欠缺之处。

（1）学生的跨文化意识薄弱，对跨文化学习不了解。

根据 Kim（2001）对跨文化交际能力的阐述，跨文化交际能力由认知因素、情感因素和行为因素组成。其中，认知因素主要包括头脑的开放性、对事物复杂性和多样性的认识以及视野和角度变通能力。学生在认知层面的问题主要表现为以下几点。

1）对文化的理解较为狭隘。

中国学生相对比较感兴趣的文化内容是民族传统和习俗、日常工作和生活、电影、音乐等与生活更直接相关的文化知识，而对历史、宗教和政治这些与文化价值观更直接相关的内容较为忽视（陈桂琴，2014）。虽然前者也是文化的表现，但缺少对文化内涵的了解和深入思考，学生对文化的理解容易陷入狭隘的困境，产生思维定式。这一现象与中国学生所接触到的文化媒介有关。学生日常接触到最多的文化元素来自于课堂，英语课堂中讲述最多的就是民族风俗、节日习俗等内容。而在课堂之外，学生了解最多的文化媒介就是电影和音乐了，但可惜学生欣赏电影和音乐的主要目的多是娱乐，较少有人主动思考其中的文化内涵。在这种情况下，学生对文化的了解仅仅浅尝辄止，难以深入。此外，中国虽然是多民族国家，但多数中国学生在单一文化中成长，很少有机会接受显性的多元文化教育，对文化的理解仅凭一般性的感性认识，在一定程度上也造成了学生对文化的狭隘理解。

2）文化敏感性较低。

随着国际交流的增加，尽管学生对跨文化交际能力更加看重，但实际的文化敏感度仍然偏低，还有部分学生对文化学习不感兴趣，甚至有人认为文化学习会降低英语学习兴趣。这说明，学生并不太了解文化学习的内容和意义，有人仍然将跨文化学习等同于记忆文化相关的知识点。在一项调查中，当被问及“现使用的英语教材已经涉及了足够的英语国家的文化知识”时，竟有28.71%的学生回答“不清楚”（陈桂琴，2014）。这说明，学生对教材中的文化元素完全不敏感，缺乏思考、批判的精神，不愿费神去挖掘文化信息，也不了解自己对跨文化学习的需求。

3）文化知识储备少。

近年来的多项研究中都发现了学生文化知识储备少的问题。高永晨（2006）的调查显示，在掌握相关跨文化交际知识方面，有过半数人（60%）没有读过相关书籍，不太了解；在对西方交际习俗的了解上，有近一半被调查者（48.9%）表示不了解；在非语言知识方面的知识很少（55.1%）。钱文娟（2013）的调查中挑选了一些学生应熟悉的典故故事、文学名著、谚语等进行了解，结果很不理想。所列20本外国名著，读过的平均值仅为4.28；10条谚语，平均值为4.26。不仅学生对目的语国家的文化不了解，对本国文化的了解程度同样不高（蒋亚瑜，2014）。这与多年来英语教学重语言知识、轻文化知识的教学思路有着直接的关系。长期的语言训练显然并没有达到提升学生语言能力的目的，反而在一定程度上抑制了学生了解语言文化的愿望。

（2）学生对跨文化学习持消极、被动的态度。

跨文化交际能力的情感因素主要包括移情能力、对不确定性的容忍度以及能够克服偏见与民族中心主义等。从情感因素的角度来看，学生跨文化交际能力的不足表现为缺少主动学习的动力和动机，认为中国人没有必要学习外语，了解外国文化。造成这种心理的原因主要有两种。其一是英语学习的功利化思想。从初级教育开始，我们的学生就养成了只重视考试内容的思维方式。到了高等教育阶段，学生还是难以摆脱这种被动、消极的学习方式。文化内容基本不作为考试内容，大学英语四、六级考试等大型英语考试也未将文化知识纳入考试大纲。考试中文化内容的缺失一定程度上使得学生忽视了文化学习的重要性。其二是单一文化环境造成的文化狭隘。我们的学生缺少与外国人交流的机会，常常感叹，学了多年英语，却从没真正用过。而且有不少学生认为，毕业之后只在国内发展，不打算做涉及英语的工作，这样就没必要学习外国文化，了解其他国家的文化价值观了。还有部分学生认为中国人没必要学英语，学习西方文化是一种崇洋媚外的表现。如此狭隘的思想不仅是缺乏文化平等观、文化认同感的表现，而且是一种心智不成熟的表现。

学生在情感层面表现出的另一问题是对跨文化交际缺乏信心，不敢主动甚至刻意回避与外国人交流，容易产生交际焦虑。焦虑感源于对陌生文化中人们的态度、感觉、信仰、价值观以及行为的不确定，缺乏预见力（Gudykunst，2005）。这说明学生不熟悉、不了解外国文化，当然也难以产生文化认同感。跨文化交际时的正面、积极、外向态度对于获得交际愉悦感至关重要（胡艳，2011）。交际活动中，如果能对不同文化的行为方式和价值观差异报以理解、宽容、尊重以及认同的态度，交际的愉悦感自然会上升。

值得注意的是，跨文化学习中，存在另一种趋势，即中国文化的缺失。西方文化的传播也有其消极影响，其中之一就是中国文化在跨文化教育中的缺失，英语教育成为单一文化输入。部分学生滋生了一种崇洋心理，极端者竭力模仿西方文化，尽力断绝与母语文化的关系，其结果是既不为目的语文化所接受，又失去了同母语文化的认同感，成了没有文化归属感的文化流浪汉（张伊娜，2000）。

（3）学生缺乏跨文化交际体验，交际行为能力弱。

跨文化交际能力中的行为因素包括处理交际问题的能力、建立和维持相互关系的能力以及完成交际任务的能力。胡超（2005）的调查结果发现，学生欠缺日常交际中的礼仪知识。而礼仪知识应该是学生在中学阶段就应该了解的基本知识，可惜到了高等教育阶段，学生依然对这些日常交往中的常识知之甚少。中国学生，尤其是学习大学英语的学生跨文化交际能力弱的最主要表现就是欠缺交际行为能力，在交际活动中（无论口语或书面语），往往受母语思维的影响，从汉语文化的方式来处理跨文化交际中出现的问题，导致文化“负迁移”的现象。

跨文化交际体验少也是学生对英语学习的主要抱怨之一。不少学生感觉，多年的英语学习似乎只是纸上谈兵。学生自身对参与跨文化交际活动的积极性不高，参与课堂讨论、参加英语角、与外国人网上交流的主动性不强。课堂中缺少针对跨文化交际能力设计的任务，学校忽视跨文化交际类课程、双语课程以及中外合作办学项目。当然，我国高校的教学条件有限是导致这一问题的重要原因，但也与部分高校看重四、六级考试通过率，忽视能力培养的教学思想不无关系。

跨文化交际能力的培养不是一朝一夕之功，是英语学习从学到用转变过程中重要的一环，需要为学生从情感、知识、技能多个方面做好准备，也需要教师、学校和教育部门的各方努力。

（1）树立平等文化观，培养文化移情。

平等的文化观是成功跨文化交际的基础，只有彼此尊重才能实现文化间的真正交流与理。文化移情是指交际双方以对方的角度来思考问题，超越自身文化的思维定式，理解和尊重对方的思想，合理表达自己的观点。文化移情是跨文化交际中的一种有效的沟通交流能力，具有文化移情能力的人也必然持有开放、宽容的多元文化价值观。教师应在教学的过程中有意识地引导学生平等对待本国文化和外国文化，理解并接受他们的异质式，打破思维定式，以批判和欣赏的态度探索和发现文化的魅力。培养学生主动思考、积极探究的精神，激发学生对文化的好奇心。

（2）增加文化知识习得，引入文化能力评价。

文化知识的习得对于跨文化交际能力的培养是必不可少的一环。大学英语教学中文化知识教学的难点是缺乏系统性。由于文化知识点往往依附于每个单元课文的主题，教师通常将文化知识作为课文讲解的附属物处理，学生对文化知识的理解也就难以深入。因此，教师在安排文化教学时，应注意内容的逻辑性和系统性，由浅入深，由具体到抽象，由了解到批判再到反思，一步步引导学生深入文化主题。同时，文化知识学习与语言知识学习应相互结合，不可偏废。事实上，语言是文化的载体，很多语言知识点都可以从文化的角度来解释。这就需要教师善于利用教材发掘文化信息，整合教学材料。

此外，引入文化能力评价机制也能在一定程度上刺激跨文化学习。现在的各种大型英语考试中涉及文化内容的不多，学生相应地也缺乏对这部分知识的重视程度。以至于在真实交际环境中，难以开口表达。2013 年 12 月的大学英语四级考试中增加了一道翻译题型，要求学生翻译一篇与中国文化有关的短文，这道题目难倒了不少考生。这与学生平时缺少相关语言文化输入有直接关系。因此，在日常教学中适当引入评价机制，可以有效地发挥测试的积极反拨作用。

（3）创造跨文化体验机会，培养交际行为能力。

将语言知识、文化知识和文化意识转化为实际的交际行为还需要对学生的交际能力加以指导，尤其是学生使用交际策略的能力。策略能力是指“运用各种交际策略去应付和解决由于外在条件或其他方面能力欠缺所导致的交际困难与问题”（许力生，2000），如信息调整、话题回避、话题放弃、语义回避、内容缩减等。由于学生的语言能力有限，合理使用交际策略可以有效地提升跨文化交际活动的成功率。

教师可以将跨文化交际活动融入教学任务中，提升学生的跨文化交际参与度。虽然与外国人直接交流的机会不多，但教师可以使用多种教学形式，增强学生的体验感，如英文演讲、辩论、读书分享、角色扮演等。有条件的学校可以引入外教授课，选送学生参加交流项目或者外企实习项目，增加学生的跨文化交际实践机会。跨文化交际能力的真正提升，即达到高一虹所说的“超越”层面，获得更高层面的认知和共情能力，还有待于长期而广泛地与目的语文化接触（高一虹，2002）。

四、教材层面的问题及对策

教材是课堂语言输入的主要材料，在以课本学习为主的中国大学英语课堂中，教材是决定跨文化教学开展的主要因素。教材具有权威性、真实性和准确性的特点，是课堂教学的依据。但是，教材的适用性也有局限性，会受到社会需求、学习者需求和教学理念变化的影响。Cunningsworth（康宁斯沃斯）提出了教材评估的四项原则：①教材应该与学习者的需求吻合，与语言教学课程的目的和目标相吻合；②教材应反映当前和将来对语言的使用，选择可以帮助学生有效地为自我目的使用语言的教材；③教材应该考虑到学习者的需求，应该对其学习的过程起到促进的作用，不应教条地套用某一教学法；④教材应该起到对学习过程提供支持的作用，与教师一样，教材应该成为目标语和学习者之间的桥梁（Cunningsworth，1995，转引自蒙岚，2011）。现在高校中使用较多的大学英语教材有：《新视野大学英语》（外研社）、《新标准大学英语》（外研社）、《全新版大学英语》（上海外语教育出版社）、《新编大学基础英语》（高等教育出版社）、《新起点大学基础英语》（外研社）等。遗憾的是，从跨文化教学目标和学生需求的角度来看，我们现行的主要大学英语教材尚不能满足跨文化教学的需求。

（1）跨文化内容在现行教材中呈现不足，选材上偏向英美文化。

现行教材的文化选材范围较窄是一个普遍存在的问题。以上提到的教材有些是改编自外文教材，有些是由国内专家编写，但都存在文化内容呈现不足、英美文化倾向明显的问题。以《新视野大学英语》为例，四册教材中以西方为背景的文章占到 78.75%，而提到“中国”这个词的文章只有四篇。《全新版大学英语》中来自英美文化的文章也占到了 68.7%。虽然英语教材的取材必然以英语文化为背景的文章为主，但随着英语全球化的发展，我们的教材中越来越需要来自不同国家的声音。教材取材的单一化无疑会影响到文化价值观的单一化，这与跨文化教学的目标显然不符。现行主流教材中涉及中国文化的内容寥寥无几，这也在一定程度上导致了“中国文化失语症”的现象，显然对于培养学生平等的多元文化价值观是不利的。

（2）跨文化内容的编排缺乏系统性。

现行的主流教材都不是以文化为主线，文化信息的呈现非常零散，相关的辅助背景信息少，练习中更没有体现文化任务。从各单元主题来看，虽然教材内容通常涉及学生日常生活的各个方面，但从文化的角度来看，文章主题之间缺乏循序渐进的逻辑。每单元的教学目标中并没有体现跨文化教学的目标。教材中出现的文化信息通常以注释的形式出现，在教师用书中也会有少量的注解，但注解式的信息呈现无法引起教师和学生的重视。与文章配套的练习中更是以语言训练为主，缺少跨文化交际任务，教材中的信息显然无法满足跨文化教学的需求。

（3）跨文化学习与语言学习分离。

现行的大学英语教材都以突出语言能力培养为特色，主要的配套练习题型依然是选词填空、翻译、完形填空等，缺少以文化为基础的语言练习。虽然各类教材中多少都有一些以功能或者情景为主线的语言材料或者练习，但在深度和广度上都有欠缺，需要教师和学生自己去进一步探索。而教师所提供的补充材料难以保证对文化内容的深入挖掘，学生的主动思考能力就更加薄弱了。

对于教材的改进需要从两方面进行：一方面是组织编写更加适合中国大学生跨文化学习需求的新教材；另一方面是以现有教材为基础，进一步挖掘文化内容。

（1）做好跨文化需求分析，将跨文化教学目标融入教材编写。

作为教材的编写者，首先应做好文化需求分析，“内容要体现文化的多元性，视角的多重性，问题的多样性以及回答的灵活性”（陈桂琴，2014）。Kramsch（1993、1998）和 Murphy（墨菲，1988）提出的跨文化路径主张教材设计应该既包括目的语文化，也包括学习者自己的文化。跨文化路径指的是利用学习者对世界已有的认识来感知新文化（目的语文化）体系，在本质上，它不同于两种文化的相互转换，而是要求学习者对目的语与母语文化同时进行反思。Mckay（2000）也认为，最好的材料应该是用目的语写的不同的国际文化知识。那么，一个单元内的几篇课文是否可以选择不同国家的同一文化主题呢？例如，《读写教程》第二册第一单元 Text A 是一篇以讲述美国人时间观念的文章，那么 Text B 是否可以选取一篇讲述中国人生活方式的文章呢？两篇文章对比提供了不同视角，相信学生可以更加深入地思考两种文化间的差异。

文章的选材除应考虑到多元文化的特征外，还应考虑文化主题的系统性，各单元的主题最好能有一条文化主线串联。这样学生在学习的过程中能够明确地感受到学习的进程，而不是像使用现在的教材那样，学完之后感觉知识零散，无法系统总结。当然，文化是一个十分宽泛的概念，想要建立其系统性绝非易事，需要教材的编写者仔细筹划。

此外，教材设计的语言练习应与文化学习相结合，为学生提供更具文化内涵和文化体验的任务。练习所选取的语言材料也可以从不同的角度为本单元的文化主题加以补充。《读写教程》在这一点上做出了努力。这套教材的练习语料，如选词填空和完形填空的语料，都是与本单元主题相关的文章，在一定程度上丰富了本单元的主题。但可惜的是，只有少数练习语料在文化价值的多元性上做出了贡献。《新标准大学英语》在语言与文化的结合方面做出了更多的尝试。这套教材在口语和写作操练中加进了与中国文化进行比较思考的英文表达练习，引导学生用英语表达母语文化，思考中西文化差异，是非常有益的尝试。

（2）挖掘现有教材的文化元素，扩展跨文化教学内容。

对于教师来说，改善跨文化教学最直接的办法就是重读教材，进一步挖掘其中的文化元素，为学生寻找和设定每单元的跨文化教学目标。这就需要教师依靠自己的文化敏感性，从教材中发掘出有价值的文化信息，设计跨文化学习任务，引导学生思考。例如，《读写教程》第一册第四单元的两篇课文是 *How To Make a Good Impression* 和 *Body Language*，本来不涉及跨文化交际的内容，但教师可以引导学生思考中国人的身体语言与西方人有何差异，在跨文化交流中，如何处理这些差异，在与西方人交往时，如何恰当地使用身体语言。通过对这些问题的探讨，甚至是实践，学生可以从单方面地接受西方人关于身体语言的信息过渡到对不同文化中行为方式的思考，如果条件允许，还可以体验跨文化交际中文化的碰撞。

挖掘教材对教师的文化敏感性、创造力都是一个考验。但只要在备课的过程中，时刻关注文化信息，以帮助学生进行文化思考和文化体验为目标，就不难收获良好的跨文化教学效果。

五、教学评价层面的问题及对策

教学评价是大学英语教学中重要但却被经常忽视的一环。教学评价是检测语言教学效果的手段，评价的结果可以为改善教学质量提供反馈信息。另一方面，教学评价，特别是语言测试，又影响语言教学。语言测试对语言教学产生的效应称为“反拨”效应，通常指“语言测试对教与学所产生的影响”[Wall（沃尔），1997]，具体来说即语言测试对教与学的内容、方法、进度、顺序、深度、广度以及态度等环节的影响[Alderson（阿尔德森）& Wall，1997]。国内对反拨效应的研究主要集中在大型标准化考试，如高考和大学英语四、六级考试，而这些考试主要考查学生语言知识的使用能力，跨文化交际能力涉及较少，这也在一定程度上导致了跨文化教学在英语课堂中的弱势地位。以下两点简要小结了大学英语跨文化交际能力测试的现状。

（1）针对跨文化交际能力的测试少。

《课程要求》虽然将跨文化交际能力纳入了大学英语教学的目标，但跨文化交际能力测试的发展却出现了严重滞后。国内跨文化交际能力测试的现状呈现“三少”的特征，即专门针对跨文化交际能力的测试少，跨文化交际元素在现有大型测试中占据的比重少，日常教师对学生的跨文化交际能力考察少。国内对学生跨文化交际能力的调查较多（胡超，2005；高永晨，2006；胡艳，2011；常晓梅、赵玉珊，2012；陈桂琴，2012），但专门针对跨文化交际能力进行的权威测试却很少。刘宝权（2008）设计了一套文化测试题，并将其融入到上海外国语大学二年级学生的期末考试试卷中，经过检验后发现，文化测试题的信度虽低，但效度和可行性高。现在的英语专业八级考试中即融入了文化知识测试题，如加拿大的首都、美国总统任期等。但这类题目在考试中所占的比重很小（人文知识题共 10 题，其中约 4 题为文化知识题），由于取样少，测试信度低。但该测试依然起到了积极的反拨作用，促使学生在日常学习中关注人文知识，教师的教学活动也做出了相应的调整。在针对大学英语学生的四、六级考试中，直接的文化知识测试题少，但部分考点涉及跨文化交际能力的考查。胡艳红、樊葳葳（2014）对 1990—2012 年间 48 套大学英语四级全真题进行了定性分析，认为测试行为层面跨文化交际能力的考点呈明显上升的趋势。此外，2013 年 12 月的大学英语四、六级考试对题型进行了调整，其中一项重要的调整就是将单句汉译英调整为段落汉译英，内容涉及中国历史、文化、经济、社会发展等知识和信息的段落。这一重大调整向大学英语教学释放了一个明显的信号，我们的跨文化交际教学需要更多的中国文化元素，学生需要具备用英语讲述中国社会文化现象和信息的能力。这一题型的出现无疑会对跨文化交际教学起到积极的反拨作用。总的来说，跨文化交际能力测试在大型标准化考试中所占比例过低的问题正在得到改善。

尽管大型考试中已经开始融入跨文化交际能力测试，但在日常教学中，教师依然缺乏考查跨文化交际能力的意识。虽然教师设计的课堂活动和任务经常会涉及跨文化交际能力的使用，但日常教学评价中并未专门针对这一能力进行评估，教师往往也不知道采用什么样的测试手段进行评估，致使学生难以得到相关的教学反馈。

（2）针对跨文化交际能力评价的研究薄弱。

虽然国内关于跨文化交际能力的研究不少，但针对跨文化交际能力的测试研究却非常稀少，发表在核心期刊上的文章只有寥寥数篇。吴卫平、樊葳葳、彭仁忠（2013）构建了一份具有良好信度和效度的中国大学生跨文化交际能力评价量表，将跨文化交际能力分为六个主要维度，分别为本国文化知识、外国文化知识、态度、跨文化交流技能、跨文化认知技能、意识，为跨文化交际能力测试提供了有力的理论基础。刘宝权（2008）设计了一套文化知识测试题，并经过了效度和信度检验。但到目前为止，国内的研究成果尚未转化为专门针对跨文化交际能力的大型测试。

由于国内跨文化交际能力测试在各类考试中处于边缘化的境地，关于跨文化交际能力测试反拨作用的研究也几乎没有。顾卫星、叶建敏（2014）针对 2013 年 12 月大学英语四、六级考试中新增的段落翻译题型，定性分析了语言测试对语言教学的反拨效应。研究认为，翻译题型调整将提升中国文化在大学英语课程教学中的现实性，有助于满足学生多样化的跨文化学习需求，但目前针对此次题型调整的相关实证研究尚缺。

就目前为止，国内对跨文化交际能力评价的主要方法是跨文化交际能力评价量表和跨文化知识测试题。就日常教学评价来说，这些方法太过单一，日常教学的跨文化交际能力评价方式还有待多样化。

总的来说，跨文化交际能力测试的研究还处在起步阶段，尚有广阔的研究空间。下面从三个方面提出跨文化交际能力测试发展的建议。

（1）开发跨文化交际能力测试，尝试将文化测试融入大型标准化英语考试中。

既然跨文化交际能力已经被纳入《课程要求》，那么就应该采用合适的测试手段来检验跨文化教学的效果，因此跨文化交际能力测试的开发势在必行。大型跨文化交际能力测试的开发成本较高，但我们可以尝试将文化测试更多、更好地融入大型标准化英语考试中。由于纸质考试的限制，现在的考试中对行为层面的跨文化交际能力考查有所限制。但在将来，随着计算机在大型考试中的普及，测试者可以设计真正的跨文化交际场景，并将考生的声音和图像都记录下来，以便对考生行为层面和情感层面的跨文化交际能力进行考查。

（2）日常教学中重视形成性评价，尝试多样化的评估形式。

形成性评价是一种促进学习的评价，它是"在课程编制、教学和学习过程中使用系统性评价，以便对这三个过程中的任何一个过程加以改进"[Bloom（布鲁姆），1987]，强调将评价过程中所获得的反馈用于指导后续教学。跨文化教学也需要相应的系统性评价，从而帮助学生了解学习中遇到的困难，并对后续教学提供有益的信息。形成性评价可以采取质性和量化结合的方法，对学生的认知学习过程、情感、态度、价值观以及学习效果进行评估，从而得到较为全面的跨文化交际能力评估结果。教师不仅可以采用跨文化知识测试题，还可以通过各种口语和书面语的跨文化交际任务来对学生进行综合性的评估。这样的评估方式不仅能给学生及时、快速的反馈，而且能让学生真切地感受到自己跨文化交际能力的成长，对于教师来说，评估结果能够有效地指导后续的教学活动。

（3）重视研究跨文化交际能力测试的反拨效应。

虽然跨文化交际能力测试依然处于起步阶段，但大学英语四、六级这样的大型标准化考试已经开始尝试将跨文化交际能力测试纳入其中，如段落翻译题的加入。大型考试的反拨效应是一个非常复杂的现象，四、六级考试的题型调整是否能从真正意义上改善大学英语的跨文化教学？学生和教师是否支持这种题型变化？是否会造成负面的反拨效应？这些问题都有待于我们的研究者做出进一步的探索。

第六节　跨文化教学探索

一、《读写教程》中的文化元素

《读写教程》第二版于 2008 年出版，是一套在本科院校颇受欢迎的教材。《读写教程》共有四册，每册 10 个单元，每个单元由 2 篇课文组成，共 80 篇文章。每单元一个主题，内容较为广泛，涵盖社会、经济、科学、教育和文化等领域，涉及语言、文化、习俗、伦理、信息、科学、社会生活等内容。

从文化角度来看，此套教材的文章多取材于西方文化背景，占文章总数的 78.75%，共有 63 篇；以美国文化为背景的文章多达 50 篇，占文章总数的 62.5%；涉及世界整体情况的文章有 13 篇，其中提到“中国”这个词的文章有 4 篇；涉及日本文化和非洲文化的文章分别有 2 篇和 1 篇；纯粹讲述中国家庭观念和饮食文化的文章只有 1 篇，占 1.25%（李珍凤，2013）。

以下将使用 Byram（1993）对教材文化内容的评价方式对《读写教程》的各单元文化主题进行分类。Byram 将教材文化内容分为 8 个类型，分别为：①社会身份和社会团体（社会阶层、宗教身份、少数族裔）；②社会交往（不同交往形式、本族人和外族人的交往）；③信念与行为（道德与宗教信仰、日常习惯）；④社会与政治机构（国家机构、卫生保健、法律与秩序、社会安全、地方政府）；⑤社会化与日常生活圈（家庭、学校、工作、人生重大仪式）；⑥国家历史（有标志性的历史和当代时间）；⑦国家地理（对国人具有重要意义的地标）；⑧文化定型与民族身份（国家形象的典型象征）。表 6-1 是对《读写教程》四册书各单元主题所做的文化分类（不涉及文化主题的单元除外）。从表格内容来看，《读写教程》中涉及较多的文化内容类型是社会身份和社会团体、社会交往、信念与行为、社会化与日常生活圈以及文化定型与民族身份，较少涉及国家历史、地理、社会和政治机构的话题。

表 6-1 《读写教程》文化主题分类

分册	文化内容	单元主题
第一册	社会化与日常生活圈	网络教学（Unit 1）、代沟（Unit 2）、垃圾工（Unit 6）、成功的大学生活（Unit 9）
	社会交往	身体语言（Unit 4）
	信念与行为	善心（Unit 3）、诚信 （Unit 10）
	社会与政治机构	抗击艾滋（Unit 5）、枪支问题（Unit 7）
第二册	文化定型与民族身份	文化冲突（Unit 1）、跨国婚姻（Unit3）、偏见（Unit 6）
	社会化与日常生活圈	子女教育（Unit 5）、生活压力（Unit 7）
	信念与行为	生活的意义（Unit 8）
	国家历史	第二次世界大战（Unit 10）
第三册	信念与行为	决策行为（Unit 3）、面对死亡（Unit 5）、克隆（Unit 8）
	文化定型与民族身份	决策行为中的文化差异（Unit 3）、美国文化象征（Unit 4）
	社会化与日常生活圈	家庭结构的变化（Unit 9）
	社会身份和社会团体	名人故事（马丁·路德·金）（Unit 7）
第四册	信念与行为	如何看待名声（Unit 1）、商业贿赂（Unit 6）
	社会身份和社会团体	名人故事（卓别林的电影人生，肯尼亚女性政治领导人）（Unit2）、残障人士的生活（Unit 3）、女性问题（Unit 8）
	社会交往	信息革命带来的社会变化（Unit 5）、EQ（Unit 10）
	社会化与日常生活圈	基因与教育（Unit 7）

除单元主题外，每篇课文中还有许多有价值的、可以挖掘的文化元素。其中多篇文章可以引入中西对比的讨论，例如，第一册第一单元可进行中西教育方式对比，第一册第三单元课文 A 对父子关系的描写可以与朱自清的《背影》进行对比，第一册第四单元可进行中西身体语言的对比，第二册第一单元可进行中西生活方式的对比，第二册第三单元课文 B 可进行中西礼仪的对比，第三册第四单元可进行中西文化象征的对比。还有不少文化元素隐藏在课文中，需要教师留心，比如种族问题。这套教材中多篇文章中隐含了西方社会，特别是美国社会的种族问题。第一册第五单元中提到黑人和拉丁裔人群在感染 HIV 的人口中占到了一半。教师可以针对这一点提出一个问题——艾滋病最早是在中产阶级白人中传播，为什么现在在黑人和拉丁裔人中传播速度如此之快？学生可以从少数族裔在西方国家的社会地位、经济境况以及受教育程度来考虑。通过对这个问题的思考，学生不仅可以了解西方社会的种族问题，还可以很自然地明白为什么这篇文章的主题是号召人们教育身边的人如何防控艾滋病。类似的种族话题在第二册第三单元课文 A 中也有出现。文中提到作者不明白为什么他的白人女友对一些“形式更加隐蔽的种族仇恨”（Subtler Forms of Racial Hatred）视而不见。许多学生不明白什么叫“形式更加隐蔽的种族仇恨”。教师可以给学生展示一些带有种族歧视色彩的材料，让学生分析其中的种族歧视元素体现在什么地方。以英特尔公司的一则广告海报为例（见图 6-3），图中一位白人上司面带轻松地站在中间，两边跪着六个开足马力、蓄势待发的黑人下属，暗示白人和黑人在工作中的不同地位。这则广告的初衷也许并不是为了显示白人和黑人的悬殊地位，白人群体也许完全感受不到其中的种族色彩，但在处于弱势的社会群体看来，图中的权利关系让他们感到受到了冒犯。通过对这则海报的分析，可以使学生了解到现在美国社会种族问题的变化，还可以思考如何站在不同文化的角度看待问题，是一种很好的跨文化体验。

图 6-3　英特尔公司的广告海报

总体看来，《读写教程》这套教材不乏可供挖掘的文化元素，但可惜的是，教材在编写时并没有对文化内容予以特别的强调。首先，每单元都没有明确设定跨文化教学目标。其次，整套教材的文化内容缺乏系统性，文化知识点零散，只有少量知识点以注解的形式补充给学生。虽然书中也提供了一些网络资源链接，但在实际教学中，我们发现，一方面，某些信息已过时，另一方面，学生极少主动使用这些资源。教师用书中虽然也有补充背景知识，但介绍往往缺乏深度，或者对教学的价值不大。此外，练习部分只有语言知识练习，缺少跨文化交际任务，无法对跨文化知识进行巩固，更别提引导学生深入思考和体验了。对于学生来说，书中直接体现的跨文化知识非常有限，不利于自主学习；对于教师来说，需要具备一定的跨文化知识积淀，在备课时需要深入研读教材，查找大量资料，设计合适的跨文化交际任务。

二、跨文化教学模式探索

跨文化交际教学模式研究是对跨文化交际能力理论的实践探索，是检验理论研究可行性和有效性的手段。随着跨文化理论的更新，跨文化教学的模式也在发生日新月异的变化。Crozet（克罗泽特）等（1999）归纳了四种文化教学方法：传统（或广义文化）教学、文化研究或地区研究教学、文化作为行为或社会规范教学、跨文化语言教学。前三种教学方法体现了文化教学内容的转变，从大写文化逐渐转向更贴近日常跨文化实践的小写文化，但这三种教学方式都是将文化作为静态的知识进行传授，缺少对目的语和本族语的对比和探究，对学习者情感和行为层面的关注不够。而跨文化语言教学是语言教学和文化教学的融合，它强调通过对目的语和本族语文化的深入思考、探索和体验，使学生自己构建对"文化的普遍性概念的深刻理解，包括对重大事件的分析、文化模拟等，培养学生获取理解文化的特有性和普遍性的综合能力"[Moran（莫兰），2001]。Moran（2001）提出了"Cultural Knowings"（文化了解）文化学习模式，即 knowing about（了解是什么），knowing how（了解怎么做），knowing why（了解为什么）和 knowing oneself（了解自我）（见图 6-4），其教学过程可划分为四个环节，环节之间紧密连接，形成一个环状的结构，具体内容如下。

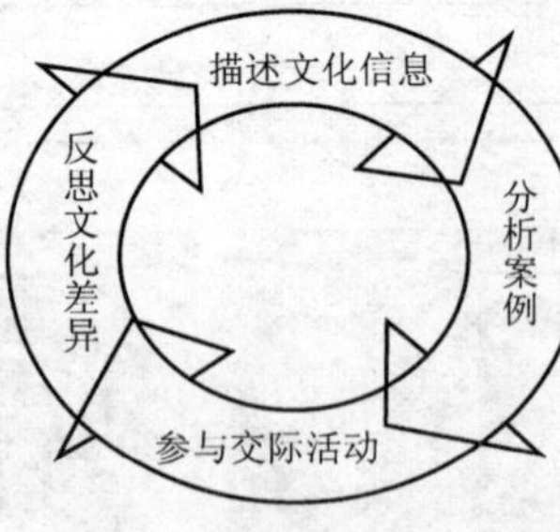

图 6-4 "Cultural Knowings"文化学习模式

（1）描述文化信息，由教师选择、讲解篇章中的文化知识。

（2）分析案例，由教师选择与主题相关的真实事件或案例，解释和归纳潜在的思维方式或价值观等。

（3）参与交际活动，由教师创造接近真实的情境，组织学生进行跨文化交际，使他们获得跨文化交际体验。

（4）反思文化差异，让学生以课堂小组讨论和课下建立学习历程档案的方式反思中西方文化差异，加深对主题及母语文化的理解。

常晓梅、赵玉珊（2012）以行动研究的方式论证了“Cultural Knowings”教学模式提高学生跨文化意识的有效性。整个教学过程采用互动型教学方式，即学生以互动方式学习课堂材料，具体包括听读文化资源、参与案例讨论、进行交际活动和思考文化差异。学生在学习过程中还需要建立学习历程档案，包括结合单元主题的学习日志、学习心得和学习贡献夹（学生自己搜集的文化资料），并将学习档案作为期末评估的一部分。教学结束后，学生的跨文化意识测试显示，非语言行为、语言行为测试结果明显好于教学前，学生对跨文化教学的态度普遍更加积极。

黄文红（2015）依托电子档案袋技术，将国外流行的过程性文化教学理念进行了本土化尝试并取得了较好的效果。过程性文化教学的理论基础是建构主义。建构主义主张由学生自主寻找和解码信息，并最终内化为自己的知识。因此，过程性文化教学重视学生的主动性，由学生自己提出研究假设，并验证假设，从而构建起一个动态、开放的学习过程。过程性文化教学的模式包括四各环节：描述中西文化→开展文化研究→撰写学习日志→反思中西文化。四个环节构成一个螺旋上升的过程性文化教学链（见图 6-5）。具体内容如下。

（1）描述中西文化：鼓励学生结合亲身经历与课本知识对比中西文化，提出研究假设。

（2）开展文化研究：学生通过阅读文本与对话交流的方式开展文化研究，验证研究假设。

（3）撰写学习日志：学生定期撰写学习日志，目的是整合信息、建构意义。

（4）反思中西文化：学生在同伴互评和教师评阅的基础上总结研究过程，反思中西文化。

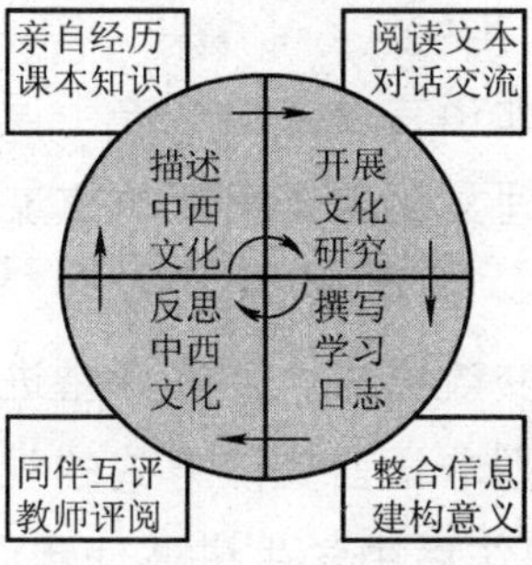

图 6-5　过程性文化教学模式

经过一个学期的实践教学，学生在情感层面和行为层面的跨文化交际能力都得到了提升。一方面，通过对另一文化的了解和对中国文化的再思考，学生显著匡正了文化上的思维定式，形成了更加开放的文化意识；另一方面，通过与目标文化群体对话、与老师、与同伴对话，学生的交际信心得到了增强，非语言交际手段和策略得到了丰富。但遗憾的是，该模式对认知层面的跨文化交际能力没有显著的提升作用，这与建构主义的学习特点有关，学生更关注探究式的学习过程，在一定程度上弱化了显性的文化知识学习。

我们可以从以上两种文化教学模式看到，无论是“Cultural Knowings”模式还是过程性文化教学模式，都是激发学生对文化探索的主动性，通过文化观察、信息搜集、文化体验和文化反思，使学生构建起自己对文化的认识。两种模式的教学过程有一定的相似性，但过程性文化教学模式更强调学生的主动性，研究的假设和验证都由学生来完成，相当于完成一个小型的研究项目。而“Cultural Knowings”模式的前两步依然由教师主导，学生的体验和反思主要体现在后两步中，相比而言，对学生的研究能力要求稍低。笔者认为，“Cultural Knowings”模式更适合语言能力和研究能力更低的大一学生，过程性文化教学模式更适合有一定语言能力和研究基础的大二学生，甚至更高年级的学生。

三、跨文化教学案例分析——以《读写教程》为例

在本小节中，笔者尝试以《读写教程》第一册第四单元为例来设计跨文化教学活动。由于这个单元的授课对象是一年级新生，学生还处于从高中到大学的学习模式转型期，因此教师更适合使用“Cultural Knowings”模式来开展教学。这一单元的两篇课文分别题为 *How to make a good impression* 和 *Body language*，单元主题为非语言交流方式。从课文内容来看，作者并未刻意强调地域性文化背景，但教师可以引导学生思考不同文化中非语言交流方式的异同，进而探讨不同文化的思维方式。具体教学活动安排如下。

（1）描述文化信息。

教师讲解非语言交流方式传达的意义及其在交流中的重要性，引导学生注意不同文化中非语言交流方式所传达的不同含义。

（2）分析案例。

观看因文化背景差异导致对非语言交流方式产生误解的视频，并讨论视频中人物想要表达的真正含义，以及如何处理文化差异引起的交流障碍。

（3）参与交际活动。

学生搜集中外常见的非语言交流方式，并在课堂进行展示和讲解。

教师播放一段西方人使用典型非语言交流方式的视频（可使用电影片段、演讲或日常生活视频），并请学生模仿，模仿后由学生讲述使用西方人非语言交流方式的感受。

（4）反思文化差异。

由步骤 3 中的模仿活动反思模仿目的语文化的行为举止是否有利于跨文化交流，思

考入乡是否应该随俗。

比较中外非语言交流方式的差异，并思考这些差异反映了不同文化的哪些特质。

此外，为了加强学生的参与度，巩固学习内容，也为了方便教师对教学过程进行监控，学生在学习过程中要建立学习日志。学习日志以单元为单位，包含“学习内容”“我的心得”和“我的资料”三个板块。“学习内容”是学习重点的小结，“我的心得”记录学生对主题的思考，“我的资料”中附上学生根据教学要求搜集到的资料。教学第一周，教师简要介绍课堂活动的基本流程和建立学习日志的重要性。第二周，教师结合第一单元的内容，具体指导学生建立学习日志。第三周开始实施学习日志教学。其中，在期中时对学习日志进行一次集中检查和展示，帮助学生解决学习中遇到的困难。学期末，教师组织学习日志展示及评估，评估由学生自我评估、学生间相互评估和教师评估组成，三项评估的总和作为平时成绩的一部分。

通过使用“Cultural Knowings”教学模式，学生在教师的引导下可以实现自主信息挖掘、文化差异体验和文化差异反思的跨文化交际活动，并且通过使用学习日志，对学习内容进行过程管理。如果能结合各单元主题进行合理编排，相信可以实现跨文化交际能力的系统性培养。

小　结

本章对跨文化教学中的重要问题进行了较为全面的探讨。我们首先回顾了跨文化交际研究领域的重要概念，并结合我国国情讨论了大学英语跨文化教学的目标。鉴于中国文化在跨文化教学中的缺失，我们还探索了中国文化融入大学英语教学的方法和路径。针对近年来大学英语跨文化教学的主要问题，提出了相应的对策。最后，从实践出发，探索了具有可行性的跨文化教学模式。

第七章

大学英语综合教学研究

大学英语是一个综合体系，其中包含了语音、语汇、语法等语言知识，教学目标包含了提高学习者的听、说、读、写、译等语言应用方面的能力，这也就意味着大学英语教学是一门需要将众多英语应用技能融合在一起的教学艺术，因此，在大学英语教学过程中，任何单一的教学方法或者学习方法都不能既解决所有问题，又达到既定目标。所以，在具体的教学过程中，教师需要根据不同的教学对象、教学内容及教学目标来选择不同的教学方法。同时，课堂教学中所采用的教学方法也不可能仅仅是某一种单独的教学方法，而是几种甚至是多种教学方法结合起来应用，教学方法的综合使用不仅仅是由于各种教学方法之间的交互性，还是由于教学方法之间的互补性，更重要的是教学目标的实现需要各种方法的共同作用。

同时，由于大学英语课堂教学的多样性，大学英语教学研究也不能仅仅是教学策略和教学方法的研究，而需要同时对课堂中的诸多现象进行探讨和研究，以期解决这些问题，达到提高学生语言应用能力的目的。因此，本章将针对我国常用的大学英语教学模式（如大班教学模式、分级教学模式等）、大学英语教学现状、大学英语教学中常见的问题以及大学英语教学的重要社会文化价值等方面，综合使用各种教学策略和常用的教学方法，并结合笔者曾经参与过的教研项目中的相关话题所开展的教学实验进行研究。

第一节　大学英语教学中隐喻思维和隐喻能力的培养

针对大学生思维已经成熟，能够并且愿意进行独立思考等特点，大学英语教学不能再拘泥于中学英语教学中所强调的具体语言现象的解释和词汇用法以及应试技巧等具体方面，而更应该帮助学生进行学习习惯和思维能力的培养，从而为他们在以后的学习和工作中进行独立思考，自主学习，加强对知识的理解、接受和吸收做好准备。因此，一方面，在大学英语教学中综合利用各种教学方法显得更为重要；另一方面，在教学过程中培养学生的思维方式和思维能力显得更加迫切。在这种背景下，隐喻思维和隐喻能力的培养应运而生。为了证明隐喻思维和隐喻能力培养的可行性和必要性，笔者在所参与的教学实验项目组成员中随机选择了一位教师，并对她所教的非英语专业的大学生展开了隐喻思维和隐喻能力提高的教学实验。实验过程涉及多种教学方法，从实验中获得的统计数据证明了这种教学方法结合体对提高学生英语成绩的有效性，也证明了培养学生隐喻思维和隐喻能力的可行性和必要性。

一、中外隐喻研究历史

作为一种常见的语言现象，自古以来在世界各种文明中隐喻一直是语言研究和应用的重要关注点。世界各国人民都在不断地学习和使用隐喻；各个时代、各个国家的学者也在不断地研究隐喻的纷繁复杂的表现形式，以及各种表现形式下所掩盖的隐喻的实质。在西方文明中，早在两千多年前的古希腊时期，对于隐喻的研究就取得了丰硕的成果，亚里士多德的《诗学》就是其中的代表，为后来的将隐喻作为语言修饰手法的修辞学研究奠定了基础。后来的众多学者也纷纷加入到隐喻研究的队伍中来，他们不仅将隐喻作为修饰语言、美化语言的手段这一现象加以研究，而且对使用这种手段前后表述的同一具体事件或者现象，或者抽象的理论、思想的各种不同的语言表达形式之间的不同功用进行了探讨。在隐喻研究的过程中，将隐喻作为修辞手法来进行研究是研究者共同使用的方法，他们不仅解析隐喻的各种表现形式、美化效果，而且研究了隐喻的产生及运作机制、应用范围及其理解范式。为以后更深层次的隐喻研究奠定了坚实的物质基础。

在东方文明中，尤其是在中国历史上，隐喻研究也有久远的历史和辉煌的成就。尽管中国历史上的隐喻研究系统性不及西方隐喻研究，影响面也不及西方隐喻研究，但自成体系的中国历史上的隐喻研究不仅有悠久的历史渊源，而且有传统中华民族的特色。可以考证的是中国历史上的隐喻研究起源于先秦时期，发展于两汉时期，全盛于宋元明清时期。先秦时期的《周易》一书中“仰则观象于天，俯则观法于地，观鸟兽之文，与地之宜，近取诸身，远取诸物，于是始作八卦，以通神明之德，以类万物之情”的说法不仅明确了隐喻的运作方式、运用原则，即以已知喻未知、以熟悉喻陌生、以具体喻抽象、以简单喻复杂，而且指出了隐喻运用过程中喻体选择的倾向，即身体部位及周围事物优先（“近取诸身，远取诸物”）。与此同时，诸子百家也有相关的隐喻理论：孔子在《论语》中提出的“能近取譬”的隐喻运用原则类似于《周易》所主张的“近取诸身，远取诸物”；孟子也指出隐喻具有“言近而旨远”的功能；墨家学说不仅阐明了本体和喻体的关系，而且指出了隐喻是利用喻体来认识本体的运作原理和机制。在这一时期，隐喻研究的理论和实践都得到了极大的推广和应用，也可以说当时的隐喻研究处于“百家争鸣、百花齐放”却又未能取得统一认识的阶段。

得益于经学的广泛流行，隐喻研究在我国历史上的两汉至南北朝时期在伦理诗学以及政治修辞学方面得到广泛应用，并形成了“比兴”研究的主流。刘勰在《文心雕龙》中非常系统、全面地阐述了隐喻的定义、特征、分类与功能。

在南北朝之后的很长时间内，隐喻研究逐渐达到了鼎盛时期。取得的具体成果有唐宋时期出版的我国第一部修辞学专著《文则》等明清时期的《喻林》一书则汇总了以前历代隐喻作品中的譬喻、寓言等众多的隐喻表述和现象。这些成果一方面表现了隐喻研究在当时所取得的显著成果，另一方面也为后来隐喻研究在我国的发展奠定了坚实的理论基础。

二、中外隐喻研究现状

综观中外隐喻研究，不难得出结论：隐喻研究历经了从表面到深入、从简单到复杂的过程，最为重要的是历经了从修辞学领域到认知科学领域研究的转变过程，正是这一转变过程将隐喻研究从修辞学研究的死胡同中解救出来，隐喻研究又获得了蓬勃生机，并在更多领域里面得到了研究和应用。

西方的隐喻研究不仅历史悠久，成果丰富，而且自成系统（有系统的理论支持）。西方隐喻的近代研究主要以1980年Lakoff（拉可夫）和Johnson合著的*Metaphors We Live by*（《我们赖以生存的隐喻》）出版为标志。从此之后隐喻研究摆脱了传统修辞学研究的桎梏，转向了思维方式研究的方向，并取得了丰富的成果和巨大的影响。总结近现代西方隐喻研究现状和成果，主要的代表是概念隐喻理论和语法隐喻理论。其中，概念隐喻理论以认知科学为理论依据，以Lakoff和Johnson为代表人物，以*Metaphors We Live by*出版为标志，主要观点是隐喻是人类思维和认知活动的主要工具，因此，人的思维是隐喻性的。在概念隐喻理论看来，人类认识和表达陌生事物、复杂事物以及抽象理论时最好的工具就是人类自身身体构成、周围事物以及已经熟识的具体物体。因此，概念隐喻理论中的隐喻的本质就是利用一个概念来认识和了解另一个概念，在这一认识过程中，认识过程的两端（本体和喻体）之间的关系就是映射关系，是将已知的喻体的有关知识映射到未知的本体上，从而利用喻体的有关特点来认识本体。语法隐喻理论以语言的元功能为理论来源，以功能主义语言学家Halliday为代表人物。语法隐喻的基本观点是隐喻是“不同语法域中语言单位之间的转化过程”，该观点强调的是语言形式与语言功能之间的关系。

虽然中国历史上的隐喻研究起源很早，成果颇丰，并且自有特色，但相对而言，中国的隐喻研究比较分散，流派众多，各自为政，未能形成气候。而且，近代中国的隐喻研究起步明显晚于欧美，多数都只是人云亦云，没有自我主张。20 世纪末，隐喻研究开始在国内得到长足发展。目前，国内隐喻研究主要侧重于以下四个方面：①国外隐喻理论的引入和评价；②比较中外隐喻理论及隐喻体系的异同；③结合语义、语用、认知、心理学等领域知识探讨隐喻；④利用隐喻理论进行外语语言教学探讨及研究。

三、理论背景

1. 隐喻

如前文所言，隐喻是人类语言运用中的常见现象。传统语言研究把隐喻认为是修饰语言、美化语言的修辞手法，现代语言研究则认为隐喻是一种思维方式，是一种认知过程。

隐喻到底是什么？要回答这个问题，人类历史上有各种不同的理论可以借鉴。对于隐喻的实质，虽然有不同的定义，但大致可以分为对立的两方。一方以人类认知为出发点和中心，认为隐喻的作用就是将人类的概念系统组织起来，有助于人类认知的拓展和深化；另一方则认为隐喻主要是美化作用，他们认为隐喻是“变异的效应”，有助于情感的表达。简而言之，隐喻的本质就是修辞学和认知科学的对立。

同时，在隐喻研究史上也存在不同时期，相应地也就有不同的理论及其代表人物。一般来说，早期有关隐喻的理论主要从三个角度开展：替代、比较、互动。以亚里士多德为代表的替代理论认为隐喻就是用一事物替代另一事物。而这种替代又可以分为四种类型，亚里士多德的《诗学》将隐喻描述如下：“隐喻是用一个陌生的名词替换，或者以属代种，或者以种代属，或者以种代种，或者依次类推，即比较。”也就是说替代理论的观点就是词语替代词语。与此同时，比较理论也可以说起源于亚里士多德。这种理论认为要建立隐喻，就要先比较两个词语或者两个事物之间的语义特征或某个方面的特征，以发现二者之间的相似性或者相关性，隐喻就是对这种相似性或相关性进行利用，从而建立联系。如“北京是祖国的心脏”中，北京和心脏之间的相似性就在于“北京之于祖国就像心脏之于人体”，或者说把祖国比喻成人体，而北京对祖国的地位和作用就与人体中的心脏对于人体一样。在比较理论中，常被用来加以比较的有事物之间的相似点、词语的本义、对称的比较等（胡壮麟，2004）。互动理论的代表人物是英国人理查兹（Richards）。他认为，语言的本体和喻体之间是互动的，所谓“互动”，就是隐喻的双方互相影响，互相作用，互相启示，而要产生这种互动关系，就必须发现双方之间的共同点，即某种具体的相似或者抽象的理论依据。这种理论可以解释很多的隐喻现象，后来也成为隐喻研究的主要理论依据。

隐喻又是怎样实现的？这个问题关系到隐喻实现的依据和法则。关于隐喻的实现的著名理论有张力理论（The Tension Theory）、冲突理论（The Controversion Theory）、互动隐喻理论（The Interaction Metaphor Theory）、变异理论（The Deviance Theory）、语义变则理论（The Semantic Anomaly Theory）、概念隐喻理论（The Conceptual Metaphor Theory）及语法隐喻理论（The Grammatical Metaphor Theory）等。其中，前五种理论都是从隐喻现象的表面特征及其对人类感知觉的表层、语法、语义等方面的影响的角度进行解读的，而后两种理论则是从语言与人类思维及认知的角度展开研究的。无论这些理论研究的出发点存在多大的差异，它们都有一个共同点，那就是隐喻必须同时包含或者隐含至少一组对象才能形成，即本体和喻体。本体就是描述的对象，而喻体则是借用来陈述对象某个特征或品行的事物，换句话说，本体就是未知的对象，喻体就是已知对象，隐喻就是利用已知来描述未知的过程。这一过程在传统修辞学上被表述为“某一事物是另一事物”，而现代认知科学则将这一过程理解为将某一事物的某种特征或某人的品行“映射”到另外的事物或人身上。

隐喻现象是发展变化的，人类对隐喻本质的认识也是发展变化的。隐喻的发展变化不仅在于隐喻的应用范围和应用深度在不断扩展和深化，而且也在于隐喻的表达方式以及人们对隐喻现象的认识的发展变化。前者主要是指隐喻应用的广度已经从曾经主要用于文学作品，尤其是诗歌中扩展到几乎所有领域，甚至非常严肃、严谨的政治及法律领域，其深度也从利用两事物之间的表面特征发展到事物之间的深层次特征、本质特征，甚至抽象或象征意义等方面。后者则主要指隐喻发展的动态性、变化性以及发展性特征。曾经的隐喻表达会变成或者已经变成现在的常规表达，变为没有创新及活力的“死隐喻”，“山腰”“泉眼”等就是极好的证明；而现在的所谓“新隐喻”在经历一段时间的使用及传播后也会在将来某个时间成为“死隐喻”。

而人类对隐喻的应用和理解也有所区别。这种区别不仅仅是不同时代、不同年龄的人之间的区别，同一时代的统一年龄段，接受了同等教育、接触了同样事物、有相同成长环境，甚至有同样生活经历的人之间也会有明显差异，这种对隐喻的应用及理解程度上的差异主要取决于个体的认知能力和水平。而个体的认知能力和水平一方面受到语言使用者所存储的对事物的各种特征以及他们的经验与年龄的影响，另一方面也受到语言使用者对事物之间的某种特点的联系的发现和理解的影响。一般而言，正常情况下，个体对隐喻的应用和理解与其本身的认知能力及水平之间存在正比关系。

2. 隐喻思维

隐喻与隐喻思维紧密相连，相辅相成。毛英（2006）认为，二者之间的关系就是“外部表现形式与内在思维过程的关系，隐喻思维是隐喻形成和理解的过程中相关的大脑思维过程。隐喻思维是一种超越型思维，直接对认知对象的本质属性和关键特征进行高度概括抽象，达到对事物的整体理解”。意即，隐喻是隐喻思维的表现形式，隐喻思维是隐喻形成的力量来源。或者说隐喻思维就是为了促使隐喻的形成而故意为之。深究则不难发现，这一理解稍显浅显。隐喻思维是隐喻的“内在思维过程”，但不仅限于此，而应该是类似于“隐喻映射”过程的思维过程。也就是说，隐喻思维的工作原理应该与隐喻的形成过程一致，是在“将一事物的特征或品质映射到另一事物”的过程中的思维过程，或者说隐喻思维具有同隐喻相似的特征，都是“映射”过程。

因此，外语学习中的隐喻思维就是在学习外语（尤其是外语隐喻表达）的过程中所掌握的有关词汇、习语、句子、篇章等方面的隐喻形成和应用过程，然后将这一已经掌握的思维过程运用在其他未掌握的知识的学习和掌握过程。简言之，就是利用已经掌握的、内化的或者是从学习过程中所提取出来的经验利用到新知识的学习过程中，并对新的语言现象进行理解、接受、掌握的思维过程。

3. 隐喻能力

对于隐喻能力，Danesi（丹尼斯）的定义是“概念流利的下层”；“用隐喻方式说话是讲本族语能力的一种基本特征”。胡壮麟认为，“对隐喻能力的掌握已成为第二语言教学中不可缺少的环节”。

在我国，很多学者对隐喻能力展开了讨论和验证，隐喻能力是什么？使用者的隐喻能力又是怎样得到提高和体现的呢？胡壮麟认为，使用者的隐喻能力主要在以下四个方面得到体现：“①隐喻产生的原创性；②发现隐喻意义的能力；③提取隐喻的速度；④对隐喻做出理解的流利程度。”其中，第一个方面主要涉及隐喻的使用情况，也就是说使用者在使用隐喻时越有原创性，其隐喻能力越强；后三个方面主要涉及隐喻的理解与接受，使用者对接触到的隐喻表达中的隐喻意义发现越快，提取隐喻的速度越快，理解越流利，也证明其隐喻能力越强。而王寅认为：“隐喻主要包括人们能够识别、理解和创建概念域类比联系的能力，这里不仅包括被动地理解、学得隐喻，而且还包括创造性地使用隐喻的能力，更高目标还可以包括丰富的想象力和活跃的创新思维能力。”从中不难理解，隐喻能力包括三个方面：理解隐喻、使用隐喻、创新思维能力。

尽管目前对隐喻能力的探讨进行得非常热烈，但对隐喻能力的验证，也就是隐喻能力到底通过什么标准可以得到测试或认可，相对冷清很多。究其原因，主要是因为隐喻能力这一概念过于抽象，判断个人隐喻能力的标准也众说纷纭，没有统一答案，尺度也就不好把握，因此，目前国内尚缺少相应的测试试题及判断标准，而只有为数不多的学者在外语习得或者二语习得领域中进行过探讨。本部分的隐喻能力一方面结合了目前较为流行的观点和解释，但也不敢妄下断言，不敢擅自给隐喻能力制定判断标准，只是从使用者对英语隐喻表达的理解、接受、使用等方面的速度及流利程度进行大致判定。

在培养学生隐喻能力实验中，主要涉及四个方面。①提高学生的认知水平。认知水平主要表现为学生对外在事物的各种性质和特征的长期记忆和理解，因此，认知水平的提高关键在于经验的积累和知识的丰富。②积累隐喻理论知识及隐喻表达。人类认知规律告诉我们，要想有输出，就必须以适量的输入和积累为前提，而作为隐喻能力的隐喻理解能力和创造能力也只能在具备了适量的隐喻理论知识和隐喻表达的基础上才能得以实现，因此，教师在实验过程中需要加强隐喻理论知识的讲解并要求学生对隐喻表达不断积累。③培养思维习惯，主要是利用隐喻思维的习惯。这一做法比较难，一是因为学生本来利用英语来积极思考问题、表述自己就有一定难度，二是因为隐喻思维对学生来说相对更加抽象和陌生，因此，在实验过程中，教师要鼓励学生使用隐喻表达，并提供足够的空间以使他们自由发挥，课后则要求他们扩大阅读量，积累和创造更多的隐喻表达。④传授西方文化。文化包含发展历史、生存环境、文学艺术、宗教信仰、价值观念等各个领域的知识，在这些知识的背后隐藏着隐喻思维和隐喻表达的理据以及文化意蕴，而理解这些理据及文化意蕴则有助于奠定理解隐喻、创造隐喻的基础，促进学生隐喻能力的提高。文化差异往往造成不同文化中的表达，尤其是隐喻表达差异巨大，给外语学习者的理解造成很大的障碍。因此，实验过程中教师始终在有意识地引导学生掌握西方文化，熟悉东西方文化的异同。

四、大学英语教学中隐喻思维和隐喻能力的培养实验

1. 研究背景

隐喻研究已经有几千年的历史，研究重点也已经从将隐喻作为修饰语言、美化语言的修辞手法这一修辞学角度转移到将隐喻作为人类重要的认知手段和工具，并且在很多领域得到了理论和实践的证明。同样，在应用语言学领域，隐喻理论已经跟外语学习结合起来，并有学者提出了隐喻意识、隐喻思维、隐喻能力等概念。胡壮麟认为："对隐喻能力的掌握是第二语言教学中不可缺少的环节。"学者 Danesi 也认为"'隐喻能力'是概念流利的下层。用隐喻方式说话是讲本族语能力的一种基本特征。"由此可以推测，隐喻是熟练掌握一门语言的诀窍或者关键，对某种语言掌握程度的标准之一就是学习者是否真正具备了该语言系统中的隐喻能力。

在我国外语教学研究领域，对隐喻的理论研究较多，但实践相对较少。利用实验来证明隐喻思维和隐喻能力在外语学习中的重要价值的研究更少。目前类似的研究有：李卫清在河南某高校一年级工科生中开展过"大学英语教学隐喻意识和隐喻能力培养"的实验研究，但该实验设计方面存在缺陷，实验环节也不是很严谨，实验结果的对比不是特别明显，且尚未在实践中加以证明；姜孟研究过我国英语专业学生的隐喻能力和水平之间的关系；段友国在《隐喻能力提高与大学英语词汇学习》一文中谈论了隐喻能力提高对学习者词汇习得的可行性和相应的教学方法，在他的另一篇文章《隐喻能力在英语教学中的应用价值研究》中讨论了隐喻能力在英语教学中的应用价值。但这些研究多数

都只是理论上的探讨，实践教学相对较少，也就难以证明其真实价值。此外，也有部分学者将隐喻能力和外语教学中的部分内容（如词汇教学、习语教学等）结合起来进行探讨或通过实验进行验证，如吴莉等就概念隐喻理论对英语习语学习的作用开展过研究；朱淑媛对概念隐喻理论影响下的英语词汇教学进行过研究。这些实证研究各有特色，但也存在一些值得商榷的地方。在此背景下，通过实验和教学实践来证明培养学习者的隐喻思维、隐喻意识以及隐喻能力对他们的外语学习的价值，并且集各家之长把实验设计得更加完善，使结果更科学、客观、可信就显得尤为关键。

因此，笔者在参与的有关教学研究项目中设计了培养和提高大学生的隐喻思维和隐喻能力的教学方法，结合了多种大学英语教学方法，统计了学生在实验教学前后的考试成绩，并与没有参与该实验的学生的成绩进行了对比，结果有效证实了隐喻思维和隐喻能力在提高学习者学习外语水平过程中的重要性。

2. 实验内容

该实验以培养和提高我国非英语专业大学生的隐喻思维和隐喻能力为手段，以提高他们的英语语言使用能力为目标，并同时结合隐喻相关理论知识的讲解，结合多种教学手段和方法，通过短期实验和长期实验进行对比，验证隐喻思维和隐喻能力的作用和影响，并且在语言教学的各个领域（词汇、习语、语段、篇章）进行，以期达到改善学生大学英语学习习惯和方法，改变大学英语学习耗时低效的现状，提高大学英语教学效果，并提高学生英语学习兴趣，改善师生关系的目的。

（1）实验目的。

本实验有四个目的：一是验证隐喻意识和隐喻能力的存在和可培养性，即可学性和可教性；二是培养学生隐喻意识和隐喻能力，提高大学英语教学效率，培养学生自主学习习惯和能力；三是证明隐喻教学模式的有效性和可行性；四是探究非英语专业学生隐喻能力与其英语语言应用能力之间的关系。

（2）实验对象。

本实验主要在长江大学 2012 级学生中开展。为保证实验的有效性和客观性，选择实验对象时先对项目组所有成员所带的班级在入学后参加的英语分级考试的成绩进行统计及分析，选择出比较符合实验要求且符合统计学意义上的不具有明显差异的班级；然后根据随机原则，从符合要求的班级中随机抽取四个自然班，两个自然班合并成一个教学班级，并分别命名为对照组和实验组，其中对照组学生共 72 人，主要是建筑专业学生，实验组学生共 78 人，主要是护理专业学生。这两个组所在的学院往年的四级通过率基本持平，而且对这两个组所在学院以往学生的四级成绩的统计结果显示，他们的四级成绩之间也不存在明显差异；最后从项目组五位成员中随机抽取一位教师担任这两个班的大学英语教学工作。此外，实验组与对照组所使用的教材、教学条件、教学进度、教学要求与学时都完全一致；同时，以这些学生在入学后参加的英语分级考试成绩为根据，利用社会科学软件包（SPSS 17.0）对实验组与对照组的英语水平进行了 *t* 检验（结果见表 7-1），实验组和对照组的分级平均成绩分别为 53.859 和 51.2917，平均成绩差别为 2.5673，Sig.值为 0.188>0.05，说明这两个组的成绩没有统计学意义上的显著差别，符合实验要求。

表 7-1　实验组与对照组分级成绩独立样本 *t* 检验

	对照组人数=72		实验组人数=78		平均分之差（Mean Difference）	*t* 值	显著性［Sig.（2 tailed）］
分级成绩	平均分（Mean）	标准差（Standard Deviation）	平均分（Mean）	标准差（Standard Deviation）	2.5673	1.323	0.188
	51.2917	11.00632	53.859	12.61593			

同时，为了保证本实验的有效性和客观性，并且将可能对实验过程和实验结果产生影响的有关因素降到最低限度，本实验正式开展前，实验人员对实验组和对照组的学生进行了一项测试，该测试的目的是检验两组学生之间隐喻能力的差异，因为如果实验开展之前两组学生之间隐喻能力的差异过于明显或者具有统计学意义上的明显差异，本实验的结果和教学方法的效果就会存在一定的瑕疵和异议，统计结果也就不具备很强的说服力，因而失去了相应的可信度和说服力。同时，为了尽量保证该实验的数据来源的公信度和客观性，也考虑到实验人员本身知识的局限性，实验放弃了原本自行设计的测试实验对象隐喻能力的试题和量表，而是借用了 Littlemore 等人于 2001 年设计的测试实验对象隐喻能力（包含隐喻理解能力和隐喻创造能力）的量表，并要求两组学生在半小时内完成，测试后的数据统计结果如表 7-2 所示。

表 7-2　实验组和对照组实验前隐喻能力测试统计结果

	分级班	人数	平均分	标准差	标准误
词汇测试成绩1	对照	72	30.3350	10.00623	1.25863
	实验	78	31.2855	11.05633	1.33656

从上表中可以看出，实验组和对照组学生之间的隐喻能力测试平均成绩基本相当（平均成绩相差不到 1 分），根据量表设计原则及对数据解读，说明他们之间在实验开展前的隐喻能力差不多，这一结果有效确保了实验对象选择的有效性。

（3）实验手段。

根据实验设计要求以及实验需要，本实验开展需要采取三种实验手段。

1）理论讲解。

理论讲解部分主要包含隐喻理论、隐喻思维理论以及隐喻能力理论。在讲解这些理论时，为了使学习者真正掌握其中的精髓，研究人员将不仅对其理论本身进行抽象讲解，而且还会结合具体实例来加以分析，以使学习者真正把握。如前面隐喻思维理论部分所提到的，作为一种思维模式，隐喻思维本身非常抽象，甚至有点拗口，初次接触者对思维方式这一概念本身就有一定的理解难度，再加上“隐喻”这个抽象的概念，他们难免会对这个抽象而且陌生的理论产生畏惧感。但是，一旦在解释什么是“隐喻思维模式”时加上一个对隐喻思维模式的具体作用过程的讲述，并且将这一具体过程结合图示来加以描述的话，具备了较高思维能力和水平的大学生应该不会难以理解和掌握其大致情况。稍加练习之后，随着学习者对这一抽象概念的进一步接触和逐步熟悉，他们对概念的理解、接受以及应用就会变得越来越得心应手。

2）成绩对照。

研究中，实验的开展是有关理论的具体执行，为了确保实验对象的有效性，实验前必须通过对比两组学生的成绩，只有在成绩相差不大的情况下才能确保，所以实验前还需要在选择实验对象时对选择对象的英语基础和隐喻能力进行测试，然后根据各班之间的测试成绩从中挑选出比较合适的两个班级作为实验对象；而为了检验实验的结果是否符合实验设计的预期，实验完成后也需要对实验组和对照组的学生英语成绩进行测试。根据实验设计和实验内容，测试、成绩对照贯穿于整个实验过程中。实验前需要对两组学生的词汇量（包括单词和习语）进行测试，实验后既要对学生的词汇量进行测试，也要对他们的隐喻能力进行测试，还需要让所有学生参加大学英语四级考试，借助于这种第三方中立机构举行的统一测试来对学生的综合英语水平进行测试，并对每一次测试的结果进行对照。

3）SPSS 软件统计。

在实验数据的处理方面需要借助 SPSS 统计软件。市面上有诸多统计软件，借用这一软件一是因为它是专用于社会科学统计和分析的软件，二是因为它在国际统计学界认可度很高，利用它得出的统计结果更加具有说服力。对实验数据全部利用软件统计而不是采取原始人工方式，目的一方面是确保统计数据的全面性而不至于有所疏漏，另一方面是使统计结果更加客观公正性。统计研究对象的有关数据主要包括他们实验前的隐喻能力测试成绩、词汇测试成绩，以及实验后的隐喻能力测试成绩、词汇测试能力和综合英语应用能力测试成绩。

（4）实验内容。

根据实验要求和教学实际需求，本实验的内容主要分为两个部分：理论教学内容和具体实验教学内容。

1）理论教学内容。

具体教学方法和模式的改革需要在一定的理论指导下才能有条不紊的进行，本实验教学的指导理论是隐喻理论（主要是概念隐喻理论），因此，在实验开展过程中，有关隐喻理论的教学必不可少，其中包括隐喻思维的理论及学生英语思维培养、隐喻能力概念及学生隐喻能力的培养及提高等各方面，具体内容包含以下几点：①隐喻思维、隐喻能力概念的讲解；②隐喻思维、隐喻能力的培养方法解析及实践；③在隐喻思维模式下传授西方文化知识；④利用隐喻思维进行教学，有意识地培养和引导学生以便更好地提高他们的学习效率。

2）具体实验教学内容。

前文提过，大学英语是个系统，包含词汇、短语、句子、段落、篇章及语法知识、文化信息等各个方面；大学英语应用能力包括学习者的听、说、读、写、译等各个领域的能力，因此，本实验所设计的教学也应该包含以上所有层面，但由于现实和实验需要，本部分仅从词汇教学、习语教学、句段教学、篇章教学、阅读教学及文化教学几个方面进行展开。

① 词汇教学。

前文隐喻能力部分提过，实验前对两组学生的隐喻能力的测试结果表明，两组学生之间的隐喻能力相差不明显，词汇水平相差也不大。因此，本实验中的词汇教学研究的开展主要包括两个问题：一是外语学习者的词汇水平与其隐喻能力之间是否存在联系？如果存在，那么是什么样的联系？二是大学英语词汇教学中学习者隐喻思维和隐喻能力培养及其提高是对学习者词汇学习和掌握有促进作用。

同时，为验证这种联系以及促进作用的存在，本实验中词汇教学部分的开展分为两个方面：隐喻思维和隐喻能力对词汇记忆的短期影响，隐喻思维和隐喻能力对词汇记忆的长期影响。并且按照这两个方面分别进行实验研究。即在尽最大可能地排除其他因素印象的前提下验证其在较短时间内对词汇记忆的影响，然后通过教程时间的进一步学习，并在同期尽最大努力排除其他可能存在的因素的影响，进一步检验隐喻思维和隐喻能力对外语学习者词汇记忆的影响。并分阶段对学习者的词汇记忆和掌握情况进行测试和统计。

i. 短期教学内容和影响。

词汇教学研究的第一个阶段是对两组学习者在相同时间内对相同数量和难度的词汇进行讲解并测试。该部分的教学材料共 100 个单词，其中部分单词选自《读写教程》第一到第四册教材；其余单词选自《课程要求》中一般要求所规定的单词以及《我们赖以生存的隐喻》中的隐喻性单词。选择标准一是这些单词在高中课本中基本没出现（因为高中课本版本较多，不能确保词汇未曾出现在任何一本书中），二是这些单词必须是隐喻性的。

实验过程包括教学和测试两部分。教学时对实验组和对照组学生采用不同的教学方法。对实验组的学生采用隐喻理论对词汇进行分类，讲解单词的来源、历史文化背景以及单词之间的联系；而对对照组学生则只进行常规讲解，主要是有关单词的意义、用法等方面。对两组学生讲解词汇所花的时间基本相同，且都是在上午进行。并在讲解完后同时对两组学生就他们刚接触的所有单词进行测试，单词测试内容为教学中所涉及的100个单词中的50个，两组学生测试内容一致，形式相同（都是英汉互译，目的是考查不同的讲解方式和思维方式对学生记忆单词的影响），并且同时进行。测试结束后对所有学生所完成的单词进行阅卷，阅卷标准为新大学英语四级考试听写题要求的阅卷标准。阅卷结束后对他们的成绩进行统计，测试结果如表7-3所示。

表7-3 实验组和对照组词汇实验测试统计结果

	分级班	人数	平均分	标准差	标准误
词汇测试成绩2	对照	72	35	10.01252	1.22315
	实验	78	40	11.00351	1.28326

从表7-3中可以知道，两组学生在实验前的词汇测试成绩相差不大，但在对相同的单词应用不同的方式讲解之后，他们对单词的掌握存在一定的差距，实验组学生的平均分比对照组学生的平均分高4分，由于其他条件基本一致，所以这一统计结果可以说明隐喻能力有助于促进外语学习者在短时间内记忆单词。

ii．长期教学内容和影响。

词汇教学研究的第二个阶段是对两组学习者在相对较长的时间内进行词汇教学，并进行对比测试。教学模式基本与短期教学和测试一致，采取不同的词汇教学和讲解方法，并将词汇讲解结合课本教学同步进行。这一实验进行一个学期，并在学期末对两组学生专门进行词汇测试，以检验隐喻思维和隐喻能力对外语学习者的词汇理解和记忆能力的长期影响。为了尽量保证实验的需要，实验人员在给两组学生布置课外词汇任务时，都要求学生要利用课堂内学习词汇的方法记忆单词。

本部分的教学内容为挑选出来的《读写教程》第一册的七个单元和第二册的五个单元（教学进度要求）。实验班的教学形式为在完成正常教学任务之外抽出适当时间对教学内容中所涉及的英语词汇利用隐喻概念进行讲解，并引导学生逐步培养和利用他们的隐喻能力对词汇进行自主解读和记忆。

而对照班的词汇教学则完全按照传统的教学方法进行，即对词汇主要讲解其意义，通过例句来讲解词汇的用法。并且刻意避免利用隐喻概念，以避免因教学方法不同而对实验过程和结果引起人为干扰。

iii．词汇教学重点。

如上文所言，隐喻思维和隐喻能力对促进学生短期和长期词汇记忆都有积极作用，并且相对传统方法而言有优势，因为传统词汇教学和记忆方法强调的都是对词汇本身的理解和记忆，是表面的、机械的方法，即便传统的词根词缀记忆法也只是根据词汇自身结构将词汇进行分解，而现实情况是很多由词根加上词缀构成的词义本身却并非由二者的意义相加，有的甚至相去甚远；而利用隐喻思维记忆词汇就可以解决更多传统方法所不能解决的问题，因为隐喻理论告诉我们隐喻不仅影响着人类对外在世界的认知，也贯穿着众多词汇产生的始终，也就是说众多词汇中其实蕴含着深奥的隐喻意象，因此，可以得出结论：隐喻是词汇产生、词义拓展的重要力量源泉，亦即，隐喻理论可以解释众多词汇，尤其是合成词的产生理据，因此，利用隐喻理论、发展隐喻思维、拓展隐喻能力有助于提升学习者对外语词汇的学习、理解及应用。为了帮助学生达到轻松记忆词汇这一目标，教师应从以下几点开展教学工作。

首先，重视基本词汇并利用基本词汇构建隐喻思维模式。基本词汇都是常用词汇，是使用者最熟悉的词汇，而根据人们认知习惯及思维发展逻辑，最熟悉的知识往往被利用得最频繁，对于词汇利用也同样如此。因此，可以认为，基本词汇的隐喻意义也是发展最快、应用范围最广的，如 dog、pig、yellow、red、head、hand 等表示人类最熟悉的动物、颜色、人体部位等意义的实词以及 up、down 等表示空间方位的虚词的隐喻意义在人们生活中就有举足轻重的作用，而且这些词汇所派生出来的隐喻性表达也是数量众多。而学生对这些基本词汇相对而言也掌握得最好，对这些词汇的隐喻性用法的理解也比较容易，教师可以利用这些有利因素，鼓励学生积极思考，调动所有已掌握的有关某个词或某些词的知识，并将这些知识整理成系统，寻找其中的规律，以使学生积累相关经验（含词汇整理经验和理解概念隐喻的经验），并在以后词汇、习语学习中充分利用这些经验。

其次，利用隐喻模式学习多义词、派生词及复合词。一词多义是英语词汇中的常见现象，而且也是众多不以英语为母语的学习者学习英语时“最难啃的骨头”之一。现代认知隐喻学认为，作为认知的主要方式，隐喻在语言的发展及语义的拓展方面具有重要意义，隐喻是语言发展的基础，是语义扩展的机制及动力来源，词语除基本意义之外的其他意义基本上都是在其基本意义上通过隐喻或转喻的方式来实现的，也就是说，词语的“派生义”都是以“基本义”为中心的。因此，我们可以认为是隐喻促成了一词多义现象的产生和发展。如“blossom”一词的基本义为“花”，解释为“植物的一部分”“种子植物的有性繁殖器官”，在此基础上，blossom 首先衍生出“开花”的意义，后来又衍生出“健康地成长、兴盛”等意义，而这些衍生出来的意义都是以“花”这个基本义为中心，都有“向四周伸展开”或“向上生长”的意思，如句子“The peach trees blossomed earlier last year”中的 blossom 意思是开花，而句子“Mozart blossomed very early in life”中的 blossom 则为“长成或发展成”的意思。

因此，在多义词教学中，教师应该向学生解释清楚隐喻在词义扩展中的重要作用，帮助学生厘清词语各个义项之间的有机联系以及其中所包含的隐喻特征，并要求学生在学习多义词时充分利用词语的基本义与派生义之间的密切联系，或者说是语义的引申机制。

由于复合词的构成一般都遵循一定的规则或组合方式，如复合形容词的构成就有"副词加形容词""名词加形容词""数词加名词""副词加动词的过去分词形式"多种方式，如 always-right、snow-white、four-leg、handmade 等复合形容词就是很好的例子。有时候一些复合形容词原本是一个完整的句子，如 I-told-you-so、father-knows-best 等。此外，多数复合词的意义也是由构成复合词的各个成分简单相加在一起而成的，上述六个词的意思就依次为"一贯正确的、雪白的、四条腿的、手工制作的、我告诉过你的、知子莫若父"。因此，对这类按照特定组合方式构成并且可以轻松推导出其意义的复合词语，教师只需要带领学生做简单的推理即可。但是，在实际教学中，很多复合词的意义并非其构成成分意义简单相加，有的复合词的意义需要做出进一步的推理。如词语 weather-beaten 和 thunder-struck 的意义在其构成成分的意义相加的基础上就发生了一定变化，不再是"被天气打败的"及"被雷打了的"等意思，而是"饱经风霜的"及"大为吃惊的"。此外，有的复合词的意义甚至与构成成分的字面意义看似完全没有联系，如 custom-built 的意义既不是"海关建造的"，也不是"传统建造的"，而是"定制的、定做的"，主要是因为 custom 的派生意义之一是"定做的、定制的"。

由此可知，多义词、派生词、复合词的教学中需要教师和学生充分调动隐喻思维、积极寻找义项之间及复合词的构成充分之间的有机联系，并结合具体语境来加以分析，并加以理解、消化，才能有效吸收，因此，隐喻思维的充分利用不仅有利于提高词汇教学的效率，而且这一学习过程还会反过来提高学生的隐喻意识和隐喻能力——理解隐喻的能力。

② 习语教学。

习语可以分为俗语、谚语及俚语等类别，是各文化精华的表现形式之一。由于文化差异，习语往往会给外来人员在理解、接受及应用等方面造成一定难度，习语教学也常被视为外语教学的难点。传统的习语教学主要是对比翻译法，要求学习者死记硬背，这种方法的缺点就是耗时耗力，往往事倍功半。本实验教学中要求教师对对照组的学生采取传统的方法习语教学，而对实验组的学生则采取隐喻的方法进行教学。隐喻在习语教学中的应用大致可以分为以下步骤：①将学习的习语按照一定的标准（如动物、植物、建筑、人体部位、饮食等）进行归类；②再将这些类别细分（如依据某种具体动物或人体特定部位等）；③探究各分类习语之间的相关联系；④对这种联系进行联想并解读其中规律；⑤利用有关规律对新习语进行意义推理，并验证推理是否正确。这一归类、细分、探究、运用、推理、验证的过程其实就是隐喻思维的一种方式。

英语习语的教学应该视具体情况进行，需要考虑的情况就是众所周知的"文化共核词"和"文化差异词"。所谓的"文化共核词"不仅存在于两种文化中，而且两种文化对其理解和接受方式都一样，如中英文化都常把人的坚强品性比喻成钢铁，而把温顺的人说成绵羊等，中国人也很容易理解 add fuel to the flames（火上浇油），talk black into white（黑白颠倒）。对于此类文化共核词，教学过程中的处理相对比较简单，而对于文化差异词，对照组的教学方法就是英汉对照，实验组的教学则不仅涉及意义的讲解，而且需要利用隐喻思维，给学生讲解实际意义与字面意义之间的联系。如 at one's fingernails 一词，字面意义是"在某人的手指尖"，而其真实意义是"唾手可得"，两个意义之间的联系就是"手指尖已经碰到的东西意味着很容易可以到手"，甚至可以让学生联想到自己小时候常吮手指的经历来说明。英语中这样的习语俯拾即是，如 sharp contrast（鲜明的对比），laugh up one's sleeves（偷笑）等。当然，英语习语中确实也存在部分例子，它们的意义与其构成词之间没有任何联系，这类习语的教学就只能靠学生死记硬背了。

③ 句段教学。

大学英语教学重点之一就是句段的理解与写作。在我国，中小学阶段的英语教学主要以词汇、语法、阅读理解及短文写作为主，比较重视基础知识的输入性练习，相对来说忽略了段落的理解和写作。因此，很多大学生的英语中国味十足，而英语味很淡。因此，大学英语教学中必须补充他们所缺乏的原味英语。为了证明隐喻思维和隐喻能力在句段教学中的实际价值，本实验中设计了句段的教学实验，实验组和对照组严格按照实验设计开展教学活动。实验组的具体教学方式就是教师在课堂内引领学生从课文中的句子及段落中抽象出它们的结构，并举例演练；课堂外则要求学生通过背诵句子和段落及其结构以便更好地掌握；而与之相对应的对照组则按照以前的教学方法组织教学活动。

以《读写教程》第二册第四单元课文 A 中的句子"So strong was his desire to follow the girl, yet so deep was his longing for the woman whose spirit had truly companioned and brought warmth to his own"为例。首先，这句话可以提炼为句子结构"So … is sth., yet so … is sth. Else（某物如此……，然而另一物又如此……）"，这一句子结构常被用来描述两事物之间的对比。在学生理解句子结构以及其所能表达的意义和实现的功能之后，教师可以要求学生举例（也可以自己举例但要学生利用该结构翻译）来对该结构加以练习，如"她多么渴望能和那个没钱但很爱她的男孩结婚，但她又深深地向往着那个不爱她但将要继承大笔财产的男孩。"（So strong was her desire to marry the boy who does not have money but loves her, yet so deep was her longing for the boy who does not love her but is in line for a big wealth.）

段落一般由一个或数个句子构成，句子之间存在某种特定的逻辑关系（如转折、因果等），所以，总体上段落结构一般比句子结构复杂，但总体上，构成段落的句子之间的逻辑结构一般在句子内部也会有类似的结构存在，也就是说，构成段落的句子与构成句子的分句之间有类似的逻辑结构关系。因此，大学英语段落理解与写作教学可以借鉴句子教学模式进行，所不同的是段落教学中需要考虑更多的层次问题，如《读写教程》第二册第三单元第七段所描述的情况，文中的妈妈为了阐明自己不是因为种族歧视原因而反对女儿嫁给一个黑人，先提出一种观点，但随即自己否定了这个观点，后又提出一个观点，又自己否定掉了，最后才提出自己真正担忧的问题。这种阐述观点的模式相对比较复杂，但只要在正常分析句子之间的逻辑关系，并理出这种层次关系之后就比较容易理解并可以加以运用了。如可以模仿出类似段落“以前有人认为上大学可以保证学生有很光明的前途，但现实情况却是很多大学生毕业后找不到工作。也有人认为上大学是为了完成父母的心愿，但很快他们也发现父母的心愿其实不止于此。其实，我们上大学的真正原因是想学到真本领，毕业以后好为社会做更大的贡献。”(People originally held that going to college can ensure your brighter future, but the truth is that many college graduates can’t get a job after their own heart. Others thought that they do it to satisfy their parents. But soon they find out that their parents want more. Actually, the real reason(maybe we don’t get it sometimes) is that we do this for better preparation for future contribution to the society after we acquire true abilities.)

④ 语篇教学。

语篇形式下的隐喻与词汇、习语及句子中的隐喻完全不同，语篇中的隐喻主要是在语义系统中通过语篇将概念隐喻具体化，或者是实例化。任绍曾（2006）认为语篇中概念隐喻的实例化主要体现在五个方面，包括语篇与语境的辩证统一、语篇中的目的域与源域以及两个域之间的投射、语篇对隐喻中心思想的显示、源域知识在目的域中的应用、语篇中对常规隐喻的具体化等。束定芳（2000）在探索隐喻的特征时认为隐喻有系统性的特征，“隐喻涉及所在领域的整个系统内部关系转移，因此，隐喻具有系统性”。隐喻的系统性说明隐喻可以被作为一个话题映射到整个语篇中，亦即整个语篇都围绕着该隐喻展开，而以这种方式展开的语篇也需要确保其连贯性。

语篇的连贯性不仅仅指语言形式上的连贯。语言形式上的连贯是英语语篇的基础，但不是全部。要保证英语语篇的可读性和可理解性，还需要确保意义上的连续性。因此，在大学英语语篇教学中，教师不仅要注重语言表达形式的“形合”，还要注意句子之间以及段落之间逻辑关系的合理性以及整篇文章内容的连贯性。以《读写教程》第二册第一单元课文 *Time-Conscious Americans* 为例。

为了详细说明美国人对时间的态度，作者在文中借用了“Time is money”这一概念隐喻，并在文中多处使用。如“Time is treated as if it were something almost real. We budget it, save it, waste it, cut it, account for it; we also charge for it. ”（人们似乎是把时间当作一个差不多实实在在的东西来对待的。我们安排时间，节约时间，浪费时间，拼抢时间、消磨时间、缩短时间、为时间的利用做出解释，我们还要因付出时间而收取费用。）此外，为了解释得更清楚，作者还通过初到美国的外国人的眼睛观察到两国之间对时间的截然不同的观念以及美国人为节约时间所做的努力等。在整个语篇中，具体的隐喻表达随处可见，多数隐喻表达都是上述概念隐喻的具体化。这种写作方法不仅可以使全文行文流畅，句子之间以及段落之间逻辑关系清晰，而且使得整篇文章的内容极具可读性，读者也很容易理解。因此，在本实验中，任课教师给实验组的学生授课时就提到了这种概念隐喻及其具体的表现形式。

⑤ 阅读教学。

阅读教学一直是我国外语教学的重点和难点，一般认为，阅读教学包含了以下几个方面：词汇、语法、句子、段落、语篇、文化等。鉴于阅读教学与词汇教学、习语教学、语篇教学及文化教学之间众多的交集，本实验中的阅读教学没有专门提出来进行。

⑥ 文化教学。

语言是文化的载体，也是文化的表现形式之一。同样，隐喻是人类思维的高级方式，各文化之间的隐喻思维方式也存在较大区别，隐喻和文化之间也存在着错综复杂的联系，因此，大学英语教学也可以说是文化教学。隐喻在语言中的意义最直接地体现在词汇量的扩充及词汇意义的扩展上。词汇量的扩充在于新词汇的创造，词汇意义的扩展则在于概念隐喻在不同目的域中的映射。当然，语言中的隐喻不限于词汇层面，在语言的其他层面如句子、段落、篇章中也同样得到体现；而文化同样在这些领域得以传承和体现。但相对而言，文化是比较抽象的，是被语言本身所携带的，因此，本实验中并没有设计专门的有关文化教学的内容，也没有相应的有关文化教学的测试。

语言是文化的载体，文化是语言的内涵所在。因此，文化教学是外语教学的重要组成，语言教学离不开文化教学，甚至可以说语言教学本身就是文化教学。传统文化教学主要着眼于文化细节，如社交礼仪、宗教信仰、传统习俗等方面的异同，而较少涉及思维习惯等较抽象的领域，而这些抽象的领域恰恰是领略其他文化的精髓所在。

隐喻也是语言现象，是语言的最高表现形式。隐喻是人类的基本认知方式之一，来源于人类的体验；隐喻表达蕴含着非常丰富的文化信息，如历史、地理环境、宗教信仰、社会价值观、生活方式等。掌握某种文化中的隐喻这种思维方式，就意味着理解了这种文化的历史、现状及发展；熟悉该文化中的隐喻表达，熟悉这些表达的推衍方式和过程，就意味着掌握了该文化中的人的思维习惯，了解了这些表达的来源。

作为人类思维发展的较高阶段的产物，也由于全人类在某种程度上拥有相似的发展历史，各种文化环境中的隐喻无疑也有相似性，因而在不同文化中就有相同或相似的表达，如中英文化中的趁热打铁/Strike while the iron is hot 等表达之间语言形式尽管不同，但内容却一致，这种现象就是人们常说的“文化共核”，对这种“共核”的文化信息，教师只需要稍加解释并引导学生注意其中的共同之处即可。

但不同的文化之间更多地存在“文化异核”，而不是“共核”，这主要是由两种文化之间众多的差异导致的不同思维习惯而引起的。如英汉文化中的 take the wind out of one’s sail/先发制人、as poor as the church mouse/一贫如洗等表达，他们的表述目的一样，但表现形式却天壤之别。对于这些“异核”现象，教师需要引导学生通过汇集更多类似的隐喻表达，从而发现它们的特征，进而总结出一些概念隐喻，并衍生出更多类似表达，这有助于学生更好地理解文化差异产生的缘由。

此外，由于当前世界各国之间不断增多的交往，文化之间的交流与沟通也越发频繁，不同文化中的隐喻思维和隐喻现象之间的互动也就越来越多。因此，在引导学生掌握已有的隐喻思维和隐喻表达的同时，教师还需要关注隐喻领域所产生的新的趋势和现象，把握隐喻的最新动向，从而更好地了解文化之间的“异核”，理解其他文化的新的精髓。

《读写教程》中融汇了众多英语文化信息，包括英语的姓名文化、宗教文化、地理文化、人文知识、历史发展等。这些文化已经有其特定的表现形式，但也在新时期的发展中呈现出新的趋势（姓名文化），对这些新趋势的把握既有助于促进学生对隐喻思维的领悟，也有助于提高学生学习英语的兴趣。

（5）实验过程。

本实验在学生入学并参加了英语分级考试、确定参与实验的班级及任课教师后开始展开，总共持续一学年时间。在实验期间，任课教师需要在确保完成正常教学任务的情况下开展实验，也就意味着教学任务相对更重一些。这个实验总体上分为三个阶段：①隐喻思维输入与隐喻能力培养、提升；②隐喻思维与隐喻能力应用与输出；③隐喻思维与隐喻能力验证。各个阶段侧重点不同。

1）隐喻思维输入与隐喻能力培养、提升。

在实验的第一个阶段，实验的重点是培养实验班学生的隐喻思维和隐喻能力。为了达到这一目的，需要从以下四个方面讲解与隐喻有关的理论。

① 隐喻、隐喻认知以及隐喻能力的概念和功能。需要使学生弄清楚隐喻到底是什么以及有什么作用这两个问题。“知其然”才能“知其所以然”。

② 隐喻表达中本体和喻体的关联——意象图式，即本体和喻体之间是怎样联系起来的，这种联系有什么具体途径。

③ 影响隐喻理解、推导及应用的因素——文化、语境、思维。影响隐喻接受者对隐喻理解的因素众多，综合起来有文化、语境及思维三个方面，这些因素对外语学习者理解隐喻影响更大，所以在理论讲解阶段，任课教师需要使学生明白这些影响

因素，并在接触英语隐喻表达时综合利用这些因素，而不能受自己文化、思维方式的影响。

④ 词义拓展、衍生的有效机制——隐喻、转喻认知。外语学习的重难点之一就是多义词。多义词的义项较多，有的义项之间表面上看不出来任何联系，所以有必要使学习者了解多义词义项拓展及衍生的有效机制，即隐喻、转喻，这两种机制基本解释了多义词义项之间的联系。

2）应用与输出：以课本为基础，结合隐喻意识的英语教学。

学习者在理解了隐喻思维的理论，具备了一定的隐喻能力之后，实验就进入到第二阶段：理论的应用与输出。这一阶段实验的重点有以下三个方面。

① 多义词的义项、习语意义的隐喻推导。

教学中要注重引导学生利用转喻、隐喻认知机制，结合英语文化及思维习惯，结合具体语境对多义词的义项及习语的意义进行推导。

② 句段的分析、理解与写作。

包含隐喻性的句子及段落的分析、理解以及写作。现存的隐喻性句子主要是谚语、俗语，其中不仅包含了隐喻性的表达，也包含了隐喻性的句子结构。所以，理解这种句子后需要对类似的情况加以分析并尝试着创作类似的句子。

③ 语篇分析、理解与写作。

语篇结构相对前面的几个部分来说更为复杂，因为语篇不仅包含了词汇、习语、句段等各个层面的单独的隐喻现象，还包含了这些隐喻现象之间的连接机制。语篇隐喻结构的分析比较难，理解起来就更加难，再利用相似的隐喻结构加以创作更为困难，因为其中不仅涉及词汇、语法等具体问题，还涉及句子之间、段落之间的合理衔接。因此，语篇分析、理解与写作往往是英语教学中最难的一部分，很多外语学习者词汇量很大，语法知识也比较全面，但其创作的语篇却很难达到较高的水平。

3）结果验证。

本实验的第三个阶段，也是最后一个阶段，就是对过去一年里实验组学生所接触的有关隐喻理论以及对他们的隐喻能力进行验证。验证的形式包括三种。

① 词汇验证。

词汇教学贯穿整个实验始终，词汇验证的方式也比较丰富，有英汉互译、解释多义词义项之间的联系、语境中推测多义词的意义、理解习语及习语形成的理据、词汇记忆测试。

② 写作验证。

写作包括句段写作和篇章写作两部分，因此，实验完成后对学生的写作水平进行验证也分为句段写作验证和篇章写作验证两部分进行。写作验证的对象一是实验过程中学生写的段落，二是学生在四级考试中的写作部分完成的试题结果。对于学生写作的段落，我们采取封闭改卷的方式，请别的任课教师加以评分并随时加以统计分析，而对四级考试中学生完成的文章，则通过比较他们在考试中所取得的分数来判断。

③ 英语四级考试成绩验证。

目前，判断学生英语水平高低的公认的标准是测试，尤其是全国性的英语水平考试，因为全国性的考试在出题时考虑得更为周到，题目也比较具有代表性，考试结果就更能体现学生的真实水平，所以本实验的研究对象在四级考试中所取得的成绩就更适合用来做验证实验效果的依据。在利用四级考试成绩进行验证时，研究人员将对两个组所有学生的四级总成绩进行统计分析并对比。

（6）实验结果与讨论。

根据实验设计，学期末两个组都参加了全国大学英语四级考试。为了确认实验教学效果，我们利用社会科学统计软件包（SPSS17.0）对他们的英语四级成绩进行 t 检验，结果如表 7-4 所示。

表 7-4 实验组与对照组四级成绩独立样本 *t* 检验

	对照组人数=72		实验组人数=78		平均分之差（Mean Difference）	*t* 值	显著性［Sig. (2 tailed)］
分级成绩	平均分（Mean）	标准差（Standard Deviation）	平均分（Mean）	标准差（Standard Deviation）	26.4724	-2.771	0.006
	485.1250	55.37858	511.5974	60.85147			

表 7-4 中清晰显示，实验组学生的平均分比对照组学生高 26 分多，换算成百分制的话就是接近 4 分，相对于最初的分级成绩提高了 1 分多，从平均分上我们不能看出太大差异。表 7-4 中数据显示，Sig.为 0.006，小于 0.05，从统计学意义上来讲，两个组的学生在实验后已经有了显著差异。因此，实验证明，通过培养学生的隐喻思维、提高学生的隐喻能力进行大学英语教学有利于提高学生的学习效率和学习效果。

当然，由于诸多原因，本实验中尚存在很多不足之处，也存在诸多不可控的因素，如学生在课外的学习时间和学习方法、学生个体差异以及变化、样本不够大、实验缺乏更大范围内的实验证明等，而这些因素有时对实验以及数据统计也存在较多影响。同时，任课教师在利用隐喻方面的教学经验还有待积累和深化等。但总体上，实验结果达到了实验的目的，一是证明了外语学习者的隐喻思维的可培养性、隐喻能力的可教性和可提高性；二是培养了实验组学生的隐喻意识和隐喻能力，提高了他们的自主学习能力；三是证明了隐喻教学模式的有效性和可行性；四是在有限范围内证明了学生的隐喻能力对其英语语言应用能力的促进作用。

第二节 大学英语分级教学实践

分级教学就是教师“根据受教育者的个体差异，对其进行分类排队，按照由高到低的顺序将其划分为不同的级别或层次，针对每个级别和层次的不同特点，因材施教，借以实现既定的人才培养目标的一种教学方式”。岳中生（2003）将大学英语分级教学定义为“本着因材施教，提高教学效果的原则，根据学生实际英语水平及其接受英语知识的潜能，将学生划分为不同层次，确定不同的培养目标，制定不同的教学目标、教学计划、教学方案、学生管理制度等，采用不同的教学方法进行教学活动，在讲授、辅导、练习、检测和评估等方面充分体现层次性”的教学模式。本节主要探讨大学英语分级教学的有关背景、理论依据、目的及意义、优点及缺点、影响分级教学效果的因素等，并结合长江大学大学英语分级教学实践进行研究。

一、分级教学的实施背景

1999 年开始的大学办学扩招使我国的高等教育由“精英教育”转变为“大众化教育”，急剧增加的在校大学生数量在给中国教育带来了众多的利好之外，也同样带来了新的问题：教学资源的缺乏、学生水平参差不齐及学生接受能力差别巨大。在这一状况下，教师不得不承担超量的教学工作任务，过多的工作会使教师变得比较疲劳，而疲劳的直接结果就是教学效果变差；而学生水平及知识接受能力方面的巨大差别既使教学难以正常开展，又使部分学生觉得学的知识太简单没意思，又或是知识太难而心生恐惧，两种情况的直接后果都是学生最后对学习失去兴趣。这种情况在大学英语学习中显得尤为明显，因为我国地域辽阔，各地的基础教学质量又存在很大的差别，有些高校的大学新生的英语高考成绩可以低至 20 多分。面对英语基础差的学生，如何才能顺利开展大学英语的教学工作，提高学生的英语语言应用能力呢？这给大学英语任课教师提出了一个难题，不仅在教学方面有难度，就连制定较为合理的教学进度、确定教学内容等准备工作都有难度。

为了使大学英语教学正常开展，既满足学生的实际学习需求，又满足社会对大学生英语水平及英语应用能力的要求，教育部颁布了《大学英语教学大纲》，为解决当前的这一教学难题提供了政策性的建议及指导：开展分级教学，即“各校应按照学生的交际英语水平组织教学，实行分级教学。对于英语水平较低的学生，各校要采取有效措施，使他们在毕业时达到本课程的教学要求；对于英语水平较高的学生，有条件的学校，可根据实际需要，进一步培养学生阅读、翻译和听、说、写的技能，提高学生应用英语的能力”。

根据大纲可知，分级教学主要是采取因材施教、因地制宜的教学方针。在大纲的指引下，我国的众多高校纷纷在本校的新生中进行大学英语分级教学的实验和实践，并取得了很好的效果。

二、分级教学的依据

大学英语分级教学主要依据有两个方面：现实依据及理论依据。

1．现实依据

大学英语分级教学的现实依据主要包括纲领性文件及学生英语学习的现实需求。

（1）纲领性文件的要求。

我国大学英语教学的纲领性文件包括教育部在1999年颁布的《大学英语教学大纲》及2007年颁布的《课程要求》两个文件，这两个文件的共同点在于二者都提到了分级教学。前者指出，“分级教学经多年的教学实践证明有利于不同基础的学生提高英语水平，是因材施教原则的具体体现”。后者指出，“我国幅员辽阔，各地区、各高校之间情况差异较大，大学英语教学应贯彻分类指导、因材施教的原则，以适应个性化教学的实际需要”，“各高等学校应参照《课程要求》，根据本校的实际情况，制定科学、系统、个性化的大学英语教学大纲，指导本校的大学英语教学”。

（2）学生英语学习的现实需求。

前文提过，1999年高等教育扩招后我国大学生的英语水平差异变得更加明显，不仅各高校之间的学生存在差异，高校内部的学生之间的水平差异也非常明显。而这种同一个班级内学生基础之间的巨大差异非常不利于正常教学的开展，因为基础不同的学生一方面有不同的学习目标，另一方面也有不同的知识接受能力，而按照有关理论，只有新学知识与已有知识之间联系紧密的时候学习效果更好，但学生水平之间的巨大差异导致教师不好掌握教学内容及教学内容的难度，不管以什么样的难度进行教学都会有部分学生觉得自己已有的知识与新学的知识之间联系不紧密或者差别太大，无法调动他们的学习兴趣及积极性。因此，分级教学也成为一种解决这种问题的可能。

2．理论依据

（1）语言学理论。

分级教学实施的语言学理论主要是美国语言学家Krashen提出的语言输入假说，即“i+1”理论，其中，i代表学习者已有的语言储备和水平，1代表按照自然或正常顺序应该学习的语言形式，也就是说，语言学习者在接触到比他现有的语言储备略高的语言知识（即当学习者可以理解其接触到的多数知识）时才能更好地实现学习的目的。而如果他们接触到的知识远远高于其已有的语言知识，即i+2或者i+3，由于不能很好地理解这些知识，也就因此而不能很好地接受新知识；反之，如果他们所接触到的知识等于或小于他们已有的知识，即 i+0 或者 i–1 时，由于新接触到的知识难度过低，他们不仅可以完全理解这些知识，甚至觉得自己的知识高于这些所谓的新知识，因此就会失去学习新知识的动力和兴趣。由此可知，语言教学也应该遵循循序渐进的原则。

同时，Krashen 还提出了情感过滤假说。该假说认为语言学习者在具备良好的情感状态（即学习动机强烈、目的明确、有自信心且没有焦虑感）时会有更好的学习状态，可以取得更好的学习效果。这一假说也从另一个侧面证实了情感状态在语言学习中的重要作用。

（2）心理学理论。

心理学研究表明，人进一步获取新知识的动力来源之一是从现阶段的学习中所获得的成就感和满足感，成就感越高，继续学习的动力就越强，反之则减弱。而这种成就感的获得主要依赖于学习者在目前的知识或技能学习中对学习这些知识或技能的理解和接受程度，以及他们已经掌握的知识或技能对新学习的知识或技能影响。研究证明，已有的知识或技能与新学的知识或技能之间的关联性越强，前者对后者的促进就越大，这其实就是所谓的“学习迁移”。对此，美国心理学家奥苏伯尔曾说过，“如果我不得不把全部教育心理学还原为一条原理的话，我将会说，影响学习的最重要因素是学生已经知道了什么，根据学生原有的知识状况进行教学”（贾芝，2004）。这一观点正好说明了学习者已有的知识对将要学习的新知识的正面或负面影响，两者之间的相关性越强，正面影响越大，反之，已有的知识对新知识的获得就会产生阻碍作用。

（3）教育学理论。

本书前面部分曾提过有关教学中应坚持的部分原则，同理，从教育学的角度来说，有关理论也为大学英语分级教学提供了有效的理论支持，这些理论支持主要在于有关教学原则在大学英语分级教学中的合理性。贾芝（2004）认为，常用的教学原则有四条：全面发展的方向性原则，教师主导作用和学生自觉性积极性相结合的原则，知识结构和学生认识结构相统一的原则，因材施教的原则。这些原则适用于整个教学阶段，但大学阶段的教学还需要符合其他原则，如学以致用原则等，因为大学教育以后的阶段多是工作，而工作中很重要的就是已有的知识的利用。大学英语教学也必须符合这一原则。

三、分级教学的利弊

事物的两面性决定了大学英语分级教学的两面性，也就是说，大学英语分级教学有其天然优势，但也很容易就产生一些不利结果。

1. 分级教学的优势

经过多年的实验和实践，并得到了行业政策支持的大学英语分级教学能够继续得到广大高校的坚持，必定有其特定优势。

（1）有利于满足不同英语基础学生的实际学习需求。

由于分级教学时以学生的英语基础和英语水平为依据进行分级，对英语基础相差不大的学生群体进行教学就可以按照同一教学进度、同一教学模式及同样的教学内容等进行，从而既可以避免不分级情况下进度难统一、难度难一致、教学模式难统一等不利教学情况的发生，又可以避免有的学生觉得教学偏难或偏易等情况，这样就可以做到因材施教，并保证学生学有所获，从而既保护了英语基础相对不好的学生的学习自尊心和自信心，又保证了英语基础相对较好的学生的学习积极性。

（2）有利于实现教学内容和教学形式的多样性。

分级教学的教学模式不仅有利于实现学生在教学中的中心地位，确保大学英语教学培养和提高学生的英语语言应用能力的目标的实现，而且有利于实现教学内容和教学形式的多样性及丰富性。教学内容的多样性是指为不同等级内的学生所制定的不同的教学内容。由于学生英语基础不一样，教学内容的不同就成为必须。对以提高英语语言知识为主要目标的学生来说，教学内容常以语言知识为主；而对于以提高语言应用能力的学生来说，在继续巩固提高他们的英语知识之外，还要有助于提高他们的语言应用能力的教学内容。针对这些不同的教学内容，教师就必须采用不同的教学形式，从而实现了教学形式的多样性。

（3）有利于实现教学评价方式的灵活性。

针对不同的学生执行不同的教学方式、不同的教学内容、不同的教学目标，因此也需要不同的考核体系及评价体系。原有的教学模式中对所有学生执行一样的考核体系及标准，从而导致“差生永远差而部分优等生因为感觉学不到东西而就此沦落”的情况发生。而分级教学中采用的分级考核体系和评价体系则可以有效避免这一情况的发生。在这一考核体系下，不同的教学内容需要采用不同的考核体系，并执行不同的评价标准，也就是说，不同等级的学生只在本等级内进行考核、评估及评比，这就有效地包含了差等生的学习积极性，也可以促使优等生积极进取、继续努力学习。

2. 分级教学的弊端

凡事有利必有弊，分级教学也不例外。尽管分级教学有诸多优点，但如果不加以适当的管理及正确的操作，自然会出现这样那样的问题。分级教学的弊端多见于以下三个方面。

（1）增加教师教学管理难度。

在我国，高校中的教学管理人员包括两类：辅导员及教学办公室人员。分级教学会产生一个问题，即学生不按自然班级上课。对于辅导员来说他们有时候要到教室里去进行日常管理，分级教学会增加他们的工作量（同一个班的学生可能被分到两个或是三个班级里）；而对于专门的教学办公室人员来说，他们的管理工作难度增加主要体现为成绩管理的工作量的增加。

（2）增加部分学生的心理负担。

理论上说来，分级教学的做法是为了对学生进行因材施教，使他们学有所获，这样的出发点理应受到所有学生的欢迎。但真实情况可能有所不同，尤其是对于那些被分在低等级班级的学生来说更是如此，因为他们中的部分人可能会产生诸如“自己受到不公平的待遇”“自己学不好英语”等消极想法，并进而导致自暴自弃等结果。这样的发展肯定不是分级教学的初衷。

（3）增加部分教师的心理负担。

对教师而言，造成他们心理负担的主要因素是不科学的分级体系、繁重的教学任务及不科学的教学任务安排。不科学的分级体系并不是指分级这件事本身，而是指分级的标准不够科学，如专业之间的英语成绩差别未被考虑在内，而仅仅按照一定的比例进行分级，最后造成的状况就是有的专业里被分到低等级班级的学生英语成绩比别的专业分到高等级班级的学生好一些。繁重的教学任务主要是指现在我国高校里的大学英语教师和学生之间的比重严重失调，导致教师不得不承担繁重的教学任务，有的教师每周的工作量超过了20课时。同时，不科学的教学任务安排主要是指在有的高校里面安排教学任务时固定由一些教师教高等级班级，而另一些教师教低等级班级，这种教学任务安排方式肯定会给部分教师造成心理负担，也会使其他人产生误会，比如他们可能会产生“有的教师教学质量不高”等印象。

当然，这些弊端只是有可能发生，而并非一定发生。要想解决好这些可能发生的问题，必须做到制定分级标准时尽量科学；教师在教学过程中能正确对待教学中的有关问题及现象，从心理上及学习上正确引导学生；学生也需要客观看待自己所在的班级，并努力学习，在班级内形成一种积极向上的氛围，这些问题就会被弱化甚至迎刃而解。

四、分级教学的模式

分级教学包括教学和管理两个部分，因此，分级教学的模式也应该分为教学模式和管理模式，即分级模式和管理模式。

1．分级模式

明安云（2007）提出了大学英语分级教学的分级模式：三分法模式、两分法之培优法模式、两分法之帮困法模式、分级+模块模式。笔者认为，三分法模式比较适合目前的英语教学情况，既考虑了学生的差异，也体现了分级指导、共同提高的原则；而两分法之培优法模式与两分法之帮困法模式之间的侧重点各有不同，前者侧重于将教学重心放在优等生的学习提高上，而后者则将教学重心放在差等生的学习提高上；同时，尽管从理论上说分级+模块模式比较理想，但这一做法比较复杂，很难真正落实，尤其考虑到学生的学习时间及实际需求时更是如此。

2. 管理模式

马海明（2007）认为，分级教学应该从以下三个方面进行科学管理：科学分班，分级制定教学目标和计划，调整学习内容、改进教学方法、满足各级学生的需求。由此可知，要做到科学有效的管理，教学人员必须依据不同学生的等级来制定相应的教学计划、内容及要求等，但前提是做到科学分班，所谓的科学分班就是分班的标准不能过于单一（如仅以高考成绩或分班考试成绩为准），并要充分考虑地域因素（因为目前我国高考英语总分各省不一样，如湖北英语高考总分为 150 分，而江苏英语高考总分为 120 分），同时，在将院系或专业合并在一起进行分级教学时还需要考虑专业因素。

同时，教学管理还涉及升、降级的问题。分级教学中的学生等级不能保持不变，而应该在一定范围内做动态调整，即在一定时期内对那些高于或者低于本级要求的学生做出升级或降级处理，从而更好地促进学生的学习。

五、影响分级教学效果的因素

分级教学是一个综合性很强的工程，牵涉很多方面，如教师队伍、学生英语水平、教学管理人员的管理以及学校有关管理机构等，因此，这些方面都会对分级教学的最终效果产生一定影响。

1. 教师的因素

作为两大教学主体之一的教师，他们对分级教学效果的好坏起着决定性的作用。教师对分级教学的作用主要体现在教师的知识素养、教学方法、教学理念、教师的个性及与学生沟通的方式等方面。这一内容已经在其他章节进行过探讨，此处不再详细讨论。

2. 教学有关因素

此处的教学有关因素主要指课堂教学中除了教师和学生之外的有关因素，如教学内容的选定、教学目标的制定、教学策略及教学方法的选用等。教学内容的影响主要在于教学内容能否引起学生的学习兴趣，学生不感兴趣的内容肯定会对他们的学习效果产生消极影响，反之则会产生积极影响；而教学目标对学习效果的影响主要在于目标是否制定得切合实际（但最容易实现的教学目标不一定就是最合适的），越切合实际的教学目标对教学效果实现的促进作用越大，而那些偏难或过简的教学目标对教学效果的考核的参考价值越低。而教学策略及方法对教学效果的影响也在本书第二章和第三章探讨过，此处不再详述。

3．学生的因素

作为两大教学主体的另一个方面，学生对分级教学的实际效果也有着决定性的作用，甚至可以说学生在其中的影响比教师更大。因为现在的教学基本都以学生为中心，教师只是教的主体，学生才是学的主体，教学效果更多地体现在学习效果上。学生的学习效果也受到很多因素的影响，如学生的英语基础、学习动机、学习心理状态及情感状态、认知水平、学习环境等，当然也包括教师在其中所扮演的角色和所起的作用。

4．教学管理有关因素

教学管理与教学效果之间的相关性不是很大，但也不是一点关系都没有，主要体现在教学管理人员的工作效率是否很高。高的工作效率可以提高教师的教学积极性，反之则会打击教师的教学积极性。

5．学校管理应该因素

学校管理方面对分级教学产生的影响主要在于学校的有关政策对分级教学是否支持，以及支持的力度有多大。二者之间是成正比的，也就是说，学校对分级教学支持的态度越明显、力度越大，教师对分级教学的执行力度肯定就越强，教学效果就越好，反之就会对教师执行分级教学的决心形成消极影响，教学效果就会大打折扣。

六、长江大学大学英语分级教学实践

长江大学从 2006 年起开始在一年级学生中开展大学英语和高等数学分级教学。下面以长江大学为例，对长江大学所开展的大学英语分级教学进行解析。

1．长江大学的学生英语情况

目前，长江大学面向全国招生，而且部分专业在一本线招生，部分专业在二本线招生。鉴于我国中学英语教学质量的地域差异及一本与二本分数线的巨大差别，我们可以知道，长江大学学生的英语成绩差别肯定很大，此外，长江大学学生队伍中还有包括艺术、体育等专业的学生。因此，在长江大学学生中开展分级教学比较符合实际。

2．长江大学的教师队伍

目前，在长江大学从事大学英语分级教学的英语教师有 60 人左右，其中仅有教授一人，而且中级职称的教师占比超过一半。

3. 长江大学的分级模式

当前长江大学的大学英语分级教学采用的是二分法，但没有将艺术、体育及外语专业，职本各专业的学生包括在内，因为艺术、体育及外语专业，职本各专业的学生的培养目标和教学要求都与其他专业学生不一样。二分法模式不同于明安云（2007）所提出的二分法。该二分法的具体标准是根据学生的高考成绩及入学后组织的分级考试成绩，按照一定的比例划分 A 和 B 两个等级（但并非全校所有院系都坚持统一比例，因为院系间学生的英语成绩差别较大），同时，针对部分少数民族地区（尤指新疆和西藏）的学生英语基础较低的情况而专门开设“藏维班”。

在师资配备方面的做法是教师集体随机抽取班级，而部分教师如果长期抽到公认的基础较差的专业的话，可以适当考虑特殊对待，但目前还没发生过。

4. 长江大学的分级教学管理

此处的分级教学管理专指日常教学过程中的管理，不包括专门管理人员所做的管理。在教学管理中，教师要从备课、教学、辅导、作业的批改、考试等各方面进行。其中，教学包括课堂教学及课外检查。课外检查又包括对学生所有的课外学习内容，包括听写、阅读、写作等方面，这些检查由教师和学生组长（分级完成后由任课教师将学生分成若干小组并指定小组长）共同完成，由每个教师确定自己的检查方式。

5. 长江大学的分级教学内容

（1）授课内容。

长江大学的大学英语分级教学在大学一年级开展教学，教材使用外研社出版的《读写教程》第一、二、三册及上海外语教育出版社出版的《新世纪大学英语系列教材》视听说教程（以下简称《视听说教程》）第一、二、三册，要求在一年内完成这六本书的教学。

（2）教学目标。

教学目标分为知识目标、技能目标两个部分（见表 7-5）。

表 7-5　长江大学“大学英语分级教学”教学目标

	知识目标	技能目标
教学目标与要求	**Cultural knowledge:** Students are required to learn some philosophy of love in life **Language points:** Students are required to: 1. grasp important words and expressions in Text A and B 2. get familiar with difficult words and expressions in Text A and B	● **Reading:** Students are required to master a reading skill: scanning-locating the detailed information in the passage ● **Writing:** Students are required to learn to write an argumentation in a problem-response-evaluation structure

（3）教学要求。

教学要求分为第一学期和第二学期两个（见表 7-6 和表 7-7）。

表 7-6　长江大学“大学英语分级教学”第一学期教学要求

第一学期大学英语教学要求
一、对学生的要求 学生每周必须完成的自主学习任务 1. 读 1）快速阅读（每周完成一个单元） 2）每单元单词听写 3）综合练习（单元同步练习） 4）背诵（中国文化等相关内容的段落翻译或与课文内容为主题的范文） 5）段落翻译，每单元一次 2. 写 段落仿写/小作文（结合单元主题内容） 3. 听 1）听说一册（每周 2 个单元） 2）《读写教程》（第一、二册）配套听写（单词、词组、句子） 3）《视听说教程》（第一、二册） 4）Compound Dictation 每单元一次，读写课随堂练习
二、对教师的要求 1. 按照教研室制定的统一进度进行正常课堂教学 理论教学 2～17 周（含中秋节和国庆节） （1）读写 2～17 周，本学期完成《读写教程》12 个单元，其中第一册 7 个单元，第二册的 5 个单元 （2）听力 2～17 周，完成《视听说教程》第一册的 8 个单元及第二册的前 6 个单元。其中 Listening activity 1, 2 & 3 为必上内容，Listening 4 & 5 为选上内容 2. 作业布置与检查 统一布置课内外作业（包括自主学习任务），认真检查完成情况并做好记录。定期检查统一布置的作业。采取课堂与课下、自查与抽查相结合的检查方式 3. 作文 每单元布置一篇段落仿写或与单元主题相关的小作文。全批全改作文 4 次。其余的可以只批日期。全批全改要求有批改痕迹、有评语、有成绩、有日期 4. 听写与配套听写 每个单元安排听写，每单元安排配套听写（单词、词组与句子听写），有批改、有记录。全班统一批改与学生自行更正相结合 5. 教研活动 必须统一参加教研室组织的教研活动。本学期每逢双周开展教研活动
三、考核： 一工部将针对上述要求对教师进行考核，并对考核结果进行奖惩［经核实，凡没有按照教研室要求进行课外作业布置及落实者每次扣奖金上浮部分（20%）的 1%，检查落实情况突出者按该比例进行奖励］ 附：分级班 B 班和职本班的具体教学要求在此基础上再细化

表 7-7　长江大学“大学英语分级教学”第二学期教学要求

第二学期英语教学要求（1～12 周）
一、对学生的要求 学生每周必须完成的课外学习任务 1. 读 （1）每单元的快速阅读（随堂检查） （2）每单元单词听写（随堂检查）

（3）每周消化一套 710 分预测题（随堂检查）
（4）每单元综合练习（随堂检查）
2. 写
每周写一篇作文
3. 译
每周翻译一篇短文
4. 背
每周背诵课文段落或写作范文一篇
5. 听
（1）《听说教程》（红皮书）（听力课检查）
（2）710 分预测题一套 （听力课检查）
（3）新视野配套听写（单词、句子）（写在作业本上）
（4）《视听说教程》课堂未完成部分（听力课堂检查）
备注：710 分的完形填空和快速阅读可以不做，以短文翻译代替
二、对教师的要求
1. 按照教研室制定的统一进度进行正常课堂教学
（1）读写完成《读写教程》第二册（第 9 单元）和第三册（第 1、2、4、6、7、8、9 单元），共 8 个单元
（2）听力完成《视听说教程》第二册后 4 个单元和第三册前 4 个单元，共 8 个单元
2. 统一布置课外作业并认真检查
根据各班课堂上课时间有规律地确定检查各项目时间，有些项目可随堂检查，有些项目可固定在每周某一天检查
3. 作文
每周布置一篇作文（710 分或全真题），讲解作文基本写作要求和作文类型（详见写作教学方案）
（1）共批改作文 7 次，前 12 周分批次批改作文两篇，模拟试卷 5 次
（2）作文批改要求：①指出学生作文的段落、句子和单词的问题；②分等级打分；③部分作文有评语；④有批改日期
4. 翻译
培养学生基本语法句型及固定短语应用意识、积累中国特色文化词汇。每周要求学生翻译短文一篇并有针对性地进行基本语法句型训练及基本翻译技巧讲解（详见翻译教学方案）
5. 批改听写作业
批改配套听写练习作业本（批注日期）
三、考核
一工部将针对上述要求对教师进行考核，并对考核结果进行奖惩（经核实，凡没有按照教研室要求进行课外作业布置及落实者取消各种评优资格）
附：分级班 B 班和职本班的具体教学要求在此基础上再细化

在第二学期中，从第 13 周到第 16 周共四周时间的教学内容为大学英语四级考试复习，对这四周的教学未做具体要求。

（4）教学评价。

长江大学大学英语分级教学的教学效果评价以学生参加的两次期末考试及一次英语四级考试为参考对象，结合学期末学生对教师的评价结果对教师教学进行考核。

2. 长江大学的分级教学效果分析

从 2006 年开展大学英语分级教学以来，教学效果一直都很好。在 2006 年以前，该校大学生参加大学英语四级考试的通过率只有 40%左右，但在 2007 年 6 月（第一届分

级教学实践的学生参加四级考试），四级考试通过率在学校有史以来第一次达到 77%以上，并从 2008 年 6 月以来一直都保持在 80%以上，更是在 2010 年达到了 88.8%。

从长江大学大学英语分级教学前后所产生的鲜明对比可知，尽管其中不完全排除其他因素所产生的可能影响，但也无法排除分级教学在其中所产生的重要影响，也就是说，长江大学的例子至少证明了分级教学在提高大学生英语成绩方面的作用。至于分级教学与大学生英语语言应用能力提高方面的相关性到底有多大，四级考试中只能统计出听力、阅读、写作及翻译四个方面水平的提高程度，而口语水平则无法在四级考试中得到证明，只有少数四级考试中得到高分的学生有机会参加四级口语考试。

第三节　大学英语大班教学的反思与改进

2007 年，为了加强国家对高等教育人才的培养，提高人才培养的素质，尤其是他们的英语水平，《课程要求》明确强调了大学英语教学要为大学生将来的工作和学习做好准备，要朝着个性化和自主学习的方向发展。2010 年，教育部在颁发的《国家中长期教育改革和发展规划纲要（2010—2020）》（以下简称《纲要》）中指出：要坚持以人为本，遵循教育规律，提高教育现代化水平。这两份指导性文件都对大学英语教学提出了明确且更高的要求，我们有必要对当前中国的大学英语教学进行深刻的反思，总结经验，吸取教训，提出科学的教学理论，引导大学英语教学更快、更好、健康地发展。本节将针对我国大学英语大班教学的实际情况进行探讨，主要涉及大班教学的价值及意义、问题与对策等领域。

一、大学英语大班教学的历史成因及现状

新中国成立初期，苏联的教育模式对中国的教育影响巨大。当时我国各级学校的班级规模一般为 40～50 人。改革开放以后，中国的经济得到快速发展，人们对教育的需求也随之高速增长，但与之相对应的却是教育的供给十分滞后，因此，为解决这种矛盾，班级规模也随之扩大，大班教学成为了一种普遍的现象。但这种大班教学模式在我国高校的出现和普及可以追溯到 1999 年。1999 年，我国的高等教育开始大规模扩招。随后，我国政府又明确提出要在 2005 年实现高等教育毛入学率 15%的目标，从此，我国高等教育正式走上了大众化的道路。扩招政策的实施，使我国高等教育有了超常规的发展，不仅在广度上使高等教育的受益面更大，而且受高等教育的人数也显著增加。在这种情况下，高校原本较小的班级规模迅速膨胀，普遍达到 60 人以上。高校的学生数量迅速增长，相比之下，英语教师数量却没有得到相应的增加，大学英语师资队伍的建设步伐相

对滞后。众所周知，外语课属于语言教授课程，需要学习者参与才能取得更好的教学效果，因此，小班教学由于其人数少，学生参与机会相对较多而可以取得较好的效果，但纵观我国当前的大学英语教学，一个普遍的现象就是教师们不得不面临一个少则六七十，多则上百人的课堂。这种人数过多的语言课堂不仅教师上课感觉比较累，也很难保障其教学效果。

那么，语言课堂的理想人数应该是多少？如何定义大学英语大班？究竟多大的班应当被认定为大班？全世界对于大班的定义并没有一个严格的定量标准。有学者认为，就目前大学英语教学的实际情况来看，大学英语大班应指 60 人以上的班级。但是大多数学者认为，在语言教学中，超过 40 人的班级就应该算是大班了。P. Ur（P. 乌尔，1996）曾把 40～45 人的班级认定为大班。Coleman（科尔曼，1989）把 50 人的班级认定为大班。也有专家指出，30 人以上的班级从语言教学的角度来看就是较大的班级了。更有语言教学工作者认为，理想的语言课堂应该为 12 人左右。因为在这样规模的班级中，一方面课堂可以呈现多样化，另一方面每个学生都有足够的机会参与课堂活动并得到较多关注，多于 12 人的语言课堂就是大班了。不管如何界定大班，公认的事实是：班级人数越多，越不适合语言学习。而现实是，目前我国绝大多数高校的大学英语课堂中，学生人数都达到 60 人以上，大班教学成为了我国大学英语教学的主体模式。由于在校生人数和师资力量不成比例，大班教学不得不成为解决大学英语教学中师资短缺的权宜之计。

二、大学英语大班教学的利与弊

因为现实需要而采取大班教学的大学英语课程有其必要性，也有其相对优势，但也同样不可避免地存在天生的劣势。

1. 大班教学的优势

（1）有利于缓解大学英语师资紧张的状况，最大限度发挥现有教学资源的优势，增加单位时间内教育效率。

由于我国高校目前的学生人数与教师人数比例失衡比较严重，大班英语教学可以暂时解决由于教师相对短缺的问题，使所有学生都享受高等教育资源，学习英语文化知识，提高学生的素质，也有助于国民整体素质的提高。而如果坚持传统小班教学，大量学生就有可能失去接受高等教育的机会，从而妨碍整个社会的发展。

（2）有助于学生的全面健康的成长。

与小班教学相比较，大班英语教学能为学生提供更轻松、更安全的学习氛围。学生在上课时不会非常紧张不安，也没有太大压力。他们可以在心中找到一个进步台阶，逐步提高自己的学习兴趣。同时，由于大班里的学生能认识更多的同学，他们也会因此而可能比小班级中的学生有更多机会和同学互通有无，相互学习。

（3）有利于发挥团体凝聚作用，增强学生的集体意识，充分发掘学生智力和非智力的因素。

大班人数众多，有利于活跃课堂气氛，提供丰富的语言环境，利于学生之间的交流，促进课堂互动活动的实现。在这种共同学习中，学生交流与合作的能力也得到进一步增强。同时，大班教学时，传统的“以教师为中心”的教学方法及现代的“教师主导学生主体”的教学方法都可以得到利用，因为大班中拥有众多不同的同龄学习对象，这样他们既可以在彼此身上发现优点和弱点，也可以看清自己与别人的差距，从而激发自己加倍努力。

（4）有助于促进大学英语的教学改革。

大学英语大班教学会给传统的教学手段、教学方法、教学模式、教学理念以及教学资源等各方面都提出全新的挑战。为了满足大班教学需要、减少大班教学对教学效果带来的消极影响，大学英语教师必须探讨一系列切实可行的改革措施。因此，从某种意义上来说，大班教学在推进高等教育教学整体改革方面起到了促进作用。

2．大班授课的弊端

相对于大班英语教学的优势而言，它也同时暴露了许多问题，在很大程度上妨碍了大学英语教学质量的提高。主要表现在以下五个方面。

（1）学生学习自主性普遍偏低，学习兴趣普遍不高。

在学生看来，大班英语教学可能存在如下问题：一是因为人数众多，有些学生会产生一种被忽视的感觉，教师点名回答问题时常会无意地漏掉部分学生，这部分学生往往感觉不到自己的存在；二是抢前排座位辛苦，坐在后面听不清、看不清，教室拥挤，感觉不太舒服，空气也不好，久而久之，就会出现越来越多的学生坐在教室后排，甚至是逃课的现象；三是上大班课学生容易走神，注意力容易分散，学习效果不如小班好，学到的知识也不如小班扎实；四是因为人多，教师不可能注意到每个学生，学生缺乏与教师的双向交流，锻炼和练习的机会少，很容易造成学生间的两极分化。课堂上教师给每个学生表现的机会少，学生学习上遇到的困难不敢问，教师和学生之间的距离比较大；五是难被教师关注，很少有被提问或点名的压力，因此课前预习的动力不高，兴趣不足。作业相对偏少，旷课现象时有发生，有时学生可以肆无忌惮地睡觉，容易放松自己，不利于学习。所有这些问题的存在，都可能会导致学生学习积极性普遍降低，学习兴趣消减。

（2）教师超负荷运转，教师工作热情难以为继。

大班英语教学的弊端不仅给学生学习英语带来了不小的困难，也给教师带来了心理、生理和技术上的困难。首先，在心理上，教师面对一张张渴望学习知识的面孔，往往压力非常大。想在有限的时间、空间内对学生授之以渔，对高校教师而言往往是非常艰巨的任务。其次，李亮等（李亮，郭映 2008）认为，上大班英语课的教师更容易感到身体疲劳，因为在一个大教室中，他们不得不提高讲课的音量，增加在教室中走动的次数和距离，以便让每个学生都听好课。而课后的批改作业更给教师增加了很多负担。再次，从技术上来说，在进行多媒体授课时，教师要正确使用麦克风、投影仪等教学设备，以便让学生听清、看懂、学好，否则，会直接影响到学生的学习兴趣及积极性。大班教学的推行，客观上要求教师不断提高自己适应新教学设备和新教学方式的能力。

同时，很多大学英语教师（特别是年龄较大的教师）比较熟悉以往的小班教学模式，而且他们以前的小班教学效果非常好，但小班教学与大班教学之间的巨大差别导致这部分教师难以适应，部分教师甚至会感到迷茫，长此以往，他们的教学热情就会降低。另外，大班的课堂纪律也相对难以控制，难以避免地会造成嘈杂的教学环境，在这种环境下学习会使学生们的学习积极性大打折扣，从而导致日益增多的上课开小差的情况。再加上大班人数多、相互干扰大，给教师授课造成了很大的影响。此外，超量的工作量使教师本人也没有足够系统的时间来提高本身的业务素质及从事相关的科研工作，使教师完全变成了教学的机器。这在一定程度上导致了教师整体素质提高不明显及教学质量的下降。

（3）不利于制定适合学生全面发展的教学目标。

由于人数众多，加上学生的英语基础和学习动力、目的等诸多方面的不同，教师上课进程难以协调统一，在上课前也很难确定统一的教学步骤和教学目标。另外，学生的基础不同，学习动机也不同，在组织课堂内活动如情景短剧、对话操练及角色扮演时，可能会出现分组数量过多、机会较少而导致一部分学生不能参与，导致部分学生也难以沉下心来，因而组织教学有较大难度，也容易造成课堂秩序混乱，使得教学活动进展慢、效率低。

同时，由于班级人数众多，学生来自五湖四海，他们所在地区的英语教学水平及学生的整体英语水平差异较大，而且他们所使用的方言不尽相同，在这种情况下，学生的学习侧重点与学习目标也难以统一：有的是口语水平较差，有的是写不出正确的句子，有的是单词记不住，有的则是语法知识混乱。因此，有的学生想多练习自己的口头表达水平，有的想多听教师讲解语法基础知识，有的则想听教师多传授词汇记忆的技巧和方法，有的则以通过大学英语四六级为目标，还有的基础较好的学生甚至提出参加托福考试等较高目标。而大班教学肯定无法同时满足他们如此多样化的学习要求。

（4）不利于制定适合学生发展的教学目标，考核方式也难以做到客观公正。

目前的大学英语考核机制不再仅仅是期末考试，而是融合了学生平时的课堂参与情况、作业完成情况、对知识的灵活应用能力等多方面。尽管这种考核方式比较科学、公正，但也要求教师给予学生充分的表现空间、充足的表现时间以及足够多的表现机会，并且还要求教师予以公正及时的评价。考虑到大学英语教学计划中的课时数量及教学任务，并结合笔者多年的大学英语教学实践，笔者认为，大学英语课每个班的人数不能多于40人。如果班级人数过多，就很难保证每个人的参与机会及教师评价的准确性。但在现实情况下，大班英语教学由于学生人数众多，直接导致以上问题的出现。大学英语课程考核难以全面准确反映学生的真实水平，尤其是综合能力。

（5）教学改革滞后，师生缺乏交流互动，难以调动学生学习积极性。

大学英语大班教学的实施对教学方法、教学手段和教学模式都产生了巨大的挑战。近年来，虽然许多高校教学设备、设施、环境都有所改善，教师队伍也有所扩大，而且也在大胆尝试新的教学模式和教学方法，但由于班级规模偏大、教学任务过重，加上教师还有越来越重的科研压力，有限的精力使得许多教师在大学英语教学中仍然采用传统的以教师为中心的教学模式及方法。他们的教学内容以词、句及语篇的讲解和分析为中心，教学方法以早已被批得千疮百孔的语法翻译法为主。这种传统的教学模式不仅严重影响了学生参与课堂活动的机会、积极性和效果，而且根本不利于学生语言应用能力的提高。以较为常见的一个班50人为例，如果教师每节课（2学时）留出10分钟的时间给学生做口语练习，那么每次最多三组（每组2人）同学有机会练习，一周也就只有12人；照此计算，每个学期（按60课时，每周4课时计算）每个同学在课堂上只有3次口语练习机会；即使将口语练习时间加倍，对于学生的英语表达能力的培养也是远远不够的，何况还需要考虑到别的教学任务的完成也需要时间。实际情况是，在大班英语教学中，教学过程大多成了教学内容的“从教师到学生”的单向传输，教师控制教学内容、阶段、速度、时间，他们对学生的学习情况、学习状态等都缺乏彻底了解，学生的学习处于比较盲目和过分自由的状态。这在一定程度上动摇了学生学习英语的信心和积极性，出现学生学习方法不当、学习效率低下，教师教学效果不佳的状况。

三、大学英语大班教学的改进措施

大班教学时我国高等教育在目前不得不面对的现象，反思上述大班教学的诸多弊端，在无法快速改变包括师资水平、教学资源等在内的诸多客观条件的情况下，为了激发学生的学习积极性，培养学生的自主学习能力，减轻教师的负担和工作强度，有效提高教学质量，达到《课程要求》所规定的教学目标，必须有针对性地采取如下改进措施。

1. 分级、分类教学

分级教学是指根据学生的英语水平对学生进行分级，然后对不同级别的学生进行不同要求的教学。具体分级标准可以灵活处理：可以在新生入学后，在第一周内接受一次英语语言能力的摸底考试，根据学生的考试结果将其分编在不同的班级，水平相当的相同或相近专业的学生编在同一个分级班级；也可以根据学生的英语高考入学成绩，将大学英语课分为两类，并且在各个类别中开展分级教学。第一类为A级、B级和C级（分别为快、中、慢三个不同层次班级），分别占该类总人数的20%、50%和30%。第二类为艺术、体育类（如果该高校有这些专业的学生）。根据不同层次班级的特点，提出不同的教学要求，采取不同的教学模式，采用不同的教材、不同的教学进度，实现不同的教学目标，让各层次学生的语言能力得到不同程度的提高。长江大学的分级教学标准既参考了学生的高考英语成绩，也参考了学生入学后参加的摸底考试成绩。并根据学生的专业以及他们的英语高考成绩进行分级、分类教学，重点是对非艺术、体育专业的学生进行分级教学，将他们分为A、B两个级别，其中A级学生占总学生人数的80%，剩余学生为B级。多数情况下这两个级别的学生使用同样的教学要求、进度，评估条件和标准也基本一致，但B级班的任课教师可以相对灵活处理自己的教学内容。

当然，即使是在同一个分级班中，学生的英语语言能力也有高有低，这时，教师需要采取层次教学法，即在授课时以班级中中等英语水平的学生为参照进行教学，但对不同英语基础的学生布置稍微不同的课堂练习和课后作业，这样满足不同层次学生的需要，也不至于因为作业过难或过易而使部分学生达不到练习的初衷。通过这一授课及练习处理方式，教师可以鼓励基础相对较好的学生进一步提高自己的英语水平，同时还可以使那些基础相对较差的学生尽快融入到全班的学习中来，保证大班英语教学的质量和效率。

2. 合作学习

大班教学问题的主要根源是班级人数过多，而要解决这一问题，教师必须想办法将人数过多这一不利因素转化为有利因素，使所有学生都能够通过课堂学习掌握他们所需要的英语知识，提高他们所想要的语言应用能力。解决这一问题的比较理想的教学方法就是合作学习法，通过使学生相互间的合作，教师不仅可以提高教学的效率，而且还可以锻炼学生之间的团队精神，提高他们的合作能力，因此，面对大班化教学中的这些挑战，英语教师很值得进行用以学生为中心的合作学习取代以教师为中心的传统英语教学的尝试。

有关合作学习的信息已经在第三章第三节详细论述过，此处不再赘述。

3. 多媒体网络教学

王哲、夏纪梅（2010）认为，随着社会步入信息时代，信息技术已渗透到生活的方方面面，学生的生活和学习已经离不开网络和信息技术。这种变化必然需要对教学方式做出适当调整，才能趋利避害。同时，《课程要求》也明确指出："新的教学模式应以现代信息技术，特别是网络技术为支撑，使英语的教与学可能在一定程度上不受时间和地点的限制，朝着个性化和自主学习的方向发展，有利于调动教师和学生两方面的积极性，尤其要体现学生在教学过程中的主体地位和教师在教学过程中的主导作用。"

何克抗（2005）将网络课程定义为"在先进的教育思想、教学理论与学习理论指导下的基于 Web 的课程"。也就是说，基于网络的课程教学新模式有以下特点。

（1）教学个性化。

大学英语网络课程教学可以充分发挥网络的独特优势，一方面可以让学生从自己的具体情况出发，选择自己感兴趣的学习内容、制定符合自己学习能力的学习进度和计划；另一方面也可以使教师用丰富的网络资源来设计富有创意的教学计划、准备丰富多彩的教学材料，并使用多媒体教学设备进行多角度教学；同时，在课后练习的布置和检查方面，教师也可以设计得更加多样化。这些个性化的教学不仅有助于丰富课堂教学形式和内容，还有助于提高学生的学习兴趣，激发他们的学习热情，也可以减轻教师检查作业的负担。

（2）学生自主学习。

《课程要求》中指出的大学英语教学的教学目标之一就是培养和增强大学生的自主学习能力，为他们以后的学习和工作做好准备。同时，在网络时代，鉴于沟通联系的便利性，以学生为中心的自主学习新模式日显重要，这不仅有助于减轻教师的工作任务，而且有助于增强教师与学生之间的互动，更重要的是增强学生的自主学习能力。而且，网络还可以使学生的学习不再受时间和地点的限制，他们可以更灵活地安排学习的时间、内容、进度，也可以充分利用网络资源对自己前段时间的学习进行检测、评估，进而可以对前期的学习方法进行修正。另外，基于网络的自主学习也可以体现大学英语教学的个性化特征。

（3）课程超文本化。

陈坚林（2004）认为，学习者可以通过网络和多媒体计算机快速、便捷地传递与接收信息，并可以挑选自己需要和爱好的信息来进行学习。这是网络课程的核心特点。新的多媒体网络课堂，突破了传统书本知识含量的深度和广度的有限性和滞后性，在教师的指导下，学生根据需要选择适合自己的学习内容、进度和方式，并充分利用计算机反复地进行视听说训练。多媒体网络课堂能尽可能地调动教学、媒体和信息资源，发挥学生的主动性、创造性、积极性，使学生喜欢学习、善于学习，有助于营造轻松、愉快、和谐的学习环境。学生在学习过程中沟通、交流、分享各种学习资源，互相促进、相互监督、共同提高。

相对于传统的课堂教学而言，网络教学既不受教材、时间、空间的限制，又可以利用更多的网络资源，还可以使学生得到更多的相互交流、相互学习的机会，尤其是那些平时不善于向教师或同学请教的性格比较内向的学生，无形当中给学生提供了更广阔的提升能力的空间，增强了他们的人际交往能力和自主学习能力。而对于教师来说，他们需要做的就是解答部分学生的疑惑，帮助学生建立一些学习空间，并确保学生正确有效地使用网络资源。

小　结

目前大班英语教学在我国仍是普遍存在的现象，也是我国当前教育发展中不得不面对的一个问题。关于如何破解当前大学英语教学的难题，改进大学英语大班教学，赵红梅（2009）认为："提高教师素质是关键；加强教学研究，革新教学方法是重点；以学生为主体组织教学是核心；把握学生心理是基础；实施教学模式改革是突破；强化学生英语自主学习意识、营造自主学习环境是补充。"21 世纪是中国的世纪，是每个高校学生的个性全面和谐发展的世纪。高校教育工作的着眼点，应当聚焦在未来人类社会的科学发展需要和未来社会创造者的培养需要，聚焦在如何使学生更具创新精神和创新能力，而不能仅仅考虑学生的分数、考级，甚至学校的名利。教育的一切改革，最终要以促进每个学生的发展，为每个学生的发展服务为指导思想。一切为了学生应当成为教育工作者的基本信念。抓住语言教学特点，与大班教学模式融会贯通，与学生积极配合，教师才能成为大学英语教学改革的实践者，从而使学生真正学到知识，达到优化大班教学效果的目的。

大学英语作为高等学校的一门基础课程，一直受到社会各界的高度关注。在教育部的积极推动下，各高校围绕大学英语教学改革，从内容到方法都进行了有益的探索和尝试，如何优化大班英语教学效果也是重要的课题之一。所以，这个问题仍值得我们继续思考和探讨。

第四节　大学英语"课堂沉默"现象解读及策略研究

西方人用"沉默是金"表达沉默的重要作用，中国也有"此时无声胜有声"的境界，由此可见沉默的重要作用。作为一种无声的交际行为，沉默因其传递意义的模糊性和交际功能的复杂性，一直备受研究者的关注。然而在语言学的研究中，学者们最初都将主要的注意力集中在语言的研究上，而忽视了沉默的作用，直到俄罗斯语言学家巴赫金扩展了语言研究的领域。他认为，语言存在的实际是语言交际，是话语。之后的语言学研究逐渐走出了单独研究语言的封闭的模式，语言学研究的范围扩展到了言语、功能的研究，成为一项开放式的、包容兼备的综合研究。也就是这个时候，沉默这一独特而复杂的语言现象进入了研究者的视野。

一、沉默

1．沉默的定义

交际语言学中，沉默有广义和狭义之分。广义的沉默指的是所有的非语言交际形式；

狭义上的沉默指的是语空的一个分支。副语言中的语空包括话语停顿和沉默。李杰群（2002）指出，话语停顿指谈话过程中的停顿，而沉默是与言语相对的静默无语和超过一定时间限制的言语中断。

Saville-Troike（萨维尔-特罗伊克，1982）将沉默定义为“交际主体所呈现出来的无声且无固定语义的非语言交际行为”。他根据交际中传递信息的渠道和信息代码，将交际行为分成A、B、C、D四种：A指的是有声的言语的交际行为，C部分为有声的非语言的交际行为，B部分是无声的言语的交际行为，D部分则是无声的非语言的交际行为。这里我们讨论的沉默指的是D部分。在这里，为了方便研究，我们剔除了身体体语言，如表情、手势等些特殊的交际形式。本文中的沉默指的是：不伴随身体语言的、无声的、无固定意义的非语言交际行为。

2. 沉默与言说

沉默与言说是一对对立统一、相辅相成的概念。两者一起构成交际行为的重要组成部分。首先，这两者是统一的，它们同为表达意义的方式。在很多情况下，沉默可以补足“言不尽意”的遗憾，也可以为言说增添内容。一位网友讲了一个很有趣的故事：楼上装修，这位网友上去参观，结果女主人说话一副“领导腔调”且咄咄逼人，问他如果她家改下水管行不行，如果因为改下水管导致以后楼下装修产生的问题，她概不负责。于是这位网友只是说：“这个，容我回去跟媳妇商量一下。”之后不再多说。不难解读出这位网友沉默背后丰富的情绪表达：首先，是没有同这位邻居继续交谈的意愿；其次，表达对她以如此强硬的态度提出不合理要求的不满；最后，用沉默礼貌表示拒绝。这样的沉默传达了更为丰富的内容，同时还避免了直接言语冲突带来的不愉快场面。由此可见沉默在交际中的重要作用。

然而，表面看来，沉默与言说又是如此不同。言说是音和义的符号系统，而沉默不过是一片空白。实际上，语言学中，沉默被定义为空符号。这里我们不妨将沉默看成是音乐里面的休止符。沉默实际上是在“空”的形式下，传达内涵意义的一种交际方式。相对于言说能够明确地把意义表达出来而言，沉默表达的意义则更为模糊，更为复杂。有时候，因为解读的差异，产生的误解也更多。这也是在课堂上学生沉默会给教师带来巨大压力的一个原因。很多时候，教师提问之后，学生会处于准备或思考阶段，这实际上是一个非常积极、暗潮汹涌的阶段，在给予足够的时间和鼓励后，可能学生会积极踊跃地发言。但是如果教师不能够解读出这些积极的倾向，他就有可能认为学生对所学内容没有掌握，或者不愿意积极参与到课堂活动中来。这样的解读自然会让教师感到十分焦虑，做出不利于学生发言的反馈。因此，对于沉默，要像对待言说一样，甚至更用心地去解读其中暗含的意义，以便更好应对，达到良好的交际目的。

3．沉默的作用

与言说一样，沉默同样构成人类交际很重要的组成部分。作为交际中不可忽视的现象，沉默从表现形式上来说，指的是交流过程中的间歇或空白期，然而这种间歇和空白期却在交际中承担着非常重要的功能，传递着更为丰富的信息。为此，研究者从各个角度入手，分析沉默这一交际现象。

在早期的研究中，沉默被界定为分界符，是话语开始与结束的分界[Saville-Troike & Muriel（穆里尔），1985]。White（怀特，1996）则认为沉默只是言语的缺失，而绝非思想的缺失。应用到课堂教学中，沉默指的是不参与课堂活动或者参与不够积极。Ephratt（厄弗拉特，2008）认为沉默是较集中的缺失，包括话语的缺失、意义的缺失以及意图的缺失。最初的理论过分强调言说在交际中的主导地位，只看到沉默在交际中的消极意义。

在之后的研究中，沉默的社交和文化功能受到了重视。Nakane（中根，2003）将导致沉默的具体原因做出了以下的相关总结：①个人心理（内向）；②同伴的态度（认可、敌意、遵从、距离）；③个人情感（强烈的愤慨、悲伤、尴尬）；④个人语力（认同/排斥、不同、挑战）。

Bosacki（博萨斯基，2005）从以下五个方面定义沉默：①表示拒绝；②对社会负面评价的恐惧感；③感觉被忽视；④表示不感兴趣；⑤深入思考。

Jensen（简森，1973）对沉默做了深刻而独到的分析，他将沉默的交际作用分成五种：①分合作用；②情感作用；③启示作用；④判断作用；⑤表现思想作用。并且对每种作用都从正反两方面进行了剖析。他认为分合作用下，沉默可以成为联结人们的纽带，也可以成为阻隔人情的障碍；情感作用下，沉默可以表示尊敬、友好、接受等积极的情感，也可以表示轻蔑、冷淡、敌意、仇恨等消极的情感；谈到启示作用，他认为沉默可以达到理解对方、自我意识、自我感悟的目的，但也可以表达持有反对意见；判断作用指的是，沉默可以表示认可和同意，也能表达持有不同意见；表现思想作用指的是，沉默可以表示积极深入的思考，也可以表示思想游离，缺乏思考。

二、课堂沉默

1．课堂沉默的含义

在课堂语言环境中，沉默指的是课堂交际的参与不够或者不参与课堂交际活动，但不包括话语中出现的暂时停顿或犹豫。

在课堂上师生间的交际过程中，起作用的不仅仅是语言、肢体语言、声音声调等因素也起着重要的作用。而沉默，作为一种独特的交流因素，也发挥着不容忽视的作用。沉默在课堂上的作用不是单一的，需要在具体的情形下对其进行辩证的分析。

课堂沉默，就其主体的不同，被分为教师的课堂沉默和学生的课堂沉默。教师的课堂沉默，主要是起到了控制调节、启示、替代和判断以及辅助的功能（刘向前，2005），因而基本产生的是积极的课堂效果；而学生的课堂沉默则引起了较多的消极的课堂影响，因而也备受国内外研究学者的关注。Jaworshi & Sachdev（乔沃斯和萨奇迪福，1998）指出教师和学生之间存在一种权力关系，而教师主导课堂的这样一种权力必然导致了学生的沉默。Mary M. Reda（玛丽·M. 丽达，2009）通过调查和深入采访从另外一个角度提出学生的课堂沉默也是另一种方式的课堂参与，肯定了课堂沉默的作用。同时，国外更多的学者也将重点放在了ESL（以英语为第二语言）课堂上学生沉默的研究上。Ferris & Tagg（弗里斯和塔戈，1996）发现亚洲学生在西方求学时更加不愿开口回答问题是受到了东方文化的影响；Tsui（崔，1996）在研究中以香港中学生为例，提出焦虑是学生课堂沉默的一个原因并相应给出了缓解焦虑的途径。

在国内，学生在课堂上保持沉默一直是一个普遍存在的现象，学者们也对这一现象从各个层面分析了其原因及解决方法。庞黎（2010）、滕明兰（2009）、刘晓新（2001）、张娟娟（2011）等主要从教师的层面提出要打破课堂沉默，教师需要在教法、人格魅力、课堂提问以及课堂讨论等方面做出改进。乔春华（2010）、谢元花（2005）等根据调查问卷从学生视角进行分析，得出学生学习习惯、学习动机、学生性格、焦虑及英语水平等都是引起其沉默的原因。张慧琴和张琨（2009）通过研究发现学生非正常的课堂沉默除了教师的因素外，还受到了中国传统的面子文化的影响。

2．课堂沉默的表现和分类

刘向前（2005）在《论课堂沉默》一文中，从课堂沉默的主体、效用、自发性、沉默在谈话中出现的位置及其在交际过程中的语用特征等出发，对其进行了全面的分析：①根据课堂沉默主体的不同，分为教师课堂沉默和学生课堂沉默；②根据课堂沉默效用的不同，分为积极的课堂沉默和消极的课堂沉默；③根据课堂沉默出现时沉默主体的自发性，分为自发的课堂沉默和非自发的课堂沉默；④根据沉默在话轮中出现的位置，可分为话轮内课堂沉默、话轮间课堂沉默和话轮课堂沉默；⑤根据课堂沉默在交际过程中的语用特征，可以分为心理语言的课堂沉默、社会文化的课堂沉默和交互作用的课堂沉默。

在课堂这一特殊的环境中，交际主体仅为教师和学生，因此根据课堂沉默主体的不同，课堂沉默可分为教师课堂沉默和学生课堂沉默。教师课堂沉默的原因一般比较简单，或是因为教师在讲解完较难的教学内容后，为学生提供思考消化的时间；或是因为教师在提问后，留出时间让学生独立思考，整理思路，为回答问题做准备；或是教师试图用沉默表示对学生某些行为的不满；又或是教师由于走神，或者准备不充分，产生“卡壳”现象。学生的课堂沉默指的是在课堂上学生不参与课堂活动，或者课堂互动不积极。更甚者表现为在课堂上打瞌睡、玩手机、看小说、发呆等，完全置身事外，心不在焉，对教师在课堂上的一切表现无动于衷。另外一种是害怕参与课堂活动，尤其是开口回答问题，每当教师要求学生参与课堂活动或回答问题的时候，这类学生就会低头躲避教师的视线，当被点名要求回答问题的时候，他们往往或因紧张，或因其他原因，总是支支吾吾，不说会，也不说不会，课堂活动也几乎不参与。第三种表现则是不积极主动地回答问题，但是只要教师点名让他回答，他总是能够说一些。但是他们很少或者几乎从来不主动举手回答问题，如果教师设计了小组活动，他们也会积极参与小组活动。第四种表现是学生会主动挑战有难度的、开放性的问题，或者自己感兴趣的话题，但对于其他类型的问题则参与度不高。在小组活动中的积极程度也由自己对话题的感兴趣程度决定。传统的教学是以教师为中心的讲解式教学，然而随着新课改的推进和成熟，越来越强调学生在教学中作为主体的作用。因此，学生课堂沉默就变成一个急需解决的问题。学生愿意积极参与到课堂对话中来，积极思考，敢于言表，以学生为中心的课堂才有意义。

课堂沉默因其效用的不同，可分为积极的课堂沉默和消极的课堂沉默。课堂上，学生因认真听讲或者其他同学的发言出现的沉默是积极思考的表现。学生在教师提问后因整理思路而出现的沉默是为了积极参与到课堂对话中进行的积极准备，这种准备或者是知识上的，或者是心理上的，也有可能是两者兼备。但是，学生由于胆子小，不敢参与课堂对话，或者学生不认真听讲导致的走神、发呆，或者是因为其他原因消极怠工，不愿意回答问题或参与课堂互动，甚至拒绝回答问题，这些都属于消极的课堂沉默。这种沉默一方面大大伤害了教师的积极性，另一方面也导致学生的英语水平停滞不前，难以取得重大进步，同时也不利于营造轻松愉快、团结进取的课堂氛围。因此消极的课堂沉默是我们研究的重点。

根据课堂沉默时主体的自发性，可以将课堂沉默分为自发的课堂沉默和非自发的课堂沉默。自发的课堂沉默指的是沉默主体无意识地呈现出来的沉默现象。在教师提问后，有的学生陷入积极的思考，有的学生则对所讲内容毫无兴趣，处于走神或者玩手机等游离状态。这个时候学生所呈现出来的沉默，就是自发的。然而，如果排除以上情况，如果学生知道教师所问问题的答案，却由于种种原因不予开口回答，或者不主动回答而是等待教师点名，这时学生所呈现出来的沉默是非自发的。非自发性的课堂沉默指的是有意识的控制下的沉默行为。

根据沉默在谈话中出现的位置，课堂沉默可以分为话轮内沉默、话轮间沉默和话轮沉默。话轮内沉默是指在一个相对独立的话轮内部出现的沉默。学生在回答问题的过程中由于语言问题，一时想不起一个合适的英文表达来陈述自己的想法，或者受到外界的干扰一时思路被打断，这时出现的沉默就是话轮内沉默，这种沉默在稍作思考或调整后，大部分都能尽快解决。另外一种情况是，教师提问结束后，出现在学生回答问题之前的一段沉默，这时学生或在积极思考，或在给自己鼓励，希望能有勇气主动回答教师的问题，或在走神，或在等待他人作答。如果短暂沉默后有学生回应，那么这是话轮内沉默。话轮间沉默主要指的是两个相对独立的话轮中间出现的沉默现象。课堂上，教师在完成一个知识点的讲解后，或者在和学生之间完成一个相对完整的对话之后，稍作停顿，以帮助学生理解消化所学内容，同时观察学生的接受度。话轮沉默指的是在教师提问后，学生不予回应，保持沉默。话轮沉默的原因有很多，可能是教师语速过快，学生没有听懂；也可能是学生觉得问题太难，不知道从何处下手；也可能是问题过于简单，学生懒得回答；还可能是因为学生不愿意配合。

根据课堂沉默在交际中的语用特征，课堂沉默可以分为心理语言的沉默、社会文化的沉默和交互作用的沉默。心理语言的沉默反映的是教师和学生在话轮中表现出心理语言的间歇行为。比如教师讲解或学生回答问题过程中因为思考而出现的短暂停顿。社会文化的沉默指的是因为社会文化的影响，师生在课堂上表现出的沉默。比如，研究者指出的亚洲学生普遍不擅长参与课堂活动，这是受到传统文化的影响。另有研究者指出的由于性别原因，女生课堂沉默的比例高于男生。这也是社会文化的课堂沉默。交互沉默是指教师和学生，学生和教师，学生和学生之间交谈时呈现出的沉默或间歇行为。教师用短暂的沉默强调某个知识点的重要性，或者用鼓励的眼神看着学生，等待学生的回答，等等，都属于交互的课堂沉默。

3．课堂沉默的影响

课堂沉默的影响分为积极的和消极的影响。首先从积极方面来看，教师适当的课堂沉默能够调节课堂气氛，严肃课堂纪律，加强学生的有意注意，强调重点及促使学生积极思考。在特定的情况下，教师适时恰当的沉默能够起到“此时无声胜有声”的效果，使课堂气氛融洽而意义深远。笔者曾经采访了一位在英语课堂上非常活跃的学生，在解释自己喜欢回答问题的原因时他说：“我回答问题的时候，教师一直专注地听着。”也有学生谈到印象中最深刻的一堂课：“那是一堂语文课，是一篇描写风景的文章，教师请一位同学朗读，另一位同学在黑板上画画，稍作讲解后让我们自己看着黑板上的画理解课文。我始终记得那篇文章里所描述的宁静优美的山中景象。”这种情况下，教师的适时沉默为学生创造了良好的回答问题的氛围，创造了良好的课堂氛围，对学生起到了激励作用，同时促进学生积极思考，积极投身到课堂活动之中。其次，教师的沉默具有转换话题的作用，例如，教师在完成一个知识点讲解后的停顿。第三，教师的沉默还具有组织课堂的作用。通过沉默排除课堂上的一些干扰因素，使学生安静下来，注意听讲。最后，沉默也可以显示教师批评的艺术，同时也展示了教师的个人涵养。学生课堂沉默也有优点，即表示积极的思考、对教师的尊重等。

课堂沉默消极的影响是学者讨论的重点，特别是在英语教学中，沉默极大地限制了学生语言的输出量，限制了学生语言能力的发展。第一，课堂沉默不利于师生间的沟通，学生不说出来，教师就比较难判断学生对一个知识点的掌握情况，或者学生现阶段的整体水平。第二，学生课堂沉默影响教师授课热情。面对学生的沉默，教师会感到情绪受挫、沮丧，进而影响教师的课堂活跃度，不利于良好的课堂氛围的形成。第三，影响学生的学习效果，特别是英语学习。很多同学学到的是“哑巴英语”，这是其中很重要的一个原因。

三、课堂沉默的原因

沉默是一种很容易引起误解的交际现象。除了一些特殊情况，沉默所传达的信息都很模糊，容易引起误解。课堂沉默也同样需要考量各方面原因，仔细解读这些原因为教师能够正确理解、把握课堂中学生的沉默行为提供了依据，根据学生的课堂沉默传达出来的不同信息，教师可采取相应措施，提高课堂交际的有效性。

课堂沉默除了有教师的原因、学生的原因外，还有课堂环境的原因以及社会文化的原因。课堂环境的原因主要由课堂气氛、班级规模及课程进度三个方面引起。在教学实践中，我们发现有些班级活跃一些，有些班级沉默一些。值得注意的是在活跃的课堂中，有的是全体同学或者大部分同学活跃，积极参与课堂活动，是真正的课堂气氛好。也有一种伪活跃的课堂，看似课堂气氛活跃，教师每次提问都有同学积极主动回答，但是回答问题的总是那几个特定的学生，其他同学总是保持沉默，这就制造了一种表面看来活跃，实际上大多数同学沉默的伪活跃课堂。班级规模与课程进度也会成为课堂沉默的原因。班级规模越大越不利于学生的参与，同时课程进度越紧，能留给学生参与的时间越少。因此，现阶段动辄六七十人的班级规模，以及满满当当的教学任务也是导致课堂沉默的一个原因。

课堂沉默的社会文化原因包括性别原因、考试文化、传统文化的影响、面子因素以及权威观念。性别原因指的是社会文化对男性和女性在社会角色上的预设，期待以及培养方案的不同，使男生和女生在课堂上的表现不同。研究认为女生在课堂上更沉默，原因是东方文化普遍要求女性要温恭谦良，优雅礼貌，使得女生在课堂上处于被动的、温和的状态，说话不多。而对于男性，社会则赋予更多敢作敢为的期待，希望他们能够掌握主动，因此课堂上男生也就相对积极一些。考试文化指的是目前的考试制度使得学生、教师、家长常常以分数为判断学生学业成就的唯一标准，而目前的英语考试以笔试为重，学生提高口语水平的需求没有那么迫切。传统文化的影响是说，在中国，无论是儒家文化还是道家文化都强调沉默，认为沉默是一种优于语言的表达方式，认为行动的作用大于语言，即所谓的“桃李不言，下自成蹊”。受传统文化的影响，学生在课堂上也常常保持沉默。面子因素指的是很多学生选择不回答问题的原因是害羞，怕回答错了被同学笑话，丢面子。权威观念指的是学生把教师当成权威，不敢质疑和挑战教师的观点。学生认为自己应该服从教师，尊敬教师，从教师那里获取知识，而不应该为难或冒犯教师。这也是课堂上学生主动与教师交流的情况很少，甚至是课外没有学生主动找教师交流的主要原因。

课堂沉默的教师原因可以从教师的交际风格、教学组织形式、教学风格、教师对学生课堂参与的期待与强化以及师生关系五方面来分析。第一，教师的交际风格对课堂沉默的影响包括教师在交际互动中的语音语调、肢体语言的开放或封闭式表现、面部表情或温和或严肃、在交际的过程中所表现出来的性格偏好等，这些因素都会影响学生的课堂表现。舒适自然的交际风格有利于帮助学生积极参与课堂活动，过于严肃紧张的交际风格则会使学生打消开口说话的意愿。第二，教学组织形式也会影响学生课堂沉默的程度。一堂课是选择开放的班级或小组讨论的方式，还是封闭的教师讲解的方式；是全班同学全体参与讨论，还是分成小组进行讨论；是需要学生提前做好准备，还是课堂上即兴回答，都会对课堂气氛的活跃度，也就是学生的参与度起到相当大的制约或促进作用。第三，教师的教学风格会影响学生课堂沉默的程度。Bruce Tuckman（布鲁斯·塔克曼，1969）用“指导程度”为标准，把教师的教学风格分为高的指导程度和低的指导程度。高的指导程度下，教师权威体现比较明显，学生对教师会产生惧怕心理，害怕回答问题，更害怕回答错误，这样的教学风格会抑制学生的积极性，导致课堂沉默。低的指导程度下，教师和学生基本上是平等、民主的对话，课堂气氛比较和谐，学生心理压力比较小，学生更愿意与教师和同学分享自己的观点和看法。低指导程度的教学风格有利于帮助学生克服畏惧心理，积极参与课堂活动。第四，教师对学生课堂参与的期待与强化会影响课堂沉默程度。教师的期望效应是一种激发个人的心理潜力、提高学习效果的暗示手段。1968 年罗森塔尔教授和雅各布森教授在一所普通的小学做了一个实验。他们随即抽取了一部分学生，然后告诉任课教师：这些学生是学校最有发展潜能的学生，并要求教师不要告诉学生。8 个月后，研究者发现随即抽取的这部分学生在学习成绩、智力表现、兴趣爱好、个人品行、师生关系等方面都产生了良好的变化。教育界将这一现象称为“教师期望效应”。同样，在课堂上，如果教师期望学生能积极参与课堂活动，那么课堂安排和教师的教学就会有意无意地偏向善于开口说话、积极回答问题的学生，学生则会受到这种气氛的影响，积极参与课堂活动。这样的良性循环不断加强，课堂气氛就会越来越活跃，进而解决课堂沉默的问题。第五，师生关系影响学生课堂沉默的程度。师生关系是指教师和学生在教育和教育过程中结成的相互关系。根据师生双方彼此所处的地位、作用，我们将师生关系分为以教师为中心的师生关系，以学生为中心的师生关系；根据教师处理师生关系时的态度，又可将师生关系分为专制型、管理型、挚爱型、放任型和民主型。比较有利解决课堂沉默的师生关系是以学生为中心的民主型师生关系和挚爱型师生关系。

导致课堂沉默不光有教师的原因，也有学生的原因。Petress（皮特里斯，2001）认为，沉默至少暗含以下消极信息：学生对所要讨论的话题或对学习过程本身不感兴趣，学生对所学的知识无法理解或感到无趣，学生被学习小组排斥或自身排斥小组活动，学生还没有意识到参与学习策略的重要性，或不信任这种学习策略。另外，学生原因可以从以下方面来分析：学生的学习习惯、学习目的、学习风格、性格特点、性别特点以及自我观念。之前对亚洲学生沉默的研究发现课堂沉默主要是因为他们的英语学习以应试为目的，动机不够，之前学习英语过程中形成的习惯性课堂沉默；学生对所学知识掌握不好；学生学习习惯不好；课前没有充分地准备；从小没有养成表达的习惯。另外，学生的学习态度、兴趣、性格、动机、学生过分谦虚的品质、信心不足怕丢面子等都是导致学生沉默的要素。

四、问卷调查

1. 研究对象

问卷调查对象为长江大学一工部 2012 级部分非英语专业（理工科专业）大学生。

2. 具体研究内容

（1）问卷调查和统计分析。

在一工部全体英语教师中进行第一次问卷调查，从教师的角度出发找出课堂沉默现象存在的主要原因；然后在上述学生中开展问卷调查，从学生的角度找出课堂沉默现象存在的原因，并据此提出相应的改善措施。

（2）教学实践。

对存在课堂沉默现象的班级提出针对性的改善措施并进行教学实践，目的是看这些方法是否切实可行。

3. 研究拟达到的目标

通过研究该问卷调查结果，本研究拟达到以下目标：确定我校学生大学英语课堂沉默的诸多原因；探索解决课堂沉默的切实可行的办法，改善授课效果，以教促学；帮助教师转变教学思路，成为合格的学习引导者、组织者、辅助者；提升学生学习英语的热情，帮助学生培养正确的学习态度并制定个性化的学习方法，提高英语技能；培养良性和谐的师生关系。

4．拟解决的主要问题

本研究主要想解决以下问题。

（1）课堂沉默现象严重：大部分学生不能对教师的提问做出积极反馈，不思考或不主动回答，或者无所谓。

（2）授课效果差：大学生英语课堂参与度不高，集中注意力的时间短。

（3）课堂气氛沉闷：教师“一言堂”，学生忙于抄笔记，听、说实际操练活动参与很少。

（4）学习效果差：英语学习热情不足，自主学习无法保证，，听、说、读、写、译能力差。

（5）厌学厌教情绪滋生：由于课堂教学效果差而引发的学生厌学情绪强烈，逃课率高，教师疲倦及教学积极性不高，师生关系平淡，甚至存在冲突。

5．问卷调查

问卷调查共57道题目，分为五部分（见表7-8）。第一部分为学生的基本信息，集中反映学生学习英语的时间以及现有的英语水平。第二部分描述学生在大学英语课堂上的表现，主要反映学生在课堂上的活跃程度。问卷从教师提问难易度、学生的心理期待、课堂组织形式、学生是否愿意主动与教师交流以及学生上课时座位的选择等方面进行问题设置。第三部分描述课学生对英语课堂学习的感受和体验，主要从学生的内心体验来反映学生对于参与课堂活动的体会，试图发现影响学生的情感因素。问卷问题涉及学生在课堂上的放松程度、对教师提问的偏好、同学之间的压力、英语口语水平、教师的鼓励和期待、面子问题、性格问题以及对于课堂回答问题所持有的态度。这部分主要通过量化描述某一行为出现的频率来客观反映学生在课堂上的活跃程度，评价标准从总是会（1分），经常会（2分）、有时会（3分）、很少会（4分）到从不会（5分）。第四部分反映学生对英语学习的看法和自我评价。问题包括学习英语的原因、对于自己口语能力的判断、对于英语本身和大学英语课堂发言的看法以及学生认为英语课堂沉默的原因是什么。这部分题目以选择题的形式出现，除了第二题外，其他四题均可多选。这部分通过学生对自己在课堂上各种状态的把握，以学生对某一问题的认同程度为标准进行考查，评价标准从完全不同意（1分）、基本不同意（2分）、不同意也不反对（3分）、基本同意（4分）到完全同意（5分）。第五部分主要描述学生对英语课堂教师授课情况的感受及期待。试图通过学生的视觉寻求解决课堂沉默问题的方法和思路。这部分五个问题从学生的角度出发，观察大学英语课堂，包括了学生认为自己所在班级教师采取的课堂教学模式，学生对于这样的课堂教学模式感到最满意的方面，课堂上经常性的交流讨论活动会不会使学生更想学好英语以及学生喜欢的课堂活动类型。其中第五题可以多选。

表 7-8　问卷调查的问题设置

部　分	问　题	问题涉及的内容
1	1～5	学生的基本信息。集中反映学生学习英语的时间以及现有的英语水平
2	1～19	学生在大学英语课堂上的表现。主要反映学生在课堂上的活跃程度。问卷从教师提问难易度、学生的心理期待、课堂组织形式、学生是否愿意主动与教师交流以及学生上课时座位的选择等方面进行问题设置
3	1～24	影响学生的情感因素。问卷问题涉及学生在课堂上的放松程度、对教师提问的偏好、同学之间的压力、英语口语水平、教师的鼓励和期待、面子问题、性格问题以及对于课堂回答问题所持有的态度
4	1～4	学习英语的原因、对于自己口语能力的判断、对于英语本身和大学英语课堂发言的看法以及学生认为导致英语课堂沉默的原因
5	1～5	学生对英语课堂教师授课情况的感受及期待

（1）分析问卷调查。

通过分析问卷调查，可以得出以下几个结论。

第一，以摸底考试成绩为准，可以发现英语成绩在 80 分以上的学生，课堂表现非常活跃，愿意积极配合教师的课堂活动安排。英语成绩在 50 分以下的学生，课堂表现异常消极。而分数在 51～79 之间的学生，课堂表现则因人而异，不尽相同。因此，英语成绩达到优秀时学生学习的积极性也空前高涨，但是英语成绩较低则会使学生陷入听不懂、说不出、怕犯错、不愿说、英语水平停滞不前这样一个恶性循环。为此，我们要多鼓励成绩处于中等水平的同学多发言，并且想办法给成绩不太好的同学提供锻炼的机会。

第二，学生之前的课堂经历对大学英语课堂沉默有影响。在之前的英语课堂上，教师在英语教学过程中用英语授课达到教学内容的一半或一半以上的，甚至是全英文授课的，或者曾经有外教授课的，学生在课堂上比较愿意回答问题，并且语言流畅，表达比较恰当。反之，教师在英语课堂上较多使用汉语授课，或者全部用汉语授课的话，学生在大学英语课堂上多保持沉默，其主要原因有听不懂教师的问题、不知道用英语怎么表达自己的意思以及发音不好、害怕丢脸等。

第三，学生学习英语的原因对课堂沉默有影响。一些学习态度比较被动的学生，在大学英语课堂上参与度不高，比较沉默。比如，有相当一部分学生认为自己学英语是因为学校的安排，或者是通过四、六级考试以及获取大学毕业证书并顺利找到工作。与之相对的是，学习态度比较主动的同学课堂活跃度相当高，他们多出于兴趣爱好、为了能够用英语与外国友人交流、了解英语国家的语言文化等而主动学习英语。学生学习英语的主要原因如表 7-9 所示。

表 7-9 学生学习英语的主要原因

学习英语的主要原因	学校安排学，随大流	父母要求	通过四、六级考试以及获取大学毕业证书，从而顺利毕业并找到好工作	学英语是为了通过研究生入学考试	我喜欢学习英语	学习英语是为了最终到国外工作，甚至移民到英语国家	我希望能更好更多地了解英语国家的语言和文化	培养良好的英语交际能力，能与外国人顺利交流，交朋友
百分比	86%	30%	80%	47%	33%	5%	7%	11%

第四，教师提问的难度和课堂活动安排的难度对大学英语课堂沉默的影响非常大。教师提出的问题越简单，学生的参与度越高，特别是那些只需要回答一两个简单单词的问题，或是全体同学作答的问题，教师要求大家大声朗读课文也是学生比较乐于参与的一项活动。但是，当问题性质稍作变化，变成需要一个人独立完成问题的时候，不管问题难易程度如何，从单独读课文到单独回答简单的问题、复杂的问题，学生就变得异常沉默。这其中包括：学生性格的原因，如害怕出错、不愿意出风头、持中庸之道；以往的学习经历多为默默学习，聆听教师的教诲；觉得自己发音不准或者口语不好，不知道是否能够表达出想要表达的意思。

这其中有一个问题比较值得注意："教师要是能在我犹豫要不要回答问题的时候及时发现，并鼓励我，我会发言的。"对于这个问题，85%以上的学生都选择了完全同意。这说明学生已经意识到课堂沉默对于英语学习是不利的，他们愿意改变现有的课堂参与较少的状况，但是需要克服一些来自自身的或者外界的消极因素，需要教师的激励。

第五，课堂授课模式影响课堂沉默。目前英语课堂的依然是教师讲课几乎占了整个课时，学生在课堂上主要是记笔记，中间教师会提出一些问题让学生回答、整体情况依然是给学生回答问题，参与课堂讨论的时间和机会少之又少。也有不少教师在课堂上会安排师生间的互动活动，或者学生之间的互动活动。对于这些活动，学生的接受程度各有不同，看法也各异，有认为课堂活动对提高英语水平大有帮助，也有持反对意见的，认为课堂活动完全是浪费时间。但是，近些年来，学生的看法有了很大的改变。越来越多的学生开始意识到在英语课堂上积极发言、参与活动更能提高各方面的能力，特别是口语交际能力。越来越多的学生渴望教师能够走出传统课堂的束缚，为他们安排更为轻松、自由、民主的课堂。

五、减少课堂沉默，提高学生参与度的策略

1. 教师应提高提问技巧，增强合理设置课堂活动的能力

通过问卷调查，可以得出教师的课堂提问过于简单或过于难都会导致学生课堂沉

默。同时教师提问应选择学生感兴趣的话题，贴近学生的生活，比如《读写教程》第一册第一单元课文讲的英语学习的经历：从初中高中到大学，最后讲到了网络英语学习。这篇文章和学生的学习经历非常贴合，文章里提到的困难很多同学也都遇到过，这样就很容易产生共鸣。教师在这里设置了两个讨论，第一个是学生自己的英语学习经历，另一个是谈谈学生的一位英语教师。另外，难度较大的问题可以给学生时间课下准备，然后再带到课堂上来分享。

2．提高教师语言输入的有效性，为学生提供可供参考的模范

学生在回答稍有难度的问题时遇到的最大难题是语言问题，不知道如何组织语言，或者不知道某个表达用英语怎么说。将课本上的知识带入交际实践中是有一定难度的。这就需要教师能够提供范本，供学生模仿。比如第一册第三单元课文讲的是一位父亲的故事。课堂讨论话题是发生在父亲和你身上的一件难忘的事情。作为示范，教师在这里可以选择给学生讲一个自己和父亲间的小故事，笔者选定的是父亲送自己上大学的故事。这里考虑到学生也是刚上大学，与父母离别的记忆还比较清晰，感慨也比较多，他们发言的欲望就比较强烈。

3．提高教师期待，在教学过程中加强教师期待的正面作用

期待可以产生强大的心理暗示作用，从而改善课堂沉默现象。首先，教师对于学生的期待应该积极一些，从一开始就暗示自己“我的学生很活跃”“他们很喜欢我的课”“他们愿意和我交流”等；然后，告诉学生教师欢迎他们在课堂上打破沉默，积极参与；最后，在学生参与课堂后给予鼓励和积极暗示。这其中最重要的是，教师要敏锐地捕捉到学生的犹豫情绪，给予适当的鼓励，帮助学生摆脱自身的束缚，改掉沉默的习惯，积极回答问题。

4．建立适当奖励机制

奖励机制可以增强学生回答问题的积极性。平时分、口头表扬、奖励小礼物等手段，都可以让学生打破沉默。笔者的亲身体会是，在学生都在犹豫要不要回答问题的时候，教师如果加上“回答问题的同学有平时成绩”的附加条件，学生就会一下子变得非常踊跃。奖励机制的好处是，有利于提高学生回答问题的动力，不足之处则是长此以往，学生会对奖励形成依赖心理，如果没有奖励，回答问题的学生就会减少。因此，在教学实践中可以采取随着时间的推移，奖励递减，直到没有。最终，使学生养成主动回答问题的习惯。

5．注意教师反馈

教师的反馈直接影响到后面学生的表现，同时也会对回答问题的学生以后要不要回答问题产生重大影响。因此，教师首先要学会沉默，学会聆听。在学生回答问题时，专注聆听体现了教师的个人素质，也向学生传达了“你讲得不错，我在听”的信息。其次，善于运用教师反馈，把握纠错的尺度。有研究指出学生会自动纠错，也就是在说话的同时，或者说完之后，学生一般都会意识到自己的错误，并慢慢改正。因此，教师可以将自己对课堂即兴回答问题的纠错降到最低，让学生的自动纠错机制起作用。这样可以保护学生的自信心。

小　结

目前由于大学英语教学的客观条件、大班教学的现状以及课程进度偏紧，课堂上教师留给学生发言的时间和机会很少。在这种情况下，更应该多做些努力，打破课堂沉默，让尽量多的学生参与到课堂中来；同时提高学生课堂参与的有效性，让学生真正从中受益，体会到课堂交际对于提高英语水平的重要作用。

附 录 一

大学英语课程教学要求(高教厅[2007]3号)

为适应我国高等教育发展的新形势,深化教学改革,提高教学质量,满足新时期国家和社会对人才培养的需要,特制定《大学英语课程教学要求》(以下简称《课程要求》),作为各高等学校组织非英语专业本科生英语教学的主要依据。

鉴于全国高等学校的教学资源、学生入学水平以及所面临的社会需求等不尽相同,各高等学校应参照《课程要求》,根据本校的实际情况,制定科学、系统、个性化的大学英语教学大纲,指导本校的大学英语教学。

一、教学性质和目标

大学英语教学是高等教育的一个有机组成部分,大学英语课程是大学生的一门必修的基础课程。大学英语是以外语教学理论为指导,以英语语言知识与应用技能、跨文化交际和学习策略为主要内容,并集多种教学模式和教学手段为一体的教学体系。

大学英语的教学目标是培养学生的英语综合应用能力,特别是听说能力,使他们在今后学习、工作和社会交往中能用英语有效地进行交际,同时增强其自主学习能力,提高综合文化素养,以适应我国社会发展和国际交流的需要。

二、教学要求

我国幅员辽阔,各地区、各高校之间情况差异较大,大学英语教学应贯彻分类指导、因材施教的原则,以适应个性化教学的实际需要。

大学阶段的英语教学要求分为三个层次,即一般要求、较高要求和更高要求。这是我国高等学校非英语专业本科生经过大学阶段的英语学习与实践应当选择达到的标准。一般要求是高等学校非英语专业本科毕业生应达到的基本要求。较高要求或更高要求是为有条件的学校根据自己的办学定位、类型和人才培养目标所选择的标准而推荐的。各高等学校应根据本校实际情况确定教学目标,并创造条件,使那些英语起点水平较高、学有余力的学生能够达到较高要求或更高要求。

三个层次的英语能力要求如下。

一般要求：

1. 听力理解能力：能听懂英语授课，能听懂日常英语谈话和一般性题材的讲座，能听懂语速较慢（每分钟130～150词）的英语广播和电视节目，能掌握其中心大意，抓住要点。能运用基本的听力技巧。

2. 口语表达能力：能在学习过程中用英语交流，并能就某一主题进行讨论，能就日常话题用英语进行交谈，能经准备后就所熟悉的话题作简短发言，表达比较清楚，语音、语调基本正确。能在交谈中使用基本的会话策略。

3. 阅读理解能力：能基本读懂一般性题材的英文文章，阅读速度达到每分钟70词。在快速阅读篇幅较长、难度略低的材料时，阅读速度达到每分钟100词。能就阅读材料进行略读和寻读。能借助词典阅读本专业的英语教材和题材熟悉的英文报刊文章，掌握中心大意，理解主要事实和有关细节。能读懂工作、生活中常见的应用文体的材料。能在阅读中使用有效的阅读方法。

4. 书面表达能力：能完成一般性写作任务，能描述个人经历、观感、情感和发生的事件等，能写常见的应用文，能在半小时内就一般性话题或提纲写出不少于120词的短文，内容基本完整，中心思想明确，用词恰当，语意连贯。能掌握基本的写作技能。

5. 翻译能力：能借助词典对题材熟悉的文章进行英汉互译，英汉译速为每小时约300个英语单词，汉英译速为每小时约250个汉字。译文基本准确，无重大的理解和语言表达错误。

6. 推荐词汇量：掌握的词汇量应达到约4795个单词和700个词组（含中学应掌握的词汇），其中约2000个单词为积极词汇，即要求学生能够在认知的基础上在口头和书面表达两个方面熟练运用的词汇（见附3：《大学英语参考词汇表》）。

较高要求：

1. 听力理解能力：能听懂英语谈话和讲座，能基本听懂题材熟悉、篇幅较长的英语广播和电视节目，语速为每分钟150～180词，能掌握其中心大意，抓住要点和相关细节。能基本听懂用英语讲授的专业课程。

2. 口语表达能力：能用英语就一般性话题进行比较流利的会话，能基本表达个人意见、情感、观点等，能基本陈述事实、理由和描述事件，表达清楚，语音、语调基本正确。

3. 阅读理解能力：能基本读懂英语国家大众性报纸杂志上一般性题材的文章，阅读速度为每分钟70～90词。在快速阅读篇幅较长、难度适中的材料时，阅读速度达到每分钟120词。能阅读所学专业的综述性文献，并能正确理解中心大意，抓住主要事实和有关细节。

4．书面表达能力：能基本上就一般性的主题表达个人观点，能写所学专业论文的英文摘要，能写所学专业的英语小论文，能描述各种图表，能在半小时内写出不少于160词的短文，内容完整，观点明确，条理清楚，语句通顺。

5．翻译能力：能摘译所学专业的英语文献资料，能借助词典翻译英语国家大众性报刊上题材熟悉的文章，英汉译速为每小时约350个英语单词，汉英译速为每小时约300个汉字。译文通顺达意，理解和语言表达错误较少。能使用适当的翻译技巧。

6．推荐词汇量：掌握的词汇量应达到约6395个单词和1200个词组（包括中学和一般要求应该掌握的词汇），其中约2200个单词（包括一般要求应该掌握的积极词汇）为积极词汇（见附3：《大学英语参考词汇表》）。

更高要求：

1．听力理解能力：能基本听懂英语国家的广播电视节目，掌握其中心大意，抓住要点。能听懂英语国家人士正常语速的谈话。能听懂用英语讲授的专业课程和英语讲座。

2．口语表达能力：能较为流利、准确地就一般或专业性话题进行对话或讨论，能用简练的语言概括篇幅较长、有一定语言难度的文本或讲话，能在国际会议和专业交流中宣读论文并参加讨论。

3．阅读理解能力：能读懂有一定难度的文章，理解其主旨大意及细节，能阅读国外英语报纸杂志上的文章，能比较顺利地阅读所学专业的英语文献和资料。

4．书面表达能力：能用英语撰写所学专业的简短的报告和论文，能以书面形式比较自如地表达个人的观点，能在半小时内写出不少于200词的说明文或议论文，思想表达清楚，内容丰富，文章结构清晰，逻辑性强。

5．翻译能力：能借助词典翻译所学专业的文献资料和英语国家报刊上有一定难度的文章，能翻译介绍中国国情或文化的文章。英汉译速为每小时约400个英语单词，汉英译速为每小时约350个汉字。译文内容准确，基本无错译、漏译，文字通顺达意，语言表达错误较少。

6．推荐词汇量：掌握的词汇量应达到约7675个单词和1870个词组（包括中学、一般要求和较高要求应该掌握的词汇，但不包括专业词汇），其中约2360个单词为积极词汇（包括一般要求和较高要求应该掌握的积极词汇）（见附3：《大学英语参考词汇表》）。

上述三个要求是作为各高等学校在制定本校大学英语教学文件时的参照标准。各高等学校可以根据本校实际情况，对三个要求中的听力、口语、阅读、写作、翻译以及词汇量的具体要求与指标作适当的调整，但要特别重视对听说能力的培养和训练。

三、课程设置

各高等学校应根据实际情况，按照《课程要求》和本校的大学英语教学目标设计出各自的大学英语课程体系，将综合英语类、语言技能类、语言应用类、语言文化类和专业英语类等必修课程和选修课程有机结合，确保不同层次的学生在英语应用能力方面得到充分的训练和提高。

大学英语课程的设计应充分考虑听说能力培养的要求，并给予足够的学时和学分；应大量使用先进的信息技术，开发和建设各种基于计算机和网络的课程，为学生提供良好的语言学习环境与条件。

大学英语课程不仅是一门语言基础课程，也是拓宽知识、了解世界文化的素质教育课程，兼有工具性和人文性。因此，设计大学英语课程时也应当充分考虑对学生的文化素质培养和国际文化知识的传授。

无论是主要基于计算机的课程，还是主要基于课堂教学的课程，其设置都要充分体现个性化，考虑不同起点的学生，既要照顾起点较低的学生，又要为基础较好的学生创造发展的空间；既能帮助学生打下扎实的语言基础，又能培养他们较强的实际应用能力尤其是听说能力；既要保证学生在整个大学期间的英语语言水平稳步提高，又要有利于学生个性化的学习，以满足他们各自不同专业的发展需要。

四、教学模式

各高等学校应充分利用现代信息技术，采用基于计算机和课堂的英语教学模式，改进以教师讲授为主的单一教学模式。新的教学模式应以现代信息技术，特别是网络技术为支撑，使英语的教与学可以在一定程度上不受时间和地点的限制，朝着个性化和自主学习的方向发展。新的教学模式应体现英语教学实用性、知识性和趣味性相结合的原则，有利于调动教师和学生两个方面的积极性，尤其要体现学生在教学过程中的主体地位和教师在教学过程中的主导作用。在充分利用现代信息技术的同时，要合理继承传统教学模式中的优秀部分，发挥传统课堂教学的优势。

各高等学校应根据本校的条件和学生的英语水平，探索建立网络环境下的听说教学模式，直接在局域网或校园网上进行听说教学和训练。读写译课程的教学既可在课堂进行，也可在计算机网络环境下进行。对于使用计算机网络教学的课程，应有相应的面授辅导课时，以保证学习的效果。

为实施新教学模式而研制的网上教学系统应涵盖教学、学习、反馈、管理的完整过程，包括学生学习和自评、教师授课、教师在线辅导、对学生学习和教师辅导的监控管理等模块，能随时记录、了解、检测学生的学习情况以及教师的教学与辅导情况，体现交互性和多媒体性，易于操作。各高等学校应选用优秀的教学软件，鼓励教师有效地使用网络、多媒体及其他教学资源。

教学模式改革的目的之一是促进学生个性化学习方法的形成和学生自主学习能力的发展。新教学模式应能使学生选择适合自己需要的材料和方法进行学习，获得学习策略的指导，逐步提高其自主学习的能力。

教学模式的改变不仅是教学方法和教学手段的变化，而且是教学理念的转变，是实现从以教师为中心、单纯传授语言知识和技能的教学思想和实践，向以学生为中心，既传授语言知识与技能，更注重培养语言实际应用能力和自主学习能力的教学思想和实践的转变，也是向以培养学生终身学习能力为导向的终身教育的转变。

具体实施可参考附 1：基于计算机和课堂的英语教学模式。

五、教学评估

教学评估是大学英语课程教学的一个重要环节。全面、客观、科学、准确的评估体系对于实现教学目标至关重要。教学评估既是教师获取教学反馈信息、改进教学管理、保证教学质量的重要依据，又是学生调整学习策略、改进学习方法、提高学习效率和取得良好学习效果的有效手段。

对学生学习的评估分为形成性评估和终结性评估两种。

形成性评估是教学过程中进行的过程性和发展性评估，即根据教学目标，采用多种评估手段和形式，跟踪教学过程，反馈教学信息，促进学生全面发展。形成性评估特别有利于对学生自主学习的过程进行有效监控，在实施基于计算机和课堂的教学模式中尤为重要。形成性评估包括学生自我评估、学生相互间的评估、教师对学生的评估、教务部门对学生的评估等。形成性评估可以采用课堂活动和课外活动记录、网上自学记录、学习档案记录、访谈和座谈等多种形式，以便对学生学习过程进行观察、评价和监督，促进学生有效地学习（推荐使用的《学生英语能力自评/互评表》见附 2）。

终结性评估是在一个教学阶段结束时进行的总结性评估。终结性评估主要包括期末课程考试和水平考试。这种考试应以评价学生的英语综合应用能力为主，不仅要对学生的读写译能力进行考核，而且要加强对学生听说能力的考核。

在完成《课程要求》中一般要求、较高要求或更高要求层次的教学后，学校可以单独命题组织考试，或参加校际联考、地区联考、全国统一考试，以对教学进行终结性评估。无论采用何种形式，都要充分考核学生实际使用语言进行交际的能力，尤其是听说能力。

教学评估还包括对教师的评估，即对其教学过程和教学效果的评估。对教师的评估不能仅仅依据学生的考试成绩，而应全面考核教师的教学态度、教学手段、教学方法、教学内容、教学组织和教学效果等。

各级教育行政部门和各高等学校应将大学英语课程教学评估作为学校本科教学工作水平评估的一项重要内容。

六、教学管理

大学英语教学管理应贯穿于大学英语教学的全过程。通过强化教学过程的指导、督促和检查，确保大学英语教学达到既定的教学目标。为此，应做好以下几个方面工作。

1．建立完善的教学文件和教学管理文件。教学文件包括：学校的大学英语教学大纲和各门课程的教学目标、课程描述、教学安排、教学内容、教学进度、考核方式等。教学管理文件包括：学籍和学分管理、教学考核规范、学生学习成绩和学习记录、考试试卷分析总结、教师授课基本要求以及教研活动记录等。

2．大学英语课程要融入学校的学分制体系，尽量保证在本科总学分中占 10%（16 学分左右）。学生通过计算机学习完成的课程，经考试合格，应计算学分。建议学生通过计算机学习所获学分的比例在大学英语学习总学分中不低于 30%。

3．完善教师的聘任管理，确保生师比合理。除课堂教学之外，对面授辅导、网络指导和第二课堂指导的课时等应计入教师的教学工作量。

4．健全教师培训体制。教师素质是提高教学质量的关键，也是大学英语课程建设与发展的关键。学校应建设年龄、学历和职称结构合理的师资队伍，加强对教师的培训和培养工作，鼓励教师围绕教学质量的提高积极开展教学研究，创造条件，因地制宜开展多种形式的教研活动，促进教师在教学和研究工作中进行富有成效的合作，使他们尽快适应新的教学模式。同时要合理安排教师进行学术休假和进修，以促进他们学术水平的不断提高和教学方法的不断改进。

（附 1、附 2、附 3 内容略）

附 录 二

大学英语教学中隐喻思维和隐喻能力培养的实验数据

1．实验组和对照组摸底考试成绩

实 验 组

班级名称	学号	姓名	总分	班级名称	学号	姓名	总分
护理 1201	201201656	韩玲	63	护理 1201	201202483	郑锐	48
护理 1201	201202444	敖利斯	45	护理 1201	201202484	周文青	68
护理 1201	201202445	蔡旺	51	护理 1201	201202485	周燕忠	65
护理 1201	201202446	陈钢	53	护理 1202	201202486	常瑞霞	49
护理 1201	201202447	陈玥凝	73	护理 1202	201202487	陈翠莹	68
护理 1201	201202448	杜少文	65	护理 1202	201202488	陈兴卫	68
护理 1201	201202449	付丹妮	50	护理 1202	201202489	陈秀昌	69
护理 1201	201202450	高雨薇	63	护理 1202	201202490	程欢	70
护理 1201	201202451	郭娟	50	护理 1202	201202491	程美芳	48
护理 1201	201202452	郭美秀	54	护理 1202	201202492	董婷婷	65
护理 1201	201202453	胡倩倩	45	护理 1202	201202495	龚凡	56
护理 1201	201202454	李昌文	62	护理 1202	201202496	关阳青	60
护理 1201	201202455	李金凤	63	护理 1202	201202497	郭雪峰	46
护理 1201	201202456	李琦	61	护理 1202	201202498	胡红	51
护理 1201	201202457	李珊	67	护理 1202	201202499	江涛	54
护理 1201	201202458	李香娟	57	护理 1202	201202500	焦贵妮	56
护理 1201	201202460	欧艳利	61	护理 1202	201202501	刘凡	54
护理 1201	201202461	彭玲	54	护理 1202	201202502	刘慧	62
护理 1201	201202462	浦琼	58	护理 1202	201202503	娄长炎	67
护理 1201	201202463	全巧慧	66	护理 1202	201202504	莫颜	58
护理 1201	201202464	师华婷	54	护理 1202	201202506	饶亚丽	70
护理 1201	201202465	宋宇娟	54	护理 1202	201202507	宋秀春	65
护理 1201	201202466	孙茜伟	53	护理 1202	201202509	田芳	45
护理 1201	201202467	孙诗婷	53	护理 1202	201202511	王纯	55
护理 1201	201202468	唐永珍	56	护理 1202	201202512	王岚	42

续表

班级名称	学号	姓名	总分	班级名称	学号	姓名	总分
护理 1201	201202469	田艳平	70	护理 1202	201202513	王瑞	39
护理 1201	201202470	汪媛	65	护理 1202	201202514	王双双	34
护理 1201	201202471	王兵强	63	护理 1202	201202515	王妍池	36
护理 1201	201202472	王帆	56	护理 1202	201202516	肖鸥芮	23
护理 1201	201202473	王欢	53	护理 1202	201202518	许洪林	38
护理 1201	201202474	王苗	62	护理 1202	201202519	曾甜	28
护理 1201	201202475	望晓艳	61	护理 1202	201202520	张柳	29
护理 1201	201202476	向露	63	护理 1202	201202521	张茜	33
护理 1201	201202477	邢新	68	护理 1202	201202522	张晓杰	27
护理 1201	201202478	严梦	60	护理 1202	201202523	张羽格	41
护理 1201	201202479	杨佳	64	护理 1202	201202524	赵岭艳	33
护理 1201	201202480	曾丽君	52	护理 1202	201202525	周旭霞	24
护理 1201	201202481	赵俊羽	58	护理 1202	201202526	朱春兰	22
护理 1201	201202482	郑芬	66	护理 1202	201202527	朱丹	43

对 照 组

班级名称	学号	姓名	总分	班级名称	学号	姓名	总分
建筑 1201	201203398	曹银	55	建筑 1201	201208119	程子远	43
建筑 1201	201203399	陈依菲	74	建筑 1202	201103455	袁志卷	54
建筑 1201	201203400	陈宇澄	65	建筑 1202	201203434	陈康	59
建筑 1201	201203401	代纯纯	62	建筑 1202	201203435	陈鹏	44
建筑 1201	201203402	丁岘	46	建筑 1202	201203436	程曦	44
建筑 1201	201203403	龚晗	51	建筑 1202	201203437	范钫洋	51
建筑 1201	201203404	桂轶凡	57	建筑 1202	201203438	方贤高	51
建筑 1201	201203405	胡德赟	48	建筑 1202	201203439	高晓轩	54
建筑 1201	201203406	胡锦明	61	建筑 1202	201203440	郭浩文	64
建筑 1201	201203407	胡娅娣	52	建筑 1202	201203441	何晓晗	51
建筑 1201	201203408	黄俭	54	建筑 1202	201203442	候天福	59
建筑 1201	201203409	蒋莉	67	建筑 1202	201203443	胡豪	48
建筑 1201	201203410	李春晓	49	建筑 1202	201203444	乐成谱	68
建筑 1201	201203411	李坤	48	建筑 1202	201203445	梁伯达	58
建筑 1201	201203412	李马力	64	建筑 1202	201203446	梁双林	48
建筑 1201	201203413	厉俊康	48	建筑 1202	201203447	廖文举	68
建筑 1201	201203414	刘会亮	57	建筑 1202	201203448	刘承林	68

续表

班级名称	学号	姓名	总分	班级名称	学号	姓名	总分
建筑 1201	201203415	刘凯枫	50	建筑 1202	201203449	刘虎	56
建筑 1201	201203416	卢权	70	建筑 1202	201203450	刘恋	51
建筑 1201	201203417	彭清杉	55	建筑 1202	201203451	罗升	47
建筑 1201	201203418	任伯虎	50	建筑 1202	201203452	蒲林浩	50
建筑 1201	201203419	孙政	50	建筑 1202	201203453	沈魏魏	29
建筑 1201	201203420	万忠	49	建筑 1202	201203454	陶正起	33
建筑 1201	201203421	王仁	62	建筑 1202	201203455	王朝臣	31
建筑 1201	201203422	肖宏	56	建筑 1202	201203456	王莉娟	35
建筑 1201	201203423	许威	67	建筑 1202	201203457	夏俊峰	42
建筑 1201	201203424	严加骏	62	建筑 1202	201203458	向浩然	36
建筑 1201	201203425	杨源	43	建筑 1202	201203459	熊永辉	37
建筑 1201	201203426	尹浩	58	建筑 1202	201203460	杨卿蓉	36
建筑 1201	201203427	翟文鹏	45	建筑 1202	201203461	于军	42
建筑 1201	201203428	张剑峰	61	建筑 1202	201203462	余廷	38
建筑 1201	201203429	张洁	49	建筑 1202	201203463	袁志可	28
建筑 1201	201203430	张雪	73	建筑 1202	201203464	张亥冬	36
建筑 1201	201203431	章立功	58	建筑 1202	201203465	张烙	33
建筑 1201	201203432	赵宇	53	建筑 1202	201203466	张霖达	40
建筑 1201	201203433	周丽	57	建筑 1202	201203467	张玲	35

2. 实验组和对照组四级考试成绩

实 验 组

班级名称	学号	姓名	总分	班级名称	学号	姓名	总分
护理 1201	201201656	韩玲	391	护理 1201	201202483	郑锐	533
护理 1201	201202444	敖利斯	594	护理 1201	201202484	周文青	538
护理 1201	201202445	蔡旺	459	护理 1201	201202485	周燕忠	578
护理 1201	201202446	陈钢	460	护理 1202	201202486	常瑞霞	389
护理 1201	201202447	陈玥凝	440	护理 1202	201202487	陈翠莹	537
护理 1201	201202448	杜少文	506	护理 1202	201202488	陈兴卫	548
护理 1201	201202449	付丹妮	476	护理 1202	201202489	陈秀昌	457
护理 1201	201202450	高雨薇	588	护理 1202	201202490	程欢	502
护理 1201	201202451	郭娟	576	护理 1202	201202491	程美芳	578
护理 1201	201202452	郭美秀	423	护理 1202	201202492	董婷婷	543

续表

班级名称	学号	姓名	总分	班级名称	学号	姓名	总分
护理 1201	201202453	胡倩倩	549	护理 1202	201202495	龚凡	551
护理 1201	201202454	李昌文	456	护理 1202	201202496	关阳青	538
护理 1201	201202455	李金凤	535	护理 1202	201202497	郭雪峰	371
护理 1201	201202456	李琦	512	护理 1202	201202498	胡红	542
护理 1201	201202457	李珊	505	护理 1202	201202499	江涛	469
护理 1201	201202458	李香娟	418	护理 1202	201202500	焦贵妮	608
护理 1201	201202460	欧艳利	553	护理 1202	201202501	刘凡	606
护理 1201	201202461	彭玲	473	护理 1202	201202502	刘慧	551
护理 1201	201202462	浦琼	546	护理 1202	201202503	娄长炎	501
护理 1201	201202463	全巧慧	540	护理 1202	201202504	莫颜	476
护理 1201	201202464	师华婷	504	护理 1202	201202506	饶亚丽	575
护理 1201	201202465	宋宇娟	563	护理 1202	201202507	宋秀春	526
护理 1201	201202466	孙茜伟	578	护理 1202	201202509	田芳	495
护理 1201	201202467	孙诗婷	471	护理 1202	201202511	王纯	492
护理 1201	201202468	唐永珍	430	护理 1202	201202512	王岚	414
护理 1201	201202469	田艳平	528	护理 1202	201202513	王瑞	401
护理 1201	201202470	汪媛	535	护理 1202	201202514	王双双	518
护理 1201	201202471	王兵强	429	护理 1202	201202515	王妍池	574
护理 1201	201202472	王帆	556	护理 1202	201202516	肖鸥芮	360
护理 1201	201202473	王欢	430	护理 1202	201202518	许洪林	474
护理 1201	201202474	王苗	548	护理 1202	201202519	曾甜	484
护理 1201	201202475	望晓艳	570	护理 1202	201202520	张柳	530
护理 1201	201202476	向露	548	护理 1202	201202521	张茜	585
护理 1201	201202477	邢新	600	护理 1202	201202522	张晓杰	547
护理 1201	201202478	严梦	485	护理 1202	201202523	张羽格	555
护理 1201	201202479	杨佳	602	护理 1202	201202524	赵岭艳	550
护理 1201	201202480	曾丽君	579	护理 1202	201202525	周旭霞	505
护理 1201	201202481	赵俊羽	510	护理 1202	201202526	朱春兰	415
护理 1201	201202482	郑芬	511	护理 1202	201202527	朱丹	509

对　照　组

班级名称	学号	姓名	总分	班级名称	学号	姓名	总分
建筑 1201	201203398	曹银	555	建筑 1201	201208119	程子远	436
建筑 1201	201203399	陈依菲	514	建筑 1202	201103455	袁志卷	553

续表

班级名称	学号	姓名	总分	班级名称	学号	姓名	总分
建筑 1201	201203400	陈宇澄	534	建筑 1202	201203434	陈康	422
建筑 1201	201203401	代纯纯	350	建筑 1202	201203435	陈鹏	509
建筑 1201	201203402	丁岘	507	建筑 1202	201203436	程曦	408
建筑 1201	201203403	龚晗	448	建筑 1202	201203437	范钫洋	475
建筑 1201	201203404	桂轶凡	531	建筑 1202	201203438	方贤高	576
建筑 1201	201203405	胡德赟	391	建筑 1202	201203439	高晓轩	490
建筑 1201	201203406	胡锦明	511	建筑 1202	201203440	郭浩文	506
建筑 1201	201203407	胡娅娣	445	建筑 1202	201203441	何晓晗	571
建筑 1201	201203408	黄俭	528	建筑 1202	201203442	候天福	436
建筑 1201	201203409	蒋莉	389	建筑 1202	201203443	胡豪	445
建筑 1201	201203410	李春晓	478	建筑 1202	201203444	乐成谱	484
建筑 1201	201203411	李坤	493	建筑 1202	201203445	梁伯达	494
建筑 1201	201203412	李马力	486	建筑 1202	201203446	梁双林	380
建筑 1201	201203413	厉俊康	378	建筑 1202	201203447	廖文举	501
建筑 1201	201203414	刘会亮	523	建筑 1202	201203448	刘承林	412
建筑 1201	201203415	刘凯枫	509	建筑 1202	201203449	刘虎	440
建筑 1201	201203416	卢权	418	建筑 1202	201203450	刘恋	490
建筑 1201	201203417	彭清杉	431	建筑 1202	201203451	罗升	518
建筑 1201	201203418	任伯虎	521	建筑 1202	201203452	蒲林浩	448
建筑 1201	201203419	孙政	420	建筑 1202	201203453	沈魏魏	502
建筑 1201	201203420	万忠	502	建筑 1202	201203454	陶正起	488
建筑 1201	201203421	王仁	441	建筑 1202	201203455	王朝臣	512
建筑 1201	201203422	肖宏	522	建筑 1202	201203456	王莉娟	511
建筑 1201	201203423	许威	524	建筑 1202	201203457	夏俊峰	464
建筑 1201	201203424	严加骏	444	建筑 1202	201203458	向浩然	514
建筑 1201	201203425	杨源	522	建筑 1202	201203459	熊永辉	498
建筑 1201	201203426	尹浩	515	建筑 1202	201203460	杨卿蓉	423
建筑 1201	201203427	翟文鹏	498	建筑 1202	201203461	于军	424
建筑 1201	201203428	张剑峰	439	建筑 1202	201203462	余廷	469
建筑 1201	201203429	张洁	596	建筑 1202	201203463	袁志可	608

续表

班级名称	学号	姓名	总分	班级名称	学号	姓名	总分
建筑 1201	201203430	张雪	516	建筑 1202	201203464	张亥冬	572
建筑 1201	201203431	章立功	553	建筑 1202	201203465	张烙	433
建筑 1201	201203432	赵宇	487	建筑 1202	201203466	张霖达	531
建筑 1201	201203433	周丽	594	建筑 1202	201203467	张玲	473

附　录　三

长江大学一工部课堂沉默教师问卷调查（教师用）

各位教师，您好！该问卷调查旨在调查研究和改进英语课堂教学中学生的课堂发言情况，特别是针对课堂沉默现象而设计。问卷采取无记名方式，问卷资料仅供学术参考之用，不作其他用途。恳请务必根据您的真实想法及实际情况回答测验的每一个问题，不要遗漏，每题只选一个答案（多项选择题除外）。真诚感谢您的支持和合作！

个人信息

性别：

授课班级：　　　　　　　　　　　　　授课专业：

授课班级男女比例：

A．男生很少　　　　B．女生很少　　　　C．男女比例相差不大

从教时间：______ 年

我们想要采访一些教师了解更多详细信息，如果您对此感兴趣，请留下你的姓名和电话。

姓名：______________________　　电话：______________________

谢谢！

一、以下描述课堂的情况及感受

	完全不同意	基本不同意	不好说	基本同意	完全同意
1．我的课堂气氛很活跃					
2．大多数学生会主动举手回答问题					
3．大多数学生会一起回答问题					
4．大多数学生会认真思考我的问题					
5．学生回答问题时很紧张					
6．我的学生比较腼腆					
7．学生回答问题时很有自信					
8．被我指出错误时，学生感到很尴尬					
9．学生乐于回答简单的问题					

续表

	完全不同意	基本不同意	不好说	基本同意	完全同意
10. 学生乐于回答开放式的，可以让他们畅所欲言的问题					
11. 我认为学生知道答案，但不愿意回答					
12. 我认为学生知道答案，但不知道如何用英语表达					
13. 我认为有时学生知道答案，但不知道如何用正确的发音表达					
14. 学生害怕犯错					
15. 在小组交流时学生很活跃					
16. 在小组交流时学生乐于使用英语					
17. 认真准备后，学生能很好地回答问题					
18. 我的授课风格很轻松					
19. 我善于与学生互动					
20. 在我的鼓励下，学生会主动回答问题					
21. 课堂上有学生主动提问					
22. 我认为在课堂上回答问题对提升学生的自信心有很大帮助					
23. 我认为在课堂上回答问题对提升学生的口语有很大帮助					
24. 我与学生的互动占用了太多课堂时间					
25. 我认为与学生互动只是活跃课堂气氛，对学生的成绩提高作用不大					
26. 我认为课堂应该以学生为中心，但学生的语言能力不够					
27. 我对主动回答问题的学生会给予更多关注					
28. 我会忽略在课堂上保持沉默的学生					
29. 我会有意点沉默的学生回答问题					
30. 有学生主动提出问题					

二、以下描述您的课堂提问方式

	完全不同意	基本不同意	不好说	基本同意	完全同意
1. 课堂上以我的讲解为主，学生只是做笔记					
2. 课堂上以我的讲解为主，有时会提问					
3. 课堂上以我与学生的互动为主					
4. 课堂上以学生与学生的互动为主					
5. 我主要点学生回答问题					
6. 我主要要求学生一起回答问题					
7. 我的提问以开放式问题为主					
8. 我的提问以封闭式问题为主					

续表

	完全不同意	基本不同意	不好说	基本同意	完全同意
9．我的提问多数只需要简短回答					
10．我的提问主要是针对课文的理解					
11．我的提问主要是针对词汇的句子翻译					
12．我的提问与学生的日常生活和社会生活相关					
13．我经常进行交际性质的练习					
14．我会鼓励学生主动回答问题					
15．我会留出充分的时间给学生回答问题					
16．我会因为赶进度而省掉与学生互动的时间					
17．学生没听懂问题时我会用中文重复					
18．学生没听懂问题时我会改变提问的方式					
19．我等待学生回答问题的间隙在 2 秒以内					
20．我等待学生回答问题的间隙在 5 秒以内					
21．我等待学生回答问题的间隙在 8～10 秒					
22．我等待学生回答问题的间隙在 10～15 秒					
23．我会指出学生发言中的语法错误					
24．我会经常纠正学生的发音					
25．学生回答错误时，我会直接指出错误					
26．学生回答错误时，我会先肯定，再指出错误					
27．学生回答错误时，我会诱导他找到正确答案					
28．我不会直接指出学生的错误					
29．我经常使用鼓励性的语言					
30．我的批评很委婉					
31．我的问题通常能在课文中直接找到答案					
32．我的问题需要学生认真思考，综合运用所学知识					
33．我会鼓励学生主动提问					
34．我经常思考为什么学生会沉默					
35．学生沉默的时候，我通常是重复问题					
36．我会有意点某些活泼的学生回答问题来活跃课堂气氛					

续表

	完全不同意	基本不同意	不好说	基本同意	完全同意
37．对于基础较差的学生，我只让他回答简单的问题					
38．对于基础较好的学生，我会提难度更大的问题					
39．让学生回答问题前，我会给足够的提示					
40．让学生回答问题前，我会给足够的语言帮助					

三、以下问题设计您对大学英语教学的看法

1．您的教学目标和重点是：（可多选）

A．获得较高的大学四级通过率

B．提高学生的听力能力

C．提高学生的阅读能力

D．提高学生的口头交际能力

E．满足学生毕业后工作上对英语的需求

F．满足学生考研的需求

G．词汇和语言点是我的授课重点

H．引导学生对课文进行思考和讨论是我的授课重点

I．让学生了解英语国家的语言和文化是我的授课重点

J．其他____________________________

2．您认为学生英语课堂沉默的原因是：（可多选）

A．中国儒家文化和传统教育的结果

B．教师不当的课堂授课模式与课堂活动或任务设计

C．教师提问的方式不对

D．教学内容不感兴趣

E．缺乏学好英语的动机

F．学生缺乏交流所必需熟练的语言能力

G．缺乏师生之间的亲善关系

H．个性内向

I．缺乏自信

J．由害怕出错、丢脸等引起的焦虑

K．以往的学习习惯和经历

L．其他________________________________

3．您认为适合开展的课堂活动类型为：（可多选）

A．教师课堂陈述

B．个别学生课堂陈述

C．全班齐声回答问题

D．个别学生回答问题

E．小组讨论问题

F．双人活动

G．角色扮演

H．分组辩论

I．猜词竞赛

J．其他________________________________

再次感谢您的参与和奉献。

课堂沉默科研组

2013 年 3 月

长江大学一工部学生课堂沉默问卷调查（学生用）

各位同学，你们好！该问卷调查旨在调查研究和改进英语课堂教学中学生的课堂发言情况，特别是课堂沉默而设计。问卷采取无记名方式，问卷资料仅供学术参考之用，不作其他用途。恳请务必根据你的真实想法及实际情况回答测验的每一个问题，不要遗漏，每题只选一个答案（多项选择题除外）。真诚感谢你的支持和合作！

个人信息

1．性别：________ 专业：________________ 学习英语的年限：__________

2．高中和大学英语课上教学使用的语言分别是：

高中________________；大学________________

A．全是英语　　　　B．大部分是英语

C．英语和汉语各半　　　　D．大部分是汉语

E．全是汉语

3. 你的英语高考成绩是：__________

A. 130 以上　　B. 120～130

C. 110～120　　D. 100～110

E. 90～100　　F. 90 以下

4. 入学英语摸底考试中你的成绩是：

A. 90 以上　　B. 80～89

C. 70～79　　D. 60～69

E. 50～59　　F. 50 以下

5. 我们想要采访一些学生了解更多详细信息，如果你对此感兴趣，请留下你的姓名和电话。

姓名：______________　　电话：______________

谢谢！

一、以下问题描述了你在大学英语课堂上的表现

	总是会 1	经常会 2	有时会 3	很少会 4	从不会 5
1. 你在课堂上很活跃吗					
2. 你会主动举手回答问题吗					
3. 教师上课提出问题要求大家一起回答时，你会积极响应吗					
4. 教师要求大家大声读书时，你会积极参与吗					
5. 教师要求同学单独读一段课文的时候，你会想自己来读吗					
6. 教师的问题非常简单，一下子就想到了答案，你会积极回答吗					
7. 教师的问题有难度，经过思考才想到答案，你会积极回答吗					
8. 教师的问题很难，经过思考你的答案依然不够完善，你会积极回答吗					
9. 你在英语课上会期待教师多让你回答问题吗					
10. 就算知道问题的答案，你站起来回答的时候也会非常紧张吗					
11. 教师组织同学间的活动，你会积极用英语与同学交流吗					
12. 在小组活动时，你会积极用英语发表自己的观点和看法吗					
13. 参与课堂小组活动时，你会希望代表小组在全班发言吗					
14. 你在英语课上会主动用英语发表自己观点和意见吗					
15. 你在课堂上会主动用英语与其他同学交流吗					
16. 你在课堂上会主动用英语和教师交流吗					
17. 如果在课堂上有不懂的地方，你会积极向教师提出吗					
18. 如果与教师持有不同观点，你会立刻向她/他提出吗					
19. 对于课后准备好的材料，你在课堂上会积极发言或积极参与到讨论中吗					
20. 当你对所讨论的内容感兴趣时，你会积极地参与讨论吗					
21. 英语课时，你坐在前五排吗					

二、以下陈述描述了你对英语课堂学习的感受和体验

	完全不同意1	基本不同意2	不同意也不反对3	基本同意4	完全同意5
1．我上课时很放松，随时准备和周围同学或教师交流					
2．小组讨论时我很放松，想什么就说什么，不怕说错了会被大家笑话					
3．我认为轻松的课堂气氛对口语练习很重要					
4．我喜欢回答开放式的、可以让我畅所欲言的问题					
5．我喜欢回答有标准答案的问题					
6．我喜欢回答直接可以在课文里找到答案的问题					
7．在小组讨论时和回答教师提问时我刚开始的时候很活跃，看到周围都不大说英语，我也就从活跃变得沉默了					
8．我觉得教师提问的问题过于简单，没有什么意思，于是就不回答					
9．我不愿冒险回答问题，只有非常确定答案时才可能发言					
10．大家都没发言，我不愿让教师或同学认为我爱出风头					
11．教师课堂提问时，我知道答案但是不知道怎么用英语来表达					
12．教师要是能在我犹豫要不要回答问题的时候及时发现，并鼓励我，我会发言的					
13．传统教师讲学生听的教学模式使我没有形成参与课堂讨论或发言的习惯					
14．教师提问时，教师问哪个同学会回答，大家就举手，如果没人回答，教师就点名，从小到大都这样					
15．教师提问后，留给的思考和准备的时间不够					
16．我不积极回答问题，或者参与活动，是因为教师给的话题我不感兴趣或教师组织的活动我不喜欢					
17．我听不懂教师说的英语					
18．在英语课堂上讲英语时，我总是感到信心不足，把握不大，害怕出错					
19．我发音不准，怕大家笑话我					
20．我担心教师会在全班同学面前纠正我的错误，这使我尴尬而不愿发言					
21．当着很多人面讲英语我感到紧张					
22．我从小就被教导要保持含蓄内敛，不在公开场合表现自己					
23．我不喜欢那些爱发言的同学，觉得他们太张扬，爱出风头					
24．我觉得课堂发言或参与讨论对提高英语水平没什么帮助					

三、以下陈述描述了你对英语学习的看法和自我评价

1. 你学英语的主要原因是:（可多选）

A. 学校安排学，我随大流

B. 父母要求

C. 我喜欢学习英语

D. 学习英语是为了最终到国外工作，甚至移民到英语国家

E. 学英语是为了通过研究生入学考试

F. 通过四、六级考试以及获取大学毕业证书从而顺利毕业并找到好工作

G. 培养良好的英语交际能力，能与外国人顺利交流，交朋友

H. 我希望能更好更多地了解英语国家的语言和文化

2. 你认为自己的英语口语能力水平为:

A. 好　　B. 较好　　C. 一般　　D. 较差

E. 差

3. 我对英语本身和大学英语课堂发言的看法是:（可多选）

A. 学习重点是纠正发音及正确使用语法、词汇等

B. 学习重点是培养流利的英语口语

C. 课堂上大部分时间由学生来锻炼口语

D. 教材包含很多交际性质的练习，如角色扮演、小组讨论等

E. 在学生进行各种课堂活动时，教师应帮助学生解决语言问题

F. 教师向学生解释各个课堂活动的目的

G. 轻松的课堂气氛对口语练习很重要

H. 我喜欢英语的发音

I. 我学习英语是为了改善我今后事业的前景

J. 英语学习使我从另一角度看待和理解这个世界

K. 英语在中国是一个受过教育的标志

4. 你认为学生英语课堂沉默的原因是:（可多选）

A. 中国儒家文化和传统教育的结果

B. 教师不当的课堂授课模式与课堂活动或任务设计

C. 教学内容不感兴趣

D. 缺乏学好英语的动机

E. 缺乏交流所必需熟练的语言能力

F. 缺乏师生之间的亲善关系

G．个性内向

H．缺乏自信

I．由害怕出错、丢脸等引起的焦虑

J．以往的学习习惯和经历

K．其他______________________________

四、以下陈述描述了你对英语课堂教师授课情况的感受及期待

1．你现在所在的班级教师采取的课堂教学模式是：

A．教师讲课几乎占用了这个课时，我主要是听讲和做笔记

B．以教师讲课为主，中间教师有时会提出问题让学生回答

C．以教师与学生间的互动活动为主授课

D．以学生与学生间的互动活动为主授课

2．你对以上提到的课堂教学模式感到最满意的是：

A．教师只讲课　　B．教师主讲+提问

C．教师+学生互动　　D．学生+学生互动

3．课堂上经常性的交流讨论活动会不会使你更想学好英语?

A．会　　B．多半会

C．也许会　　D．多半不会

E．不会

4．你喜欢的课堂活动类型为：（可多选）

A．教师课堂陈述

B．个别学生课堂陈述

C．全班齐声回答问题

D．个别学生回答问题

E．小组讨论问题

F．双人活动

G．角色扮演

H．分组辩论

I．猜词竞赛

参考文献

[1] CUNNINGSWORTH A．如何选择教材[M]．上海：上海外语教育出版社，2002．

[2] GRANT N. Making the most of your textbook[M]. London:Longman Group United kingdom, 1987．

[3] 邓佳．浅析《新视野大学英语读写教程》（第二版）优点与不足[J]．湖北广播电视大学学报，2014，34（2）：139，126．

[4] 洪遗水，董维婷．《新视野大学英语・读写教程》（第二版）评析[J]．考试周刊，2010（24）：93-94．

[5] 教育部高等教育司．大学英语课程教学要求[M]．北京：高等教育出版社，2007．

[6] 康毅．《新视野大学英语》教材评析[J]．湖北汽车工业学院学报，2004，18（2）：70-78．

[7] 李世敏，段方红．《新视野大学英语》（第二版）读写教程的缺陷与错误[J]．大学英语：学术版，2011（2）：107-111．

[8] 刘微．《新视野大学英语》教材评价及其教学启示[J]．中国西部科技，2009（08）：84-86．

[9] 郑树棠．新视野大学英语：读写教程[M]．2 版．北京：外语教学与研究出版社，2008．

[10] 谭晓春．论《新视野大学英语》教材的创造性使用[J]．湖南医科大学学报：社会科学版，2007（4）：232-234．

[11] 和学新．教学策略的概念、结构及其运用[J]．教育研究，2000（12）：54-58．

[12] 王策三．教学论稿[M]．北京：人民教育出版社，2005．

[13] 周影韶，刘娟．新形势下大学英语综合课的教学策略研究[J]．中国校外教育，2008,（S1）：1217-1219．

[14] 熊川武．学习策略论[M]．南昌：江西人民出版社，1997．

[15] 周军．教学策略[M]．北京：教育科学出版社，2003．

[16] 王笃勤．英语教学策略论[M]．北京：外语教学与研究出版社，2002．

[17] 教育部高等教育司．大学英语课程教学要求[M]．上海：上海外语教育出版社，2007．

[18] 蔡慧琴．有效课堂教学策略[M]．重庆：重庆大学出版社，2008．

[19] 鲁子问，康淑敏．英语教学方法与策略[M]．上海：华东师范大学出版社，2008．

[20] 段友国．议英语词汇词根记忆法[J]．语文学刊，2011（10）：161-162．

[21] 段友国．隐喻认知功能指导下英语词汇教学方法研究[J]．高等职业教育（天津职

业大学学报）. 2013（3）86-88.
[22] 乔影．大学英语词汇教学策略分类[J]．集宁师专学报，2010（2）：77-83.
[23] 熊丽君．阅读理论和技巧对大学英语阅读教学的启示[J]．西安外国语学院学报，2006，14（1）：48-52.
[24] 夏甘霖．理工科大学英语阅读教学中的组织策略[J]．江苏大学学报：高教研究版，2006，28（4）：78-81.
[25] 李英，李卫东．大学英语写作教学策略探析[J]．太原城市职业技术学院学报，2010（2）：146-147.
[26] 刘可红．基于经典英语模仿的大学英语写作教学最简策略[J]．天津外国语大学学报，2011（3）：62-68.
[27] 叶立刚．对大学英语翻译教学策略的探讨[J]．教育与职业，2010（9）：139-140.
[28] 赵华蓉．大学英语教学中的文化教学策略研究[J]．西安建筑科技大学学报：社会科学版．2009（4）：92-95.
[29] 张换成．中国文化融入大学英语教学策略研究[J]．内蒙古农业大学学报：社会科学版．2009（3）：166-167，170.
[30] 肖礼全．英语教学方法论[M]．北京：外语教学与研究出版社，2006.
[31] SKILBECK M. Three educational ideologies［M］// HORTON T, RAGGAT P. Challenge and change in curriculum. Sevenoaks: Hodder and Stoughton, 1982.
[32] NUNAN D. Language teaching methodology[M]. New York: Prentice Hall, 1991.
[33] RICHARDS J C, RODGERS T S. Approaches and methods in language teaching[M]. 2nd ed. Cambridge: Cambridge University Press, 2001.
[34] 路利，浅谈大学英语教学的特点[J]．商丘师范学院学报，2002（3）：135-136.
[35] 邓飞，李云南．合作学习策略与大学英语教学[J]．高等农业教育，2005（10）：65-67.
[36] 陆欣．“合作学习”教学模式在大学英语教学中的应用[J]．长春理工大学学报：社会科学版，2009（2）：320-321.
[37] 王坦．合作学习的理念与实施[M]．北京：中国人事出版社，2003.
[38] JOHNSON D W, JOHNSON R T, HOLUBEC E J. Cooperation in the classroom[M]. 6th ed. Edina, Minnesota, USA: Interaction Book Company, 1993.
[39] 周风燕．合作学习理论在大学英语教学中的运用初探[J]．江苏外语教学研究，2008（1）：19-23.
[40] 王芳．大学英语教学中小组合作学习及策略分析[J]．吉林省教育学院学报，2010（2）：105-106.
[41] 张法科，赵婷．合作学习理论在大学英语阅读教学中的应用[J]．外语界，2004（6）：46-51.

[42] 黄斌，刘莉丽．小组式合作学习在大学英语写作教学中的应用[J]．高等函授学报：哲学社会科学版，2010（3）：28-30．
[43] 陈玉玲．合作学习理论在大学英语写作教学中的具体运用[J]．河北大学成人教育学院学报，2002（1）：43-44．
[44] 王琼．合作学习模式在大学英语写作教学中的运用[J]．楚雄师范学院学报，2011（4）：68-72．
[45] 陆艳芳．合作学习模式在大学英语写作教学中的应用[J]．黄石理工学院学报：人文社会科学版，2007（1）：104-106．
[46] HOLEC H. Autonomy and foreign language learning[M]. Oxford: Pergamon Press, 1981．
[47] DICKINSON L. Self-instruction in language learning[M]. Cambridge: Cambridge University Press, 1987．
[48] PINTRICH P R. The role of goal orientation in self-regulated learning[M] // BOEKAERTS M, PINTRICH P R, ZEIDNER M. Handbook of self-regulation. San Diego: Academic Press, 2000．
[49] 张雪梅．大学英语教学中"自主学习"模式探讨[J]．首都师范大学学报：社会科学版，2010（S2）：149-152．
[50] 卫芳菊．大学英语教学中学生自主学习能力的培养[J]．河北师范大学学报：教育科学版，2011（10）：99-101．
[51] 文秋芳．英语学习策略论[M]．上海：上海外语教育出版社，1996．
[52] 蒋业梅．大学英语自主学习策略训练[J]．辽宁教育行政学院学报，2003（11）：57-58．
[53] 唐利平，尹德谟．大学英语自主学习的试探性研究[J]．西华大学学报：哲学社会科学版，2005（6）：85-87．
[54] 陈清，孙丙堂．大学英语自主学习障碍及对策[J]．河北工程大学学报：社会科学版，2008，25（1）：118-119，122．
[55] 沈春蕾．影响大学英语自主学习能力培养的要素研究[J]．湖南农业大学学报：社会科学版，2008，9（4）102-104．
[56] 陶涛．大学英语自主学习影响因素及对策分析[J]．当代教育理论与实践，2012，4（1）128-130．
[57] GARDNER R C. Social psychology and second language learning: the role of attitude and motivation [M]. London: Edward Arnold, 1985．
[58] BROWN D. Affective factors in second language learning[M]// ALATIS A. The Second Language Classroom: Directions for the 1980's. New York: Oxford University Press, 1981．
[59] 印辉．在大学英语课堂教学中培养学生的学习自主[J]．外语与外语教学，2004（9）：

33-36.
[60] 杜顺. 大学英语自主学习中教师的地位与作用[J]. 中国成人教育，2010(24): 145-146.
[61] 申丽娟. 自主学习模式在大学英语教学中的构建[J]. 云梦学刊，2007(3): 148-150.
[62] 杜中全，云天英，王晓来. 论网络环境下的大学英语自主学习[J]. 中国电化教育，2012(6): 112-114.
[63] 吴玉伦，李哲. 论网络环境下大学英语自主学习能力的培养[J]. 沈阳师范大学学报：社会科学版，2010(1): 117-119.
[64] 任长松. 新课程学习方式的变革[M]. 北京：人民教育出版社，2003.
[65] 任长松. 探究式学习：18 条原则（上）[J]. 教育理论与实践，2002(1): 47-50.
[66] 陈荣，鄢虹英. 浅析探究式学习价值[J]. 杨凌职业技术学院学报，2010(2): 65-68.
[67] 周霞. 探究式教学在大学英语读写课堂教学中的应用研究[J]. 海外英语，2012(9): 22-23.
[68] 张道真. 张道真实用英语语法[M]. 北京：外语教学与研究出版社，2002.
[69] 束定芳，庄智象. 现代外语教学：理论、实践与方法[M]. 上海：上海外语教育出版社，1996.
[70] 郝兴跃. 20 世纪 90 年代以来国外语法教学的新趋势[J]. 外语界，2004(4): 48-52.
[71] 何建芳. 认知语言学理论对大学英语词汇教学的指导作用[J]. 郑州航空工业管理学院学报：社会科学版，2006(6): 172-173.
[72] 王铭玉. 新编外语教学论[M]. 上海：上海外语教育出版社，2008.
[73] 秦苏芳. 大学英语词汇教学技巧探析[J]. 中国科技翻译，2000(4): 37-40.
[74] 任长松. 探究式学习：18 条原则（下）[J]. 教育理论与实践，2002(2): 56-59.
[75] 黄国文. 语篇分析概要[M]. 长沙：湖南教育出版社，1998.
[76] 高圣兵. 大学英语语篇教学的若干问题[J]. 外语界，1996(2): 31-33.
[77] 李潇颖. 大学英语语篇教学刍议[J]. 牡丹江师范学院学报：哲学社会科学版，2008(1): 88-90.
[78] 马雯虹. 大学英语语篇教学的分析与思考[J]. 沈阳农业大学学报：社会科学版，2009，11(4): 464-466.
[79] 李大艳，郭鸿雁. 我国大学英语语篇教学的误区[J]. 河北联合大学学报：社会科学版，2009(5): 152-153，157.
[80] 邵华. 大学英语精读课的语篇教学[J]. 阜阳师范学院学报，1996(2): 95-98.
[81] 李卫清. 语篇教学在大学英语精读教学中的运用[J]. 新疆教育学院学报，2005，21(1): 123-126.
[82] 蔡基刚. 浅谈语篇教学[J]. 外语界，1992(2): 24，33，37.
[83] 胡壮麟. 语篇的衔接与连贯[M]. 上海：上海外语教育出版社，1994.

[84] 周瑞珍，刘春凤．大学英语语篇教学研究[J]．教育与职业，2006（17）：142-143．
[85] 李国云．大学英语语篇教学方法研究[J]．吉林省教育学院学报，2010（11）：96-98．
[86] 黄慧丽．语篇教学在《新视野大学英语读写教程》教学中的应用[J]．湖北经济学院学报：人文社会科学版，2011，8（1）：194-195．
[87] 董亚芬．我国英语教学应始终以读写为本[J]．外语界，2003（1）：2-6．
[88] 张汝光，刘敏．语篇分析与大学英语阅读教学[J]．山东青年政治学院学报，2008（6）：149-150．
[89] 陈平平，花亮．合作学习在大学英语阅读教学中的应用：一项教学行动个案研究[J]．疯狂英语：教师版，2009（6）：49-53，160．
[90] 刘润清．关于英语教学大纲改革——从分离式教学大纲到统一课程标准[J]．外语教学与研究，2002，34（6）：403-404．
[91] 胡春洞．英语教学法[M]．北京：高等教育出版社，1990．
[92] 王星．基础英语写作[M]．北京：北京师范大学出版社，1997．
[93] 邓鹂鸣，王香云．背诵式语言输入对中国学生二语写作能力发展的有效性研究[J]．外语教学，2007，28（4）：52-56．
[94] 沈玉如，邓宇．基于模因论的"背诵-仿写-创新"大学英语写作教学模式实证研究[J]．乐山师范学院学报，2013，28（10）：135-140．
[95] 杨文滢，胡桂莲．延续性写作教学模式的探讨[J]．外语界，2003（5）：57-60．
[96] 刘琳，王蒙蒙，梁爱民，等．大学英语写作教学模式——结果法、过程法、体裁法及任务法的融合[J]．湖北广播电视大学学报，2009，29（1）：147-148．
[97] 解连峰．大学英语写作教学的困境与出路[J]．黑龙江省政法管理干部学院学报，2008（4）：152-154．
[98] 胡丹．将大学英语写作教学贯穿于精读教学中[J]．天津农学院学报，2009，16（2）：51-54．
[99] 朱庆．培养与提高非外语专业学生的翻译能力——谈大学英语翻译教学的重要性与可行性[J]．杭州师范学院学报：自然科学版，2006，5（6）：537-541．
[100] 陈小曼，郑长贵．原文之形　译文之义——大学英语翻译教学基本目标的实现[J]．山东外语教学，2009（1）：66-69．
[101] 连淑能．英汉对比研究[M]．北京：高等教育出版社，1993．
[102] 李建波．论文化差异与大学英语翻译教学[J]．沈阳农业大学学报：社会科学版，2011，13（5）：604-607．
[103] 张培基，喻云根，李宗杰，等．英汉翻译教程[M]．上海：上海外语教育出版社，2008．
[104] 栾奕．论大学英语翻译教学方法[J]．科技信息，2010（21）：258-259．
[105] 唐晓．错误分析法在大学英语翻译教学中的应用[J]．高教论坛，2008（6）：170-173．

[106] 李琳．大学英语任务型翻译教学模式的建构[J]．疯狂英语（教师版），2009（6）：63-65．

[107] 王玉西．对大学英语翻译教学若干问题的思考[J]．中国翻译，2010（6）：29-33．

[108] 闵睿．CET 翻译测试对大学英语翻译教学的反拨效应分析[J]．佳木斯教育学院学报，2014（1）：373-374．

[109] 刁生虎．中国古代隐喻研究述论[J]．河南科技大学学报：社会科学版，2006（5）：49-52．

[110] 张全生．中国隐喻研究十年综述[J]．新疆师范大学学报：哲学社会科学版，2004，25（3）：173-176．

[111] 鲍海定．隐喻的要素：中西古代哲学的比较分析[C]//艾兰，汪涛，范毓周．中国古代思维模式与阴阳五行说探源．南京：江苏古籍出版社，1998．

[112] 晏雪，周晓玲．中国隐喻研究综述[J]．考试周刊，2008（27）：194-195．

[113] 赵艳芳．认知语言学概论[M]．上海：上海外语教育出版社，2001．

[114] 毛英．隐喻思维在英语阅读理解中的应用[J]．湖南科技学院学报，2006（7）：200-202．

[115] 胡壮麟．认知隐喻学[M]．北京：北京大学出版社，2004．

[116] RICHARDS I A. The philosophy of rhetoric[M]. New York: Oxford University Press,1936.

[117] DANESI M. Metaphorical competence in second language acquisition and second language teaching: The neglected dimension[M]//ALATIS J E. Georgetown university round table on languages and linguistics 1992.Washington, D.C.: Georgetown University Press, 1993:493.

[118] 王寅，李弘．语言能力、交际能力、隐喻能力“三合一”教学观：当代隐喻认知理论在外语教学中的应用[J]．四川外语学院学报，2004，20（6）：140-143．

[119] 李卫清．大学英语教学隐喻意识和隐喻能力培养的实验研究[J]．东莞理工学院学报，2009，16（4）：80-84．

[120] 姜孟．英语专业学习者隐喻能力发展实证研究[J]．国外外语教学，2006（4）：27-34．

[121] 段友国．隐喻能力提高与大学英语词汇学习[J]．和田师范专科学校学报，2012（04）：74-76．

[122] 段友国．隐喻能力在英语教学中的应用价值研究[J]．山西广播电视大学学报，2011（3）：65-66．

[123] 范晓民．隐喻认知模式与英语词汇教学[J]．大连民族学院学报，2007（4）：44-46．

[124] 徐芳．隐喻认知与大学英语词汇教学[J]．安徽理工大学学报，2008（3）：105-107．

[125] 吴莉，崔洪弟．概念隐喻理论与英语习语教学的实证研究[J]．黑龙江高教研究，2008（7）：170-173．

[126] 朱淑媛．从隐喻认知的角度改进大学英语词汇教学：概念隐喻理论运用于大学英语词汇教学的实证研究[J]．四川理工学院学报：社会科学版，2010（3）：113-116．
[127] BOERS F. Enhancing Metaphoric Awareness in Specialised Reading[J]. English for Specific Purposes, 2000（19）：137-147．
[128] 任绍曾．概念隐喻及其语篇体现：对体现概念隐喻的语篇的多维分析[J]．外语与外语教学，2006（10）：17-21．
[129] 束定芳．隐喻学研究[M]．上海：上海外语教育出版社，2000．
[130] 岳中生．大学英语分级教学的理论依据[J]．新乡师范高等专科学校学报，2003（4）102-103．
[131] 陈志伟．大学英语分级教学实践的思考与建议[J]．教育与职业，2009（18）．
[132] 教育部．大学英语教学大纲[M]．上海：上海外语教育出版社，1999．
[133] 贾芝．大学英语分级教学探析[J]．广西民族学院学报：哲学社会科学版，2004（S2）：299-301，309．
[134] 明安云．大学英语教学改革的可行措施：英语分级教学模式探析[J]．疯狂英语：教师版，2007（2）：18-21，36．
[135] 马海明．实施分级教学，提高大学英语教学质量[J]．青海大学学报：自然科学版，2007，25（2）：98-100．
[136] 李亮，郭映．浅谈大学英语大班教学的特点及对策[J]．长沙铁道学院学报：社会科学版，2008（3）：170-173．
[137] 王哲，夏纪梅．网络与课堂相结合的可持续大学英语教学改革实践及其成效[J]．外语电化教学，2010（3）：13-20．
[138] 何克抗．现代教育技术和优质网络课程的设计与开发[J]．中国大学教学，2005（1）：16-21．
[139] 陈坚林．大学英语网络化教学的理论内涵及其应用分析[J]．外语电化教学，2004（6）：46-50．
[140] 赵红梅．大学英语大班教学的问题与对策[J]．重庆工学院学报：社会科学，2009，23（1）：165-167．
[141] 索绪尔．普通语言学教程[M]．高名凯，译．岑麒祥，叶蜚声，校注．北京：商务印书馆，1980．
[142] WHORF, LEE B. Language, mind and reality [C]// CARRELL J. Whorf's language, thought, and reality. Massachusetts: The MIT Press, 1956: 246-270．
[143] 赵元任．语言问题[M]．台北：台湾商务印书馆，1968．
[144] KLUCKHOHN C. Mirror for man[M]. New York: McGraw-Hill，1949．
[145] 萨丕尔．语言论[M]．陆卓元，译．北京：商务印书馆，2005．

[146] 申小龙．中国文化语言学[M]．长春：吉林教育出版社，1990．

[147] LADO R. Linguistics across cultures [M]. Ann Arbor: University of Michigan Press, 1957.

[148] 黄永红．对言语行为"道歉"的跨文化研究．[J]．解放军外国语学院学报．2001，24（5）：33-36

[149] 张公瑾，丁石庆．文化语言学教程[M]．北京：教育科学出版社，2004．

[150] KLUCKHOHN C, KROEBER A L, MEYER A G, et al. Culture: a critical review of concepts and definitions[M]. New York: Random House, 1952.

[151] HENDON U S. Introducing culture in the high school foreign language class[J]. Foreign Language Annals, 1980，13（3）:191-199.

[152] SAMOVAR L A, PORTER R E, STEFANI L A. Communication between cultures[M]. Beijing: Foreign Language Teaching and Research Press, 2004.

[153] LUSTIG M W, KOESTER J. Intercultural competence: interpersonal communication across cultures[M]. 4th ed. Boston:Allyn & Bacon，2003.

[154] 贾玉新．跨文化交际学[M]．上海：上海外语教育出版社，1997．

[155] 陈桂琴．大学英语跨文化教学中的问题与对策．[D]．上海：上海外国语大学，2014．

[156] 张红玲．跨文化外语教学[M]．上海：上海外语教育出版社，2007．

[157] COPERIAS M J.Intercultural communicative competence in the context of the European higher education area[J]. Language and Intercultural Communication, 2009, 9（4）: 242-255.

[158] FRIES C C. The teaching of the English language[M] .New York: Thomas Nelson and Sons, 1927.

[159] DODD C H . Dynamics of intercultural communication[M]. London: Williams Brown, 1995.

[160] 许力生．跨文化能力构建再认识[J]．浙江大学学报：人文社会科学版，2011（3）：132-139．

[161] 祖晓梅．跨文化能力与文化教学的新目标[J]．世界汉语教学，2003（4）：59-66，3．

[162] 杨盈，庄恩平．构建外语教学跨文化交际能力框架[J]．外语界，2007（4）：13-21，43．

[163] 刘学惠．跨文化交际能力及其培养：一种建构主义的观点[J]．外语与外语教学，2003（1）：34-36．

[164] 廖光蓉．英语专业基础阶段阅读教学中文化导入的几个问题[J]．外语界，1999（1）：39-42．

[165] WOODS E G. British studies in English language teaching[M]// BYRAM M. Culture

and language learning in higher education. Clevedon, UK: Multilingual Matters, 1994.
[166] DANOVA R. Branching out：a cultural studies syllabus[J]. IATEFL, 1999(148): 12-14.
[167] 高一虹．跨文化交际能力的培养："跨越"与"超越"[J]．外语与外语教学，2002（10）：27-31．
[168] 卢茨．中国教会大学史（1850—1950年）[M]．曾钜生，译．杭州：浙江教育出版社，1987．
[169] 李楚材．帝国主义侵华教育史资料：教会教育[C]．北京：教育科学出版社，1987．
[170] 中国社会科学院近代史所中华民国史组．胡适来往书信选：中册[M]．北京：中华书局，1979．
[171] 曾宏伟．大学英语教学与中国文化教育[J]．中国大学教学，2005（4）：50-51，59．
[172] 姚小平．外语教育和中文教育：从《奏定大学堂章程》说起[J]．外语教学与研究，2003（6）：458-461．
[173] 刘世文．对中国文化英语表达能力的调查及其启示[J]．基础教育外语教学研究，2003（1）：29-32．
[174] LUSTIG M W, KOESTER J. The nature of cultural identity[M] // LUSTIG M W, KOESTER J. Among us: essays on identity, belonging and intercultural competence. New York: Longman, 2000.
[175] GUDYKUNST W B. Anxiety/Uncertainty management (AUM) theory[M]// WISEMAN R L. Intercultural communication theory. Thousand Oaks, CA: Sage Publications. 1995.
[176] 叶浩生．罗洛·梅论焦虑[J]．心理学动态，1988，（1）：50-54．
[177] 韩海燕.中国语境下 EFL 学习者文化身份焦虑研究[D]．上海：上海外国语大学，2014．
[178] 刘永厚，李燕姝．语言、文化以及中国的"英语热"之思考[J]．北京第二外国语学院学报，2004，（2）：20-22，30．
[179] STETS J E. Examining emotions in identity theory[J]．Social Psychology Quarterly，2005，68(1): 39-74.
[180] BYRAM M. From foreign language education to education for intercultural citizenship: essays and reflections[M]．Clevedon: Multilingual Matters, 2006．
[181] 崔刚．大学英语教学中中国文化的渗透[J]．中国大学教学．2009（3）：86-89．
[182] HOFSTEDE G, HOFSTEDE G J, MINKOV M．Cultures and organizations: software of the mind[M]. London: McGraw-Hill, 1991．
[183] BYRAM M. Teaching culture and language: Towards an integrated model[M]// BUTTJES

D, BYRAM M. Mediating languages and cultures: Towards an intercultural theory of foreign language education. Clevedon: Multilingual Matters. 1990: 17-32 .

[184] FANTINI A E. New ways in teaching culture[M]. Alexandria, VA: Teachers of English to Speakers of Other Language, Inc., 1997 .

[185] 辛继湘．体验教学研究．[D]．重庆：西南大学，2003．

[186] 蒋亚瑜．中国文化英语表达能力调查及策略研究：以非英语专业学生为例[J]．集美大学学报，2014，15（1）：125-128．

[187] 榕培．中国英语是客观存在[J]．解放军外国语学院学报，1991：（1）：1-8，56．

[188] 李文中．英语全球化及其在中国本土化的人文影响[J]．河南师范大学学报：哲学社会科学版，2006，33（3），131-134．

[189] QUIRK R. Language varieties and standard language [J]. English Today, 1990, 6 (1): 3-10 .

[190] KANDIAH. Review of English in new cultural contexts: reflections from Singapore [EB/OL][2014-11-21]. http://ccat.sas.upenn.edu/～haroldfs/messeas/handouts/ singapore/kandiah.htm .

[191] BOLTON K. Chinese Englishes: a sociolinguistic history[M]. Cambridge: Cambridge University Press, 2003 .

[192] 李文中．中国英语与中国式英语．[J]．外语教学与研究，1993（4）：18-24，80．

[193] MCKAY S L. Teaching English as an international language[J]. ELT Journal，2003，57(2): 145 .

[194] BLOOMFIELD L. Outline guide for the practical study of foreign languages[J]. Baltimore: Linguistic Society of America, 1942 .

[195] BROWN H D. Teaching by principles[M]. Upper Saddle River:Prentice Hall Regents, 1994.

[196] CANDLIN C N. Towards task-based language learning[M]// CANDLIN C N, MURPHY. Language learning tasks. Upper Saddle River: Prentice Hall Regents, 1987.

[197] FEEZ S. Text-based syllabus design[M]. Sydney: National Center for English Teaching and Research, 1998.

[198] LITTLEWOOD W. Communicative language teaching[M].Cambridge: Cambridge University Press, 1981 .

[199] LONG M, CROOKES G. Three approaches to task-based syllabus design[J]. TESOL Quarterly, 1992, 26(1): 27-56 .

[200] NUNAN D. Designing tasks for the communicative classroom[M]. Cambridge, UK: Cambridge University Press, 1989 .

[201] NUNAN D. Communicative tasks and the language curriculum[J]. TESOL Quarterly, 1991, 25 (2):279-295 .

[202] NUNAN D. Task-based syllabus design: selecting, grading and sequencing tasks[M]// CROOKES G, GASS S M. Tasks in a pedagogical context: Integrating theory and practice. Clevedon: Multilingual Matters, 1993 .

[203] PRABHU N S. Second language pedagogy[M]. Oxford, UK: Oxford University Press, 1987 .

[204] SKEHAN P.A cognitive approach to language learning[M]. Oxford, UK: Oxford University Press, 1998 .

[205] WILLIS J. A Framework for task-based learning[M]. Harlow: Addison Wesley Longman,1996 .

[206] 布龙菲尔德．语言论[M]．北京：商务印书馆，1980．

[207] 吕叔湘．吕叔湘语文论集[M]．北京：商务印书馆，1983．

[208] 施良方．课程理论：课程的基础、原理与问题[M]．北京：教育科学出版社，1996．

[209] 王才仁．英语教学交际论[M]．南宁：广西教育出版社，1996．

[210] 魏永红．外语任务型教学研究[D]．上海：华东师范大学，2003．

[211] 夏纪梅．“任务教学法”给大学英语教学带来的效益[J]．中国大学教学，2001（6）：32-34．

[212] 岳守国．任务语言教学法：概要、理据及运用[J]．外语教学与研究，2002，34（5）：364-367．

致　谢

历经三年的准备、构思、写作、修改，本书最终得以面世。在本书的写作过程中我们得到了同事及朋友的帮助，如胡骑兵帮忙收集了有关“大学英语大班教学”实践及研究的文本资料，并提出了很多有创意的想法和观点；张婷帮忙收集了有关“大学英语课堂沉默现象”的国内外论文及书籍，也提出了很多建设性的意见及建议。由于人数过多，此处不再逐一提及。

同时，本书的顺利出版也得到了天津大学出版社及各位同人的大力支持。天津大学出版社的余婷编辑在本书立项过程中做了大量的工作；王萍编辑在本书修改过程中多次提出中肯意见及建议；当然，这也离不开天津大学出版社相关领导的支持，没有他们，本书的顺利出版也难以实现。

此外，本书的出版还得到了包括湖北省教育厅 2013 年度教研项目“普通高校四级后大学英语教学改革与实践”(项目编号 2013263)、湖北省教育科学“十二五”规划 2014 年度立项课题“湖北高校外语教师形成性评价研究”(项目编号 2014B075)及长江大学 2013 年度人文社科青年科研基金项目“心智哲学与隐喻研究”及 2012 年度教研项目“大学英语课堂沉默现象及解决对策实证研究”的资助，在此一并谢过。

段友国　程文华

2015 年 2 月